Exceção de Insegurança no Direito Brasileiro

Exceção de Insegurança no Direito Brasileiro

2022

Luiz Octávio Villela de Viana Bandeira

ALMEDINA

EXCEÇÃO DE INSEGURANÇA NO DIREITO BRASILEIRO

Autor: Luiz Octávio Villela de Viana Bandeira

Diretor Almedina Brasil: Rodrigo Mentz
Editora Jurídica: Manuella Santos de Castro
Editor de Desenvolvimento: Aurélio Cesar Nogueira
Assistentes Editoriais: Isabela Leite e Larissa Nogueira
Estagiária de Produção: Laura Roberti

Diagramação: Almedina
Design de Capa: Roberta Bassanetto

ISBN: 9786556275185
Maio, 2022

Dados Internacionais de Catalogação na Publicação (CIP)
(Câmara Brasileira do Livro, SP, Brasil)

Bandeira, Luiz Octávio Villela de Viana
Exceção de insegurança no direito brasileiro /
Luiz Octávio Villela de Viana Bandeira. –
São Paulo : Almedina, 2022.

ISBN 978-65-5627-518-5

1. Contratos (Direito civil) 2. Direito civil
3. Direito civil – Brasil 4. Exceções (Direito)
5. Insegurança 6. Segurança jurídica I. Título.

22-103663 CDU-347(81)

Índices para catálogo sistemático:

1. Brasil : Exceção de insegurança : Direito civil 347(81)

Maria Alice Ferreira – Bibliotecária – CRB-8/7964

Coleção IDiP
Coordenador Científico: Francisco Paulo De Crescenzo Marino

Este livro segue as regras do novo Acordo Ortográfico da Língua Portuguesa (1990).

Editora: Almedina Brasil
Rua José Maria Lisboa, 860, Conj. 131 e 132, Jardim Paulista | 01423-001 São Paulo | Brasil
www.almedina.com.br

Em memória de Evandro Ferreira de Viana Bandeira

AGRADECIMENTOS

Agradeço à Prof[a] Daisy Gogliano pela firme e rigorosa orientação ao longo do doutorado na Faculdade de Direito do Largo de São Francisco e, sobretudo, por ter acreditado no potencial acadêmico do trabalho ora publicado.

Agradeço aos Professores Eduardo Tomasevicius Filho, Francisco Paulo de Crescenzo Marino, Wanderley Fernandes, Giovanni Ettore Nanni e Rogerio Donnini, que compuseram a banca examinadora da tese, pelas respectivas avaliações e contribuições críticas ao texto então apresentado.

Agradeço a meus pais, Luciana Vilela de Carvalho e Viana Bandeira e Evandro Ferreira de Viana Bandeira, *in memoriam*, por terem sempre me apoiado de todas as formas possíveis. Especificamente nesta oportunidade, devo especial agradecimento ao meu pai por ter me incentivado a pesquisar e escrever sobre a exceção de insegurança. A ideia surgiu quando ele, no exercício da advocacia e pesquisando sobre a exceção de contrato não cumprido para um caso de seu escritório, notou que havia muito pouco material sobre a chamada exceção de insegurança, mesmo nas várias obras clássicas que compunham a sua biblioteca particular. Infelizmente meu pai faleceu um pouco antes da conclusão do primeiro manuscrito da tese, deixando em mim a tristeza de não poder conversar com ele, a fundo, sobre todos os caminhos e achados da pesquisa. É possível dizer que ele orgulhosamente advogou e pensou o Direito até o último dia da sua vida, representando assim, para mim, exemplo inigualável.

Agradeço à minha amada esposa, Maria Paula Cordeiro Maculan, por me acompanhar e incentivar em cada um dos momentos do desenvolvimento da tese. Estendo também meus agradecimentos a meus sogros, Maria Cristina Cordeiro e Nelson Freitas, por todo o apoio.

Agradeço aos meus irmãos Guilherme Villela de Viana Bandeira, Ana Luiza Villela de Viana Bandeira e Ana Cristina Corrêa de Viana Bandeira, pela convivência fraternal e afetuosa.

Durante o desenvolvimento, pesquisa e elaboração do texto tive a oportunidade de conversar com muitos amigos acadêmicos e colegas de profissão, e a todos eles sou muito grato pela acolhida e pelas inúmeras reflexões que cada um deles me proporcionou. Cabe aqui, porém, nominalmente agradecer às seguintes pessoas: Prof. Renan Lotufo (*in memoriam*), Prof. Silvio Luis Ferreira da Rocha, Prof. Rodrigo Broglia Mendes, Prof. Giovanni Ettore Nanni, Prof. Marcel Leonardi, Prof. Vitor Butruce, Luca D'Arce Gianotti, Sergio Tuthill Stanicia, Bruno Salles, Marcela Ortiz, Norlan Navarro, Stéphane Daniel e Guilherme Guidi.

Agradeço à Bernadete Maurício pela atenta revisão da versão completa da tese.

Agradeço aos amigos brasileiros e aos que estão no estrangeiro, que gentilmente me disponibilizaram livros, materiais e digitalizações de suas bibliotecas particulares e de seus escritórios. Tal ajuda foi fundamental para o bom desenvolvimento da pesquisa, sobretudo diante do fechamento das bibliotecas públicas e demais restrições logísticas ocorridas durante o período da pandemia da Covid-19.

Agradeço ao Departamento de Biblioteca e Jurisprudência do Tribunal de Justiça do Estado do Rio Grande do Sul por me disponibilizar cópias dos julgados mais antigos daquela corte sobre o tema analisado nesta tese e que não estavam disponíveis para consultas on-line.

Agradeço, por fim, a todos os meus familiares e amigos.

PREFÁCIO

É com grande satisfação e imenso orgulho que apresento a obra de Luiz Octávio Villela de Viana Bandeira – *A exceção de insegurança no direito brasileiro – O risco e a segurança jurídica nas relações contratuais.*

Trata-se de sua tese de doutorado, no Departamento de Direito Civil, cujo trabalho não se resume em apresentar um final de curso, mas, acima de tudo uma verdadeira contribuição científica, digna dos maiores encômios.

Ali se revela, de imediato, o esforço, a tenacidade e o cuidado extremo em desenvolver a temática da exceção de insegurança, em nítido ineditismo.

Observamos que a segurança jurídica, embora tratada por muitos, não traz, tanto no seu aspecto objetivo como subjetivo, conceitos apurados, flutuando, assim, entre as mais diversas opiniões que estão a merecer um tratamento mais profundo, tal como sucede na obra em questão.

Entre nós, o STF, na Ação Cível Ordinária nº 79, em que foi Relator o eminente Ministro Cezar Peluso, (DJe 28/05/2012), ensina de modo ímpar o que vem a ser a ponderação de valores entre a legalidade *versus* a segurança jurídica e confiança legítima, cujos excertos pedimos vênia para transcrever:

"Ora, assim como no direito alemão, francês, espanhol e italiano, o ordenamento brasileiro revela, na expressão de sua unidade sistemática, e, na sua aplicação, vem reverenciando os princípios ou subprincípios conexos da segurança jurídica e da proteção da confiança, sob a compreensão de que nem sempre se assentam, exclusivamente, na observância da pura legalidade ou das regras *stricto sensu*. Isto significa que situações de fato, quando perdurem por largo tempo, sobretudo se oriundas de atos administrativos, que guardam presunção e aparência de legitimidade, devem ser estimadas com cautela quanto à regularidade e eficácia jurídicas, até porque, enquanto a segurança é fundamento quase axiomático, perceptível do ângulo geral e abstrato, a confiança, que diz com a subjetividade, só é passível de avaliação perante a concretude das circunstâncias.

"A fonte do princípio da proteção da confiança está, aí, na boa-fé do particular, como norma de conduta, e, em consequência, na *ratio iuris* da coibição do *venire contra factum proprium*, tudo o que implica vinculação jurídica da Administração Pública às suas próprias práticas, ainda quando ilegais na origem. O Estado de Direito é sobremodo Estado de confiança.

"E a boa-fé e a confiança dão novo alcance e significado ao princípio tradicional da segurança jurídica, em contexto que, faz muito, abrange em especial, as posturas e os atos administrativos, como o adverte a doutrina, relevando a importância decisiva da ponderação dos valores da legalidade e da segurança jurídica, como critério epistemológico e hermenêutico destinado a realizar, historicamente, a ideia suprema da justiça."

E, acrescenta, com apoio em Almiro do Couto e Silva:

"A segurança jurídica é entendida como sendo um conceito ou um princípio jurídico que se ramifica em suas partes, uma de natureza objetiva e outra de natureza subjetiva. A primeira, de natureza objetiva, é aquela que envolve a questão dos limites à retroatividade dos atos do Estado até mesmo quando estes se qualificam como atos legislativos. Diz respeito, portanto, à proteção ao direito adquirido, ao ato jurídico perfeito e à coisa julgada.(...). A outra, de natureza subjetiva, concerne à proteção à confiança das pessoas no pertinente aos atos, procedimentos e condutas do Estado, nos mais diferentes aspectos de sua atuação.(...).

"Parece importante destacar, nesse contexto, que os atos do Poder Público gozam da aparência e da presunção de legitimidade, fatores que, no arco da história, em diferentes situações, tem justificado sua conservação no mundo jurídico, mesmo quando aqueles atos se apresentem eivados de graves vícios."

Diante dessa longa *consuetudo*, aplica-se o princípio da segurança jurídica e da confiança. É o magistério de Maria Sylvia Zanella Di Pietro, citando J.J. Gomes Canotilho:

"O homem necessita de segurança para conduzir, planificar e conformar autônoma e responsavelmente a sua vida. Por isso, desde cedo se consideravam os princípios da segurança jurídica e proteção à confiança como elementos constitutivos do Estado de direito. Estes dois princípios – segurança jurídica e proteção à confiança – andam estreitamente associados, a ponto de alguns autores considerarem o princípio da proteção da confiança como um subprincípio ou como uma dimensão específica de segurança jurídica. Em geral, considera-se que a segurança jurídica está conexionada com elementos objetivos da ordem jurídica – garantia de estabilidade jurídica, segurança de orientação e realização do direito – enquanto a proteção da confiança se prende mais com as componentes subjetivas de segurança, designadamente a calculabilidade e previsibilidade dos indivíduos em relação aos efeitos jurídicos dos atos."

Não é sem razão, repetindo, que o STF, no RE 598.099/MS, em que foi Relator o Min. Gilmar Mendes, condicionou a observância da segurança jurídica e da boa-fé como regras de conduta em todo concurso público. O que essa r. decisão, com a devida vênia, está a ignorar, tanto é verdade, é que em tempo algum menciona os ditames, os princípios da moralidade administrativa inscritos no art. 37 da CF, quais sejam: legalidade, impessoalidade, publicidade, eficiência, e acima de tudo, a segurança jurídica e a boa-fé.

Celso Antônio Bandeira de Mello ensina com clareza: "violar um princípio é muito mais grave que transgredir uma norma. A desatenção ao princípio implica ofensa não apenas a um específico mandamento obrigatório, mas a todo o sistema de comandos. É a mais grave forma de ilegalidade ou inconstitucionalidade, conforme o escalão do princípio violado, porque representa insurgência contra todo o sistema, subversão de seus valores fundamentais, contumélia irremissível a seu arcabouço lógico e corrosão de sua estrutura mestra."

Nas palavras de José Afonso da Silva, "a segurança jurídica consiste no 'conjunto de condições que tornam possível às pessoas o conhecimento antecipado e reflexivo das consequências diretas de seus atos e de seus fatos à luz da liberdade reconhecida'. Uma importante condição da segurança jurídica está na relativa certeza que os indivíduos têm de que as relações realizadas sob o império de uma norma devem perdurar ainda quando tal norma seja substituída."

É o que decorre da norma contida no artigo 5º, inciso XXVI, da Constituição Federal, onde a "lei não prejudicará o direito adquirido, a coisa julgada e o ato jurídico perfeito."

Por sua vez, no que concerne às relações contratuais, objeto específico da tese de Luiz Octávio, a questão não é fácil, como pode parecer, pois envolve, por si só, casos de prestação não cumprida, que não podem conduzir à ruptura do contrato, como medida simples, mesmo em casos de insolvência. É aí que a obra revela os seus méritos. Transcrevemos as palavras do autor:

"Ao longo deste trabalho apontamos que a exceção de insegurança é uma exceção substancial, de natureza dilatória, que tem como efeito jurídico paralisar a pretensão do excepto sem, contudo, negá-la. Esse é o seu efeito mais notável e relevante dentro da contemporânea estrutura do direito contratual.

"O seu exercício, assim evita a ruptura do contrato, porque o contradireito existente em favor do excipiente não é o de resolvê-lo e, sim, reequilibrar a relação diante do risco de descumprimento em decorrência da deterioração da capacidade de cumprimento da prestação pelo excepto. Seu efeito é meramente dilatório, uma vez que ao excipiente interessa prestar, tão logo seja garantido ou, então, satisfeito por meio da prestação do excepto. O que ocorre com a oposição da exceção de insegurança é tão somente a suspensão da execução da prestação devida, suspensão essa que será levantada com a apresentação de garantia ou com o cumprimento da prestação. Trata-se de uma figura de caráter cautelar."

Daí a importância ímpar do trabalho de Luiz Octávio, em face da primorosa bibliografia apresentada.

Em suma, só nos resta cumprimentar o autor e a Editora Almedina, para que esta obra alcance a todos os profissionais do Direito.

São Paulo, Ano Novo, 2022

DAISY GOGLIANO

Professora Livre Docente da Faculdade de Direito da Universidade de São Paulo.

Professora Sênior dos Cursos de Pós-Graduação da Universidade de São Paulo.

SIGLAS E ABREVIATURAS

A.D. = *anno domini* (depois de Cristo)
AC = Apelação Cível
AgRg = Agravo Regimental
AG = Agravo
AI = Agravo de Instrumento
AJURIS = Associação dos Juízes do Rio Grande do Sul
AR = Ação Rescisória
art. = artigo
arts. = artigos
BGB = *Bürgerliches Gesetzbuch* (Código Civil alemão)
BNDES = Banco Nacional de Desenvolvimento Econômico e Social
Câm. Cív. = Câmara Cível
Cass. = *Corte di cassazione*, Itália
CC = Código Civil brasileiro de 2002 (Lei n. 10.406/2002)
CDC = Código de Defesa do Consumidor (Lei n. 8.078/1990)
CEDAM = *Casa Editrice Dott. Antonio Milani*, Padova
Cf. = confrontar
CISG = *United Nations Convention on Contracts for the International Sale of Goods*, Viena, 1980
Cit. = citado
CJF = Conselho da Justiça Federal
Code = Código Civil francês
Codice = Código Civil italiano
Coord. = coordenador(es)

D. = Digesto ou Pandectas do Imperador Justiniano
d.j. = dia do julgamento
Des. = Desembargador(a)
E.g. = *Exempli gratia* (por exemplo)
ed. = Edição
ED = *Enciclopedia del Diritto*, Milão
EDcl = Embargos de Declaração
ESD = Enciclopédia Saraiva do Direito, São Paulo
FCU = *Fundación Casa Universitaria*, Uruguai
Gai. = Institutas de Gaio
i.e. = *id est* (isto é)
inc. = inciso
Inst. = Institutas do Imperador Justiniano
l. = livro
LGDJ = *Librairie Générale de Droit et de Jurisprudence, Paris*
Min. = Ministro(a)
n. = número
Op. cit. = obra citada
Ord. = Ordenações Filipinas
OUP = *Oxford University Press*, Oxford
p. = página(s)
par. = parágrafo (também §)
q.v. = *quod vide* (ver também)
RDP = *Revista de Derecho Privado*, Madri
RDPriv = *Rivista di Diritto Privato*, Bari
RE = Recurso Extraordinário
Rel. = Relator(a)
REMERJ = *Revista da Escola da Magistratura do Estado do Rio de Janeiro*, Rio de Janeiro
RePro = Revista de Processo, São Paulo
REsp = Recurso Especial
RF = Revista Forense, Rio de Janeiro
RLJ = *Revista de Legislação e Jurisprudência*, Coimbra
RFDUFMG = *Revista da Faculdade de Direito da Universidade Federal de Minas Gerais*, Belo Horizonte
RFDUSP = *Revista da Faculdade de Direito da Universidade de São Paulo*, São Paulo

RI = Recurso Inominado
RIL = *Revista de Informação Legislativa*, Brasília
RJFND = *Revista Jurídica da Faculdade Nacional de Direito da Universidade do Brasil*, Rio de Janeiro
RM = *Revista Meritum*, Belo Horizonte
RSDCPC = *Revista Síntese de Direito Civil e Processual Civil*, Brasília
RT = *Revista dos Tribunais*, São Paulo
RTDC = *Revista Trimestral de Direito Civil*, Rio de Janeiro
RTDCiv = *Revue Trimestrielle de Droit Civil*, Paris
RTDPCiv = *Rivista Trimestrale di Diritto e Procedura Civile*, Milão
s/n = sem número
ss. = seguintes
t. = tomo
tit. = título
TJ = Tribunal de Justiça
TRF = Tribunal Regional Federal
UCC = *Uniform Commercial Code*, Estados Unidos da América
ULIS = *Convention relating to a Uniform Law on the International Sale of Goods*, Haia, 1964
UNIDROIT = *International Institute for the Unification of Private Law*
UPICC = *UNIDROIT Principles of International Commercial Contracts*
UPP = *University of Pennsylvania Press*, Filadélfia
UTET = *Unione Tipografico-Editrice Torinese*, Turim
v. = volume
v.u. = votação unânime

SUMÁRIO

INTRODUÇÃO

O risco do inadimplemento é um elemento incontornável de qualquer relação contratual que se prolongue no tempo. No contexto de uma economia de escala global com fundamento no crédito e impulsionada pelo desenvolvimento do comércio internacional, o estabelecimento de relações contratuais em que não há coincidência entre o momento da formação do contrato e o da sua execução é algo assimilado pela prática dos agentes de mercado. Na oportunidade da escolha de parceiros comerciais, a disposição que uma parte apresenta em correr o risco de descumprimento relacionada à execução da prestação pela outra parte pode ser descrita como um ato de confiança[1]. Assim, a existência do risco de descumprimento, sua eventual assunção pelas partes contratantes em razão da confiança e, especialmente, a materialização do inadimplemento são assuntos particularmente importantes para o direito privado em sua atividade de regulação dos mercados e de estruturação das normas relacionadas à atividade contratual.

Essa primeira observação tem como objetivo apontar que a ordem jurídica, em geral, e o direito privado, em especial, preocupam-se não em anular completamente o risco do inadimplemento da dívida, algo que estaria fora do alcance material do sistema jurídico, mas, antes, administrar a existência de tal risco, por meio de técnica própria, estabelecendo critérios normativos e respostas jurídicas para determinar quais serão consequências de sua existência e de sua materialização.

[1] Cf. COLLINS, Hugh. *Regulating contracts*. Oxford: OUP, 1999, p. 3.

É possível dizer, a título exclusivo de introdução do assunto, que o sistema jurídico institui, então, normas, sanções e remédios em razão do risco de descumprimento. As normas seriam aquelas respostas do sistema jurídico em reação ao surgimento de interesses. As sanções, por seu turno, seriam as consequências jurídicas em razão da violação de preceitos. Por fim, os remédios teriam como objetivo restaurar uma ordem legal violada ou um certo descumprimento, ou, ainda, teriam como escopo satisfazer uma necessidade de proteção[2].

O objeto do presente trabalho – a exceção de insegurança – está colocado no núcleo de tais temas. Presente atualmente na maioria dos países de tradição jurídica romano-germânica, incluindo os países sul-americanos, trata-se de um contradireito que autoriza o contratante que deverá prestar em primeiro lugar em uma relação com ordem nas prestações a suspender, legitimamente, a sua prestação, até que o outro contratante lhe apresente garantia suficiente ou, *a fortiori*, adiante sua prestação. Esse direito é conferido pelo ordenamento jurídico a tal contratante caso haja a manifestação objetiva da insuficiente capacidade do outro contratante em cumprir sua prestação.

Ela, dessa forma, não é um remédio à disposição de um contratante diante do mero risco de descumprimento da prestação que lhe é devida. Estamos diante, em verdade, de uma proteção contra um risco de descumprimento qualificado que surge no período de execução contratual, revestido de características determinadas e que são fruto do desenvolvimento histórico da figura.

A exceção de insegurança possui, destarte, um importante papel dogmático e prático dentro do panorama da segurança jurídica do direito contratual. É um instrumento que lida com o problema das vicissitudes relacionadas ao sinalagma contratual diante do decurso do tempo, na fase de execução do programa contratual. Como exceção substancial, a exceção de insegurança atende ao princípio *favor contractus*, vinculado à manutenção do negócio jurídico. Por meio da admissão da suspensão legítima da prestação, o sistema jurídico evita soluções jurídicas que acarretem a extinção do vínculo obrigacional, como é o caso da resolução.

[2] Essa primeira abordagem a respeito de normas, sanções e remédios é empregada nos termos propostos por MAZZAMUTO, Salvatore. La nozione di rimedio nel diritto continentale. *Europa e Diritto Privato*, 2007, 3, p. 585 e ss.

Ademais, a solução da suspensão contratual é extremamente prática, própria da dinâmica negocial, sobretudo internacional, com o objetivo de evitar danos, servindo como medida de coerção indireta.

Entretanto, os objetivos dos nossos esforços nesta tese não ficam restritos à análise do perfil jurídico geral da exceção de segurança, embora, ainda assim, nossa proposta seja a de desenvolver uma análise dogmática, de direito civil, sobre a figura. Este trabalho pretende realizar contribuições originais acerca de problemas que advêm de três grandes eixos norteadores.

Em primeiro lugar está a constatação de que a quase total ausência de estudos específicos publicados sobre a exceção de inseguranca no Brasil, até então, tem impossibilitado um debate mais aprofundado sobre as características da evolução histórico-dogmática da figura na cultura jurídica brasileira e em que medida a sua formulação em nosso ordenamento se relaciona com aquelas desenvolvidas em outros sistemas, tanto nos países de tradição de *common law* como nos de *civil law* e, mais recentemente, com as tentativas de uniformização do direito privado. O assunto, ademais, conduz o estudioso a perquirir sobre os fundamentos dessa modalidade de exceção substancial e em que medida, quando e se ela se diferencia da exceção de contrato não cumprido. Tentaremos, neste trabalho, contribuir para a evolução do assunto, em uma chave dogmática, de estudo jurídico em sentido estrito, demonstrando que a nossa tradição acerca da exceção de insegurança, até de modo pioneiro em determinados momentos, também pode ser inserida em um processo comum aos países de tradição de *civil law* de abstração de uma tutela específica para os contratos de compra e venda para, então, assumir um caráter de tutela sinalagmática aplicável aos contratos bilaterais.

Em segundo lugar, por meio da análise dos fundamentos, pressupostos, tentativas conceituais e exemplos concretos de aplicações da exceção de insegurança pelos tribunais brasileiros, isto é, pela análise do perfil dogmático da figura propriamente dito, demonstraremos que, atualmente, há uma grande gama de assuntos que exigem reflexões pormenorizadas e, acima de tudo, que demandam orientações mais seguras pela doutrina para que o tema seja tratado de modo harmonioso em nossa cultura jurídica. Exemplo e sintoma do potencial expansivo de nossa jurisprudência é a menção à "principiologia da exceção de insegurança" pelo STJ e, em menor grau, por tribunais estaduais, para a resolução de casos concretos, sem paralelo em outros sistemas ou construções estrangeiras, que exige, assim, reflexão cuidadosa sobre sua origem, função e, até mesmo, necessidade. Essa discussão é expressão do desafio doutrinário que se apresenta e que, todavia, a ela não se resume. O estudo da exceção de insegurança, no panorama atual, convida o intérprete a realizar a avaliação pormenorizada de seus pressupostos, limites, efeitos, convivência com formas de fragmentação contratual, modos de extinção da obrigação, confrontos com figuras afins, dentre outros enfoques, de modo a aclarar e definir a real extensão de seu âmbito operativo.

A análise cuidadosa dos limites da exceção de insegurança tem especial importância em momentos de uma grande crise econômica, como a presente, causada pela pandemia mundial da Covid-19, em que muitos autores, às vezes apressadamente e sem cuidado, buscam soluções para situações jurídicas afetadas pela crise. Veremos que, embora a exceção de insegurança tenha um lugar próprio nesse cenário, ela não tem a aptidão de ser uma solução ampla para o regramento das relações obrigacionais afetadas por tais alterações de circunstância.

Em terceiro lugar, e como aspecto central do trabalho, torna-se necessário enfrentar a situação de que, hoje, o sistema brasileiro deve lidar de forma direta com duas formulações acerca da exceção de insegurança. A primeira formulação, mais evidente, é aquela advinda do art. 477 do Código Civil[3], inserida em seção que regula a exceção de contrato não cumprido, praticamente idêntica à do art. 1.092, al. 2, do Código Civil de 1916[4]. A segunda é a formulação prevista no art. 71 da CISG[5], promulgada

[3] Art. 477. Se, depois de concluído o contrato, sobrevier a uma das partes contratantes diminuição em seu patrimônio capaz de comprometer ou tornar duvidosa a prestação pela qual se obrigou, pode a outra recusar-se à prestação que lhe incumbe, até que aquela satisfaça a que lhe compete ou dê garantia bastante de satisfazê-la.

[4] Art. 1.092. Nos contratos bilaterais, nenhum dos contraentes, antes de cumprida a sua obrigação, pode exigir o implemento da do outro.
Se, depois de concluído o contrato, sobreviver a uma das partes contratantes diminuição em seu patrimônio, capaz de comprometer ou tornar duvidosa a prestação pela qual se obrigou, pode a parte, a quem incumbe fazer prestação em primeiro lugar, recusar-se a esta, até que a outra satisfaça a que lhe compete ou dê garantia bastante de satisfazê-la.

[5] Artigo 71 (1) Uma parte poderá suspender o cumprimento de suas obrigações se, após a conclusão do contrato, tornar-se evidente que a outra parte não cumprirá parcela substancial

no Brasil por meio do Decreto n. 8.327/2014. A CISG é reconhecida como um dos mais importantes marcos do direito uniforme e do direito dos contratos internacional, instrumento de direito material mais bem aceito de que se tem notícia[6].

Embora não seja o objetivo deste trabalho fazer uma análise de direito internacional privado propriamente, o direito brasileiro, nos anos que virão, certamente não ficará alheio ao desenvolvimento do comércio internacional, e, dessa forma, à influência da evolução da tutela jurídica internacional sobre os contratos bilaterais. Esse aspecto é especialmente importante naqueles institutos relacionados à autotutela, como é o caso da exceção de insegurança. Contudo, a circunstância de termos no sistema brasileiro, atualmente, duas formulações sobre a exceção de insegurança ainda não foi avaliada de modo consequente e com a profundidade merecida. O tema deve ser enfrentado, sob pena de se abrir espaço para uma eventual consolidação de interpretações dissonantes entre as duas formulações, o que seria um grave atentado à coerência sistêmica em relação à exceção de insegurança.

Sempre dentro dos três eixos norteadores apontados acima, o trabalho está dividido em oito capítulos além desta introdução.

No primeiro capítulo trataremos de abrir um pouco mais o enfoque que propomos sobre a contextualização da exceção de insegurança, no sentido de posicioná-la como um remédio relacionado ao risco de descumprimento contratual, expressão de autotutela das partes contratantes e que, portanto, encarta relevantes desafios relacionados à segurança jurídica.

de suas obrigações, devido: (a) a grave insuficiência em sua capacidade de cumpri-las, ou em sua solvência; ou (b) à maneira como se dispõe a cumprir ou como cumpre o contrato. (2) Se o vendedor houver expedido as mercadorias antes de se tornarem evidentes os motivos a que se refere o parágrafo anterior, poderá se opor a que o comprador tome posse das mercadorias, ainda que este seja portador de documento que lhe permita obtê-la. Este parágrafo refere-se somente aos direitos respectivos do comprador e do vendedor sobre as mercadorias. (3) A parte que suspender o cumprimento de suas obrigações, antes ou depois da expedição das mercadorias, deverá comunicá-lo imediatamente à outra parte, mas deverá prosseguir no cumprimento se esta oferecer garantias suficientes do cumprimento de suas obrigações.

[6] Cf. SCHWENZER, Ingeborg; PEREIRA, Cesar A. Guimarães; TRIPODI, Leandro. Apresentação. In: SCHWENZER, Ingeborg; PEREIRA, Cesar A. Guimarães; TRIPODI, Leandro. *A CISG e o Brasil. Convenção das Nações Unidas para os Contratos de Compra e Venda Internacional de Mercadorias*. São Paulo: Marcial Pons, 2015, p. 9.

Essa parte terá como objetivo fixar certos pontos e impressões para melhor desenvolver o desenlace e a pertinência dos diferentes enfoques que proporemos ao longo do trabalho. Nesse momento daremos a noção sobre segurança jurídica que utilizaremos para avaliar o nosso objeto de estudo. Ademais, começaremos a demonstrar que a análise jurídica da exceção de insegurança e eventuais propostas sobre o tema devem levar em conta o fato de que se trata de uma figura que tem um passado e presente que determinarão seu futuro, sendo imperioso respeitar e reconhecer esses limites.

No segundo capítulo buscaremos no direito romano os alicerces da exceção de insegurança como uma exceção substancial. É necessário pontuar que nosso trabalho, em tal momento, não fará propriamente uma análise de direito romano, mas, em verdade, trará uma visão civilista sobre o direito romano, na busca das fontes dogmáticas relacionadas ao nosso objeto de estudo. Essa abordagem será essencial para apontarmos como a exceção de insegurança se projeta, juridicamente, na estrutura de uma relação jurídica contratual. De uma origem procedimental, oriunda do período formular romano, a exceção de insegurança se desenvolve como exceção substancial que servirá àquela parte demandada, o excipiente, paralisando a pretensão do outro contratante, o excepto, de acordo com os limites e pressupostos estabelecidos pelo sistema.

No terceiro capítulo traremos nossa contribuição completa de abordagem histórico-dogmática sobre a exceção de insegurança. Em suma, tentaremos demonstrar de onde viemos, até onde chegamos e em que circunstâncias, ainda que não seja nossa pretensão realizar um ensaio com métodos próprios de história do direito. Iniciaremos por tratar de um elemento precedente essencial ao surgimento e formação da exceção de insegurança como a conhecemos hoje, ocorrido com a evolução do que pode ser sumarizado como princípio *inadimplenti non est adimplendum*, que representa, *grosso modo*, a ideia de que ao inadimplente não é devido o adimplemento. Trata-se de um movimento de natureza moral, impulsionado sobretudo pelos canonistas e pós-glosadores, que influenciou sobremaneira os sistemas jurídicos contemporâneos, disseminando a feição contemporânea de sinalagma. Veremos que por mais que a exceção de insegurança, nesse ponto, divida sua base justificadora com a exceção de contrato não cumprido, a própria ideia por trás desse princípio, se o levarmos em consideração de modo consequente, permite concluir que a tutela diante de um risco sério de inadimplemento também encontra guarida nos sistemas jurídicos em que o princípio *inadimplenti non est adimplendum* tem influência.

Em seguida, trataremos do desenvolvimento moderno da exceção de insegurança, em que podemos identificar suas verdadeiras sementes. Nesse momento demonstraremos a importância do pensamento de Pothier ao estabelecer, no século XVIII, uma regra específica aplicável aos contratos de compra e venda, autorizando o vendedor a legitimamente suspender a prestação devida na denominada compra e venda a crédito. Seu pensamento influenciou o texto da codificação napoleônica, que, ao prever essa tutela específica ao vendedor, permitiu que as ditas sementes da exceção de insegurança se espalhassem pelas culturas jurídicas e codificações ao redor do mundo. Os principais países de tradição de *civil law* foram, cada um ao seu tempo e modo, trabalhando os pressupostos, fundamentos e efeitos, ou seja, desenvolvendo e assimilando a figura, até que ela encontrasse consagração praticamente generalizada nos países que desenvolveram codificações civis e, posteriormente, não só como tutela da compra e venda, mas sim como remédio relativo aos contratos sinalagmáticos. Nesse ponto também faremos nossa proposta sobre a forma e o momento em que essa influência foi sentida na cultura jurídica brasileira, posicionando o Brasil nesse contexto maior.

No quarto capítulo do trabalho faremos, propriamente, nossas análises e contributos acerca do perfil dogmático da exceção de insegurança. Em um primeiro momento, trataremos das características gerais, natureza, funções, fundamento e panorama jurisprudencial da exceção de insegurança, conforme admitida hoje no sistema brasileiro. Em seguida faremos uma avaliação sobre o inadimplemento e o risco do inadimplemento, noções essenciais para que possamos demonstrar o núcleo da nossa compreensão da exceção de insegurança. Veremos, ali, ao tratarmos de modo mais detalhado sobre os atuais pressupostos da exceção de insegurança, quais são as pressões evolutivas que influenciam as atuais reflexões sobre seus limites operativos. Também, nesse ponto, faremos uma necessária análise crítica de manifestações jurisprudenciais e contribuições doutrinárias diversas que, porquanto dirigidas a conferir uma feição contemporânea às nossas formulações e dar soluções a casos concretos, acabam gerando instabilidades interpretativas.

No quinto capítulo do trabalho trataremos especificamente dos efeitos da invocação da exceção de insegurança e de seu funcionamento no contexto da solidariedade obrigacional e, também, na fragmentação das obrigações e sua relação com terceiros. A invocação da exceção de insegurança paralisa a pretensão do excepto que, entretanto, poderá realizar certas atividades para restaurar a sua pretensão. Nesse ponto daremos nossa contribuição acerca da natureza jurídica dessas atividades do excepto diante da oposição da exceção de insegurança. Com relação à solidariedade e à complexidade obrigacional, faremos um exercício sobre as principais variáveis que podem surgir, tentando apresentar um modelo o mais abrangente e coerente possível, de acordo com a visão que temos sobre a exceção de insegurança, a guiar a aplicação nos diferentes cenários que possam surgir.

No sexto capítulo do trabalho faremos o confronto da exceção de insegurança com figuras afins. Tal confronto, somente possível depois de explicitarmos nossas impressões sobre o perfil dogmático da figura, mostra-se bastante útil à compreensão das dificuldades jurisprudenciais no tratamento da figura, tendo em vista que, por vezes, aplica-se a exceção de insegurança quando outra figura seria mais apropriada, e vice-versa. Todavia, a confusão não acontece por acaso, uma vez que, efetivamente, um "direito a não prestar" em termos gerais, ainda que não seja propriamente uma suspensão da prestação, pode estar presente em outras figuras, como no direito de retenção, vencimento ou inadimplemento antecipado ou ainda naquelas soluções jurídicas relacionadas à alteração superveniente das circunstâncias. Nesse particular, trataremos com mais vagar, a título de exemplo, dos desafios do sistema português em torno da perda do benefício do prazo e a ausência de uma formulação naquele direito nacional sobre a exceção de insegurança e de como essa experiência pode servir de lições ao panorama brasileiro.

No sétimo capítulo trataremos daquilo que chamamos de causas impeditivas e extintivas da exceção de insegurança, uma divisão que retrata, em verdade, as formas mais comuns que os impedimentos e a extinção da figura podem assumir. Trataremos, dentre outros temas, da possibilidade de renúncia antecipada da exceção de insegurança, tema polêmico em nossa doutrina.

Por fim, no oitavo e último capítulo, traremos de modo sumarizado, numericamente ordenado e do modo mais completo possível, cada uma das propostas e contributos obtidos ao longo do trabalho.

Como conclusão desta parte introdutória, podemos apontar que, apesar de a exceção de insegurança ser um tema extremamente rico, dinâmico, de importante aplicação prática e presente em nossa experiência doutrinária e jurisprudencial, ela ainda é um grande campo aberto para discussões e contribuições de variadas ordens. Levando-se em consideração, também, o contexto civil e empresarial em que ela demonstra sua utilidade prática, não há como não enxergar que a exceção de insegurança será um tema cada vez mais presente nos debates sobre remédios e defesas contratuais, inclusive em nível internacional. De certa forma, podemos dizer que as discussões e o estudo da exceção de insegurança estão apenas começando.

1.
CONTEXTUALIZAÇÃO DO TEMA

1.1. O risco e a segurança jurídica nas relações contratuais

Como base principal das propostas que pretendemos fazer neste trabalho, será necessário percorrer as origens e traçar o perfil jurídico do nosso objeto de estudo, qual seja, a figura da exceção de insegurança, também denominada exceção de inseguridade[7]. Como rápida apresentação do tema, trata-se de uma das espécies de exceções substanciais – de

[7] "Exceção de insegurança" e "exceção de inseguridade", em português, são expressões sinônimas referentes à mesma figura jurídica. Embora seja possível apontar que, no Brasil, há uma preferência marginal pela expressão "exceção de inseguridade" tanto na doutrina como jurisprudência, por motivos que serão apontados ao longo deste trabalho, é também difundida e admitida a expressão "exceção de insegurança", inclusive em obras portuguesas. Neste trabalho preferimos utilizar o termo "exceção de insegurança". É possível, ainda, encontrar o uso de outras expressões além dessas duas, embora, efetivamente, sejam manifestações raras e pontuais. Veja-se, por exemplo, o uso da expressão "exceção de seguridade" nos seguintes julgados: TJ de Alagoas, Seção Especializada Cível, AR 0800375-15.2015.8.02.0000, Rel. Des. Pedro Augusto Mendonça de Araújo, v.u., d.j. 20-02-2017, e TJ do Rio Grande do Sul, 6ª Câm. Cív., AC 597221753, Des. Rel. Antônio Janyr Dall'Agnol Junior, v.u., d.j. 04-03-1998. Com menos propriedade técnica, por motivos que também descreveremos ao longo do trabalho, é possível encontrar referência à "exceção de insolvência" em julgados nacionais (ver TJ do Distrito Federal, 2ª Turma Cível, AC 20090110619027APC, Rel. Des. Sérgio Rocha, v.u., d.j. 18-02-2012; TJ do Rio Grande do Sul, 17ª Câm. Cív., AC 70083105288, Des. Rel. Liége Puricelli Pires, v.u., d.j. 19-11-2019).

direito civil, material – que tem como função tutelar o risco objetivo de inadimplemento relacionado à incapacidade de cumprimento do excepto em um contrato bilateral. Sendo um mecanismo relacionado ao risco de inadimplemento, é uma figura relevante em uma "*économie d'endettement*", como é a economia contemporânea, sobretudo internacional, conforme contexto traçado por Adrea Pinna[8].

Embora ainda timidamente discutida na doutrina nacional, a exceção de insegurança é um remédio jurídico contratual de relevante impacto para o tráfego jurídico, prevista em diversos ordenamentos jurídicos e tentativas de uniformização do direito privado, recebendo, inclusive, especial atenção em importantes esforços de atualização legislativa contemporâneos como, por exemplo, a reforma do direito das obrigações alemão de 2002 e a reforma na codificação francesa por meio da *Ordonnance* n. 2016-131.

Essa figura jurídica encontra-se inserida no contexto da autotutela no contrato bilateral, uma vez que se reconhece ao devedor, que é também credor de seu credor, o direito de recusar o cumprimento da sua prestação em defesa de seu crédito, sem que, necessariamente, haja a formação de uma relação processual entre eles[9]. Ela também diz respeito ao desenvolvimento patrimonial e, mais precisamente, à capacidade prestacional dos atores envolvidos na relação obrigacional sinalagmática e aos efeitos da alteração de contexto na fase de execução contratual. Dessa forma, a pertinência de seu estudo e avaliação crítica se apresentam com bastante justificação.

Porém, apesar desse quadro, a exceção de insegurança não está livre da situação das exceções materiais em geral, sendo por vezes esquecidas, conforme apontou Serpa Lopes[10], ou mal compreendidas pela doutrina, em crítica precisa de Daisy Gogliano[11], embora, valha a pena notar,

[8] PINNA, Andrea. L'exception pour risque d'inexécution. *RTDCiv*, Paris: Dalloz, v. 13, 2003, jan./mar., p. 32.

[9] Sobre a noção de autotutela, ver FONSECA, Ana Taveira da. *Da recusa de cumprimento da obrigação para a tutela do crédito*: em especial na excepção de não cumprimento, no direito de retenção e na compensação. Coimbra: Almedina: 2015, p. 22.

[10] Cf. SERPA LOPES, Miguel Maria. *Exceções substanciais*: exceção de contrato não cumprido. Rio de Janeiro: Freitas Bastos, 1959, p. 6.

[11] Cf. GOGLIANO, Daisy. *A exceção civil como instrumento de tutela na resolução dos contratos sinalagmáticos*. Tese (Professor Titular do Departamento de Direito Civil) – Faculdade de Direito, Universidade de São Paulo, São Paulo, 2013, p. 11 e ss.

existam notáveis exceções a essa regra[12]. Como já afirmou Mota Pinto, com certo grau de sarcasmo, a doutrina de direito privado, dentro do tema da exceção substancial, parece estar mergulhada em um "sono de bela adormecida"[13].

Os esforços pretendidos neste trabalho têm como objetivo, em última análise, contribuir para a segurança jurídica em relação ao nosso objeto de estudo. Por mais que indicar uma definição precisa sobre segurança jurídica seja tarefa difícil e, quiçá, somente alcançável a contento após um estudo específico, tentaremos aqui dar uma noção que seja útil ao desenvolvimento do tema ora proposto, coerente com o escopo que pretendemos neste estudo e que, finalmente, descreva com precisão o fenômeno ao qual estamos a nos referir.

Fritz Schulz aponta, em suas aulas sobre "Princípios do Direito Romano", que a segurança do direito (ou segurança jurídica) admite dois sentidos. O primeiro deles representa, antes de tudo, a certeza de que o direito se impõe a si mesmo na luta com o injusto. Em um segundo momento, a segurança jurídica traduziria a certeza sobre aquilo que o direito é, a cognoscibilidade da ordem jurídica e a previsibilidade das consequências jurídicas que um determinado e concreto suporte fático provoca[14].

[12] Apesar da ausência de publicação de monografias específicas sobre a exceção de insegurança no Brasil, é possível apontar um crescente interesse doutrinário sobre o tema de outras exceções, notadamente a exceção de contrato não cumprido, que permitem uma certa consolidação sobre a história das exceções no ordenamento jurídico brasileiro, partindo dos trabalhos nacionais clássicos sobre o tema e abrindo novos caminhos de pesquisa. O próprio estudo da história e contornos da exceção de insegurança em nosso ordenamento acaba passando pela trilha comum de outras modalidades de exceções que receberam maior tratamento doutrinário. O tema será aprofundado ao longo deste trabalho.

[13] "Quer nos parecer desempenhar o instituto jurídico da exceção material, no direito vigente, uma função própria e constitui uma figura autônoma, não obstante o sono de bela adormecida em que a tem deixado mergulhada a inconsideração de quase toda a doutrina privatística" (MOTA PINTO, Carlos Alberto da. *Cessão da posição contratual.* Coimbra: Almedina, 2003, p. 360-361).

[14] SCHULZ, Fritz. *Princípio de direito romano*: aulas de Fritz Schulz. Trad. Josué Modesto Passos. São João da Boa Vista: Editora Filomática Sorocabana, 2020, p. 174.

Nosso intento, neste trabalho, não está ligado à primeira acepção, já que ela depende essencialmente de verificar se o Estado constituído ou outra forma de organização social com força coercitiva confere ou não proteção jurídica suficiente. Ou seja, trata-se de acepção que exprime um sentido de segurança jurídica vinculado à capacidade técnica, intelectual e material, e, em última análise, de formação pessoal, das pessoas e órgãos incumbidos da administração da Justiça, e em que medida a sociedade confia na administração da Justiça realizada por essa camada burocrática[15]. Nosso objetivo, em verdade, dirige-se à acepção de segurança jurídica relacionada à segurança do direito, sobre a segurança do conteúdo das normas jurídicas.

Fritz Schulz ainda se esforça a traduzir o que seria essa segunda acepção ao indicar, por via contrária, quais seriam os fatores que geram insegurança com relação à cognoscibilidade da ordem jurídica. Dentre eles destaca-se o livre-arbítrio dos órgãos do Estado, em particular das autoridades judiciárias, na aplicação do direito. Também se apresenta como importante fator de insegurança jurídica a circunstância de a ordem jurídica ligar as suas consequências jurídicas a suportes fáticos que só podem ser reconhecidos com dificuldade, cuja notoriedade falta, que não são suportes fáticos externos[16].

Nessas noções de simplicidade e precisão bastante esclarecedoras e úteis basearemos nossas considerações. Em primeiro lugar, demonstraremos que a avaliação da exceção de insegurança não está imune a fatores que geram insegurança jurídica, dentre eles o livre-arbítrio interpretativo das autoridades judiciárias. No direito romano temos exemplos desse relativo livre-arbítrio, mitigado pela tradição e pela *constantia*[17], na possibilidade

[15] Assim exemplifica Fritz Schulz, de modo bastante claro, a diferença entre a primeira e a segunda acepção de segurança jurídica: "Imaginemos nós uma ordem jurídica que entregue a decisão completamente ao arbítrio do juiz, mas que também cuide para que o juiz seja uma personalidade significativa, justa, independente por todos os lados: então está dada a segurança jurídica no primeiro sentido – porque existe certeza de que o direito venha a prevalecer –, mas a falta a segurança jurídica no segundo sentido. Vice-versa, se a ordem jurídica está fixada em códigos minuciosos, mas se o juiz é ignorante, corruptível, dependente, então existe, é verdade, a certeza sobre o direito, mas é incerto se esse direito se imporá ou não" (idem, p. 174).

[16] Idem, p. 181, apontando que a expressão "suportes fáticos externos" é de Wellspacher.

[17] Idem, p. 180-181.

de o magistrado no processo civil conferir ou denegar proteção jurídica (*actio, exceptio, in integrum restitutio*) ou a considerável liberdade no manejo da fórmula[18], tema de que trataremos adiante neste trabalho.

Assim, não estamos aludindo que as autoridades judiciárias, nacionais ou estrangeiras, realizam um livre-arbítrio de forma interessada, deliberada ou até mesmo consciente. A insegurança jurídica a que fazemos referência, neste momento, é em sentido objetivo. Em sua feição contemporânea, entendemos que esse fenômeno ocorre quando são proferidas decisões que não articulam devidamente as categorias jurídicas determinadas em normas, respeitando seus limites interpretativos e operativos, gerando imprevisibilidade sobre a aplicação do direito e, em situações extremas, decisões arbitrárias. Veremos, dentre outros exemplos, que a falta de compreensão sobre o âmbito operativo da exceção de insegurança, a falta de percepção precisa sobre qual é exatamente o risco a que ela serve como remédio jurídico ou então seu uso principiológico pode, por vezes, ser um fator de insegurança jurídica atualmente.

Também traçaremos considerações sobre fatores de insegurança jurídica relacionados à dificuldade do conhecimento de suportes fáticos para a aplicação de consequências jurídicas. Essa noção permeará, por exemplo, nossa análise sobre os pressupostos da exceção de insegurança que, em sua formulação da codificação de 2002, apresenta suportes fáticos que, diante dos próprios elementos escolhidos pelo legislador, como a redução patrimonial do excepto e o seu momento de ocorrência, provocam dificuldades nas assimilações concretas da figura e, portanto, a estabilização de entendimentos coerentes. Essa situação está longe de ser uma particularidade brasileira, inclusive dentro do próprio tema da exceção de insegurança. Destacaremos, ao longo do trabalho, o papel criativo e fomentador da segurança jurídica executada pelos órgãos julgadores, essenciais, inclusive, ao impulso evolutivo da figura e sua adaptação às necessidades práticas do tráfego jurídico, com destaque às experiências alemã, francesa e italiana, cada uma a seu modo.

Assim, dentro do tema da exceção de insegurança, a atuação do intérprete, sobretudo dos órgãos do Poder Judiciário, não pode ser considerada como sempre deletéria e tampouco como última e única guardiã da

[18] Idem.

segurança jurídica. Dependendo de como a atividade de administração da justiça e de conhecimento sobre o direito é realizada, ela pode fomentar a segurança jurídica em relação à figura, ou, ao contrário, ser um fator de insegurança jurídica. Essa é a situação atual, assim como era no período romano[19].

Este trabalho, assim, pretende realizar propostas construtivas e se juntar aos esforços do despertar das exceções substanciais e contribuir para o esclarecimento do perfil jurídico da exceção de insegurança, o que, derradeiramente, poderá fomentar a segurança jurídica com relação ao tema e trazer à tona sua maior utilidade prática para os atores do tráfego jurídico. Faremos abaixo, a título de primeiras considerações, uma breve apresentação e contextualização dos pontos nodais que serão tocados pelo estudo, seus objetivos e alcance.

1.2. Autotutela e a exceção de insegurança

Em linhas gerais, a exceção de insegurança é instrumento que fornece tutela diante do risco de que uma dívida em um contrato bilateral com prestação diferida no tempo não seja adimplida em razão de determinadas circunstâncias. Em razão disso, as legislações que admitem essa figura colocam à disposição daquela parte que se encontra na situação de risco o instrumento jurídico da exceção material, com o objetivo de reequilibrar a dinâmica contratual inicialmente estabelecida.

Trata-se, assim, de uma exceção material de tutela do sinalagma contratual. Com a oposição da exceção, poderá o excipiente recusar a sua prestação, sem incorrer em ilícito advindo da mora ou do inadimplemento absoluto, até que a contraprestação devida pela outra parte seja adimplida ou lhe seja oferecida garantia suficiente. Ela age sobre o direito substancial contratual, embora possa apresentar reflexos no âmbito do direito processual.

Sobre sua atuação no âmbito da autotutela contratual[20], é possível afirmar que a exceção de insegurança opera naquele espaço conferido aos

[19] Idem, p. 179-180.

[20] Cf. ROPPO, Vincenzo. Il contratto. In: IUDICA, Giovanni; ZATTI, Paolo (Coord.). *Trattato di diritto privato*. Milano: Giuffrè, 2001, p. 990.; GABRIELLI, Enrico. Il contratto e i rimedi: la sospensione dell'esecuzione. *Jus Civile*, Torino: Giappichelli Editore, v. I, p. 18-38, 2014, p. 18.

entes privados para agirem por si só na defesa de seus legítimos interesses dentro de uma relação contratual. Ela é, portanto, uma figura de especial interesse em sistemas que privilegiam a atividade, o agir privado, na tutela de seus interesses[21]. Conforme aponta Pietro Trimarchi, os remédios relacionados à autotutela são modos eficazes de defesa justamente porque não exigem o recurso à autoridade judiciária[22]. Marco Rossetti, ao versar sobre a exceção dilatória prevista no art. 1.461 do Código Civil italiano de 1942, cabível em caso de *pericolo di inadempimento*, ressalta que a suspensão da prestação ali admitida constitui uma forma de autotutela privada[23-24].

Assim, a utilização dessa defesa jurídica (em um sentido amplo de defesa) quanto ao risco do não cumprimento do crédito se dá a princípio por atividade própria da parte devedora inicialmente, paralisando, pela invocação de um contradireito, a pretensão do credor (que também será considerado devedor no momento contratual posterior). A correta invocação da exceção usualmente só é objeto de análise judicial prospectivamente. Nesse ponto reside o aparente paradoxo apontado por Catherine Malecki sobre a exceção substancial: ela possui um caráter de justiça privada, podendo ser exercida fora do juízo, mas, na prática, ela é comumente submetida à apreciação judicial[25].

A circunstância de a exceção de insegurança ser uma figura ligada ao exercício da autotutela e, portanto, deixar a cargo de uma das partes, por si só e sem intermediação de qualquer autoridade judiciária, fazer a primeira análise da juridicidade de sua demanda não exclui o fato de que eventuais abusos ou invocações indevidas da figura poderão passar pelo crivo judicial ou arbitral. Nesse ponto haverá uma decisão sobre a legalidade

[21] A autotutela também é questão de elevado e crescente interesse na comunidade europeia. Sobre o tema ver, por todos, MACARIO, Francesco. Modificazioni del patrimonio del debitore, poteri di controllo del creditore e autotutela. In: *Studi in onore di Cesare Massimo Bianca*. Milano: Giuffrè, 2006. t. 4, p. 205.

[22] Cf. TRIMARCHI, Pietro. *Il contratto*: inadempimento e rimedi. Milano: Giuffrè, 2010, p. 54.

[23] Cf. ROSSETTI, Marco. *La risoluzione per inadempimento*. Milano: Giuffrè, 2012, p. 536.

[24] Em sentido contrário, porém diretamente em relação à exceção de contrato não cumprido, cf. PERSICO, Giovanni. *L'eccezione d'inadempimento*. Milano: Giuffrè, 1955, p. 33-35. Para o autor, tal exceção deve ser enxergada exclusivamente como um direito potestativo autônomo. Trataremos do tema adiante neste trabalho.

[25] MALECKI, Catherine. *L'exception d'inexécution*. Paris: LGDJ, 1999, p. 133.

ou ilegalidade da oposição da exceção, que deverá ainda estabelecer seus efeitos, tais como a incidência dos efeitos da mora e do inadimplemento em desfavor do excipiente em decorrência do não cumprimento no momento inicialmente previsto no programa contratual.

Aqui encontramos um primeiro ponto de atenção. O fato de eventuais abusos ou ausência dos pressupostos de invocação dos instrumentos de autotutela estarem sujeitos à posterior apreciação arbitral ou judicial não pode significar autorização para que seu âmbito de ampliação possa ser visto de forma ampliativa pelo intérprete. Devemos, neste momento, consignar a existência de opiniões contrárias que criticam a rejeição ao alargamento das situações de recusa lícita do cumprimento para a autotutela de um direito de crédito. Essa rejeição seria injustificada porque o credor, na verdade, não recorreria à força – e sim, à recusa – e, também, como mencionamos acima, porque "os tribunais poderão aferir da licitude da recusa, pelo que a paz e ordem pública se encontram por esta via asseguradas"[26]. Tentaremos demonstrar ao longo deste trabalho que, não só por se tratar de um mecanismo de autotutela, mas sim em razão de outras regras aplicáveis às relações obrigacionais, os pressupostos autorizadores da exceção de insegurança devem ser enxergados de uma forma restrita.

De toda forma, em sua concepção, muito embora a tutela da exceção de insegurança legitime a suspensão da execução da prestação, afetando, portanto, o programa contratual conforme originalmente pactuado, ela não merece ser vista como uma mácula, ou *vulnus*, para utilizar a expressão de Fabio Addis em sua *Ricerche sull'eccezione di insicurezza*[27], às regras incidentes sobre a eficácia contratual. Ela, portanto, de modo algum está em contradição com os princípios que regem a autonomia privada. Ela permite que a autonomia privada seja tutelada de forma consistente na fase de execução negocial, momento essencial para o interesse das partes envolvidas.

[26] FONSECA, Ana Taveira da. *Da recusa de cumprimento da obrigação para a tutela do crédito*: em especial na excepção de não cumprimento, no direito de retenção e na compensação, cit. p. 534-535.

[27] A expressão é de ADDIS, Fabio. Presentazione. In: ADDIS, Fabio (Coord.). *Ricerche sull'eccezione di insicurezza*. Milano: Giuffrè, 2006, p. ix–x.

1.3. A exceção de insegurança: passado, presente e futuro

A exceção de insegurança, como exceção dilatória aplicável aos contratos bilaterais, tem uma história própria. Sua positivação legal, que, no direito nacional brasileiro, se realiza hoje por meio do art. 477 do Código Civil[28], deve também ser situada dentro de um processo histórico-dogmático.

A exceção de insegurança, antes de tudo, deve ser avaliada como exceção substancial, o que, por si só, convida o intérprete a perquirir sobre as origens, fundamentos e características jurídicas dessa espécie de contradireito, que deita suas raízes no direito romano clássico. Porém, como veremos adiante, é na modernidade que seus traços distintivos ganham forma e, inclusive, permitem apontar sua autonomia operacional em relação a outras exceções substanciais, notadamente em relação à exceção de contrato não cumprido.

Foi por meio das ideias de Pothier, especificamente no seu *Tratado do contrato de compra e venda*, que as sementes jurídicas da exceção de insegurança foram plantadas nos países que adotaram a técnica legislativa das codificações[29-30]. Inicialmente, o Código Civil napoleônico previu apenas uma tutela suspensiva específica aplicável à compra e venda a crédito em benefício do vendedor contra o risco de descumprimento do comprador[31]. O *Code* teve grande impacto nos ordenamentos jurídicos que começavam a utilizar a técnica legislativa da codificação civil, de modo

[28] Art. 477. Se, depois de concluído o contrato, sobrevier a uma das partes contratantes diminuição em seu patrimônio capaz de comprometer ou tornar duvidosa a prestação pela qual se obrigou, pode a outra recusar-se à prestação que lhe incumbe, até que aquela satisfaça a que lhe compete ou dê garantia bastante de satisfazê-la.

[29] POTHIER, Robert Joseph. *Tratado del contrato de compra y venta*. Trad. Sociedad de Amigos Colaboradores. Barcelona: Imprenta y Litografia de J. Roger, 1841, p. 33 e ss.

[30] Sobre os pensamentos de Pothier e sua importância no desenvolvimento da exceção de insegurança, cf. ADDIS, Fabio. *Il "mutamento" nelle condizioni patrimoniali dei contraenti*. Milano: Giuffrè, 2013, p. 35-45. Voltaremos ao tema em capítulo específico neste trabalho.

[31] Essa tutela estava prevista no art. 1.613, conforme redação original do Código Civil napoleônico: "Article 1613. Il ne sera pas non plus obligé à la délivrance, quand même il aurait accordé un délai pour le paiement, si, depuis la vente, l'acheteur est tombé en faillite ou en état de déconfiture, en sorte que le vendeur se trouve en danger imminent de perdre le prix; à moins que l'acheteur ne lui donne caution de payer au terme".

que a tutela suspensiva como proteção ao vendedor foi repetida em outras jurisdições, como, por exemplo, é o caso italiano[32]. Nesse momento histórico, a figura ainda tinha um caráter estrito e sua configuração positiva expressa exigia o exame das condições patrimoniais do vendedor após a conclusão do contrato. Assim, antes de ser um remédio jurídico aplicável aos contratos bilaterais em geral, a defesa contra o risco objetivo de descumprimento tomou a forma de proteção contra o risco de inadimplemento em um contrato típico: a compra e venda. Essa modalidade de tutela é o antecedente normativo direto da exceção de insegurança, seu progenitor[33].

O BGB foi a primeira codificação a colocar o que hoje é conhecido como exceção de insegurança como uma proteção de caráter mais abstrato destinada a tutelar os contratos bilaterais. Em sua redação original, o § 321 do BGB não utilizava ainda o termo *Unsicherheitseinrede* e estava apegado ao pressuposto da redução patrimonial daquele que deverá executar a prestação em segundo lugar após a celebração do contrato[34]. Todavia, esse movimento deu mais um impulso no movimento histórico de construção da figura, que agora tinha posição dentre os dispositivos tendentes a regular os contratos em geral, especificamente os contratos bilaterais.

[32] Estamos a nos referir ao Código Civil italiano de 1865, que previa em seu art. 1.469 o seguinte: "Art. 1469. Il venditore che non ha accordata dilazione al pagamento, non è tenuto a consegnare la cosa, se il compratore non ne paga il prezzo. Egli non è tenuto alla consegna della cosa, ancorchè avesse accordata una dilazione al pagamento, se dopo la vendita il compratore cade in istato di falimento o di non solvenza, in guisa che il venditore si trovi in pericolo imminente di perderei il prezzo, salvo che il compratore dia cauzione di pagare nel termine pattuito". Sobre o tema e a circunstância de o dispositivo em questão ser somente parcialmente análogo ao art. 1.461 do Código Civil italiano de 1942, cf. AULETTA, Giuseppe. *La risoluzione per inadempimento*. Milano: Giuffrè, 1942, p. 299 e ss.).

[33] ADDIS, Fabio. Presentazione. In: ADDIS, Fabio (Coord.). *Ricerche sull'eccezione di insicurezza*. Milano: Giuffrè, 2006, p. ix-x.

[34] Assim era a redação do § 321 do BGB antes da reforma do direito das obrigações de 2002: "§ 321. Wer aus einem gegenseitigen Vertrage vorzuleisten verpflichtet ist, kann, wenn nach dem Abschlusse des Vertrags in den Vermögensverhältnissen des anderen Theiles eine wesentliche Verschlechterung eintritt, durch die der Anspruch auf die Gegenleistung gefährdet wird, die ihm obliegende Leistung verweigern, bis die Gegenleistung bewirkt oder Sicherheit für sie geleistet wird".

No que diz respeito ao contexto brasileiro, as Ordenações Filipinas[35] e o Código Comercial de 1850[36] já faziam com que nossa cultura jurídica se familiarizasse com a existência de uma tutela suspensiva em benefício do vendedor nos contratos de compra e venda a crédito, à semelhança do sistema francês original. Porém, foi somente na codificação de 1916, inspirado pelo movimento inaugurado pelo BGB, que essa tutela suspensiva ganhou espaço entre os dispositivos relacionados aos contratos bilaterais.

Embora já fosse possível identificar, de acordo com sua natureza e função, sua autonomia em relação à exceção de contrato não cumprido, o dado normativo não deixava essa característica totalmente aparente, o que, em verdade, era a realidade da totalidade das codificações que,

[35] Ver Ordenações Filipinas, Livro IV, Título V (grafia do original): "Do comprador, que não pagou o preço ao tempo, que devia, por a causa não ser do vendedor. Se o comprador fôr entregue da cousa que comprou, e antes de pagar o preço ao vendedor, lhe for dito, que a cousa não he do vendedor, não será obrigado a lhe pagar o preço; e se lhe já tiver pago parle delle, não será obrigado a lho acabar de pagar, até que o vendedor lhe dê bons fiadores leigos e abonados, que sendo-lhe a cousa vencida, lhe componham o vencimento della. Porém, se o vendedor tiver tantos bens de raiz desembargados, que bastem para inteiramente cumprir o vencimento da cousa, sendo vencida, não será obrigado dar fiança, pois tem bens, per que com ponha o vencimento della;
E por quanto, tanto que a compra e venda for acabada per consentimento das partes, deve o vendedor entregar primeiro a cousa vendida ao comprador e depois o comprador lhe deve logo pagar o preço, se o vendedor recuzar entregar primeiro a cousa vendida ao comprador, receando de não poder delle haver o preço, e o comprador não confiar do vendedor, duvidando haver delle a cousa comprada, sem lhe primeiro pagar o preço.
Mandamos, que a cousa vendida e o preço sejam entregues em mão de homem fiel, o qual tanto que de tudo fór entregue, faça as partes contentes, dando ao vendedor o preço, e ao comprador a cousa; e tanto que o comprador fór entregue da cousa comprada, e pagar o preço ao vendedor, ou offerecer, logo he feito della senhor; e não pagando, nem offerecendo logo o comprador o preço ao vendedor, poderá o vendedor cobrar delle a cousa, quando quizer, como sua; salvo se ao tempo do contracto entre elles feito, ou ao tempo da entrega da cousa vendida, o vendedor se houve por pago do preço, porque então será o comprador feito senhor della, como se o tivesse pago, ou offerecido ao vendedor" (in ALMEIDA, Cândido Mendes de. *Código Philippino ou Ordenações e leis do Reino de Portugal*. 14. ed. Rio de Janeiro: Typographia do Instituto Philomathico, 1870, p. 782-783)

[36] Ver art. 198 do Código Comercial: "Art. 198 – Não procede, porém, a obrigação da entrega da coisa vendida antes de efetuado o pagamento do preço, se, entre o ato da venda e o da entrega, e comprador mudar notoriamente de estado, e não prestar fiança idônea aos pagamentos nos prazos convencionados".

naquele momento, passavam a ter as primeiras experiências com essa figura no âmbito dos contratos bilaterais. Assim, a exceção de insegurança, na codificação de 1916, foi posicionada como segunda alínea do art. 1.092, o que levou muitos autores a só a enxergarem como uma manifestação da exceção de contrato não cumprido[37].

A codificação de 2002 não se desprendeu da tradição do Código Civil de 1916, o que, em verdade, posiciona o Código Civil de 2002, em termos textuais, em contexto mais próximo ao do início do século XX do que dos movimentos legislativos contemporâneos sobre a exceção de insegurança. Ainda assim, por meio do trabalho doutrinário, foi possível, progressivamente, avançar em direção ao reconhecimento da autonomia da exceção de insegurança[38].

Tal movimento no Brasil, todavia, merece ser inserido no contexto geral de atualização doutrinária, jurisprudencial e legal em relação às tutelas suspensivas de direito substancial. Embora não houvesse uma alteração em nosso sistema positivo, a doutrina brasileira começava a sentir os reflexos, ainda que indiretos, da CISG, que, em seu art. 71, consagrou uma forma de tutela suspensiva em caso de risco de descumprimento aplicável tanto à posição do comprador quanto à do vendedor nos contratos de compra e venda de bens a ela submetidos.

Trata-se também de um importante momento na evolução histórica da exceção de insegurança, uma vez que a figura, tal como prevista na CISG, afasta o âmbito operacional da exceção de insegurança dos estritos termos de uma proteção contra o risco de inadimplemento causado pela redução patrimonial nos contratos bilaterais diferidos no tempo, passando a apresentar um pressuposto mais amplo, alcançando outras formas de risco de descumprimento da prestação. Esse corpo normativo, inclusive, influenciou a reformulação da exceção de insegurança tal como prevista no §321 do BGB[39],

[37] Por todos, ver SERPA LOPES, Miguel Maria de. Op. cit., p. 277-279.

[38] Dentro desse contexto deve ser destacado o trabalho de Pontes de Miranda que, em seu *Tratado de direito privado*, possivelmente foi o primeiro autor brasileiro a utilizar a expressão "exceção de inseguridade" para descrever a figura jurídica prevista na segunda alínea do art. 1.092 do Código Civil de 1916 (ver PONTES DE MIRANDA, Francisco Cavalcanti. *Tratado de direito privado*: parte especial. 3. ed. Rio de Janeiro: Borsoi, 1971, t. XXVI, p. 109-115).

[39] Cf. ADDIS, Fabio. *Il "mutamento" nelle condizioni patrimoniali dei contraenti*, cit., p. 166-174.

que ganhou nova redação[40]. A influência também foi sentida na reformulação do Código Civil francês que, por meio da *Ordonnance* n. 2016-131, passou prever uma modalidade de *exception d'inexécution* na forma de tutela suspensiva em caso de risco de descumprimento – e não exclusivamente em caso de descumprimento efetivo –, em seu novo art. 1.220[41], aplicável aos contratos bilaterais, afastando-se daquele contexto inicial do Código Napoleônico em que somente havia a previsão de tutela específica no contrato de compra e venda.

Dessa forma, sem prejuízo de tratarmos o assunto posteriormente em maiores detalhes, assim pode ser resumido o contexto brasileiro presente, o que, também, aponta qual é o desafio futuro em relação à exceção de insegurança: embora o texto legal vigente sobre a figura ainda esteja apegado a critérios do início do século XX, a influência da evolução doutrinária, jurisprudencial e legislativa na matéria, sobretudo europeia, pressiona nossa cultura jurídica a dar respostas que sejam ao mesmo tempo consistentes com a nossa tradição jurídica, sem que se perca de vista o desenvolvimento histórico internacional da exceção de insegurança.

1.4. Objetivo e alcance do estudo

Com essas breves notas introdutórias sobre segurança jurídica, autotutela e de contextualização geral sobre o histórico evolutivo da figura, é possível também traçar os objetivos e o alcance da análise a ser elaborada neste trabalho.

[40] "§ 321 Unsicherheitseinrede (1) Wer aus einem gegenseitigen Vertrag vorzuleisten verpflichtet ist, kann die ihm obliegende Leistung verweigern, wenn nach Abschluss des Vertrags erkennbar wird, dass sein Anspruch auf die Gegenleistung durch mangelnde Leistungsfähigkeit des anderen Teils gefährdet wird. Das Leistungsverweigerungsrecht entfällt, wenn die Gegenleistung bewirkt oder Sicherheit für sie geleistet wird. (2) Der Vorleistungspflichtige kann eine angemessene Frist bestimmen, in welcher der andere Teil Zug um Zug gegen die Leistung nach seiner Wahl die Gegenleistung zu bewirken oder Sicherheit zu leisten hat. Nach erfolglosem Ablauf der Frist kann der Vorleistungspflichtige vom Vertrag zurücktreten. § 323 findet entsprechende Anwendung."

[41] Article 1.220: Une partie peut suspendre l'exécution de son obligation dès lors qu'il est manifeste que son cocontractant ne s'exécutera pas à l'échéance et que les conséquences de cette inexécution sont suffisamment graves pour elle. Cette suspension doit être notifiée dans les meilleurs délais.

Em primeiro lugar, tendo em vista que a exceção de insegurança é um dos instrumentos contratuais de tutela do sinalagma diante do risco de descumprimento contratual, a compreensão consistente da figura pode auxiliar os diferentes atores do sistema jurídico no cumprimento de algumas tarefas relevantes.

A primeira delas, relacionada de forma mais direta à atuação do Poder Judiciário e órgãos arbitrais, é a possibilidade de se fomentar a consistência e coerência na prestação da tutela jurisdicional e resolução de conflitos contratuais. Embora a atividade criativa decorrente da aplicação da figura pelo Poder Judiciário seja um verdadeiro motor do desenvolvimento histórico da exceção de insegurança, veremos ao longo do trabalho que a oscilação interpretativa no julgamento de conflitos contratuais sobre o tema é um grande fator de insegurança jurídica.

A segunda delas, relacionada ao papel da doutrina, é o estabelecimento de bases seguras para a realização de avaliação crítica de modo a permitir a realização de propostas úteis, consistentes e construtivas à atuação do Poder Judiciário e às práticas contratuais.

Em terceiro lugar, como consequência da avaliação do panorama da segurança jurídica contratual, é possível apontar que o exercício analítico aqui desenvolvido pode também auxiliar a atividade jurídica de *design* contratual[42], ou seja, aquela atividade que atua para auxiliar a negociação e formalização contratual em um determinado ambiente negocial, que deve necessariamente se atentar para os precisos perfis dos institutos contratuais.

Muito do fenômeno da insegurança jurídica no direito privado é causado pelo resultado da litigiosidade em torno dos contratos bilaterais, em que institutos jurídicos que teriam como função realizar a manutenção do sinalagma contratual acabam sofrendo profundas malversações.

Do ponto de vista do método jurídico de análise, o trabalho tem como objetivo detalhar o perfil dogmático da figura, possibilitando a atividade

[42] Embora neste momento não estejamos fazendo referência exatamente a uma teoria própria do *design contratual* (como em KRAUS, Jody S.; SCOTT, Robert E. *Contract design and structure of contractual intent. New York University Law Review*, v. 84, pp. 1023-1101, Out. 2009), usamos o termo para descrever a atividade de elaboração contratual que leva em conta tanto os incentivos jurídicos como não jurídicos para determinar qual será o conteúdo contratual entre as partes contratantes.

de identificação de seu preciso regime jurídico e, por consequência, a exclusão de conclusões decorrentes do funcionamento de outros institutos jurídicos. Assim, a análise da exceção de insegurança que será feita neste trabalho levará em conta seu histórico, conceito, funções, fundamentos e exemplos práticos para que sejam tiradas conclusões dogmáticas sobre a figura.

Limitar um objeto de estudo no direito é saber traçar fronteiras e diferenciar conceitos internamente dentro do sistema jurídico. Saber diferenciar é uma atividade essencial no trabalho de construção de conhecimento jurídico. Uma diferenciação trabalhada devidamente permite um juízo crítico seguro sobre diferentes tomadas de decisões sobre determinados temas (o que inclui a crítica a decisões judiciais), auxiliando a tarefa de conferir segurança e coerência na aplicação do direito vigente.

Outro aspecto de limitação do trabalho que se pretende desenvolver é o recurso a uma técnica de análise propriamente jurídica. Não se trata assim de uma limitação interna, mas sim de uma limitação externa. Diferencia-se o método jurídico de análise de outros métodos estranhos à ciência jurídica, tais como métodos econômicos e contábeis.

A exceção de insegurança é um tema que pode sofrer direto influxo de análises econômicas e contábeis na determinação do que seria, por exemplo, o momento da diminuição patrimonial capaz de comprometer o cumprimento da prestação, incapacidade ou insuficiência prestacional ou, então, uma caução suficiente, já que esses são elementos centrais no funcionamento do instituto conforme hoje previsto na legislação.

Não se diga, entretanto, que essas análises são desprezíveis ou que em nada podem auxiliar na identificação das situações que estão aptas a serem reguladas juridicamente pela oposição da exceção de insegurança. A comunicação que se pretende analisar neste trabalho é a comunicação jurídica propriamente dita e seus reflexos e limites para as soluções que demandam uma resposta do direito.

Com essas observações sobre o tema proposto e suas limitações tanto internas quanto externas, afirma-se que o presente trabalho irá articular o perfil jurídico da figura da exceção de insegurança, em um esforço de depuração de conceitos e diferenciação em relação a outros institutos, porém, com o objetivo central de contribuir criticamente dentro dos limites próprios da ciência jurídica de modo a fornecer respostas às questões postas em análise.

2.
AS EXCEÇÕES SUBSTANCIAIS

2.1. A qualificação como exceção

As propostas que serão apresentadas neste trabalho exigem, como garantia de solidez argumentativa, que, antes, se proceda à avaliação das características fundamentais e a natureza da exceção de insegurança. Não se trata, neste momento inicial, de fazer uma análise própria de história do direito ou de direito romano. O que se buscará, porém, é o encontro dos alicerces que conformam o atual perfil dogmático da exceção de insegurança, o que exige uma avaliação do processo de evolução jurídica que determinou a sua natureza, elementos normativos e, portanto, seus efeitos. A compreensão jurídico-dogmática da exceção de insegurança propriamente dita, portanto, merece ser iniciada pela análise da essência da figura jurídica, qual seja, como modalidade de exceção substancial, de direito material[43].

O nosso objetivo, nesta parte, não é exaurir a historiografia sobre a evolução da noção de exceção[44], mas, sim, determinar a base sobre a qual

[43] Para um estudo atual e preciso sobre as características das exceções materiais, de direito civil, ver GOGLIANO, Daisy. *A exceção civil como instrumento de tutela na resolução dos contratos sinalagmáticos*, cit., *passim*.

[44] A análise histórica e conceitual da exceção é objeto de análise tanto em obras clássicas quanto contemporâneas, mencionadas aqui sem pretensão de exaustão: CASSIN, René. *De l'exception tirée de l'inexécution dans le rapports synallagmatiques*. Paris: Sirey, 1914. P. 1 e ss.; BOLAFFI, Renzo. *Le eccezioni nel diritto sostanziale*. Milano: Società Editrice Libraria, 1936, p. 46

nossas propostas se apoiarão. A avaliação da origem e desenvolvimento da exceção terá como objetivo destacar, dentro do processo evolutivo, quais são os pontos e movimentos essenciais à compreensão da figura de modo a elucidar a natureza e perfil atual da exceção de insegurança. Para estabelecermos seu conceito e regime jurídico, fator necessário para a análise crítica do presente estágio desse remédio contemporaneamente, é necessário, antes, determinar uma noção da categoria de exceção para termos uma avaliação do processo evolutivo que hoje a configura.

O sentido original de exceção, a *exceptio*, tem como fonte o período formular do direito romano[45], em que a figura apresentava um sentido específico de uma técnica de defesa que um demandado dispunha diante de uma demanda contra ele movida, conforme veremos abaixo. Porém, o desenvolvimento da *exceptio* por meio de diversos períodos históricos e

e ss.; LASSO, Anna. *Le eccezioni in senso sostanziale*. Napoli: Edizione Scientifiche Italiane, 2007, p. 12 e ss.; ABRANTES, José João. *A excepção de não cumprimento do contrato*: conceito e fundamento. 3. ed. Coimbra: Almedina, 2018, p. 17 e ss.; ESPIN CÁNOVAS, Diego. La excepción de incumplimiento contractual. *Anuario de Derecho Civil*, tomo XVII, fascículo III / v. 17, n. 3. Madrid: Ministerio de Justicia, Boletin Oficial del Estado, 1964, p. 548 e ss.; GRASSO, Biagio. *Eccezione d'inadempimento e risoluzione del contratto (profili generali)*. Napoli: Jovene, 1973, p. 81 e ss.; IMBETT, Carlos Alberto Chinchilla. *La excepción de incumplimiento contractual*: estructura, función y límites. Bogotá: Universidad Externado de Colombia, 2017, p. 35 e ss.; CICCONE, Maddalena. *Le eccezioni in senso lato*. Doutorado (Dottorato di Ricerca in Scienze Giuridiche – Ciclo XXX), Università Degli Studi di Milano-Bicocca, Milano, 2017, p. 17 e ss.; MALECKI, Catherine. Op. cit., *passim*. GASTALDI, José María; CENTANARO, Esteban. *Excepción de incumplimiento contractual*. Buenos Aires: Abeledo-Perrot, 1995, *passim*; GOGLIANO, Daisy. *A exceção civil como instrumento de tutela na resolução dos contratos sinalagmáticos*, cit. p. 25-47; PONTES DE MIRANDA, Francisco Cavalcanti. *Tratado de direito privado*, cit., t. XXVI, p. 3 e ss.; LOPES, Miguel de Maria de Serpa. Op. cit., p. 11 e ss.; OLIVEIRA, Rafael Alexandria de. *Aspectos processuais da exceção de contrato não cumprido*. Salvador: Editora Juspodivm, 2012, p. 25 e ss.; BIAZI, João Pedro de Oliveira de. *A exceção de contrato não cumprido no direito privado brasileiro*. São Paulo: GZ Editora, 2019, p. 3 e ss.; GAGLIARDI, Rafael Villar. *Exceção de contrato não cumprido*. São Paulo: Saraiva: 2010, p. 5 e ss.; GERAIGE, Nadime Meinberg. *Exceção de contrato não cumprido*: fundamentos e aplicação. Dissertação (mestrado em Direito Civil) Faculdade de Direito, Universidade de São Paulo, São Paulo, 2018, 13 e ss.; BUTRUCE, Vitor Augusto José. *A exceção de contrato não cumprido no direito civil brasileiro contemporâneo*: funções, pressupostos e limites de um "direito a não cumprir". Dissertação (mestrado em Direito Civil), Faculdade de Direito, Universidade do Estado do Rio de Janeiro, Rio de Janeiro, 2009, p. 20 e ss.

[45] Cf. BOLAFFI, Renzo. Op. cit., p. 46 e ss.; SAVIGNY, Friedrich Karl von. *Sistema del derecho romano actual*. Tradução de Jacinto Mesía e Manuel Poley. 2. ed. Madri: Centro Editorial de Góngora, 1924, t. IV, p. 111; SERPA LOPES, Miguel Maria de. Op. cit., p. 17.

sistemas jurídicos fez com que o termo chegasse até nós como uma palavra plurissignificativa, como um eco abafado de seu sentido original.

No ordenamento jurídico italiano, por exemplo, o termo não é empregado com um significado único, apresentando diferentes acepções[46]. Piero Calamandrei, por exemplo, aponta que é possível encontrar uma noção genérica em que a exceção pode incluir todas as atividades desenvolvidas pelo demandado para pedir a rejeição de uma demanda[47].

O sistema francês também é marcado pela multiplicidade de significados, apesar de o legislador francês distinguir a *défense*, como modo de exclusão do direito do autor, da *excepción*, que representa uma contradição relacionada à regularidade da forma no processo, isto é, de rito[48]. De toda forma, a legislação francesa não utiliza a distinção sempre de modo coerente, sendo possível apontar que o *Code* utiliza a palavra *excepción* em sentido amplo, como se pode ver nos arts. 1216-2, 1315, 1324, 1328, 1346-5, 1386-1, 2313, conforme redação da *Ordonnance* n. 2016-131[49].

A situação também é a mesma no ordenamento jurídico brasileiro, inclusive no sistema brasileiro anterior ao Código Civil de 1916[50]. Pontes de Miranda chegou a afirmar que o direito brasileiro dá à palavra exceção "todos os sentidos possíveis"[51]. Porém, não é possível afirmar que a exceção está fadada a ser um termo jurídico que possui sentido completamente variável a ponto de equivaler a qualquer modalidade de defesa à disposição do demandado.

Ao contrário, trata-se de termo que possui características marcantes e essenciais, o que permite identificar seu significado em sua perspectiva de

[46] Cf. CHIOVENDA, Giuseppe. *Instituições de direito processual civil*. Trad. J. Guimarães Menegale. São Paulo: Saraiva, 1965, v.1, 334-335.

[47] CALAMANDREI, Piero. *Direito processual civil*. Trad. Luiz Anexia e Sandra Drina Fernandez Barbery. Campinas: Bookseller, 1999, v.1, p. 193.

[48] Cf. SERPA LOPES, Miguel Maria de. Op. cit., p. 13.

[49] Em análise do texto original do Código Civil francês, Serpa Lopes, com base em Glasson e Garsonnet, lembrava que os seguintes dispositivos utilizavam a palavra *exception* em sentido lato, para significar uma defesa de mérito: 1208, 1361, 1367 e 2036. In: SERPA LOPES, Miguel Maria de. Op. cit., p. 13.

[50] Ver, por exemplo, TEIXEIRA DE FREITAS, Augusto. *Vocabulário jurídico com apêndices*. Rio de Janeiro: B. L. Garnier, 1882, p. 82.

[51] PONTES DE MIRANDA, Francisco Cavalcanti. *Comentários ao Código de Processo Civil*. Rio de Janeiro: Forense, 1974, v. 4, p. 129.

direito material e não somente processual. Nosso objetivo não é deduzir neste trabalho uma teoria geral sobre exceção ou exceções substanciais. Porém, apontaremos seu conceito técnico para que, então, seja possível descrever as características da exceção de insegurança.

2.2. A origem da exceção no período formular

A *exceptio* tem sua origem no processo formulário, introduzido e consolidado no direito romano por meio da *Lei Aebutia*, de meados do século II a.C., considerada marco inicial do período clássico, e da Lei *Iuliae Iudiciariae*, do ano 17. a.C, substituindo o sistema das ações da lei, conforme aponta Gaio[52-53].

Assim como ocorria no revogado sistema das ações da lei, no período formular continuava a ser observada a denominada *ordo iudiciorum privatorum*, que dividia a instância em duas fases sucessivas: a primeira chamada de *in iure* (perante o magistrado) e a segunda, *apud iudicem* (perante o juiz popular).

Em que pese a manutenção da *ordo iudiciorum privatorum*, o processo formulário apresentava nitidamente as seguintes inovações em relação ao sistema anterior: a) era menos formalista e mais rápido; b) a fórmula – esquema abstrato a partir do qual se obtinha um documento escrito, o *iudicium* – retirava o caráter estritamente oral que havia no sistema das ações da lei; c) a atuação do magistrado ganha maior protagonismo e intensidade no processo; e d) a condenação se tornava exclusivamente pecuniária[54].

Um dos fatos mais marcantes do processo formulário é a existência da fórmula, de onde advém a própria denominação do processo *per formulas*. Não havia nada semelhante no revogado sistema de ações por lei. Com

[52] Veja-se a seguinte passagem em Gai. 4, 30: "Todas essas ações da lei tornaram-se, paulatinamente, odiosas, porque, em razão da extrema sutileza dos antigos criadores do direito, chegou-se à situação de que aquele que cometesse o menor erro perderia a causa. Por isso, as ações da Lei foram revogadas pela Lei Ebúcia e pelas Leis Júlias, levando os processos a realizem-se por palavras fixas, isto é, por fórmulas" (*Institutas do Jurisconsulto Gaio*. Trad. J. Cretella Jr. e Agnes Cretella. São Paulo: RT, 2004, p. 189).

[53] Sobre o alcance inicial da Lei *Aebutia* e a obrigatoriedade do processo formulário por meio das Leis Júlias na generalização do processo formulário, ver MOREIRA ALVES, José Carlos. *Direito romano*. 14. ed. Rio de Janeiro: Forense, 2010, p. 217-219.

[54] Idem.

a oitiva das partes e seguindo o modelo determinado pela fórmula, que representava um esquema abstrato, o magistrado produzia o documento escrito em que era fixado o ponto litigioso e outorgava ao juiz popular o poder para condenar ou absolver o réu, conforme fosse provada, ou não, a pretensão do autor[55].

Assim, para o início do processo *per formulas*, autor e réu compareciam perante o magistrado, momento em que autor expunha sua pretensão e suas razões, dando início à fase *in iure*. O réu, diante disso, poderia: a) admitir o direito afirmado pelo autor; b) concordar em se submeter à fase *apud iudicem*, nos termos das razões e da pretensão formulada, sem lhes opor nada; ou c) discutir os termos das razões e da pretensão formuladas pelo autor, acrescentando as suas próprias razões[56].

A estrutura da fórmula está detalhada nas Institutas de Gaio[57]. Quatro eram suas partes principais, as denominadas *partes formulae*: a) a *intentio*, parte da fórmula na qual o autor expõe sua pretensão, podendo ser certa ou incerta; b) a *demonstratio*, em que, nos casos de a *intentio* ser incerta, dava o elemento para que o juiz popular possa determinar o *quidquid* constante da *intentio*; c) a *condemnatio*, parte da fórmula na qual se dá ao juiz popular

[55] Idem.

[56] SANTOS, Moacyr Amaral. *Da reconvenção no direito brasileiro*. São Paulo: Max Limonad, 1958, p. 47.

[57] Gai. 4, 39 a 43: "39. As partes da fórmula são as seguintes: *demonstratio, intentio, adiudicatio, condemnatio*. 40. Chama-se *demonstratio* a parte da fórmula, inserida no princípio, com a finalidade de explicar o motivo da ação, como esta parte da fórmula: TENDO A. AGÉRIO VENDIDO UM HOMEM A N. NEGIDIO, ou esta TENDO A. A. DEPOSITADO UM HOMEM JUNTO A N. NEGÍDIO. 41. *Intentio* é a parte da fórmula que contém a pretensão do autor, e, por isso, é assim: SE PARECER QUE N. NIGÍDIOS DEVE DAR MIL SESTÉRCIOS A A. AGÉRIOS; ou assim: TUDO O QUE PARECER QUE N. NIGÍDIOS DEVA DAR OU FAZER A A. AGÉRIOS; ou ainda assim: SE PARECER QUE O HOMEM É DE A. AGÉRIOS POR DIREITO DOS QUIRITES. 42. *Adiudicatio* é a parte da fórmula que permite ao juiz entregar a coisa a um dos litigantes, como na ação de partilha entre co-herdeiros, ou na de divisão da coisa comum entre consortes, ou na de demarcação entre vizinhos. Essa parte da fórmula é do seguinte conteúdo: JUIZ, É PRECISO ADJUDICAR A TÍCIO TUDO QUANTO LHE DEVA SER ADJUDICADO. 43. *Condemnatio* é a parte da fórmula em que se concede poder ao juiz para condenar ou absolver, como esta parte da fórmula: JUIZ, CONDENA N. NEGÍDIO A PAGAR DEZ MIL SESTÉRCIOS A A. A.; SE NÃO PARECER QUE N. NEGÍDIO DEVA PAGAR, ABSOLVE-O ou simplesmente: JUIZ, CONDENA N. NEGÍDIO EM FAVOR DE A. AGÉRIO, sem se acrescentar SOMENTE ATÉ DEZ MIL SESTÉRCIOS" (*Institutas do Jurisconsulto Gaio*, cit., p. 192).

poder para condenar ou absolver o réu, podendo também certa ou incerta; e d) a *adiudicatio*, parte da fórmula na qual se permite ao juiz adjudicar a coisa a algum dos litigantes[58].

Além das *partes formulae* – e aqui começamos a entrar nos pontos mais relevantes para a nossa explicação –, a fórmula poderia conter as seguintes partes acessórias (*adiectiones*), inseridas na fórmula a pedido de uma das partes, caso ocorressem determinadas circunstâncias: a) a *praescriptio*, que admitia tanto a espécie a favor do réu quanto a favor do autor; b) a *exceptio*; e c) a *replicatio, duplicatio*, a *treplicatio*.

As *praescriptio* eram as partes acessórias colocadas no início da fórmula, antes da *demonstratio* e da *intentio*. O autor poderia pedir a inserção da *praescriptio pro actore* em duas hipóteses. A primeira servia para impedir que a ação abrangesse todo o seu direito, como é o caso, por exemplo, do autor que buscava o processo para cobrar somente algumas prestações de um crédito, e não o crédito em sua totalidade. Isso evitaria que o réu, posteriormente, deixasse de pagar as demais parcelas do total do crédito, alegando o efeito extintivo da *litis contestatio*[59]. A segunda hipótese de *praescriptio pro actore* servia para determinar a qualidade com que o autor agia, utilizada, por exemplo, para fazer constar como réu a pessoa devedora que, na celebração do negócio com o autor, se serviu de alguma modalidade de representação por outra pessoa[60].

A *praescriptio pro reo*, por sua vez, era utilizada pelo réu para que a decisão a ser tomada não decidisse implicitamente sobre outra questão mais importante, ou seja, para que não houvesse o prejulgamento sobre algum assunto de maior relevância para o réu. Por exemplo, se alguém reivindicasse alguma coisa de outrem, alegando ser herdeiro do proprietário da coisa, o réu poderia lançar mão da *praescriptio pro reo* para impedir que a questão da própria herança – a questão mais importante – restasse prejulgada[61]. Parte da doutrina também destaca que as *praescriptiones pro reo* poderiam ser utilizadas para impedir os efeitos da demanda, sendo que, caso fossem julgadas procedentes, dispensavam o exame da *intentio*, representando uma *denegatio actionis* a ser realizada pelo juiz popular por

[58] MOREIRA ALVES, José Carlos. Op. cit., p. 223-224.

[59] Idem, p. 226.

[60] Idem.

[61] Idem.

incumbência do magistrado[62], ou seja, adiando a decisão da controvérsia, ao invés de propriamente trazer ao processo uma defesa de mérito[63].

A segunda modalidade de *adiectiones*, a *exceptio*, é a que mais interessa ao presente estudo. A *exceptio* era aquela parte acessória da fórmula pela qual o réu, invocando direito próprio ou determinada circunstância, paralisava o direito do autor. A *exceptio* só era concedida ao réu, e não ao autor. Por meio dela, o réu conseguia se defender indiretamente: alegava que, com base em um direito próprio do réu ou pela ocorrência de certas circunstâncias, o direito do autor não merecia acolhimento. Ela era redigida como cláusula condicional negativa após a *intentio*[64], no sentido de "exceto se".

Segundo Gaio, a *exceptio* não existia no sistema de ações da lei[65], sendo uma genuína inovação no processo formulário.

Moreira Alves fornece um exemplo de como a *exceptio* era introduzida na fórmula em uma cobrança de dívida em que o réu alega, em sua defesa, que não a pagou porque houve o perdão de dívida pelo autor por meio de um pacto posterior à sua formação:

> *"Se ficar provado que Numério Negídio deve pagar 10 mil sestércios a Aulo Agério, e se não houver acordo entre Aulo Agério e Numério Negídio no sentido de que não fosse cobrada essa quantia, condena Numério Negídio a pagar essa importância a Aulo Agério; se não ficar provado, absolve-o"*[66-67].

Assim, a *exceptio* está exatamente na frase "e se não houver acordo entre Aulo Agério e Numério Negídio no sentido de que não fosse cobrada essa quantia" inserida na fórmula.

[62] Cf. LOPES, Miguel Maria de Serpa. Op. cit., p. 22; e BOLAFFI, Renzo. Op. cit., p. 47.

[63] BOLAFFI, Renzo. Op. cit., p. 49.

[64] Idem, p. 49.

[65] Cf. Gai. 4, 108: "Antigamente, no tempo das ações da lei, a situação era diversa, pois a questão, uma vez decidida, não podia mais renovada, segundo o próprio direito civil. Não se interpunham, naquele tempo, como hoje, as exceções" (*Institutas do Jurisconsulto Gaio*, cit., p. 209-210).

[66] *"Si paret Numerium Negidium Aulo Agerio sestertium X milia dare oportere, se inter Aulum Agerium et Numerium Negidium non conuenit ne ea pecúnia peteretur in eam pecuniam Numerium Negidium Aulo Agerio condemnato; si non paret absoluito."*

[67] MOREIRA ALVES, José Carlos. *Direito romano*. 14. ed. Rio de Janeiro: Forense, 2010, p. 227.

No exemplo acima, o juiz popular deveria verificar duas circunstâncias. A primeira, se o réu realmente devia dez mil sestércios ao autor, e, a segunda, se havia acordo entre autor e réu no sentido de que a dívida não seria cobrada. Se a primeira fosse verdadeira e a segunda falsa, o juiz popular deveria condenar o réu ao pagamento. Se ambas as condições fossem verdadeiras ou falsas, o juiz deveria absolvê-lo.

Para que fosse possível a análise da matéria objeto da *exceptio*, o réu deveria pedir sua inclusão na fórmula, uma vez que o juiz popular estava adstrito aos termos que fossem nela deduzidos. Quando a inclusão não era pedida, o resultado seria a condenação, salvo algumas exceções[68].

Para que a breve digressão sobre a construção da exceção no direito romano não perca seu objetivo à luz do presente trabalho, é possível desde já apontar que a *exceptio,* em sua concepção, já continha uma característica normativa bastante relevante para compreendermos a figura da exceção contemporânea, em qualquer de suas manifestações, sobretudo a exceção de insegurança: ela era um modo de defesa criado para evitar condenações injustas, ampliando a possibilidade cognitiva dos órgãos aplicadores do direito, mas que, todavia, não representava uma negação do direito do demandante. Sem negar o direito a que se contrapunha, a exceção prevalecia sobre ele, alcançando o resultado prático da absolvição do demandado. A exceção podia tanto ser fundada em um direito próprio do demandado quanto em alguma circunstância de fato, que, de toda forma, afetavam o que hoje chamaríamos de eficácia do direito do demandante.

Esse traço é presente na exceção de insegurança contemporânea. Por meio dela, o excipiente não irá negar a pretensão de crédito do excepto. Em defesa de seu próprio crédito, e diante das circunstâncias normativamente autorizadoras que representem um risco objetivo relacionado à capacidade do excepto em adimplir sua prestação, poderá o excipiente suspender a sua prestação, paralisando a pretensão do excepto.

No período formular as exceções já admitiam algumas classificações. Destaca-se, como se verifica nas Institutas de Gaio[69], a classificação em

[68] A condenação só não ocorria nos *iudicia bonae fidei*, ou seja, as ações de boa-fé, em que o *iudex* poderá apreciar os fatos na ação mais livremente, uma vez que deverá julgar *ex fide bona* (de acordo com a boa-fé). Cf. Idem, p. 244-245.

[69] Gai. 4, 120 a 122: "120. Classificam-se as exceções em peremptórias ou dilatórias. 121. As peremptórias podem ser opostas perpetuamente e não podem ser evitadas, como a exceção

exceções perpétuas (ou peremptórias), que podiam ser alegadas a qualquer tempo, como é o caso do pacto de perdão de dívida, e as exceções temporárias (ou dilatórias), que só podiam ser alegadas até determinado momento, como é o caso da exceção com base no pacto que aumenta o prazo de pagamento de uma dívida, parecida com o exemplo que foi reproduzido acima. Vale menção também à classificação em exceções *rei cohaerentes*, que se vinculavam à coisa objeto do litígio, podendo ser alegadas por qualquer interessado, e as exceções *personae cohaerentes*, que diziam respeito somente a uma pessoa e que, portanto, só podiam ser invocadas por ela[70].

Por fim, de modo a concluir a exposição sobre as *adiectiones*, vale a menção sobre a *replicatio*, a *duplicatio* e a *treplicatio*. A *replicatio* é uma *exceptio* em favor do autor contra a *exceptio* utilizada pelo réu. Assim, também conforme lições de Moreira Alves, "a *replicatio* feita pelo autor está para a *exceptio*, alegada pelo réu, como esta está para a *actio* do autor"[71]. No exemplo dado acima, uma possibilidade de *replicatio* seria o autor alegar que o acordo feito entre autor e réu foi revogado por outro acordo posteriormente, dando-lhe direito de cobrar a quantia. Em hipóteses mais complexas, a situação poderia motivar a invocação da *duplicatio* pelo réu diante da *replicatio* do autor, e em seguida, a inovação de uma *treplicatio* pelo autor diante da *duplicatio* alegada pelo réu, e assim por diante[72].

Do quanto foi exposto sobre a estrutura do processo formular, é possível apontar que o aumento do protagonismo do magistrado no

quod metus causa, a exceção *dolo malo*, a exceção de contravenção de lei ou *senatus consulto*, a de coisa julgada ou a deduzida em juízo, ou ainda a de pacto convencionado, ressaltando que o dinheiro de modo algum seria reclamado (*ne omnino pecunia peteretur*). 122. As exceções dilatórias são oponíveis dentro de certo prazo, como a do pacto, segundo o qual o dinheiro não deve ser reclamado durante cinco anos, porque, expirado esse prazo, o direito à exceção se extingue. Semelhantes a esta são as exceções de demanda dividida (*litis dividuae*) e a de demanda separada (*rei residuae*). Quem reclamar parte de uma coisa e, durante a mesma pretura, exigir o restante, será repelido pela exceção chamada de demanda dividida (*litis dividuae*). Do mesmo modo, o autor de várias lides contra o mesmo réu e que, movendo uma e diferindo outras, para serem julgadas por outros juízes, propuser, durante a mesma pretura, as ações diferidas, será repelido pela exceção chamada de demanda separada (*rei residuae*)" (*Institutas do Jurisconsulto Gaio*, cit., p. 213).

[70] MOREIRA ALVES, José Carlos. Op. cit., p. 227.

[71] Idem, p. 228.

[72] Idem.

processo e a introdução da fórmula fez com que a *exceptio* surgisse como instrumento necessário a garantir uma defesa mais ampla do réu, evitando a ocorrência de decisões injustas. Caso o réu não invocasse *praescriptiones pro reo* ou *exceptiones*, suas razões de defesa eram apresentadas ao magistrado, porém, não seriam lançadas na fórmula. O implacável silogismo imposto pelo *ius civilis* e as ainda restritas hipóteses de apresentação de defesa eficaz do réu fez com que as exceções ganhassem relevância como instrumentos que garantissem a legitimidade do procedimento judicial.

Existem correntes que consideram que a *praescriptio pro reo* seria a origem da *exceptio*[73]. Porém, a *praescriptio pro reo* não era fundamentalmente um meio de fazer valer uma defesa de mérito, mas sim um modo de impedir que houvesse a decisão de mérito sobre uma controvérsia[74] ou evitar o prejulgamento de certas questões. Vale a pena anotar que há menção nas próprias Institutas de Gaio[75], que, ao tempo de sua elaboração, isto é, no século II d.C., as *praescriptiones pro reo* tinham caído em desuso, sendo que os réus valiam-se, no lugar delas, das *exceptiones*[76].

A *exceptio*, assim, se consolidou como instrumento baseado na equidade a permitir resultados mais justos no processo *per formulas*. Por meio delas o demandado poderia aduzir fatos que não eram aptos a afastar a verdade das afirmações feitas pelo demandante na *intentio*, mas que, ainda assim,

[73] Cf. KASER, Max. *Direito privado romano*. Trad. Samuel Rodrigues e Ferdinand Hämmerle. Lisboa: Fundação Calouste Gulbenkian, 1999, p. 59.

[74] CANNATA, Carlo Augusto. Eccezione – Diritto romano. In: *Novissimo Digesto Italiano*. Torino: UTET, 1960, v. VI, p. 347.

[75] Cf. Gai. 4, 132 e 133: "132. Como é evidente, as prescrições recebem esse nome por virem inscritas antes das fórmulas. 133. Como notamos acima, porém, prescrições eram opostas pelo réu, como esta: QUE SE PROPONHA A AÇÃO SOMENTE SE ELA NÃO PREJULGAR À HERANÇA, hoje deduzida em forma de exceção e aplicável quando aquele que pede a herança prejulga a questão, reclamando, por exemplo, coisas singulares. 133. É, porém, como observamos acima, algumas serem suscitadas pelo réu, como esta: QUE SE MOVA A AÇÃO APENAS NO CASO EM QUE ELA NÃO PREJULGAR A HERANÇA, deduzida, agora, como se fosse exceção, aplicável quando quem pede a herança lhe prejulga o fato, reclamando, como, por exemplo, a questão da universalidade da herança, pedindo coisas singulares que nela se inserem (*est enim iniquun per unius rei petitionem universae hereditati praeiudicium fieri*) (*Institutas do Jurisconsulto Gaio*, cit., p. 209-210. Maiúsculas contidas na própria tradução).

[76] MOREIRA ALVES, José Carlos. Op. cit., p. 227.

seriam justificadoras de um ponto de vista ético/social[77]. As exceções se desenvolveram na tensão entre a rigidez do *ius civile* (assim chamado o direito civil legislado) com o *ius honorarium*, compreendido como o conjunto de regras que nasceu da atividade do magistrado[78], a "arma de que dispunham os pretores para prover às necessidades da vida, prosseguindo a tarefa do *ius civile*, quando este se revelava impotente ou enfraquecido"[79].

Não se pode afirmar que o instituto foi propriamente uma criação pretoriana, uma vez o *ius civile* trazia alguns exemplos de *exceptio*[80]. Porém, o impulso de sua evolução e desenvolvimento ocorreu pela atuação dos magistrados, tornando-a essencialmente pretoriana[81].

Conforme também aponta Savigny[82], a exceção cabível no processo *per formulas* não representava uma defesa em geral, isto é, a negação absoluta ou relativa do direito afirmado pelo demandante. De modo mais preciso, ela compreendia uma defesa fundada em um direito independente pertencente ao demandado. A figura leva esse nome porque tem por objetivo a absolvição por exceção, ou seja, a absolvição do demandado ainda que o direito arguido pelo demandante exista[83]. Conclui-se, assim, que no direito romano clássico a exceção era um determinado argumento de defesa do demandado que não afastava a existência do direito do autor – sendo que o direito do autor poderia inclusive encontrar amparo no *ius civile* – mas impedia a condenação do demandado.

Acima foi indicado que a exceção floresceu por meio da atividade do magistrado, ocupando papel decisivo na coordenação entre *ius civilis* e

[77] PUGLIESE, Giovanni. *Istituzioni di diritto romano*. 3. ed. Torino: Giappichelli Editore, 1991, p. 295.

[78] Cf. KUNKEL, Wolfgang. *Historia del derecho romano*. Tradução da quarta edição alemã por Juan Miguel. Barcelona: Editorial Ariel, 1998, p. 104.

[79] SERPA LOPES, Miguel Maria de. Op. cit., p. 27. Vale mencionar as posições que defendem que a atividade do pretor agia mais no sentido de corrigir o *ius civile* do que integrá-lo, como pode ser visto em BONFANTE, Piero. *Storia del diritto romano*. 4. ed. Milano: Giuffrè, 1958, v. 1; e BOLAFFI, Renzo. Op. cit., p. 51.

[80] Cf. TORNAGHI, Hélio. Da exceção. *RJFND*, Rio de Janeiro: UFRJ, v. XIII-XIV, p. 65-91, 1955/1956, p. 70.

[81] Cf. CANNATA. Op. cit., p. 347.

[82] SAVIGNY, Friedrich Karl von. Op. cit., p. 112. No mesmo sentido FERRINI, Contardo. Exceptio. In: D'AMELIO, Mariano (Coord.). *Nuovo Digesto italiano*. Torino: UTET, 1938, v. 5, p. 735.

[83] SAVIGNY, Friedrich Karl von. Op. cit., p. 111.

ius honorarium, atenuando a rigidez daquele e criando princípios e regras com base neste, o que permitiu, posteriormente, a fusão dos sistemas em um único. No período justinianeu ocorreu a centralização e estatização do processo civil romano pela superveniência da *cognitio extra ordinem*, que acabou por superar o sistema formular[84]. O procedimento que era comandado por duas autoridades passou a se desenrolar perante uma única autoridade, o magistrado.

Com a unificação do procedimento, a apresentação da *exceptio* deixou de ocorrer mediante a autorização do magistrado – pela dedução de seus termos na fórmula – e passou a assumir forma de meio de defesa. Assim, seu poder e eficácia se fundiram na noção de *litis contestatio*, meio de defesa do réu em resposta à citação. Essa circunstância possibilitou que a exceção desse um passo além de seu sentido estrito, aproximando-se de outros modos de defesa em geral. De toda forma, mesmo no período justinianeu, o termo *exceptio* continuou sendo utilizado para designar defesas que não negavam diretamente o direito do autor, mas que impediam o direito arguido pelo demandante[85].

Do que foi exposto sobre a formação da figura da *exceptio* no direito romano, algumas características merecem ser destacadas, uma vez que ainda norteiam a compreensão da exceção nos sistemas jurídicos contemporâneos. A primeira é a de que a exceção é uma forma de defesa do demandado – em sentido amplo – diante de uma demanda apresentada

[84] Cf., sem pretensão de exaustão, a passagem do sistema formular para a *cognitio extra ordinem* na definição de fórmula por Alan Watson: "*Formula*. The Formulary System was a type of civil procedure introduced in the republic and continuing to operate until the third century A.D., though it was increasingly superseded and eventually replaced by the *Cognitio* [q.v.] System. However, many traces of it can still be found in the Digest. The procedure was controlled by the *praetor* [q.v.] who was required by the parties to frame a formal statement of the legal issues in the case, the *formula*. This was then passed on to a lay judge [iudex q.v.1 for a hearing on the facts. Details of the various kinds of *formulae* available would be found in the Edict [edictum q.v.]" (*The Digest of Justinian*. Versão em inglês por Alan Watson. Filadélfia: UPP, 1998, v. 1, p. s/n).

[85] Veja-se, por exemplo, essa característica na definição de *exceptio* apresentada no glossário da versão em inglês do Digesto feita por Alan Watson: "*Exceptio* (Defense). A defense, inserted originally in the formula [q.v.], which did not deny the prima facie validity of the claim, but adduced some circumstance which nullified it, for example, duress. There was a number of these defenses, each named after the fact they alleged, for example, the defense of fraud. See D.4.3." (*The Digest of Justinian*, cit., p. s/n).

pelo autor. Nesse âmbito se destaca o caráter duplo da *exceptio* no direito romano: "uma relação de natureza substantiva que ao mesmo tempo e ao mesmo modo se torna participante de uma relação de caráter adjetivo, processual"[86]. A segunda é o fato de que essa defesa do demandado é fundada em um direito próprio do demandado ou em razão de alguma circunstância juridicamente relevante. A terceira característica se refere ao fato de que esse direito ou circunstância alegada pelo demandado não nega o direito do autor, mas apenas impede sua eficácia. Em quarto lugar, a *exceptio* deve ser alegada pelo demandado para que seja levada em consideração no processo, sendo excepcionais as circunstâncias em que as autoridades envolvidas podem reconhecê-las de ofício.

Há ainda outro aspecto específico com relação à exceção de insegurança que merece ser pontuado após a determinação dessas características: em sua configuração contemporânea, conforme analisaremos em detalhe abaixo, é possível observar uma ligação direta da exceção de insegurança à *exceptio* sem a necessária mediação histórica de outras modalidades de exceção, como a exceção de contrato não cumprido, por exemplo. Ou seja, a exceção de insegurança pode ser considerada uma exceção por seus próprios elementos a permitir a construção de um perfil autônomo.

2.3. Outros sentidos de exceção

A figura da exceção experimentou alargamentos em seu sentido desde sua origem na *exceptio* do direito romano. É possível encontrar noções que enxergam um paralelo entre o conceito de ação e o conceito de exceção, porquanto esta estaria ligada a uma noção de defesa ampla e abstrata[87]. Conforme Pinto Ferreira, trata-se de acepção amplíssima, em que exceção é sinônimo de defesa, entendendo-se qualquer defesa do réu, tanto de mérito como de natureza processual[88]. Se ao autor seria assegurado o direito pré-processual de provocar o Poder Judiciário por meio do exercício da ação, ao demandado corresponderia o direito amplo e abstrato de

[86] SERPA LOPES, Miguel Maria de. Op. cit., p. 19.

[87] Cf. GRINOVER, Ada Pellegrini; DINAMARCO, Cândido Rangel; CINTRA, Antônio Carlos Araújo. *Teoria geral do processo.* 17. ed. São Paulo: Malheiros, 2001, p. 273; COUTURE, Eduardo J. *Fundamentos de direito processual civil.* Trad. Benedicto Giacobini. Campinas: RED Livros, 1999, p. 57.

[88] Cf. FERREIRA, Luiz Pinto. Exceção I. In: *ESD*, São Paulo: Saraiva, 1977, v. 34, p. 345.

opor exceções, isto é, de resistir abstratamente às postulações contra ele dirigidas, assegurado pelo ordenamento jurídico. Porém, o paralelismo merece ser criticado e afastado, uma vez que, utilizando um conceito extremamente amplo de exceção, não chega a descrever propriamente o fenômeno jurídico e pode ser diluído na própria noção de ação[89].

Uma segunda noção de exceção, um pouco mais concreta que a primeira, refere-se à exceção como defesa efetivamente exercida em um processo, designada também como exceção processual. Para essa acepção não importa a natureza do argumento de defesa, uma vez que ela é sinônimo tão somente de defesa exercida[90].

Em terceiro lugar, o termo exceção, contemporaneamente, pode significar uma defesa apresentada pelo demandado com um argumento específico. Ela pode, em primeiro lugar, representar um argumento de defesa que não impugna o mérito da demanda, mas suscita apenas vícios processuais. É o exemplo do direito francês, acima mencionado, em que, apesar de não apresentar completa consistência positivada, o termo *exceptio*, textualmente, fica reservado às contradições apresentadas pelo demandado relativas à regularidade da forma de procedimento, enquanto a *défense* representa a contradição relativa ao direito do autor.

A exceção pode ser ainda um argumento de defesa em que o demandado não nega os fatos afirmados pelo autor, mas lhe opõe novos fatos que sejam impeditivos, modificativos ou extintivos do direito afirmado pelo autor. Esse sentido pode ser extraído do Código de Processo Civil português em seu artigo 571º[91-92]. Finalmente, a exceção pode ser enxergada como

[89] Cf. TORNAGHI, Hélio. Da exceção. *RJFND*, Rio de Janeiro: UFRJ, v. XIII-XIV, p. 65-91, 1955/1956, p. 77-78; DENTI, Vittorio. L'eccezione nel processo civile. *RTDPCiv.*, Milano: Giuffrè, ano XV, p. 22-40, 1961, p. 31-32.

[90] OLIVEIRA, Rafael Alexandria de. Op. cit., p. 32-33.

[91] Artigo 571.º (art.º 487.º CPC 1961). Defesa por impugnação e defesa por exceção. 1 – Na contestação cabe tanto a defesa por impugnação como por exceção. 2 – O réu defende-se por impugnação quando contradiz os factos articulados na petição ou quando afirma que esses factos não podem produzir o efeito jurídico pretendido pelo autor; defende-se por exceção quando alega factos que obstam à apreciação do mérito da ação ou que, servindo de causa impeditiva, modificativa ou extintiva do direito invocado pelo autor, determinam a improcedência total ou parcial do pedido.

[92] Sobre o tema ver MESQUITA, Luís Miguel de Andrade. *Reconvenção e excepção no processo civil. O dilema da escolha entre reconvenção e a exceção e o problema da falta de exercício de reconvir.* Coimbra: Almedina, 2009, *passim*.

determinado argumento de defesa por meio do qual o demandante não impugna o direito e fatos afirmados pela outra parte, mas contrapõe ao direito do autor um direito dele, demandado, com o objetivo de impedir ou retardar os efeitos da pretensão apresentada. Na feliz expressão de Enneccerus[93], a exceção é entendida como um contradireito, que não suprime o direito dirigido contra o demandado, mas o suspende em virtude de efeito contrário, fazendo com ele seja praticamente ineficaz[94].

Diante da variedade de sentidos que a figura pode admitir, faz-se necessário avaliar as características essenciais da exceção para fixarmos um conceito e, então, de modo mais preciso, avaliar a natureza e funcionamento da exceção de insegurança, conforme admitida no ordenamento jurídico brasileiro.

2.4. Características essenciais da exceção

2.4.1. O excipiente na posição de demandado

A primeira característica essencial da figura da exceção – e essa é uma característica que pode ser identificada já em sua fonte romana – é que ela pressupõe a condição de demandado, em sentido amplo, e não estritamente processual. Somente possui exceção aquela pessoa contra quem é demandado algo. Não há necessidade de que a demanda seja judicial, sendo que a exceção é admitida extrajudicialmente ou até mesmo diante de outra exceção. Esse era o caso, por exemplo, no direito romano clássico, da *replicatio, duplicatio* e *treplicatio*, descritas acima neste trabalho. Essa característica é apontada com precisão por Pontes de Miranda ao introduzir o tema das exceções da seguinte forma: "a exceção diz respeito à eficácia do *ius exceptionis* e à eficácia do direito, da pretensão, ou da ação, ou da exceção, que ela 'excetua'"[95].

[93] "Excepción (en sentido de derecho privado) es el derecho de una persona a impedir, mediante su oposición, el ejercicio de un derecho que se dirige contra ella. Es, pues, un contraderecho que no suprime el derecho contra el que se dirige, pero que lo suspende en virtud de efecto contrario, haciéndolo prácticamente ineficaz" (ENNECCERUS, Ludwig. *Derecho civil*: parte general, cit., v. I, p. 473).

[94] Orlando Gomes também atribui a Enneccerus a divulgação do entendimento de exceção como contradireito. Ver GOMES, Orlando. *Contratos*. 6. ed. Rio de Janeiro: Forense, 1977, p. 111.

[95] PONTES DE MIRANDA. *Tratado de direito privado*: parte especial. 3. ed. Rio de Janeiro: Borsoi, 1970, t. VI, p. 3.

O sentido de exceção que deve ser empregado neste trabalho, assim, mantém a característica original de sua fonte romana, no sentido de que se trata de um determinado argumento de defesa, alegando um direito próprio ou circunstância específica, embora não possa ser confundido com a noção de defesa em geral, quer seja abstrata ou concreta.

Via de regra, a oposição e eficácia da exceção demanda um agir proativo do demandado, que deve arguí-la[96], judicial ou extrajudicialmente. Essa é uma característica que também advém de sua noção original, romana, em que, via de regra, o argumento devia ser lançado na fórmula, sob pena de não poder ser levado em consideração pelo juiz popular. Uma exceção a essa regra eram os *iudicia bonae fidei* (as ações de boa-fé), de reduzido número[97], em que o *iudex* tinha liberdade para levar em consideração o dolo de um dos litigantes, ainda que o réu não houvesse inserido, na fórmula, a *exceptio doli*[98]. Há também hipóteses de exceções que podiam ser reconhecidas tanto pelo magistrado quanto pelo *iudex*, como era o caso da exceção de exercício ilícito de direito[99].

Dessa forma, é necessário apontar que alguns sistemas jurídicos, excepcionalmente, podem admitir que determinados fatos ou direitos do demandado que fundamentam a exceção sejam reconhecidos judicialmente sem que haja a necessária arguição pelo demandado. É o caso, por exemplo, da exceção de prescrição no direito brasileiro após a edição da Lei n. 11.280/2006 que alterou o antigo Código de Processo Civil de 1973[100] para permitir que a prescrição fosse reconhecida de ofício pelo juízo. A possibilidade de reconhecimento de ofício da prescrição foi mantida no Código de Processo Civil de 2015, conforme seu art. 487, III[101].

[96] Vale apontar que o demandado não precisa, necessariamente, apontar os fundamentos jurídicos exatos que atestam a incidência da exceção para que ela tenha efeito, bastando tão somente sua arguição. Esse aspecto é lembrado por ESPÍN CÁNOVAS, Diego. Op. cit., p. 580.

[97] Cf. MOREIRA ALVES, José Carlos. Op. cit., p. 227.

[98] Sobre o tema das *iudicia bonae fidei* ver CARCATERRA, Antonio. *Intorno ai bonae fidei iudicia.* Napoli: Jovene, 1964.

[99] Cf. KASER, Max. Op. cit., pp. 202.

[100] Art. 219 (...) §5º O juiz pronunciará, de ofício, a prescrição.

[101] Art. 487. Haverá resolução de mérito quando o juiz: (...) II – decidir, de ofício ou a requerimento, sobre a ocorrência de decadência ou prescrição.

À época da alteração ao Código de Processo Civil de 1973 alguns autores argumentaram que a mudança legislativa alterava a natureza da prescrição, que deixaria de ser uma exceção e passaria a ser uma objeção[102].

Todavia, entendemos que a possibilidade de reconhecimento de ofício é uma característica secundária da exceção, ou seja, um aspecto contingencial que não determina ou afeta a sua natureza. Essa circunstância, como dito, já era algo possível no direito romano clássico, e não foi suficiente para modificar a natureza daquelas modalidades de *exceptio* que podiam ser reconhecidas de ofício pelo magistrado ou pelo *iudex*.

2.4.2. Paralisação da pretensão do excepto

A segunda característica marcante das exceções e que servirá como eixo para o estabelecimento de seu conceito e natureza jurídica é a circunstância de que a exceção oposta não nega o direito do demandante, mas, sim, paralisa a sua pretensão, conforme expressão empregada por Marco Rossetti[103].

Quando uma pessoa é cientificada a apresentar uma defesa (seja ela processual ou de mérito), ela pode tomar diversas modalidades de atitude para se defender. Como primeira alternativa, ela pode negar as alegações de fato trazidas pelo autor ou negar as consequências jurídicas daqueles fatos trazidos pelo autor. Nesse caso temos uma defesa direta do demandado, em que não são trazidos fatos novos ao objeto cognitivo.

[102] "A Lei 11.280/2006 alterou profundamente esta diferenciação que antes existia, em nosso sistema processual, entre o reconhecimento da prescrição e da decadência. É que, de acordo com a nova redação do § 5º do art. 219 do CPC, 'o juiz pronunciará de ofício a prescrição'. Assim, por exemplo, no caso do art. 295, IV, tratando-se de decadência ou prescrição, o juiz indeferirá a petição inicial, independentemente de citação do réu, já que a prescrição, assim como a decadência, deixa de ser exceção, passando a ser considerada objeção substancial" (WAMBIER, Luis Rodrigues; WAMBIER, Teresa Arruda Alvim; MEDINA, José Miguel Garcia. *Breves comentários à nova sistemática processual civil*: Leis 11.187/2005, 11.232/2005, 11.276/2006, 11.277/2006 e 11.280/2006. São Paulo: RT, 2006, v. II, p. 41-42); e "(...) Depois da edição da Lei n. 11.280, passou-se a admitir o reconhecimento de ofício da prescrição dos direitos patrimoniais, o que desnatura a exceção" (GAGLIARDI, Rafael Villar. *Exceção de contrato não cumprido*, cit., p. 9).

[103] Cf. ROSSETTI, Marco, cit., p. 9-10; 434.

Como segunda modalidade de defesa, o demandado pode alegar fatos novos em relação àqueles trazidos pelo autor, que podem ser impeditivos, modificativos ou extintivos do direito afirmado pelo autor. Essa modalidade de defesa já pode ser considerada indireta, porquanto o objeto cognitivo em questão fica alargado. É possível citar os seguintes exemplos: diante de uma demanda postulada pelo autor, o demandado apresenta uma defesa baseada no fato de que uma condição suspensiva estabelecida no contrato entre demandante e demandado não foi implementada, impedindo o direito do autor (exemplo de fato impeditivo); nesse mesmo exemplo, o demandado pode alegar que o próprio autor havia concedido uma moratória ao demandado (exemplo de fato modificativo); e, por fim, ainda no exemplo de haver um contrato entre demandado e demandante, o demandado pode alegar que houve pagamento do crédito alegado pelo demandante (exemplo de fato extintivo)[104].

Uma terceira modalidade de defesa, que nos interessa mais imediatamente, é a possibilidade de o demandado opor ao direito do demandante um direito próprio, que cause a extinção do direito do demandante ou paralise seus efeitos (temporariamente ou permanentemente), com o objetivo de não ter a sua esfera jurídica atingida. Trata-se também de uma modalidade de defesa indireta. Como exemplos, é possível citar a arguição de compensação, opondo um direito de crédito do demandado contra um direito de crédito do demandante; a possibilidade de arguir um direito de retenção de um bem diante de uma demanda que exige a entrega[105]; e, de modo mais interessante para este trabalho, a oposição da exceção de insegurança diante da exigência da prestação, caso estejam presentes as hipóteses do art. 477 do Código Civil brasileiro.

Por fim, vale apontar que o demandado ainda pode tomar outras atitudes, como, por exemplo, reconvir, isto é, formular uma demanda própria contra o autor que lhe exige algo. Pode ainda nada fazer, aplicando-se os efeitos da revelia caso se trate de uma demanda judicial ou até mesmo reconhecer os fatos e a demanda do autor.

A exceção, assim, pode ser identificada com a terceira modalidade de defesa acima apontada. Trata-se de uma defesa indireta que não nega o direito do demandante. Em sentido amplo, a exceção é uma forma

[104] Cf. OLIVEIRA, Rafael Alexandria de. Op. cit., p. 35-36.

[105] Idem, p. 37.

de defesa indireta na qual o sujeito passivo reconhece que o ativo já foi titular de um direito existente e eficaz, que, todavia, deixou de existir ou produzir efeitos em razão da exceção[106]. Essa também é uma característica que tem origem na *exceptio* do período formular do direito romano, que, como apontamos acima, era inserida na fórmula de uma forma condicional negativa[107]. A *intentio* só conduziria à condenação caso a *exceptio* não ficasse comprovada.

Merece destaque que a identificação da exceção como modalidade de defesa indireta conforme a acepção acima proposta é bastante difundida na jurisprudência nacional contemporânea[108], o que demonstra a pertinência do exercício classificatório acima perfilhado.

É da essência da figura da exceção – e, portanto, determinante da sua natureza jurídica – que o direito do autor não seja negado, mas, em verdade, que seja suposto. Pontes de Miranda também aponta nesse sentido: "a exceção supõe que o direito, a pretensão, a ação, ou a exceção, contra que se opõe, já haja nascido e subsista". Dessa forma, pode-se afirmar que o exercício de exceções supõe dois direitos: o do excipiente, o *ius excepcionis*, e o direito que ele excetua[109].

Por meio da exceção o demandado efetivamente aporta fatos novos à situação em questão. Mais especificamente, ele aporta esses fatos para afirmar que eles geram para ele um direito que se contrapõe ao direito afirmado pelo demandante[110]. Com a exceção não há negação do direito do autor. Esse direito é pressuposto e em face dele é contraposto

[106] Cf. ORIANI, Renato. Eccezione. In: *Digesto delle discipline privatistiche*. Torino: UTET, 1999, t. VII, p. 262.

[107] "(...) era um 'exceto se', um 'salvo se', inserido na fórmula (*si non, quod* ou *qua de re non*, e semelhantes) em favor do réu, acrescentando à ordem de condenação (...) não bastava a prova da *intentio* para a condenação do réu; era preciso também que a *exceptio* não ficasse provada. Provada esta, impunha-se a absolvição do réu, muito embora a *intentio* também o fosse" (SANTOS, Moacyr Amaral. Op. cit., p. 54).

[108] Ver, por exemplo, os seguintes julgados: TJ do Distrito Federal, 3ª Turma Cível, AC 20130111723642APC (0043877-64.2013.8.07.0001), Rel. Des. Alvaro Ciarlini, v.u., d.j. 07-11-2018; TJ de Goiás, 5ª Câm. Cív., AC 0409513.54.2014.8.09.0051, Rel. Des. Guilherme Gutemberg Isac Pinto, v.u., d.j. 07-06-2019.

[109] THEODORO JR., Humberto. Alguns aspectos relevantes da prescrição e decadência no Código Civil. *RSDCPC*, Brasília, 23, 5, 2003, p. 22; AGUIAR JÚNIOR, Ruy Rosado de. *Extinção dos contratos por incumprimento do devedor*: resolução. 2. ed. São Paulo: Aide, 2004, p. 222.

[110] Cf. MESQUITA, Luís Miguel de Andrade. Op. cit., p. 42.

pelo demandante um direito próprio. Temos, assim, a situação que se convenciona chamar de contradireito, como mencionado anteriormente neste trabalho, isto é, a situação jurídica ativa de que o demandado pode se valer para contrapor-se a um direito de que o demandante se entende titular, sem, no entanto, negá-lo[111]. Recebe esse nome por pressupor uma demanda e exercer-se como reação a ela.

2.5. Natureza jurídica da exceção: contradireito

Muitas são as discussões sobre a natureza jurídica da exceção, tanto em obras mais antigas[112] quanto em monografias contemporâneas[113]. Para chegarmos a uma conclusão consistente e útil à compreensão da exceção de insegurança, devemos ter em mente as características essenciais da exceção, tratadas no capítulo anterior.

Concluir que a exceção é uma espécie de direito subjetivo, embora não seja propriamente um erro, parece não satisfazer[114]. A categoria de direitos subjetivos é muito ampla, e a exceção possui determinações próprias, consistentes ao longo de sua evolução histórica e presentes de modo relativamente uniforme em diferentes ordenamentos jurídicos que têm raízes na cultura romana. Dessa forma, deve-se chegar a uma categoria que realmente dê conta de expressar o fenômeno jurídico que a exceção encarta.

[111] Cf. OLIVEIRA, Rafael Alexandria de. Op. cit., p. 38.

[112] ENNECCERUS, Ludwig. *Derecho civil*: parte general, cit., v. I, p. 473; TORNAGHI, Hélio. Op. cit., p. 77-78; GOMES, Orlando. *Contratos*. 6. ed., cit., p. 111; PONTES DE MIRANDA, Francisco Cavalcanti. *Tratado de direito privado*, cit., t. XXVI, p. 3 e ss.; SERPA LOPES, Miguel Maria de. Op. cit., p. 11 e ss.

[113] GOGLIANO, Daisy. *A exceção civil como instrumento de tutela na resolução dos contratos sinalagmáticos*, cit., p. 95 e ss.; IMBETT, Carlos Alberto Chinchilla. *La excepción de incumplimiento contractual*: estructura, función y límites, cit., p. 35 e ss; OLIVEIRA, Rafael Alexandria de. Op. cit., p. 25 e ss; BIAZI, João Pedro de Oliveira de. *A exceção de contrato não cumprido no direito privado brasileiro*, cit., p. 3 e ss.; GAGLIARDI, Rafael Villar. *Exceção de contrato não* cumprido, cit., p. 5 e ss.; GERAIGE, Nadime Meinberg. Op. cit., p. 13 e ss.; BUTRUCE, Vitor Augusto José. Op. cit., p. 20 e ss.

[114] Veremos ao longo das próximas páginas o porquê de a exceção ser melhor descrita como um contradireito. Assim sendo, a exceção integra o feixe de situações jurídicas detidas pelo demandado, compondo seu direito subjetivo como uma posição jurídica ativa. Nesse sentido ver MENEZES CORDEIRO, António Manuel da Rocha e. *Tratado de direito civil*. 2. ed. Coimbra: Almedina, 2016, t. 9, p. 266.

Existem posições que defendem que a exceção seria uma espécie de direito potestativo[115], com grande aceitação, sobretudo, na doutrina italiana[116]. Essa orientação pode ser vista também em abordagens específicas sobre a exceção de insegurança no Brasil[117]. O direito potestativo seria aquela posição jurídica que permite ao seu titular, de modo unilateral, modificar uma situação jurídica subjetiva de outrem, que, destarte, fica em estado de sujeição, não podendo evitá-la. Seu núcleo, portanto, está na noção de poder, de um lado da relação, que se projeta sobre o estado de sujeição, do outro lado da relação[118]. Assim, os que defendem essa corrente argumentam que o excepto estaria em uma modalidade de estado de sujeição em relação ao *ius excepcionis* exercido pelo excipiente.

Entretanto, a passividade própria do estado de sujeição não nos parece representar exatamente o que ocorre quando uma exceção é oposta, uma vez que várias modalidades de exceção admitem que o excepto aja justamente para eliminar a eficácia do *ius excepcionis*. Os exemplos mais comuns são encontrados nas exceções dilatórias, especialmente a exceção de insegurança. Nessa modalidade de exceção, o excepto pode realizar aqueles

[115] Cf. considerações sobre a exceção de contrato não cumprido ser direito potestativo ou faculdade em MENEZES CORDEIRO, António Manuel da Rocha e. *Tratado de direito civil*, cit., t.9, p. 297. Sobre o tema, cf. ainda GASTALDI, José María; CENTANARO, Esteban. Op. cit., p. 14.

[116] Sem pretensão de exaustão, cf. ROSSETTI, Marco. Op. cit., p. 434; PERSICO, Giovanni. Op. cit., p. 9-14; BIANCA, Cesare Massimo. *Diritto civile*: la responsabilità. Milano: Giuffrè, 1994. v. 5, p. 329; BOLAFFI, Renzo. Op. cit., pp. 8-15.

[117] "A exceção de inseguridade possui natureza de direito potestativo, eis que, uma vez exercida pelo excipiente, resta ao excepto apenas sujeitar-se às modificações do uso de tal faculdade" (LATGÉ, Bernardo da Silveira. Notas sobre a exceção de inseguridade. Monografia (Pós-Graduação Lato Sensu) – Faculdade de Direito, Universidade do Estado do Rio de Janeiro, Rio de Janeiro, 2015, p. 28).

[118] Conforme indica Francisco Marino, "o núcleo do referido conceito [direito potestativo] está na noção de poder. O titular do direito potestativo não possui a faculdade de exigir determinada prestação de outrem (pretensão), mas sim o poder de provocar alterações em uma dada esfera jurídica" (MARINO, Francisco Paulo de. *Revisão contratual. Onerosidade excessiva e modificação contratual equitativa*. São Paulo: Almedina, 2020, p. 112). Adiante, o autor complementa: "a posição passiva correlata ao direito potestativo (...) é chamada de sujeição, definida como a situação de necessidade inelutável, em que está constituído o adversário do titular dum direito potestativo, de suportar na sua esfera as consequências constitutivas, extintivas ou modificativas do exercício daquele direito" (MARINO, Francisco Paulo de. *Revisão contratual. Onerosidade excessiva e modificação contratual equitativa*, cit., p. 113).

comportamentos previstos no art. 477 do Código Civil – ou prestar em primeiro lugar ou oferecer garantia suficiente – de modo a atender e pôr fim à eficácia da exceção de insegurança oposta.

Outra diferença entre direitos potestativos e exceções que pode ser apontada é a diferente forma como eles são exercidos. Os direitos potestativos são praticados por meio de ações constitutivas ou desconstitutivas, que criam, modificam ou extinguem relações jurídicas. As exceções, por seu turno, são sempre declarativas. "Não há exceções constitutivas, condenatórias, mandamentais ou executivas", conforme sustenta Pontes de Miranda[119]. Isso porque as exceções não extinguem a eficácia de uma determinada situação jurídica, como ocorre com os direitos potestativos, embora existam modalidades de exceções que encobrem permanentemente a eficácia de situações jurídicas (como é o caso da prescrição, por exemplo)[120].

Existem correntes que enxergam nas exceções a natureza de uma pretensão[121]. A verdade e precisão dessa afirmação dependem necessariamente do alcance que se dá ao termo pretensão. Caso a pretensão seja compreendida em um sentido amplo como a possibilidade se exigir tutela jurídica de um direito[122] por meio de um agir ou omissão a cargo do excipiente – e não necessariamente do excepto – efetivamente a exceção se enquadra na categoria[123].

Porém, em um sentido mais restrito, a pretensão pode ser enxergada como aquela situação jurídica que permite ao seu titular exigir uma determinada ação ou omissão específica de outrem[124], por meio de uma ação

[119] Cf. PONTES DE MIRANDA. *Tratado de direito privado*: parte especial. 3. ed., cit., t. VI, p. 3.

[120] Vale reproduzir novamente Pontes de Miranda para quem "exceções são inconfundíveis com os direitos formativos extintivos, como o direito à compensação, e com as pretensões à decretação de nulidade ou de anulação. Não destroem, não extinguem; encobrem a eficácia" (PONTES DE MIRANDA, *Tratado de direito privado*: parte especial. 3. ed., cit., t. VI, p. 6).

[121] Ver GOGLIANO, Daisy. *A exceção civil como instrumento de tutela na resolução dos contratos sinalagmáticos*, cit., p. 108.

[122] Cf. PONTES DE MIRANDA. *Tratado de direito privado*: parte especial. 3. ed., cit., t. VI, p. 5: "O excipiente exerce pretensão à tutela jurídica".

[123] "A exceção é uma pretensão no sentido de um agir materialmente falando" (GOGLIANO, Daisy. *A exceção civil como instrumento de tutela na resolução dos contratos sinalagmáticos*, cit., p. 108).

[124] Cf. LARENZ, Karl. *Derecho civil*: parte general. Trad. Miguel Izquierdo y Macías-Picavea. Madrid: Editorial RDP, 1978, p. 313 e ss.

em sentido material, caso essa seja movida pelo demandante. Dessa forma, nesse sentido estrito, a pretensão de um sujeito que se encontra em uma situação jurídica ativa sempre corresponde a um dever do outro sujeito, que está na situação jurídica passiva, posição essa que é bem traduzida por Giuseppe Lumia[125].

Embora o fim da exceção seja "fazer-se atender", ainda nas palavras de Pontes de Miranda, não é possível apontar que isso signifique, propriamente, a existência de um dever correlato por parte do excepto. Realmente, não é esse o sentido da frase do autor alagoano. A exceção não tem a força de compelir diretamente o excepto a realizar uma ação ou omissão. Na verdade, a exceção tem como efeito paralisar a eficácia[126], transitoriamente ou permanentemente, do direito do excepto, o direito do demandante que a exceção supõe. Em algumas situações o excepto pode tomar atitudes diante da exceção oposta – como é o caso das exceções dilatórias, mencionadas acima –, mas isso não significa a existência de um dever correlato à posição jurídica do excipiente. Somente de forma indireta que a exceção coage o excepto a tomar alguma atitude.

Dessa forma, em razão de a exceção ter por efeito jurídico a paralisação – permanente ou temporária – da eficácia do direito a que se contrapõe, a figura tem a sua melhor caracterização como contradireito. É na constatação do poder neutralizante da eficácia do direito do demandante, ou, de modo mais sintético e preciso, de paralisação de sua pretensão, como defende Marco Rossetti[127], acima já mencionado, é que se verifica a natureza da exceção. Como bem sintetizado por Menezes Cordeiro, "a exceção material apresenta-se, assim, como um contradireito que permite, ao seu titular, deter o exercício de um direito que se lhes oponha, desde que se verifiquem os seus requisitos e enquanto isso suceder"[128].

[125] Cf. LUMIA, Giuseppe. *Elementos de teoria e ideologia do direito*. Trad. Denise Agostinetti. São Paulo: Martins Fontes, 2003, p. 105-16.

[126] É necessário mencionar que Pontes de Miranda prefere utilizar a expressão "encobrir a eficácia" do direito do excepto ao se referir aos efeitos da exceção. Veja-se, por exemplo, o seguinte trecho, que exemplifica o sentido da expressão utilizada ao longo de sua obra: "a exceção é contradireito, mas apenas encobre outro, ou encobre a pretensão, ou a ação, ou a exceção a que se opõe" (PONTES DE MIRANDA, Francisco Cavalcanti. *Tratado de direito privado*: parte geral. 3. ed. Rio de Janeiro: Borsoi, 1970, t. VI, p. 8).

[127] ROSSETTI, Marco. Op. cit., p. 9-10.

[128] MENEZES CORDEIRO, António Manuel da Rocha e. *Tratado de direito civil*, cit., t. 9, p. 276.

Os contradireitos, como categoria geral, possuem essas características: ao mesmo tempo em que integram o feixe de situações jurídicas a cargo do demandado, eles supõem a existência de um outro direito, o direito do demandante, contra o qual o contradireito dirige seus efeitos.

Assim, a exceção é um contradireito de titularidade do excipiente. Ela integra o feixe de situações jurídicas detidas pelo demandado, compondo seu direito subjetivo como uma posição jurídica ativa. Porém, ele é um direito subjetivo específico: ele supõe um outro direito subjetivo, o do demandante, o qual terá sua eficácia paralisada pelo *ius exceptionis*. Por isso a pertinência do prefixo "contra".

O exercício de um contradireito pode ter por finalidade extinguir o direito afirmado pelo autor ou simplesmente paralisar seus efeitos. Para avaliar as espécies de contradireitos, alguns autores propõem a terminologia de "contradireitos extintivos" e "contradireitos neutralizantes"[129].

Um exemplo de contradireito extintivo seria a compensação, prevista no art. 368 do Código Civil brasileiro. Ao alegar a compensação, o demandado reconhece o direito de crédito do autor – ou seja, esse direito do demandante é suposto – mas opõe ao demandante um direito de crédito próprio, que extingue o direito do demandante[130]. A circunstância de tais contradireitos encartarem também uma pretensão própria do excipiente faz com que elas sejam denominadas "exceções impróprias". São aquelas que representam um contra-ataque, uma movimentação de pretensão em via reversa. É, como se diz alegoricamente, uma defesa com uma lança, e não com escudo[131].

[129] É o caso de Rafael Oliveira em OLIVEIRA, Rafael Alexandria de. Op. cit., p. 39 e ss.

[130] Exemplo em OLIVEIRA, Rafael Alexandria de. Op. cit., p. 39.

[131] A alegoria da exceção como defesa exercível com uma lança ou escudo é lembrada por Daisy Gogliano (GOGLIANO, Daisy. *A exceção civil como instrumento de tutela na resolução dos contratos sinalagmáticos*, cit., p. 21) em referência à seguinte passagem de Manoel Aureliano Gusmão: "Os Romanos, sempre inclinados a dar aos seus institutos jurídicos uma fórmula simbólica, consideravam a contestação como um combate, em que os contendores, autor e réu, lutam braço a braço, corpo a corpo, ao passo que, na exceção, o réu é armado de lança e escudo, ao mesmo tempo em que se defende dos golpes do autor, reage contra este, ferindo-o por sua vez" (GUSMÃO, Manoel Aureliano de. *Processo civil e commercial*. 3. ed. São Paulo: Saraiva, 1934, v.1, p. 433). Sobre a exceção imprópria como modalidade de defesa com espada (em contraposição às defesas "com escudo"), ver NEVES, Julio Gonzaga Andrade. *A suppressio (Verwirkung) no direito civil*. São Paulo: Almedina, 2016, p. 66.

Com relação aos contradireitos neutralizantes, é possível citar a exceção de prescrição[132]. Ela também supõe o direito de crédito do demandante, mas, por meio de sua oposição, nega-lhe a eficácia permanentemente, sem, contudo, gerar a extinção do crédito. Essas são, propriamente, as defesas com escudo. Vale lembrar que o pagamento de dívida prescrita não gera o direito à repetição de indébito, conforme art. 882 do Código Civil, revelando essa característica. Outro exemplo dessa modalidade de contradireito seria o direito de retenção oposto em razão de uma demanda que exige a restituição de determinado bem[133]. O direito de retenção não nega o direito de o demandante reaver a coisa, porém nega-lhe a eficácia temporariamente em razão de um crédito conexo do demandado[134]. Por fim, a própria exceção de insegurança pode ser tida como um exemplo de contradireito neutralizante. Por meio dela, o demandado não nega ou extingue o direito de crédito do autor, porém paralisa sua eficácia enquanto o demandante não realiza alguns dos comportamentos previstos no art. 477 do Código Civil[135].

Porém, surge a questão: exceções e contradireitos são categorias distintas? Em caso negativo, qual característica de cada uma das figuras fundamenta a diferença?

Conforme apontamos acima, o termo "exceção" não possui significado único, podendo, em algumas situações, ser tomado como sinônimo de defesa abstrata, qualquer defesa apresentada pelo demandado ou ainda certas modalidades de defesa, como aquelas que alegam questões de rito ou que aportam novos fatos que extinguem, modificam ou impeçam o direito do demandante.

[132] Sobre prescrição como exceção, ver NEVES, Julio Gonzaga Andrade. Op. cit., p. 66.

[133] Cf. OLIVEIRA, Rafael Alexandria de. Op. cit., p. 40.

[134] Vale aqui apontar a definição de direito de retenção cunhada por Ana Fonseca: "O direito de retenção pode ser definido como o direito de o devedor recusar a restituição de uma coisa até que o credor efetue uma prestação conexa com a sua obrigação. Os direitos não podem ser objeto de direito de retenção" (FONSECA, Ana Taveira da. *Da recusa de cumprimento da obrigação para a tutela do crédito*: em especial na excepção de não cumprimento, no direito de retenção e na compensação, cit. p. 564).

[135] É possível ainda citar como exemplos de contradireitos neutralizantes o benefício de ordem previsto no art. 827 do Código Civil de 2002 e o direito dos sócios em serem executados senão depois de executados os bens sociais previsto no art. 1.024 também do Código Civil de 2002.

Conforme tratamos anteriormente, a observação da evolução histórica da exceção permite que sejam apontadas duas características essenciais sobre a figura, e que, por seu turno, fixam as coordenadas principais para a identificação precisa de seu conceito atualmente. A primeira delas é a circunstância de toda exceção pressupor a condição de demandado, isto é, a condição de que a exceção supõe a existência do direito do excepto. Com isso, podemos afastar a exceção de conceitos mais amplos de defesa que negam a existência do direito do demandante. A segunda característica fundamental, por seu turno, pode ser resumida no fato de que a exceção age no âmbito da eficácia do direito do excepto, e não em sua existência ou validade. Com isso, podemos afastar equiparações da exceção com modalidades de direitos ou defesas que afetam a existência ou validade do direito do demandante.

Sobre a relação entre as categorias dos contradireitos e exceções, teve grande relevância a elaboração de Chiovenda[136] ao enxergar a exceção como contradireito do réu, embora não se possa afirmar que essa linha de pensamento tenha sido inaugurada por ele propriamente, conforme lembra Daisy Gogliano[137]. A teoria possui o mérito de posicionar a exceção como um direito em face da pretensão do autor, ou seja, firmá-la claramente como um contradireito. Todavia, sua acepção era abrangente o suficiente para identificar uma eficácia modificativa desse contradireito, ligando-o, portanto, à figura do direito potestativo, como aponta Pinto Ferreira na *Enciclopédia Saraiva do Direito*[138]. Como vimos acima, os efeitos dos chamados direitos potestativos são estranhos ao perfil jurídico das exceções contemporaneamente, uma vez que não são espécie de direitos formativos[139].

[136] CHIOVENDA, Giuseppe. *Ensayos de derecho procesal civil*. Trad. Santiago Sentís Melendo. Buenos Aires: Ediciones Jurídicas Europa-América, 1949.

[137] Cf. GOGLIANO, Daisy. *A exceção civil como instrumento de tutela na resolução dos contratos sinalagmáticos*, cit., p. 104.

[138] "Chiovenda esclarece a grande importância da exceção substancial, a que se refere no prefácio à obra de Escobedo (*Eccezione in senzo sostanziale*), mostrando-lhe o aspecto de direito potestativo, assim como nos *Principi di diritto processuale civile*" (FERREIRA, Luiz Pinto. Op. cit., v. 34, p. 341).

[139] Cf. PONTES DE MIRANDA. *Tratado de direito privado*: parte especial. 3. ed., cit., t. VI p. 6.

O pensamento de Tullio Liebman[140] se apresenta como uma evolução dessa concepção ao formular, com maior precisão, quais são os reflexos do ponto de vista eficacial entre a interdependência existente entre a posição do excepto (a ação) e a posição do excipiente (a exceção). Enxergando-as como duas faces da mesma moeda, a exceção operaria no sentido de repelir a ação ao trazer um fato novo que deve ser atendido e que prejudica o atendimento da ação.

Trata-se, portanto, de uma visão que evita posicionar a exceção, como contradireito, como aquela circunstância que representa dois direitos subjetivos em combate, em que o melhor direito triunfará, por assim dizer. Esse entendimento, entretanto, não pode ser reduzido à sua mera perspectiva processual, unicamente relacionado à ação em sentido processual, já que as exceções substanciais acabam atingindo a ação indiretamente, por paralisar a pretensão.

Felicia Escobedo fornece um importante arremate nessa linha de raciocínio[141]. Sem se desprender totalmente de Liebman, ou seja, fazendo uma análise de cunho eminentemente processual[142], traz em evidência uma relevante característica para a análise da exceção material: seus contornos são definidos por lei, que determinará em que medida determinados fatos terão eficácia para a impugnação da ação. Desprendendo essa posição do âmbito meramente processual, é possível aproveitar sua ideia de fundo para assinalar uma relevante característica do conceito de exceção: ao mesmo tempo em que é possível traçar os elementos da figura da exceção, que configuram a essência de sua natureza jurídica, deve-se manter a atenção para o fato de a lei poder traçar contornos e características específicas para as exceções no âmbito legal.

Esse ponto é muito importante para a compreensão do objetivo e das propostas que serão feitas ao longo deste trabalho. Há um relevante espaço para que a lei positiva modele estruturações próprias sobre as exceções substanciais. Quando tratarmos das diferentes evoluções e estruturações positivas relacionadas à exceção de insegurança, confrontando, sobretudo,

[140] LIEBMAN, Enrico Tullio. *Manual de direito processual civil*. Trad. Cândido Rangel Dinamarco. Rio de Janeiro: Forense, 1984.

[141] ESCOBEDO, Felicia. *L'eccezione in senso sostanziale*. Milano: Soc. An. Istituto Scientifico, 1927.

[142] Cf. SERPA LOPES, Miguel Maria de. Op. cit., p. 7.

a experiência dos países de tradição continental, bem como as tentativas de uniformização de direito privado, veremos o papel que as alterações legislativas podem ter no desenvolvimento e assimilação da figura. Cabe à doutrina apontar, diante da legislação, além das possibilidades de aplicação da figura, também eventuais insuficiências, deficiências e defasagens em cada uma das formulações.

É possível concluir, diante do quadro acima exposto, que a exceção não pode significar o mesmo que a categoria de contradireitos, uma vez que existem contradireitos que atuam no âmbito da existência ou validade dos direitos aos quais se contrapõem. As exceções, por seu turno, representam fatos que são um anteparo, definitivo ou provisório, aos efeitos do direito a que se contrapõem. A exceção é, portanto, contradireito[143], mais especificamente um contradireito neutralizante, uma vez que as exceções neutralizam a eficácia do direito ao qual se contrapõem.

Reconhecida a exceção, isso não torna o direito do demandante inexistente ou inválido, mas somente ineficaz[144]. Ele, portanto, subsiste. Caso a ineficácia seja provisória, o direito poderá ser exercido desde que cesse a condição que fundamente a eficácia do *ius exceptionis*, conforme determinado pelo sistema jurídico em questão. É o caso da própria exceção de insegurança, como já mencionamos acima e iremos tratar com mais profundidade no decorrer deste trabalho. Mesmo sendo o caso de ineficácia definitiva, o direito subsiste, como é o caso da prescrição, já mencionada antes, que não admite repetição do indébito.

Vale apontar que os efeitos do acolhimento da exceção são determinados pelo direito positivo, sendo possível que, excepcionalmente, o sistema jurídico formule consequências que acabam por desfigurar, parcialmente, a exceção em seus elementos característicos. É o caso da previsão no Código de Processo Civil brasileiro que admite o reconhecimento da

[143] Pontes de Miranda chega à mesma conclusão tendo em vista as características essenciais sobre a exceção que mencionamos acima: "Temos, pois, de repelir a classificação das exceções como espécie de direitos formativos. (...). A exceção é contradireito, mas apenas encobre outro, ou encobre a pretensão, ou a ação, ou a ação exceção a que se opõe" (PONTES DE MIRANDA. *Tratado de direito privado*: parte especial. 3. ed., cit., t. VI, p. 6).

[144] ESPÍNOLA, Eduardo. *Systema do direito brasileiro*: introdução e parte geral. 3. ed. Rio de Janeiro: Livraria Francisco Alves, 1938, p. 624-625.

prescrição de ofício pelo juiz, conforme art. 487, II[145], não sendo necessária sua alegação pelo demandado. Há também o exemplo do Código Tributário Nacional que, em seu art. 156, V[146], aponta que a prescrição extingue o crédito tributário, dando eficácia extintiva a uma situação jurídica que, usualmente, atacaria somente a eficácia do direito (no caso, o crédito tributário). Entretanto, essas hipóteses devem ser enxergadas como exceções pontuais e secundárias previstas no ordenamento jurídico, não sendo possível concluir que, ontologicamente, desnaturam a exceção em questão.

2.6. Nossa proposta conceitual de exceção

Com a indicação de suas características essenciais, e uma vez identificada a natureza jurídica da exceção, é possível delimitar um conceito de exceção que permita a análise da exceção de insegurança. Dessa forma, temos que a exceção é um contradireito que uma pessoa demandada judicialmente ou extrajudicialmente pode se valer para paralisar, de modo temporário ou definitivo, os efeitos do direito, da pretensão, da ação ou da exceção a que se contrapõe.

Vale ressaltar que a exceção representa uma posição de vantagem do demandado em relação ao demandante. Nasce a partir da incidência da norma jurídica sobre determinadas circunstâncias juridicamente relevantes e se tornam fatos jurídicos e, mais especificamente, um direito subjetivo do demandado. Temos, assim, uma situação jurídica ativa (em relação ao demandado, titular do *ius exceptionis*) que se contrapõe a uma outra situação jurídica ativa (do demandante), fazendo com que a eficácia desta seja sobrestada, conforme lições precisas de Giuseppe Lumia[147].

[145] Art. 487. Haverá resolução de mérito quando o juiz: (...) II – decidir, de ofício ou a requerimento, sobre a ocorrência de decadência ou prescrição.

[146] Art. 156. Extinguem o crédito tributário: (...) V – a prescrição e a decadência;

[147] Para uma noção sobre situações jurídicas subjetivas, ver esclarecedores ensinamentos de Giuseppe Lumia: "A situação jurídica subjetiva é a posição que todo sujeito ocupa no contexto da relação jurídica: ela se estabelece normalmente entre dois sujeitos, dos quais um tem o dever de comportar-se de um certo modo e o outro tem um poder em relação ao primeiro para ele se compromete daquele modo. Isso permite distinguir situações jurídicas em dois tipos fundamentais: as que impõem obrigações e as atribuem poderes. As primeiras chamam-se situações jurídicas passivas; as segundas, situações jurídicas ativas. Dado que ao poder de um corresponde o dever de outro, a relação jurídica surge como a correção de duas

Assim, podemos afirmar que o excipiente é titular de um direito a exceção, entendida a titularidade como uma relação que liga um determinado sujeito a uma situação jurídica subjetiva[148].

Uma vez determinado o conteúdo conceitual da exceção, poderemos, abaixo, traçar alguns apontamentos sobre as classificações das exceções, de modo a guiar e informar a análise específica sobre a exceção de insegurança que faremos a seguir, como fundamento de nossas propostas.

2.6.1. Exceções processuais e exceções substanciais

A primeira grande classificação das exceções se relaciona ao fundamento que visa atacar: uma ação em sentido processual ou uma ação, pretensão, direito ou exceção, em sentido material. Essa é uma classificação que pressupõe a diferenciação entre o âmbito processual e material, e, dessa forma, não era presente na origem da *exceptio* no direito romano clássico, que não conhecia essa distinção[149].

Assim, as exceções de rito, ou processuais, têm como objetivo atacar a ação em sentido processual tal como proposta pelo autor. Elas se manifestam em juízo e visam neutralizar a ação; têm o mérito de impugnar o processo. Assim, elas dizem respeito à relação jurídica processual, apontando vícios relativos aos serviços jurisdicionais[150]. Uma exceção meramente processual não fulmina o direito subjetivo, material, invocado pelo autor[151].

situações jurídicas de sentido oposto e de igual conteúdo. Todavia, é muito frequente ocorrer que da mesma relação surjam poderes e deveres recíprocos nos sujeitos entre os quais ela se estabelece. Tais poderes e deveres têm, às vezes, um conteúdo idêntico para ambos os sujeitos da relação, como o dever de fidelidade e de coabitação que é imposto a ambos os cônjuges; outras vezes, têm um conteúdo diverso: na relação, por exemplo, que se estabelece no contrato de compra e venda, o vendedor tem o dever de transferir a propriedade da coisa e o comprador, de pagar o preço" (LUMIA, Giuseppe. Op. cit., p. 106).

148 BENACCHIO, Marcelo. Direito subjetivo – situação jurídica – relação jurídica. In: LOTUFO, Renan; NANNI, Giovanni Ettore (Coord.). *Teoria geral do direito civil.* São Paulo: Atlas, 2008, p. 204.

149 Cf. PONTES DE MIRANDA. *Tratado de direito privado*: parte especial. 3. ed., cit., t. VI, p. 6; MOREIRA ALVES, José Carlos. Op. cit., p. 118 e ss.; SERPA LOPES, Miguel Maria de. Op. cit., p. 17 e ss.

150 SIQUEIRA, Cleanto Guimarães. *A defesa no processo civil*: exceções substanciais no processo de conhecimento. 3. ed. São Paulo: Saraiva, 2008, p. 279.

151 ABRANTES, José João. Op. cit., p. 130.

É possível pensar nas exceções processuais como contradireitos neutralizantes de natureza processual. Para tanto, a posição de vantagem contra a qual elas se opõem devem ser de natureza processual[152]. Exemplos dessa modalidade de exceção no direito brasileiro vigente são a impugnação ao cumprimento de sentença e os embargos do devedor, em que o magistrado pode conferir efeito suspensivo a movimentos processuais em favor do autor caso sejam atendidos certos requisitos previstos na legislação. Há, destarte, para o demandado um direito que corresponde a uma posição de vantagem, no caso, em se conceder o efeito suspensivo à demanda[153].

As exceções substanciais, por seu turno, relacionam-se ao direito material, subjetivo, interposto na relação jurídica entre as partes. Conforme conceitua Othon Sidou, exceção substancial "é defesa indireta do réu, mediante alegação de fatos que têm por substância um direito seu que impede a pretensão"[154]. Essa característica permite, dentre outras coisas, o exercício de uma medida de autodefesa privada, de autotutela jurídica[155]. É esse o caso da exceção de insegurança.

Vale ressaltar que uma exceção substancial (ou material) pode ser oposta no âmbito de uma discussão judicial. De toda forma, ela continuará a ser material se estiver relacionada à eficácia do direito substancial do demandado, e não somente à relação processual em questão.

2.6.2. Exceção substancial e sua diferenciação das objeções

As exceções substanciais são contradireitos que visam a paralisar, temporária ou definitivamente, os efeitos do direito material contra que se opõem. São substanciais por se voltarem contra uma situação jurídica ativa substancial.

[152] OLIVEIRA. Rafael Alexandria de. Op. cit., p. 48.

[153] Idem.

[154] SIDOU, Othon. Exceção substancial. In: DINIZ, Maria Helena. *Dicionário jurídico.* São Paulo: Saraiva, 1998, v. 2, p. 452.

[155] Sobre o papel das exceções no exercício da autotutela, ver ROPPO, Vincenzo. Op. cit., p. 990; MACARIO, Francesco. Op. cit., p. 205; GABRIELLI, Enrico. Il contratto e i rimedi: la sospensione dell'esecuzione, cit., p. 25; GABRIELLI, Enrico. Appunti sulle autotutele contrattuali. *RDPriv*, Bari, 4, p. 491-530, 2016, p. 491; MASNATTA, Hector. *Excepción de incumplimiento contractual.* Buenos Aires: Abeledo-Perrot, 1967, p.11-12; ADDIS, Fabio. *Il "mutamento" nelle condizioni patrimoniali dei contraenti,* cit., p. 67-68; GOGLIANO, Daisy. *A exceção civil como instrumento de tutela na resolução dos contratos sinalagmáticos,* cit., p. 56.

As exceções substanciais, por terem essas características, devem ser diferenciadas das objeções.

Conforme aponta Calmon de Passos, os fatos impeditivos, modificativos ou extintivos de natureza substancial, capazes de obstar a eficácia da postulação formulada pelo autor, ora configuram exceções, ora representam objeções[156].

Existem fatos jurídicos que têm a aptidão de extinguir, modificar ou impedir que outros fatos jurídicos gerem os efeitos que lhes são próprios. Tais fatos jurídicos são as denominadas objeções[157]. Quando essas objeções dizem respeito a uma relação jurídica material, ainda que sejam deduzidas em juízo, elas são consideradas objeções substanciais[158]. Como exemplo de objeção podemos citar a figura da decadência: a decadência tem por efeito a extinção de um direito potestativo[159]. Ela é, portanto, um fato extintivo do direito potestativo, que deixa de existir. Como vimos acima, o efeito extintivo é estranho às exceções.

Todavia, é comum identificar posições que confundem objeções com exceções. Savigny aponta que na Idade Média se fazia a distinção entre *exceptiones iuris* e *exceptiones facti*. As primeiras corresponderiam àquelas exceções com as características da *exceptio* do direito romano clássico, enquanto as segundas abrangeriam demais meios de defesa à disposição do demandado, que podem ter efeito extintivo, como o pagamento[160]. A tendência de fazer equivaler as exceções a fatos possui, assim, precedente histórico, sendo possível encontrar posições contemporâneas que equiparam as exceções a fatos[161]. Há quem indique que as exceções substanciais

[156] PASSOS, José Joaquim Calmon de. Exceção II. In: *ESD*, São Paulo: Saraiva, 1977, v. 34, p. 358.

[157] Cf. VON TUHR, Andreas. *Tratado de las obligaciones*. Trad. W. Roces. Madrid: Editorial Reus, 1999, t.1, p. 18; ENNECCERUS, Ludwig. *Derecho civil*: parte general, cit., v. I, p. 476.

[158] Sobre o uso do termo objeções substanciais, ver Rafael Alexandria de. Op. cit., p. 49.

[159] "A decadência é a extinção de direito potestativo em virtude da inércia de seu titular em exercê-lo" (MENKE, Fabiano. Art. 207. In: NANNI, Giovanni Ettore (Coord.). *Comentários ao Código Civil*. São Paulo: Saraiva, 2019., p. 345). Todavia, vale apontar que a legislação brasileira admite certas hipóteses decadenciais que não se referem a direitos potestativos, como é o caso do prazo decadencial previsto no art. 618, parágrafo único do Código Civil.

[160] SAVIGNY, Friedrich Carl von. *Sistema del derecho romano actual*. Trad. Jacinto Mesía e Manuel Poley. 2. ed. Madrid: Centro Editorial de Góngora, 1924, t. IV, p. 123.

[161] Ver, por exemplo, ORIANI, Renato. Op. cit., p. 265.

também são fatos. Porém, não é possível tão somente comparar exceções a fatos, além de ser incorreto apontar que as exceções são fatos impeditivos, modificativos ou extintivos. Isso porque os fatos que o excipiente aporta ao exercer a exceção são fatos constitutivos de seu direito, no *ius exceptionis*. Tais fatos são a *causae excipiendi*[162].

Outra distinção entre as figuras é que as objeções substanciais podem ser reconhecidas de ofício pelo magistrado quando entram no contexto de uma relação jurídica processual. Entretanto, as exceções substanciais, normalmente, não podem ser conhecidas de ofício. Quando tratamos acima da evolução da figura da *exceptio* apontamos uma das razões históricas dessa configuração da exceção, que, em sua origem, no processo formular, deveria necessariamente ser arguida perante o magistrado para que fosse conhecida pelo *iudex*. Alguns autores apontam ainda que essa distinção encontra razão no fato de o não conhecimento de uma objeção normalmente gerar uma decisão injusta, enquanto as exceções, ao contrário, inserem-se no âmbito da disponibilidade do excipiente, que pode ou não decidir alegá-las[163].

Porém, como já aludimos, excepcionalmente, o direito positivo pode aplicar algumas características jurídicas do regime jurídico de uma figura à outra, e vice-versa. Por exemplo, a decadência convencional é um modo de objeção que não pode ser conhecida de ofício pelo magistrado. Os defeitos que geram a anulabilidade do negócio jurídico, objeções que representam um fato impeditivo do direito do demandante, tampouco podem ser conhecidos de ofício. Ao lado da exceção, já mencionamos acima a excepcionalidade de a prescrição poder ser reconhecida de ofício, segundo o sistema normativo brasileiro vigente.

Finalmente, o que há de comum entre as objeções materiais e as exceções substanciais é que ambas constituem espécies de defesa indireta, uma vez que não atacam os fatos trazidos pelo demandante. Em processo, tanto a exceção quanto a objeção alargam o âmbito da cognição, mas não o âmbito da decisão, como aponta Renato Oriani[164].

[162] Cf. OLIVEIRA. Rafael Alexandria de. Op. cit., p. 52.

[163] PASSOS, José Joaquim Calmon de. *Comentários ao Código de Processo Civil*. Rio de Janeiro: Forense, 2001, v. 3, p. 285.

[164] ORIANI, Renato. Op. cit., p. 281.

2.6.3. Classificação das exceções substanciais

2.6.3.1. Exceções peremptórias ou dilatórias

As exceções substanciais podem ser classificadas em subcategorias, que permitem melhor compreensão de suas configurações e efeitos. Trataremos abaixo das subcategorias mais relevantes para a compreensão da exceção de insegurança, objeto deste trabalho[165].

As exceções substanciais podem ser divididas em exceções peremptórias ou dilatórias, conforme o modo que afetam os efeitos do direito ao qual se contrapõem, isto é, o direito do excepto. As exceções peremptórias são aquelas que paralisam os efeitos do direito do demandante de modo permanente, enquanto as exceções dilatórias paralisam os efeitos do direito do demandante de modo transitório.

Como dado histórico, é importante mencionar que a distinção entre exceções (em geral) dilatórias e peremptórias advém do direito romano clássico, nas já mencionadas Institutas de Gaio[166], e também era utilizada no período justinianeu, sendo mencionada tanto no Digesto[167] quanto nas Institutas de Justiniano[168]. Em linhas gerais, a classificação já se referia à extensão temporal da paralisação da demanda proposta.

[165] Fazemos referência a Serpa Lopes, Pontes de Miranda e Chiovenda para as demais subclassificações que as exceções podem admitir: cf. SERPA LOPES, Miguel Maria de. Op. cit., p. 103 e ss.; PONTES DE MIRANDA. *Tratado de direito privado*: parte especial. 3. ed., cit., t. VI, p.14 e ss.; CHIOVENDA, Giuseppe. *Principios de derecho procesual civil*. Trad. Jose Casais y Santaló. Madrid: REUS, 2000, t. 1, p. 346.

[166] Gai. 4, 120 a 122. Reproduzimos a íntegra dessa passagem no capítulo que tratamos da origem da exceção no período formular.

[167] D. 44, 1, 2, §4: "Naturally, we are wont to say that certain defenses are dilatory, and others are peremptory; for instance, a defense which suspends the action is dilatory, as, for example, a defense objecting to a procurator is dilatory; for he who alleges that the action may not be brought in the name of the procurator is not totally denying the suit, but is barring the person" (*The Digest of Justinian*. Versão em inglês por Alan Watson. Philadelphia: UPP, 1998, v. 4, p. 134).

[168] Inst. 4, 13, §§9-11: "§ 9º. Exceções perpétuas e peremptórias são as que podem sempre ser opostas à ação, perimindo sempre o negócio pelo qual se demanda, tais como as exceções de dolo, de modo (*quod metus causa*) e a de pacto, quando se convencionou a renúncia absoluta à demanda. §10. Exceções temporárias e dilatórias são as que prejudicam por certo tempo e facultam prazo. Tal é a exceção de pacto, quando se convenciona que se não demandará por certo tempo, isto é, por cinco anos, mas decorrido esse tempo, nada impede que o autor mova a ação. Por conseguinte, aqueles cuja ação, se quiserem mover antes da época, será repelida

Vale lembrar que essa classificação pode ter um sentido diferente em outros sistemas legais, com sensíveis alterações dos conceitos. Isso se deve ao fato de que, como já tratamos neste trabalho, a figura da exceção pode assumir significados diferentes, dependendo do sistema jurídico que se analise. Por exemplo, o Código de Processo Civil português, em seu art. 576º[169], vincula as exceções dilatórias a uma noção de defesa processual, enquanto as peremptórias são aquelas que levantam defesas indiretas de mérito.

Todavia, não é esse o significado da classificação que utilizamos para estudar as exceções substanciais, especialmente na análise da exceção de insegurança. Adotaremos a classificação relacionada à permanência ou provisoriedade da paralisação da eficácia da pretensão que a exceção proporciona[170]. É um critério que diz respeito aos efeitos do emprego da exceção[171].

Dessa forma, consideramos que as exceções peremptórias são aquelas que neutralizam de modo definitivo os efeitos da situação jurídica ativa a que se contrapõem, ou seja, são aquelas cuja verificação determina um *status* que perdura no tempo tendencialmente *ad eternum*[172]. O exemplo mais visível dessa modalidade de exceção substancial é a prescrição, que paralisa de forma definitiva os efeitos da pretensão do demandante. Também é possível apontar como exemplo a exceção contra demanda de

pela exceção de pacto, ou com outra semelhante, devendo iniciá-la e adiá-la depois da época, razão pela qual se denominam dilatórias (...).
§11. Existem também exceções dilatórias em razão da pessoa, tais como, por exemplo, as exceções procuratórias, como no caso em que alguém quer litigar por intermédio de um militar, ou de uma mulher, pois os militares não podem ser procuradores, nem por seu pai ou mãe, nem por sua mulher, nem mesmo em virtude de rescrito imperial, podendo, entretanto, agir nos próprios negócios sem quebra de disciplina" (*Institutas do Imperador Justiniano.* Trad. J. Cretella Jr. e Agnes Cretella. São Paulo: RT, 2000, p. 330-331).

[169] Artigo 576.º (art.º 493.º CPC 1961). Exceções dilatórias e perentórias – Noção. 1 – As exceções são dilatórias ou perentórias. 2 – As exceções dilatórias obstam a que o tribunal conheça do mérito da causa e dão lugar à absolvição da instância ou à remessa do processo para outro tribunal. 3 – As exceções perentórias importam a absolvição total ou parcial do pedido e consistem na invocação de factos que impedem, modificam ou extinguem o efeito jurídico dos factos articulados pelo autor.

[170] OLIVEIRA. Rafael Alexandria de. Op. cit., p. 58.

[171] GAGLIARDI, Rafael Villar. *Exceção de contrato não cumprido*, cit., p. 9.

[172] NEVES, Julio Gonzaga Andrade. Op. cit., p. 66.

dívida oriunda de jogo ou aposta, prevista no art. 814 do Código Civil[173]. Conforme aponta Chiovenda, a exceção peremptória tem o condão de anular de maneira perene a eficácia do direito, da pretensão, da ação ou da exceção do demandante[174].

As exceções substanciais dilatórias, por sua vez, são aquelas que paralisam apenas temporariamente os efeitos da situação jurídica ativa a que se contrapõem. Ou seja, uma vez removido o obstáculo que se encontra na *causa excipiendi*, o demandante pode pôr em marcha novamente a eficácia de seu direito.

A exceção de insegurança se insere na categoria de exceção dilatória[175], assim como a ação de retenção de benfeitoria, exceção de contrato não cumprido e exceção de benefício de ordem do fiador.

2.6.3.2. Exceções dependentes e exceções independentes

Para a compreensão da exceção de insegurança, outra classificação das exceções substanciais que se faz necessário ter em mente é a divisão entre exceções dependentes e exceções independentes. Trata-se de uma distinção baseada no apoio que a exceção tem no mundo jurídico, ou seja, se a exceção em questão vem a reboque de um outro direito[176]. Assim, conforme proposta de Pontes de Miranda, as exceções substanciais podem encontrar apoio: a) em direito que não é aquele em que ela se contém (exceção dependente ou não autônoma); ou b) só em si mesma, no *ius exceptionis* (exceção independente ou autônoma)[177].

O binômio dependente/independente pode soar um pouco equívoco. Afinal, pergunta-se em relação a que exceção seria dependente ou independente exatamente. O CJF, por exemplo, em Enunciado da V Jornada de Direito Civil, parece cair em confusão com relação aos critérios de classificação ao tomar as exceções próprias como sinônimos de exceções

[173] Art. 814. As dívidas de jogo ou de aposta não obrigam a pagamento; mas não se pode recobrar a quantia, que voluntariamente se pagou, salvo se foi ganha por dolo, ou se o perdente é menor ou interdito.

[174] CHIOVENDA, Giuseppe. *Instituições de direito processual civil*, cit., p. 423.

[175] Cf. ROSSETTI, Marco. Op. cit., p. 535. Essa atribuição classificatória à exceção de insegurança também é feita pela jurisprudência italiana, cf. Cass. 24.2.1999, n. 1574, não publicado, mencionado pelo autor na mesma obra e página.

[176] Cf. NEVES, Julio Gonzaga Andrade. Op. cit., p. 66.

[177] Cf. PONTES DE MIRANDA, Francisco Cavalcanti. *Tratado de direito privado*, cit., t. VI, p. 12.

independentes e as exceções impróprias como sinônimos de exceções dependentes[178]. A resposta para essa pergunta deve ser vista como uma relação de dependência ou independência da existência de um direito autônomo do excipiente.

Assim, a exceção dependente, também chamada de não autônoma ou subordinada[179], é a exceção que tem por fundamento um direito autônomo, o qual, por sua vez, é distinto dela mesma, exceção. Ou seja, é uma exceção que depende desse direito autônomo de titularidade do excipiente, que é diferente dela mesma, a exceção. Um exemplo que ajuda a esclarecer essa situação é o direito de retenção que o demandado pode apresentar diante da exigência de entrega de uma coisa[180]. Essa exceção só tem existência na medida em que existe um direito de crédito do demandado contra o demandante que exige a entrega do bem. A exceção oposta depende da existência e operatividade desse direito de crédito. A exceção de contrato não cumprido também é exemplo de exceção dependente, uma vez a recusa na prestação só existe porquanto existe um direito de crédito exigível do excipiente contra o excepto.

Esse direito de crédito, do qual depende a exceção, pode inclusive ser exercido por meio de demanda autônoma. Isto é, ele não é exercido tão somente na forma de exceção. Dessa forma, o contradireito em que consiste a exceção não coincide com o direito que lhe dá causa e serve de fundamento e que pode ser exercitado autonomamente.

A exceção independente, ou autônoma, por sua vez, é aquele contradireito que não se fundamenta em um outro direito. Ou seja, ela é exercida independentemente da existência de um direito autônomo. Por serem exceções independentes, elas somente podem ser exercidas como reação a uma demanda proposta contra o excipiente. Elas só podem ser exercidas na forma de contradireito, como exceções. Assim, elas são independentes quanto à necessidade de afirmação de outro direito que lhes sirva de fundamento, mas, todavia, são dependentes da preexistência de uma

[178] O Enunciado 415 do CJF diz o seguinte: "O art. 190 do Código Civil refere-se apenas às exceções impróprias (dependentes/não autônomas). As exceções propriamente ditas (independentes/autônomas) são imprescritíveis".

[179] VON TUHR, Andreas. *Tratado de las obligaciones*. Trad. W. Roces. Madrid: Editorial Reus, 1999, t. I, p. 20.

[180] Cf. OLIVEIRA, Rafael Alexandria de. Op. cit., p. 60.

demanda (o que, como foi visto, é uma característica essencial de todas as modalidades de exceção).

A prescrição civil novamente aparece como exemplo: o demandado tem o contradireito de paralisar de forma definitiva os efeitos da pretensão do demandante, e esse contradireito não pode ter por fundamento outro direito do demandado.

A exceção de insegurança, especificamente, merece ser enxergada como exceção dependente, uma vez que sua existência encontra apoio em um direito de crédito do excipiente contra o excepto, ainda que não exigível.

3. EVOLUÇÃO DA EXCEÇÃO DE INSEGURANÇA

3.1. A construção do princípio *inadimplenti non est adimplendum*

A exceção de insegurança, modalidade de exceção substancial que fornece uma tutela suspensiva diante do risco objetivo de inadimplemento, qualificado pela legislação, trata-se de uma figura relativamente recente, desenvolvendo seus traços característicos essenciais somente a partir do século XVIII.

Todavia, para que seu advento fosse historicamente possível, foi necessário atravessar um conjunto determinado de fases evolutivas que formaram o contexto de seu surgimento. Trata-se claramente de um processo evolutivo em que certos elementos são mantidos, estabilizados, para que, então, haja a diferenciação que possibilita a próxima fase. Veremos, por exemplo, que a exceção de contrato não cumprido e a exceção de insegurança são frutos de um mesmo processo histórico, mas que, na modernidade, pelos motivos que analisaremos, acabaram se dividindo, formando exceções substanciais que, hoje, possuem pressupostos e âmbitos operativos distintos.

Muito embora a exceção de insegurança não seja um contradireito que tenha como pressuposto o inadimplemento atual da prestação em um contrato bilateral, seu fundamento também pode ser encontrado no princípio *inadimplenti non est adimplendum*[181]. Cabe, dessa forma, descrever

[181] Cf. ADDIS, Fabio. *Il "mutamento" nelle condizioni patrimoniali dei contraenti*, cit., p. 39. Em sentido análogo, ver também FONSECA, Ana Taveira da. *Da recusa de cumprimento da obrigação*

abaixo os pontos centrais do processo evolutivo que culminou na criação desse princípio, de modo a esclarecer o modo pelo qual a exceção de insegurança encontra nele o seu fundamento.

3.1.1. Período romano e as soluções pontuais

Inicialmente, vale mencionar que não havia no direito romano uma conceituação ou teorização ampla do instituto da exceção de insegurança. O direito romano não chegou a desenvolver uma teoria geral dos contratos[182] e sua sistemática não acolhia uma definição pacífica do termo "contrato"[183]. Sem a formulação de uma concepção geral de contrato, tampouco foi desenvolvida, naquela época, a concepção abrangente de interdependência entre prestações recíprocas.

Hoje, a exceção de insegurança é uma figura intimamente ligada à noção de interdependência entre as prestações, assim como a exceção de contrato não cumprido, de modo que a ausência da formulação de uma teoria geral dos contratos e a ideia de interdependência entre as prestações impedem que seja reconhecida alguma expressão clara de tais exceções substanciais no direito romano.

Todavia, conforme vimos nos capítulos anteriores, a noção de exceção foi efetivamente construída no direito romano e, embora não houvesse uma formulação precisa da exceção de insegurança ou da exceção de contrato não cumprido como espécies de exceções, não é possível dizer em que em tal época se desconhecessem tutelas específicas a admitir, excepcionalmente, que uma determinada prestação poderia ser recusada sob o fundamento de que a outra parte não cumpriu sua prestação, nas hipóteses restritas da lei civil[184-185].

para a tutela do crédito: em especial na excepção de não cumprimento, no direito de retenção e na compensação, cit., p. 572.

182 GASTALDI, José María; CENTANARO, Esteban. Op. cit., p. 45; PEREIRA, Caio Mário da Silva. *Direito civil*: alguns aspectos da sua evolução. Rio de Janeiro: Forense, 2001, p. 227.

183 Deve-se fazer a ressalva daquelas posições que entendem que Ulpiano definia o contrato no D. 2, 14, 7. Voltaremos ao tema quando tratarmos especificamente sobre a evolução do sinalagma.

184 Cf. CASSIN, René. Op. cit., p. 10.

185 Hector Masnatta lembra, porém, que, em matéria de compra e venda, o princípio da exceção de contrato não cumprido fazia-se sentir pelo adágio *emptor venire debet cum saco* (MASNATTA, Hector. Op. cit., p. 16). Da mesma forma, José María Gestaldi e Esteban Centanaro anotam

Nas primeiras fases do direito romano predominava a feição unilateral em relação ao vínculo obrigacional contratual em razão do formalismo e abstração que marcavam aquela época, de modo que cada parte contratante era obrigada em relação à outra parte sem que, para tanto, houvesse considerações sobre a circunstância de a outra também estar obrigada em relação à cocontratante[186].

José A. Cesar, em monografia sobre os contratos bilaterais, lembra das formalidades que comprador e devedor cumpriam um para com o outro por dois atos abstratos: "O vendedor prometia dar ao comprador o objeto da venda simplesmente: *Equum dare spondes? Spondeo.* O comprador por seu lado prometia dar ao vendedor certa quantia: *Decem dare spondes? Spondeo*"[187]. Continua o autor: "na realidade o primeiro obrigava-se a dar o objeto vendido e o segundo, a pagar-lhe o preço; mas juridicamente nenhuma relação existia entre um contrato e outro"[188]. O comprador, assim, não poderia deixar de pagar o preço sob o fundamento de que o objeto da venda não lhe fora entregue. Ele só poderia evitar essa pretensão caso subordinasse sua promessa à condição de tradição da coisa: "*centum dares pondes, si equum dederim?*"[189]

As prestações recíprocas poderiam ocorrer, mas tal situação seria como regra uma mera contingência, não havendo importância a causa da obrigação ou o nexo de interdependência em relação à prestação da outra parte[190]. As prestações, de toda forma, seguiriam o princípio da independência ou autonomia. A obrigação nascia porque a formalidade

as referências nas Inst. 2, 1, § 41 (GASTALDI, José María; CENTANARO, Esteban. Op. cit., p. 46). Essas menções contêm exemplos pontuais no direito romano do tipo de tutela hoje inserida no âmbito da exceção de contrato não cumprido. Ou seja, além de a conhecer como meio de defesa processual, os romanos conheciam também a exceção não por meio de um ordenamento sistematizado e de aplicação genérica, mas pela atuação episódica do princípio da equidade, como afirma Rafael Gagliardi (GAGLIARDI, Rafael Villar. *Exceção de contrato não cumprido*, cit., p. 17).

186 SERPA LOPES, Miguel Maria de. Op. cit., p. 138; CASSIN, René. Op. cit., p. 1-33.

187 CESAR, José A. *Sobre os efeitos dos contratos bilaterais – direito civil.* Campinas: Typ. da Casa Genoud, 1914, p. 10.

188 Idem.

189 Idem.

190 ABRANTES, José João. Op. cit., p. 18.

fora cumprida, sendo aplicável o *ex nudo pacto actio non nascitur*[191]. A ideia de *fides* não foi desenvolvida nesse período[192].

Foi necessário um longo e lento processo evolutivo para que a regra *ex nudo pacto actio non nascitur* fosse derrogada, de modo a se retirar a preponderância da forma em detrimento da causa nas obrigações[193]. Isso se dá com o surgimento dos contratos não formais ocorrido por meio de inserções graduais da intenção das partes como elemento do ato jurídico. Surgem com as *condictiones* e são desenvolvidas por outros institutos, como a *exceptio doli* e a *querela non numerates pecuniae*, admitidos na medida em que apresentam elementos como o de haver a demonstração de que a obrigação assumida tinha alguma contrapartida[194].

Nesse processo também se destaca o surgimento dos contratos reais (mútuo, comodato, depósito e penhor), em que a obrigação de restituir é justificada pela entrega prévia da coisa pela contraparte, que, ademais, definia a formação do contrato[195]. Ainda no período clássico há o surgimento dos contratos sinalagmáticos, todavia, em sentido diferente do usado atualmente. Naquela época, embora houvesse parcial ruptura com o paradigma de não verificação causal nas relações obrigacionais, os contratos sinalagmáticos eram aqueles em que cada uma das obrigações se encontrava na própria estrutura do contrato marcada pela reciprocidade de obrigações, sem que essa reciprocidade significasse interdependência. Voltaremos adiante neste trabalho sobre a evolução específica do sinalagma, todavia, por ora, vale apontar que o direito romano tinha uma noção de sinalagmaticidade completamente diferente da concepção contemporânea[196].

Posteriormente o direito romano revela reações ao excessivo formalismo e ao valor dos atos abstratos, sem, entretanto, elaborar um princípio geral da interdependência das obrigações sinalagmáticas[197]. Nesse momento, a interdependência só podia ser verificada na ocasião do nascimento da

191 Cf. SERPA LOPES, Miguel Maria de. Op. cit., p. 143.

192 Idem.

193 SERPA LOPES, Miguel Maria de. Op. cit., p. 144.

194 ABRANTES, José João. Op. cit., p. 17.

195 Ver a respeito SERPA LOPES, Miguel Maria de. Op. cit., p. 144; e ABRANTES, José João. Op. cit., p. 17-18.

196 Cf. ROSSETTI, Marco. Op. cit., p. 13.

197 ABRANTES, José João. Op. cit., p. 19.

obrigação, como era o caso da compra e venda, contrato sinalagmático em sentido clássico, em que a obrigação do comprador não poderia nascer sem a obrigação do vendedor. Todavia, a não ser em matéria de venda, e, sobretudo, em relação à fase de execução das obrigações, a noção de interdependência não era identificada[198].

Foi somente no século II que se tornou possível verificar textos que efetivamente consagram a regra de cumprimento simultâneo de prestações recíprocas[199]. Também como regulamento da compra e venda, a entrega da coisa não poderia ser exigida do vendedor enquanto o comprador não houvesse pago o preço[200] e, por seu turno, o comprador de quem que fosse exigido o pagamento antes da entrega do bem poderia invocar a *exceptio mercis non traditae* ou a *exceptio doli*[201].

No prisma do vendedor, seu direito a recusar a entrega era encarado como um direito de retenção da coisa até ao pagamento do preço[202]. A recusa do comprador, por seu turno, era fundada na exceção de dolo, de modo que é possível verificar ser um remédio concedido por motivos de equidade, e não pela aplicação da ideia de conexão entre as obrigações[203]. Conforme aponta Marco Rossetti, essa defesa não foi percebida pelos juristas romanos como um remédio sinalagmático (ou seja, baseado na interdependência das prestações), mas como uma coação indireta ao adimplemento[204]. O credor, assim, sabendo que sua pretensão poderia ficar paralisada, ficaria induzido a cumprir sua obrigação antes de exigir a do outro[205].

198 Idem, p. 20.

199 CAPITANT, Henri. *De la cause des obligations (contrats, engagements unilatéraux, legs)*. 3. ed. Paris: Dalloz, 1927, p. 106; ABRANTES, José João. Op. cit., p. 20.

200 CAPITANT, Henri. Op. cit., p. 106.

201 ABRANTES, José João. Op. cit., p. 20-21.

202 Idem.

203 Idem.

204 ROSSETTI, Marco. Op. cit., p. 9.

205 Idem. O autor ainda afirma que esse esquema era assimilado pelos juristas romanos nos termos do D. 19, 1, 13, § 8: "Tratando de intentar a ação de compra, deve o comprador oferecer o preço, de sorte que, se apenas oferecer parte do preço, não terá direito de intentar a referida ação, pois o vendedor pode reter, a título de penhor, a coisa vendida até ser pago" (*Digesto ou Pandectas do Imperador Justiniano*. Trad. Manoel da Cunha Lopes e Vasconcellos (Conselheiro Vasconcellos), trad. complementar, organização geral, adaptação e supervisão de transcrição por Eduardo C. Silveira Marchi, Bernardo B. Queiroz de Moraes, Dárcio R. Martins Rodrigues, Hélcio M. França Madeira. São Paulo: Editora YK, 2018, v. 3, p. 288).

Importante mencionar que a *exceptio doli* era uma defesa específica contra o dolo ou má-fé do demandante no direito romano, sendo que nos contratos *ex fide bona* o juiz deveria indagar sobre a intenção das partes ao realizarem a contratação e proteger o réu contra a má-fé do autor[206].

A *exceptio mercis non traditae*, por seu turno, fazia parte das *exceptiones argentariae*, dizia respeito à possibilidade de exigência do preço da transação antes que o bem fosse entregue ao comprador. A circunstância era apresentada por Gaio nas Institutas[207] da seguinte forma: o argentário busca o pagamento do preço de um bem vendido em leilão antes que o bem seja liberado ao comprador. Sobre o direito do comprador, Gaio afirma que, a menos que ele tenha acordado de antemão que o pagamento iria ocorrer antes da entrega, surgiria em seu benefício o direito de opor a *exceptio* contra o argentário que busca o pagamento, com o objetivo de não ser condenado. Na *replicatio*, o argentário argumenta que, uma vez realizado esse acordo, a *res* não será transmitida até que o preço tenha sido pago[208].

Diante desse cenário, é possível compreender impressões, como a de Marco Rossetti, para quem o princípio segundo qual a parte contratante pode deixar de cumprir desde que a contraparte não cumpra ou se ofereça para cumprir já era sentido no direito romano, ainda que não houvesse a ideia de bilateralidade entre as prestações[209]. Segundo o autor, embora os remédios fossem denominados de várias maneiras, adotava-se o esquema a permitir ao comprador recusar o pagamento do preço no caso de não

[206] Cf. CASSIN, René. Op. cit., p. 3-4. Capitant menciona como exemplo do funcionamento da exceção de dolo o caso de um vendedor de escravos envenenar o escravo antes da entrega ao comprador e o caso de uma venda de um terreno prejudicado em seu valor pelo vendedor antes da entrega (CAPITANT, Henri. *De la cause des obligations (contrats, engagements unilatéraux, legs.)*, cit., p. 106.

[207] Gai. 4, 126a "Também se, ao argentário que reclamar o preço da coisa que vendeu em leilão, for interposta a exceção, de modo que o comprador seja certamente condenado, se lhe fizer a tradição da coisa comprada, a exceção é justa. Se no leilão, porém, se combinou a não entregar a coisa ao comprador, antes que ele pagasse com o preço, o argentário é protegido pela referida réplica. Ou, se se combinou a entrega da coisa ao comprador, somente mediante o pagamento do preço" (*Institutas do Jurisconsulto Gaio*, cit., p. 215)

[208] Cf. MORCILLO, Marta García. *Las ventas por subasta en el mundo romano*: la esfera privada. Barcelona: Educuibes Univiversistat Barcelona: 2005, p. 126.

[209] ROSSETTI, Marco. Op. cit., p. 432.

entrega das mercadorias e a permitir o vendedor a ficar com a coisa vendida até que comprador tenha pago o preço acordado[210].

Dessa forma, vemos que o direito romano chegou a desenvolver alguns mecanismos de defesa que são hoje contemplados sobretudo pela exceção de contrato não cumprido, mas não expressou de forma clara e consistente o fundamento de tais soluções e tampouco uma teoria geral. As soluções pontuais eram baseadas em razões de equidade, que fizeram com que os jurisconsultos romanos consagrassem algumas aplicações mais urgentes da ideia de interdependência funcional das obrigações sinalagmáticas, principalmente dentro do tema da compra e venda[211].

Dentro da realidade romana, mecanismos como a *exceptio doli* e a *exceptio mercis non traditae* pareceram suficientes no contexto da época, de modo que não foi necessário desenvolver um princípio de interdependência funcional entre as prestações para que tal resultado prático protetivo fosse alcançado.

3.1.2. Glosadores e direito canônico

Reputa-se à escola dos glosadores e ao trabalho dos canonistas a elaboração dos estudos que permitiram a superação dos obstáculos existentes no direito romano para o desenvolvimento da exceção de contrato não cumprido[212], sendo possível estender essa conclusão também para a exceção de insegurança particularmente. Esses estudos foram capitaneados por um grupo da Universidade de Bolonha, organizado pelo monge Irnerius, com atividades entre os fins do século XI e meados do século XIII[213], e ficaram conhecidos também como Escola de Bolonha. Eles se notabilizaram pelo estudo e ressistematização do *Corpus Iuris Civilis*, expressando seu conteúdo em glosas.

O desenvolvimento científico levado a cabo pela Escola de Bolonha foi um importante impulso à evolução da ciência do direito a partir do século

210 Idem.

211 ABRANTES, José João. Op. cit., p. 21.

212 Ver, sem pretensão de exaustão, embora com enfoque na exceção de contrato não cumprido, CASSIN, René. Op. cit., p. 1; MENEZES CORDEIRO, António Manuel da Rocha e. *Tratado de direito civil*, cit., t. IX, p. 279 e ss.; PONTES DE MIRANDA, Francisco Cavalcanti. *Tratado de direito privado*: parte especial, cit., t. XXVI, p. 90 e ss.; GAGLIARDI, Rafael Villar. *Exceção de contrato não* cumprido, cit., p 17; ABRANTES, José João. Op. cit., p. 23 e ss.

213 GASTALDI, José María; CENTANARO, Esteban. Op. cit., p. 47-48.

XI, permitindo o encontro da consciência jurídica da Idade Média com a literatura jurídica clássica, conforme coloca Franz Wieacker[214].

Merece destaque o trabalho de Azo de Bolonha, influente no século XII. Ele tratou da questão da interdependência das prestações nas fontes relacionadas ao contrato de compra e venda[215], argumentando que o demandante, tanto na posição de comprador quanto de vendedor, deveria fornecer a sua prestação antes de exigir em juízo o cumprimento da prestação a que tem direito[216]. A proposta de Azo foi também incorporada na Magna Glosa, compilação elaborada por Francesco Acúrsio, para quem a defesa, fundamentada na ausência de contraprestação, teria natureza de exceção[217].

Todavia, existem posições que relativizam a importância dos glosadores ao fornecerem um suporte para a teoria da exceção de contrato não cumprido[218], porquanto sua formulação também dependeu grandemente da influência do direito canônico[219].

Com base na equidade e por motivações de ordem ética e religiosa, principalmente pela ideia de fidelidade à palavra dada e fraternidade[220], os juristas do direito canônico admitiam a vinculação obrigacional por simples acordo de vontade, defendendo a aplicação das mesmas regras aos contratos consensuais e aos contratos inominados.

A superação do paradigma formal no direito romano teve como ponto central a noção de *fides*[221], fazendo com que a obrigação não fosse vista de modo abstrato, sem conexão com a vontade manifestada pelos sujeitos envolvidos naquela relação. Com base nisso foi possível aos canonistas desenvolver com maior nitidez a ideia de interdependência das prestações contratuais. Na doutrina canonista, tomando o contrato bilateral como

[214] Cf. WIEACKER, Franz. *História do direito privado moderno*. 2. ed. Trad. A. M. Botelho. Lisboa: Fundação Calouste Gulbenkian, 1980, p. 39.

[215] FONSECA, Ana Taveira da. *Da recusa de cumprimento da obrigação para a tutela do crédito*: em especial na excepção de não cumprimento, no direito de retenção e na compensação, cit., p. 57, nota 130.

[216] Cf. CASSIN, René. Op. cit., p. 36-37.

[217] Idem, p. 37.

[218] Idem, p. 42.

[219] Cf. ABRANTES, José João. Op. cit., p. 23.

[220] Cf. WIEACKER, Franz. Op. cit., p. 67-69.

[221] Cf. SERPA LOPES, Miguel Maria de. Op. cit., p. 145.

intercâmbio de bens, deveriam eles ser expressão da justiça comutativa[222]. Assim, em tais contratos com prestações recíprocas, estas seriam vinculadas tanto na sua gênese quanto na sua execução, com fundamento na equidade.

É importante notar que a *fides* possui tanto uma feição relacionada à criação de obrigações, em razão da vontade manifestada pelas partes, quanto uma feição liberatória e defensiva, no sentido de que uma pessoa em um contrato recíproco só deve permanecer vinculada na medida em que a outra parte também lhe é fiel.

Assim, qualquer pessoa que assume um compromisso empenhando a sua palavra, deve manter-se fiel, sob pena de não poder ser beneficiada por compromissos reciprocamente estabelecidos em seu favor[223]. Dessa forma sobreveio a regra "*non servanti fidem, non est fides servanda*"[224], atribuída a Hostiensis[225].

Em análise de um decreto de Graciano datado do século XII, Ugussiono de Pisa (também conhecido como Uguccio Pisanus ou Uguccione de Pisa, mais tarde nomeado Bispo de Ferrara) concluiu que uma parte poderia não cumprir a sua obrigação se a outra parte infringisse o dever moral e jurídico de cumprir a obrigação recíproca por ela assumida[226].

É de grande importância o estudo de Georges Boyer, em 1924[227], demonstrando que foi no direito canônico, por obra justamente de Ugussiono de Pisa, que surgiu a regra geral do adágio "*fides non servanda est ei qui frangit fidem*"[228]. Com esse adágio, Ugussiono cuida de legitimar a resolução, o desfazimento do acordo de vontades, e não a sua formação.

[222] GASTALDI, José María; CENTANARO, Esteban. Op. cit., p. 48.

[223] ABRANTES, José João. Op. cit., p. 23.

[224] SERPA LOPES, Miguel Maria de. Op. cit., p. 145; ASSIS, Araken de. Comentários aos arts. 421 a 488. In: ALVIM, Arruda; ALVIM, Thereza (Coord.). *Comentários ao Código Civil brasileiro*. Rio de Janeiro: Forense, 2007, v. 5, p 658.

[225] Cf. CAPITANT, Henri. Op. cit., p. 146. A frase completa é a seguinte: "Non servanti fidem, non est fides servanda. Ideo juramentum illum non ligat qui proestitit, dum is cui proestitum fuerat sevare negligit quod promisit".

[226] Cf. GASTALDI, José María; CENTANARO, Esteban. Op. cit., p. 48.

[227] Sobre a importância do estudo de Georges Boyer, ver GOGLIANO, Daisy. *A exceção civil como instrumento de tutela na resolução dos contratos sinalagmáticos*, cit., p. 41.

[228] "A quem não cumpre a sua palavra, também não temos a obrigação de cumprir a nossa" (idem, p. 41).

Ela rompe com a obediência aos deveres de consciência impostos pela moral cristã, rompimento esse legitimado pela ausência de cumprimento da palavra empenhada pela outra parte.

Pelo menos duas consequências podem ser apontadas diante dessas sementes plantadas pelos canonistas. A primeira está na possibilidade de generalização da regra pela qual uma pessoa demandada é legitimada a oferecer resistência à pretensão do demandante caso esse não se prontifique a cumprir a prestação que lhe cabe, permitindo a exceção de contrato não cumprido e, de forma consequente, a exceção de insegurança. A segunda consiste na possibilidade de a parte lesada pelo descumprimento poder exigir perante os juízes eclesiásticos a cessação do vínculo e, destarte, a resolução do contrato[229].

3.1.3. Pós-glosadores

O ambiente gerado por obra dos glosadores e canonistas permitiu que as ideias que hoje sustentam a exceção de insegurança fossem transpostas para o direito civil por obra dos pós-glosadores[230]. Os pós-glosadores, também chamados de "comentaristas" ou "conciliadores"[231], são os arquitetos da modernidade jurídica europeia, segundo Franz Wieacker[232].

Destaca-se nesse movimento o trabalho de Bártolo de Sassoferrato, cujos discípulos deram forma jurídica à exceção de contrato não cumprido, constituindo uma teoria geral sobre a figura[233], permitindo, também, o desenvolvimento posterior da exceção de insegurança.

A partir da fórmula de Hostiensis mencionada acima (a "*non servanti fidem, non est fides servanda*"), Bártolo realizou comentário a um texto no Digesto (D. 19, 1, 13, §8[234]), lançando a seguinte regra: "*contractu ultro citroque obligatorio non potest effectualiter agi, nisi ab eo qui effectualiter totum*

[229] SERPA LOPES, Miguel Maria de. Op. cit., p. 43.

[230] WIEACKER, Franz. Op. cit., p. 76-77.

[231] Kunkel os chama de "comentadores" e Wiecker prefere "conciliadores". Ver KUNKEL, Wolfgang. *Historia del derecho romano*. Trad. da quarta edição alemã por Juan Miquel. Barcelona: Editorial Vitória, 1963, p. 192; WIEACKER, Franz. Op. cit., p. 80. Sobre o tema, ver também OLIVEIRA, Rafael Alexandria de. Op. cit., p. 82.

[232] WIEACKER, Franz. Op. cit., p. 80.

[233] ABRANTES, José João. Op. cit., p 23-24.

[234] "Tratando de intentar a ação de compra, deve o comprador oferecer o preço, de sorte que, se apenas oferecer parte do preço, não terá direito de intentar a referida ação, pois o vendedor

contractum ex parte sua impleverit"[235]. Assim, a exceção de contrato não cumprido tem seus traços principais firmados no século XV, surgindo em razões de equidade e de justiça comutativa.

Os pós-glosadores souberam utilizar as fontes romanas para alcançar um patamar que os juristas romanos não conseguiram alcançar, qual seja, o da construção de uma teoria acerca da exceção de contrato não cumprido[236]. Eles coordenaram as soluções isoladas e constituíram um sistema centrado em uma regra geral[237].

O instituto foi definido em termos amplos com existência também fora dos contratos. A jurisprudência reconhecia o princípio em numerosas hipóteses. José João Abrantes dá os seguintes exemplos: a pena prevista em caso de ruptura de paz não seria devida caso o demandante tivesse tomado a iniciativa da hostilidade; o vassalo a quem o senhor faltou na proteção poderia recusar o cumprimento de suas obrigações[238].

Com isso, é possível apontar o panorama histórico-jurídico-cultural em que ganha relevo o princípio de que não é admissível ao credor exigir o cumprimento de uma prestação sem que ele se disponha a cumprir a obrigação à qual ele também está adstrito, fundado em razões de equidade, justiça e boa-fé. Essa situação legitima o devedor, que também é credor de seu credor, a recusar a sua prestação temporariamente. Trata-se do princípio denominado *inadimplenti non est adimplendum*, ou seja, àquele que não cumpre não é devido cumprimento[239]. Tal princípio é a base para figuras como a exceção de insegurança, exceção de contrato não cumprido, direito de retenção e compensação[240]. Ao longo do trabalho

pode reter, a título de penhor, a coisa vendida até ser pago" (*Digesto ou Pandectas do Imperador Justiniano*, cit., v. 3, p. 288).

235 "Não se pode agir efetivamente mediante um contrato obrigatório para outrem se ele não for cumprido pela própria parte" (Trad. em MENEZES CORDEIRO, António Manuel da Rocha e. *Tratado de direito civil*, cit., t. IX, p. 281). Sobre o tema, ver também CAPITANT, Henri. Op. cit., p. 148; SERPA LOPES, Miguel Maria de. Op. cit., p. 147; ABRANTES, José João. Op. cit., p. 24.

236 Cf. CASSIN, René. Op. cit., p 46.

237 Idem, p. 71; SERPA LOPES, Miguel Maria de. Op. cit., p. 148.

238 ABRANTES, José João. Op. cit., p. 24.

239 Cf. FONSECA, Ana Taveira da. *Da recusa de cumprimento da obrigação para a tutela do crédito*: em especial na excepção de não cumprimento, no direito de retenção e na compensação, cit., p. 533-535.

240 Idem, p. 572

continuaremos a demonstrar que a exceção de insegurança é uma concreção consequente de tal princípio.

Historicamente tem-se que o ponto de partida para o desenvolvimento do comentário de Bártolo teria sido a difusão no comércio da chamada *serment promissoire*, que era uma espécie de promessa unilateral, formal e abstrata, de características rígidas. Por meio dela, uma pessoa se comprometia a fazer ou entregar algo a outro sujeito e muitas vezes o negócio era firmado no contexto contratual em que havia prestações recíprocas. A praxe comercial acabava revelando muitos abusos cometidos em função da abstração formal da figura, uma vez que, em virtude da impossibilidade discussão da causa subjacente a tal promessa, o promitente ficava impedido de recusar o cumprimento da promessa, ainda que não tivesse recebido aquilo que, por força do negócio subjacente, lhe era devido pelo outro sujeito[241].

Os juristas da época tentaram formular soluções para a prática. Houve a criação da chamada teoria das condições tácitas, que chegou a ser acolhida expressamente em algumas leis canônicas. Segundo tal teoria, apesar da abstração da *serment promissoire*, seria necessário levar em conta pelo menos uma condição no negócio, de modo que sempre que o promitente prometesse fazer algo porque alguém teria concordado em dar ou fazer algo em troca, então o promitente não estaria obrigado a fazê-lo caso não houvesse recebido tal contraprestação que lhe fora prometida[242].

Foi no âmbito dessa discussão que Bártolo lançou o comentário acima citado, fixando as bases da teoria da exceção de contrato não cumprido de forma mais nítida na cultura jurídica europeia continental. Importante mencionar que Bártolo não alterou a posição, defendida por Acúrsio, que o meio de defesa a ser utilizado era verdadeira exceção[243]. Ademais da união das concepções de Acúrsio e Bártolo, merece também destaque o pensamento de Baldo de Ubaldi, discípulo de Bártolo, que apontava que a exceção de contrato não cumprido não tinha como efeito tornar a pretensão do autor inexequível de forma definitiva, mas apenas dependente da realização da contraprestação[244].

[241] CASSIN, René. Op. cit., p. 43.

[242] Idem, p. 43.

[243] Idem, p. 56.

[244] MENEZES CORDEIRO, António Manuel da Rocha e. *Tratado de direito civil*, cit., t. IX, p. 281, CASSIN, René. Op. cit., p. 56, FONSECA, Ana Taveira da. *Da recusa de cumprimento da*

Sobre a fórmula de Bártolo, especificamente, importante apontar que ela passou a ser aplicada também aos pactos nus e aos contratos inominados. Também, segundo Cassin, a fórmula sofreu modificação posterior, substituindo-se a expressão *contractibus* pela expressão *pactis*, que era mais abrangente[245].

O pensamento dos pós-glosadores e a influência ético-religiosa do direito canônico tiveram influência nos países europeus de tradição romanística. Cassin afirma que até o fim do século XV e início do século XVI a exceção de contrato não cumprido, tal como estabelecida pelos pós-glosadores, já havia sido incorporada em todos os países onde o direito romano era aplicável[246].

Conforme apontam Malecki e Cassin, no ano de 1560 o conselheiro Fr. Marcus reuniu uma coletânea de sentenças de diversos parlamentos europeus da época e, partindo dos ensinamentos de Acúrsio e Bártolo, utilizou, pela primeira vez, a expressão "*exceptio non adimpleti contractus*" para designar aquela exceção diante do descumprimento pensada pelos glosadores e comentadores[247-248]. Trata-se de expressão utilizada até os dias atuais para expressar a exceção substancial diante do inadimplemento.

A doutrina da *exceptio non adimpleti contractus* também se difundiu nos países que adotavam o direito germânico, buscando-se realizar uma adaptação do *Corpus Iuris Civilis* à realidade socioeconômica e cultural da época[249]. O direito germânico não admitia, em caráter geral, a possibilidade de resolução contratual por descumprimento. Dessa forma, ganhou difusão, por motivos econômicos, a conveniência de se permitir

obrigação para a tutela do crédito: em especial na excepção de não cumprimento, no direito de retenção e na compensação, cit., p. 61.

[245] CASSIN, René. Op. cit., p. 54.

[246] CASSIN, René. Op. cit., p. 83. Era o caso, por exemplo, do direito francês, de caráter costumeiro, que incorporou plenamente a exceção de contrato não cumprido, como reflexo da influência dos romanos, canonistas e pós-glosadores (GASTALDI, José María; CENTANARO, Esteban. Op. cit., p. 49).

[247] MALECKI, Catherine. Op. cit., p. 27. Há fontes que indicam o uso de outras expressões como "exceptio non impleti contractus", "exceptio non implementi contractus" e "exceptio implementi non secuti" (cf. MORENO, María Cruz. *La exceptio non adimpleti contractus*. Valencia: Tirant lo Blanch, 2004, p. 49).

[248] CASSIN, René. Op. cit., p. 77.

[249] MORENO, María Cruz. Op. cit., p. 14; ABRANTES, José João. Op. cit., p. 29-30.

que aquela pessoa demandada para cumprir sua prestação pudesse exigir que o demandante cumprisse sua contraprestação, mantendo o vínculo contratual, ao invés de buscar o seu rompimento mediante a resolução. Tal circunstância contribuiu para a difusão da *exceptio*[250].

Os jurisconsultos germânicos tiveram grande interesse pela exceção de contrato não cumprido, analisando-a em tratados gerais sobre direito civil e em monografias especializadas, o que contribuiu para fomentar a discussão sobre o assunto, sobretudo sobre o tema do ônus da prova, desde o século XVI até o século XIX[251]. Conforme apontado por Serpa Lopes, à luz também das impressões de Cassin, tais pesquisas foram movimentos bastante profícuos, deixando uma marca tão forte que a exceção de contrato não cumprido, incorporada no conjunto do direito romano, "conservou nos trabalhos dos romanistas germânicos do século XIX e nas legislações mais recentes, uma fisionomia cujos traços principais já se encontravam firmados antes do século XVI"[252]. No direito germânico, por fim, exceção de contrato não cumprido e exceção de insegurança encontraram previsão ampla no texto do BGB, já em sua versão original.

3.1.4. Síntese e situação moderna

A evolução de pensamento provocada pelos glosadores, canonistas e pós-glosadores foi sentida de forma distinta nos diferentes sistemas jurídicos modernos que, cada um a seu modo, elaboraram diferentes formas de concreção das figuras baseadas no princípio *inadimplenti non est adimplendum*. A assimilação da exceção de contrato não cumprido e, particularmente, da exceção de insegurança, ocorreu de diferentes formas e cronologias nas legislações que começaram a ter suas primeiras experiências com o sistema civil codificado.

É comum, entretanto, encontrar uma primeira grande dicotomia na diferença entre a escola francesa e a escola alemã. Em síntese, na escola francesa estariam aqueles ordenamentos que, em princípio, não reconhecem a exceção de contrato não cumprido e a exceção de insegurança de forma expressa, embora haja a assimilação jurisprudencial e doutrinária das figuras, juntamente com a previsão em disposições esparsas. Dentro

250 OLIVEIRA, Rafael Alexandria de. Op. cit., p. 86-87.

251 CASSIN, René. Op. cit., p. 83-84.

252 SERPA LOPES, Miguel de Maria de. Op. cit., p. 149.

da escola alemã, por sua vez, estariam os ordenamentos que admitem uma previsão geral da exceção de contrato não cumprido e da exceção de insegurança, como exceções substanciais cabíveis aos contratos bilaterais. Embora esta perspectiva, ainda que muito assentada em uma perspectiva do século XX[253], indique corretamente a existência de duas grandes correntes, é necessário uma visão mais detalhada sobre o processo histórico para identificarmos com precisão as relevantes nuances no desenvolvimento da figura.

Com relação ao panorama francês, vale apontar que houve uma reação, a partir de meados do século XVI, contra o pensamento dos glosadores e pós-glosadores, com o objetivo de resgatar o direito romano em sua pureza, procurando descrever o direito romano tal como ele era desenvolvido em sua época clássica, libertando-o das glosas[254-255]. Essa iniciativa é atribuída a Cujas e Alciat, de modo que esse movimento também foi conhecido como Escola de Cujas ou Escola Humanista.

Como os textos romanos clássicos não consagravam a figura da exceção de insegurança e da exceção de contrato não cumprido em termos abstratos, o movimento de Cujas também foi silente sobre os temas[256]. Muito embora Pothier, por seu turno, tenha tido um papel fundamental na estruturação das bases teóricas da exceção de insegurança, tema que será tratado abaixo neste trabalho com mais detalhe, o reconhecimento, pelo autor, de que a *exceptio* era uma figura geral no domínio dos contratos sinalagmáticos não foi suficiente para que uma previsão de uma exceção substancial abstrata tivesse assento na versão original do Código Civil francês[257]. Disso decorreu que, na redação original do Código Civil francês, a exceção substancial em caso de descumprimento e de risco de

[253] Ver, por exemplo, assertiva de Serpa Lopes: "No direito moderno, a situação da *exceptio n. ad. contractus* é a seguinte: grupo de legislações nas quais a *exceptio n. ad. contractus* é regulada devidamente e um segundo grupo em que as legislações são omissas. De qualquer modo, mesmo naquelas legislações em que os respectivos códigos não cogitaram da *exceptio n. ad. contractus*, tanto a doutrina como a jurisprudência, nada obstante, aplicam os princípios da *exceptio n. ad. contractus*" (SERPA LOPES, Miguel Maria de. Op. cit., p. 149).

[254] Cf. ABRANTES, José João. Op. cit., p. 24-25; CAPITANT, Henri. Op. cit., p. 262.

[255] Vale apontar que apenas Favre dedicou alguma atenção ao nexo existente entre as obrigações principais do devedor e do comprador (cf. CAPITANT, Henri. Op. cit., p. 263).

[256] Cf. CASSIN, René. Op. cit., p. 85-86; MASNATTA, Hector. Op. cit., p. 20.

[257] Cf. SERPA LOPES, Miguel Maria de. Op. cit., p. 150; CAPITANT, Henri. Op. cit., 121.

descumprimento só foi prevista no tratamento do contrato de compra e venda, nos arts. 1.612 e 1.613.

Vale também, nesse contexto, apontar que autores emblemáticos do movimento pré-codificação francesa, tais como o próprio Pothier e Domat[258-259], reconheciam a necessidade de que as obrigações decorrentes de contratos bilaterais fossem cumpridas simultaneamente. Ou seja, a base da exceção de contrato não cumprido ainda era viva no pensamento de tais autores, apesar da influência "purista" da Escola de Cujas.

Esse contexto permite concluir que, embora a Escola de Cujas tenha tentado eclipsar a influência do direito canônico e dos glosadores em benefício da pureza do direito romano clássico, as noções da exceção de insegurança e da exceção de contrato não cumprido foram mantidas no seio do sistema jurídico francês[260]. Todavia, a *exceptio* desaparece totalmente como figura autônoma abstrata, ficando restrita apenas a casos particulares. A escola de Cujas ainda fomentou o desenvolvimento de outros institutos que possuem âmbito operativo fronteiriço com a exceção de insegurança e a exceção de contrato não cumprido, tais como o direito de retenção e compensação, subtraindo o espaço de aplicação daquelas exceções substanciais[261].

A Escola de Cujas também tratou de dar desenvolvimento à teoria da resolução contratual por meio da condição resolutiva tácita, um marco bastante importante no direito contratual contemporâneo. Tal direito foi positivado no art. 1.184 do Código Civil francês que, em sua redação original, prescrevia que a condição resolutiva está sempre implícita nos

[258] Cf. CAPITANT, Henri. Op. cit., p. 260.

[259] Domat, ademais, indica tanto o papel quanto a razão de ser do princípio da execução simultânea: "em todas as convenções em que o compromisso de um dos contraentes é fundamento do compromisso do outro, o seu primeiro efeito é o de cada um dos contraentes poder obrigar o outro a executar a sua obrigação executando ele próprio por seu lado, segundo aquilo a que um e outro estão adstritos pela própria convenção, quer a execução deva ser simultânea (...), quer a execução da parte de um deles deva ser prévia" (trecho de *Les lois civiles dans leur ordre naturel*, Paris, 1777, 1ª parte, livro I, título I, secção III, p. 24 § 2º em tradução de ABRANTES, José João. Op. cit., p. 25).

[260] SERPA LOPES, Miguel Maria de. Op. cit., p. 49; MASNATTA, Hector. Op. cit., p. 19; GASTALDI, José María; CENTANARO, Esteban. Op. cit., p. 49.

[261] CASSIN, René. Op. cit., p. 94.

contratos sinalagmáticos, caso uma das partes não cumprisse sua prestação[262]. A regra da resolução por incumprimento, vale ressaltar, também é elaborada e desenvolvida pelos canonistas e confirmada pela noção de causa final de Bártolo[263]. Diante da proeminência do direito de resolução, decorrente, sobretudo, das necessidades econômicas da época, a exceção de contrato não cumprido pareceu ser uma figura de menor importância para tal corrente de pensamento[264].

A falta de previsão da exceção de insegurança e da exceção de contrato não cumprido, como remédios abstratos, no Código Civil napoleônico, influenciou outras codificações que lhe seguiram na estrutura. É o caso do Código Civil italiano de 1865, que previa as exceções substanciais apenas em matéria de compra e venda[265], como em seu art. 1.469, e o Código Civil português de 1867, o Código Seabra, também prevendo a tutela no art. 1.574º em matéria de compra e venda[266].

Dessa forma, enquanto a exceção de contrato não cumprido foi mantida e aplicada na Alemanha no período entre o século XVI e século XIX, o impulso teórico vindo da teoria dos comentadores sofreu reveses na França durante esse mesmo período[267], conforme apontado acima. O retorno à tradição romanística na França pela influência da Escola de Cujas seria o marco da cisão entre a tradição germânica e a francesa, sendo que, enquanto a figura da exceção de contrato não cumprido era objeto

[262] Art. 1.184. La condition résolutoire est toujours sous-entendue dans les contrats synallagmatiques, pour le cas où l'une des deux parties ne satisfera point à son engagement.
Dans ce cas, le contrat n'est point résolu de plein droit. La partie envers laquelle l'engagement n'a point été exécuté, a le choix ou de forcer l'autre à l'exécution de la convention lorsqu'elle est possible, ou d'en demander la résolution avec dommages et intérêts.
La résolution doit être demandée en justice, et il peut être accordé au défendeur un délai selon les circonstances.

[263] ABRANTES, José João. Op. cit., p. 25.

[264] Ver CASSIN, René. Op. cit., p. 100; MORENO, María Cruz. Op. cit., p. 15)

[265] É necessário apontar, todavia, que, posteriormente, a jurisprudência italiana, ainda sob a égide da codificação de 1865, já estendia a aplicação do remédio aos contratos bilaterais, possibilidade que, posteriormente, foi consagrada ao nível da codificação de 1942. Cf. ADDIS, Fabio. *Il "mutamento" nelle condizioni patrimoniali dei contraenti*, cit., p. 60.

[266] "Art. 1.574º. O vendedor não é obrigado a entregar a coisa vendida, sem que o preço lhe seja pago, salvo se houver convenção em contrário". Sobre o tema, ver ABRANTES, José João. Op. cit., 30.

[267] CASSIN, René. Op. cit., p. 84.

de frequentes referências nos tribunais alemães, os tribunais franceses passaram a não mais fazer referência à figura[268].

A situação francesa só começou a ser modificada no fim do século XIX, principalmente depois que Saleilles divulgou a doutrina alemã em torno da exceção de contrato não cumprido, argumentando ser impossível justificar que a recusa legítima da prestação deveria ficar restrita aos casos particulares previstos em lei e que, *a fortiori*, em razão do reconhecimento da ação de resolução, deveria ser admitida também a exceção de contrato não cumprido aos contratos sinalagmáticos[269]. Conforme lembra Andrea Pinna, em artigo contemporâneo sobre a *exception pour risque d'inexécution* em França, embora, deva-se apontar, anterior à *Ordonnance* nº 2016-131, "le droit français des obligations est traditionnellement hostile à la possibilité pour le débiteur de l'obligation préalable de suspendre l'exécution de sa propre prestation, lorsqu'il existe un doute quant à l'exécution de l'obligation à terme"[270].

Serpa Lopes aponta a observação de Gaudemet para quem o Código Napoleônico dispõe de duas garantias: a ação resolutória, consagrada expressamente pelo art. 1.184, e a exceção de contrato não cumprido, que, embora não atestada expressamente por qualquer texto legal, resulta *a fortiori* do art. 1.184[271].

Apesar do panorama legislativo, doutrina e jurisprudência alargaram o âmbito da exceção de contrato não cumprido a todos os contratos bilaterais. Os caminhos argumentativos possíveis são encontrados por meio da resolução por incumprimento, em que o menos está contido no mais, na existência de um princípio geral identificado a partir das aplicações específicas, ou então por invocação da equidade e da boa-fé, conforme aponta Espín Cánovas[272].

O mérito de Cassin e Saleilles, nesse período, está na elaboração de obras que sistematizam o conteúdo e alcance desses elementos de modo a fundamentar a existência de uma regra geral aplicável a todos os contratos

[268] CASSIN, René. Op. cit., p. 91-92.

[269] SERPA LOPES, Miguel Maria de. Op. cit., p. 151.

[270] PINNA, Andrea. L'exception pour risque d'inexécution. *RTDCiv*, Paris: Dalloz, v. 13, 2003, jan./mar, p. 31.

[271] Idem, p. 149.

[272] ESPÍN CÁNOVAS, Diego. Op. cit., p. 546-547

bilaterais. Os autores tratam de dar a devida importância à jurisprudência nesse processo evolutivo, que passou a reconhecer a aplicação do princípio, mesmo sem previsão legal expressa[273].

Saleilles destaca o princípio do cumprimento simultâneo das obrigações sinalagmáticas, como decorrência da ideia de causa da obrigação, e a ele é atribuída a reintrodução na linguagem jurídica da expressão "*exceptio non adimpleti contractus*"[274]. Para o autor, não é por mero favor, mas sim por um direito decorrente do próprio contrato, que se permite ao devedor de uma das prestações em um contrato sinalagmático não cumprir a sua prestação enquanto a contraparte não o fizer[275].

Cassin, por seu turno, realiza obra de marco fundamental, que, durante o século XX, representou com fidelidade o panorama do direito francês, tal como aplicado pelos tribunais. Para ele, a exceção de incumprimento e a exceção de insegurança como uma manifestação daquela, teriam como objetivo manter o vínculo criado pelas partes ou pela lei (nas relações sinalagmáticas de origem não contratual, segundo o pensamento do autor) no momento em que assumiram as obrigações recíprocas e correlativas[276]. Ele distingue a exceção das figuras afins como direito de retenção, compensação e a resolução por incumprimento. O direito de retenção teria como base uma relação de conexão material entre a coisa retida e o crédito de que o titular é detentor, sendo esse o estrito escopo aplicativo de tal direito. A exceção, por seu turno, decorreria de uma conexão jurídica entre as duas obrigações, uma relação sinalagmática.

O paradigma consolidado por Cassin, de que, em França, o âmbito operativo da exceção de contrato não cumprido alcançaria tanto obrigações contratuais como extracontratuais, desde que de fontes comuns[277], perdurou com segurança até a reforma de fevereiro de 2016 por meio da *Ordonnance* n. 2016-131. Tal norma, aproximando o direito nacional francês das tentativas de uniformização do direito contratual, deu nova redação aos arts. 1.219 e 1.220. Muito embora os dispositivos estejam

273 ABRANTES, José João. Op. cit., p. 26, nota.

274 Idem, p. 27.

275 SALEILLES, Raymond. Op. cit., p. 187.

276 CASSIN, René. Op. cit., p. 400; ABRANTES, José João. Op. cit., p. 27.

277 MALECKI, Catherine. Op. cit., p 27.

inseridos em seção relacionada à inexecução do contrato, em razão do texto inicial da reforma que pretendia restringir os remédios às relações sinalagmáticas de origem contratual, o texto final acabou não limitando os institutos, permitindo a continuidade do entendimento de que, naquele sistema, tais exceções substanciais se referem às relações sinalagmáticas em geral[278].

Na Alemanha, por seu turno, o desenvolvimento da exceção de contrato não cumprido tomou rumos diferentes a partir do século XVI. A *exceptio* não passou por um período de eclipse, como aconteceu em França, tendo sido reconhecida pelo direito comum (ou Direitos das Pandectas) e, posteriormente, consagrada no BGB já em sua redação original[279]. O direito das Pandectas advém das soluções romanistas adaptadas às necessidades sociais daquela época[280].

A regra do cumprimento simultâneo, na Alemanha, não decorreu, assim, da influência dos canonistas, mas sim em decorrência das necessidades da vida prática e pela circunstância de a resolução não ser admitida como princípio geral, mas somente em situações específicas. Os pandectistas defenderam o direito de o devedor recusar a sua prestação enquanto a contraparte não realizasse a respectiva contraprestação, elevando esse princípio à regra geral em todos os contratos sinalagmáticos[281].

A diferença entre a experiência alemã e francesa, assim, reside na diversidade com que esses dois sistemas trataram, nessa época, do tema da resolução por descumprimento, segundo José João Abrantes. Em França, esse remédio era utilizado pelo contraente fiel, *i.e.*, aquele pronto para executar sua prestação, e poderia ser oposta tanto via ação quanto por via de exceção. Ao contrário, na Alemanha, a resolução não era admitida com caráter geral. Ela era tolerada extrajudicialmente como ato de justiça privada, aplicável em casos restritos e concebida como meio de defesa excepcional oposto pelo credor não pago contra o devedor fiel. Pela ausência do instituto da resolução, surge a regra da execução simultânea[282]. É importante apontar ainda o inconveniente de que, no sistema alemão da

[278] FAGES, Bernard. *Droit des obligations*. 7. ed. Paris: LGDJ, 2017, p. 283.

[279] ABRANTES, José João. Op. cit., p. 31.

[280] Idem.

[281] Idem, p. 32.

[282] Idem.

época, a resolução gerava não só a extinção da relação obrigacional como, também, a extinção da relação de propriedade. Assim, o demandado, em princípio, não poderia pedir a resolução do contrato, mas deveria se defender por exceção, mantendo o vínculo contratual. O novo termo em que a prestação seria cumprida serviria como meio de pressão e garantia, desenvolvendo-se a *Einrede des nicht erfüllten Vertrages*[283].

Em decorrência do trabalho dos Pandectistas, o BGB consagrou a exceção de contrato não cumprido como caráter geral em seu § 320 e, também, admitiu a exceção substancial em caso de risco de descumprimento em razão do perecimento patrimonial da contraparte, no § 321. Conforme trataremos adiante neste trabalho, o § 321 inaugura a previsão abstrata da exceção de insegurança para os contratos bilaterais nas codificações, deixando tal tutela de ser um remédio específico em contratos típicos. Tais remédios seriam aplicados aos contratos bilaterais e àquelas obrigações decorrentes de resolução contratual (*Rücktritt*), conforme disposto no § 348 do BGB.

A redação do § 320, ademais, colocou fim em uma discussão havida na Alemanha sobre a natureza da exceção de contrato não cumprido. Entre o final do século XVIII e início do século XIX, era corrente o entendimento de que a exceção de contrato não cumprido deveria ser compreendida como uma espécie de pressuposto da ação do demandante que exigia o cumprimento da prestação do demandado em um contrato sinalagmático. Após meados do século XIX, sobretudo pela influência de ensaio de Heerwart, firmou-se o entendimento de que a exceção de contrato não cumprido era uma exceção em sentido próprio, não cognoscível de ofício pelo juízo, sendo necessário sua oposição pelo demandado. O BGB, já em sua redação original, consagra esse entendimento[284].

A estrutura inaugurada pelo BGB, inclusive a de estabelecer duas espécies de tutelas dilatórias sequenciais, a primeira relacionada ao descumprimento e a segunda em razão do risco de descumprimento qualificado (§ 320 e § 321, respectivamente) foi seguida por outros ordenamentos jurídicos. Além dos Códigos Civis brasileiros de 1916 e

[283] Idem.

[284] Cf. FONSECA, Ana Taveira da. *Da recusa de cumprimento da obrigação para a tutela do crédito*: em especial na excepção de não cumprimento, no direito de retenção e na compensação, cit., p. 66-69.

2002, vale também apontar o Código Civil italiano de 1942 (arts. 1.460 e 1.461). O Código Civil português de 1966 previu a exceção de contrato não cumprido nos moldes do § 320 do BGB, mas não previu uma tutela suspensiva para a tutela do risco de descumprimento. Trataremos especificamente da situação portuguesa em capítulo próprio neste trabalho.

É necessário notar que tais ordenamentos, no que diz respeito à estrutura da exceção de contrato não cumprido, optaram por dar enfoque, textualmente, à possibilidade de o devedor recusar a sua prestação, ressaltando o devido caráter de exceção substancial dos institutos, um verdadeiro contradireito do demandado. Não há muito espaço para o argumento de que se trata de exceções impróprias, cognoscíveis de ofícios ou que contêm pretensão em sentido estrito.

3.2. Desenvolvimento histórico da exceção de insegurança

3.2.1. O pensamento de Pothier, código civil napoleônico e a tutela na compra e venda

Até agora vimos que o desenvolvimento histórico da exceção de insegurança está, em grande medida, intimamente relacionado ao desenvolvimento histórico da exceção de contrato não cumprido. As duas exceções percorreram praticamente juntas o caminho como formas de concretização do princípio *inadimplenti non est adimplendum*. Porém, é possível apontar o momento em que as duas figuras começaram a se diferenciar e passaram a tutelar objetos jurídicos distintos.

Nesse contexto, é relevante chamar a atenção para a importância do pensamento de Pothier. Em seu *Tratado do contrato da compra e venda*[285], o autor francês, de modo pioneiro, assinalou a existência da regra que seria a semente da atual exceção de insegurança. Para chegar a essa regra, Pothier traça o seguinte raciocínio: da obrigação de entregar a coisa vendida nasceria a ação *ex empto*, que competiria ao comprador contra o vendedor, para obrigá-lo a entregar a coisa[286]. O comprador, todavia, não poderia demandar a entrega da coisa vendida, caso ele não tenha pago

[285] POTHIER, Robert Joseph. *Tratado del contrato de compra y venta*, cit., p. 33 e ss.

[286] "De la obligación de entregar la cosa vendida nace la accion ex empto, que compete al comprador contra el vendedor, para obligarle a que se le entregue con todo lo que de ella depende, con los títulos y frutos" (POTHIER, Robert Joseph. *Tratado del contrato de compra y venta*, cit., p. 33).

ou oferecido o pagamento do preço ao vendedor[287]. Esse impeditivo, por sua vez, não seria aplicável quando o vendedor, em razão do contrato, concedesse ao comprador um prazo para o pagamento e esse prazo ainda não tenha expirado[288]. No entanto – e aqui está o ponto chave – se, após a conclusão do contrato, o comprador sofresse uma diminuição em sua fortuna, de tal forma a colocar o vendedor em risco de perder o preço, este último, apesar do prazo acordado no contrato, poderia se recusar a entregar a mercadoria, caso o comprador não oferecesse o pagamento, ou pelo menos garantia suficiente[289].

Essa mecânica do contrato de compra e venda pensada por Pothier inspirou o Código Civil Napoleônico, precisamente os seus arts. 1.612 e 1.613[290]. Em primeiro lugar, nota-se a permanência da estrutura dualista do raciocínio, refletida em dois dispositivos, com influência inclusive em codificações contemporâneas. O primeiro dispositivo afirma a regra pelo qual o vendedor não é obrigado a entregar a mercadoria se o comprador não pagar o preço e o vendedor não tiver concedido a ele um prazo para pagamento. O segundo dispositivo diz respeito à alteração da fortuna do comprador privilegiado pela concessão do prazo, que admite a possibilidade de não entrega da mercadoria, a menos que o comprador ofereça caução.

Há, entretanto, relevantes nuances que merecem ser apontadas. Pothier formulou suas regras com o enfoque no poder de recusa do vendedor, ao passo que a legislação francesa trata do assunto como uma exclusão da faculdade do comprador (percebida pela ausência de obrigação de

[287] "Por lo regular para que el comprador pueda poner esta acción es necesario, ó que haya satisfecho el precio, ó que ofrezca pagarlo; pues no es decoroso que exija que el comprador cumpla con su obligación, sin haber el cumplido por su parte con la suya" (POTHIER, Robert Joseph. *Tratado del contrato de compra y venta*, cit., p. 34).

[288] "El principio por el cual hemos sentado que el comprador no podía pedir la cosa sin pagar o ofrecer antes el precio, no tiene lugar cuando el vendedor le hubiese concedido para su pago un plazo que aún no haya vencido" (POTHIER, Robert Joseph. *Tratado del contrato de compra y venta*, cit., p. 36).

[289] "No obstante si después del contrato hubiese sufrido el comprador pérdidas de consideración, en términos que el vendedor corriese riesgo de perder el precio; podría este á pesar del plazo concedido retener la cosa, si el comprador no te satisfaciese el precio ó le asegurarse su pago con fianzas idóneas" (POTHIER, Robert Joseph. *Tratado del contrato de compra y venta*, cit., p. 36).

[290] Cf. ADDIS, Fabio. *Il "mutamento" nelle condizioni patrimoniali dei contraenti*, cit., p. 37.

entrega da coisa). O Código Napoleônico também foi um pouco mais preciso do que a formulação do Pothier ao determinar qual seria o estado do comprador que justificaria a ausência de obrigação de entrega da coisa pelo vendedor na compra e venda a prazo. Enquanto Pothier se referia à mudança na fortuna do comprador que coloca em risco o preço em favor do vendedor, o Código Napoleônico previu termos específicos como a falência e o *état de déconfiture*[291].

Está claro no pensamento de Pothier, direcionado especificamente à compra e venda, que, diante de uma compra e venda a prazo, pode surgir, em favor do vendedor, uma exceção dilatória relacionada ao risco de descumprimento, como a afirmação consequente do princípio *inadimplenti non est adimplendum*.

Dessa forma, o autor francês pode ser apontado como uma das vozes precursoras da exceção fundada no risco do inadimplemento que, inicialmente, teve previsão como tutela em um tipo contratual específico. Somente posteriormente a exceção dilatória ganhou porte de tutela para os contratos sinalagmáticos em geral.

O esquema de pensamento do autor francês, consagrado no Código Napoleônico, também influenciou outras codificações do século XIX. O Código Civil italiano de 1865, por exemplo, previa em seu art. 1.469 que o vendedor não seria obrigado a entregar a coisa se, após a venda, o comprador entrasse em estado de falência ou insolvência. É possível também identificar os reflexos dessa estrutura no Código Comercial brasileiro de 1850 na conjugação dos arts. 197 e 198, que versavam sobre a compra e venda mercantil. Esta codificação, aliás, está mais aproximada do pensamento original de Pothier, uma vez que não faz referência à falência ou insolvência do comprador, mas sim à mudança notória de estado. Voltaremos em detalhes sobre o desenvolvimento da figura no direito nacional em seguida neste trabalho.

Vemos, assim, que durante os séculos XVIII e XIX ocorreram as primeiras experiências doutrinárias e legislativas que deram forma mais precisa ao que hoje é conhecido como exceção de insegurança. Ainda em sua

[291] "Article 1.613. Il ne sera pas non plus obligé à la délivrance, quand même il aurait accordé un délai pour le paiement, si, depuis la vente, l'acheteur est tombé en *faillite ou en état de déconfiture*, en sorte que le vendeur se trouve en danger imminent de perdre le prix; à moins que l'acheteur ne lui donne caution de payer au terme" (g.n.).

fase embrionária, tal exceção substancial desenvolveu-se como defesa específica ao vendedor nos contratos de compra e venda. A partir da sua consagração no Código Civil francês de 1804, a tutela na compra e venda inspirou outras codificações a darem as primeiras experiências mais consolidadas com a exceção que dizia respeito ao risco do descumprimento da prestação, e não do descumprimento em si. É nesse momento que se inicia a bifurcação entre a atual exceção de contrato não cumprido e a exceção de insegurança.

A afirmação da importância desse momento histórico também serve para afastar posições que exageram a influência BGB como verdadeiro precursor da exceção de insegurança, embora, como veremos a seguir, a experiência alemã tenha sido relevante para sedimentar a figura na cultura jurídica ocidental[292].

Realmente, o processo de abstração que levou a tutela suspensiva específica para o tipo contratual da compra e venda a se transformar em uma tutela suspensiva aplicável aos contratos bilaterais se inicia antes da entrada em vigor do BGB, podendo ser identificada em certos movimentos jurisprudenciais italianos, ainda sob a égide do Código Civil de 1865. Conforme aponta Fabio Addis, há sentenças dessa época que conferem a tutela então prevista no art. 1.469 também para o comprador – e não somente ao vendedor, como literalmente previsto – em um relevante movimento de abstração da figura[293].

Em França o mesmo resultado também foi alcançado, paulatinamente, mesmo antes da reforma operada pela *Ordonnance* n. 2016-131. Ele foi atingido por meio da abstração das soluções típicas do contrato de compra e venda para outras situações mais gerais. Conforme sustenta Andrea Pinna, "des applications indirectes de ce remède existent aujourd'hui en droit positif, laissant imaginer sa propagation générale. La position du

[292] Sobre o tema, ver a crítica de Fabio Addis ao apontar que a origem histórica do art. 1.461 do atual Código Civil italiano não pode ser apressadamente atribuída ao § 321 do BGB. Rejeitando a exclusividade de um "modelo alemão" do Código Civil de 1942, o autor afirma que a experiência do Código Civil de 1865 – influenciado pelo Código Civil francês e, destarte pelas ideias de Pothier – é a base histórica nacional da qual evoluiu a legislação italiana. Cf. ADDIS, Fabio. *Il "mutamento" nelle condizioni patrimoniali dei contraenti*, cit., p. 36.

[293] Cf. ADDIS, Fabio. *Il "mutamento" nelle condizioni patrimoniali dei contraenti*, cit., p. 70.

droit français à l'égard de l'exception pour risque d'inexécution a donc subi une évolution et on ne peut plus parler d'une attitude de défaveur"[294].

Outro ponto de grande relevância para o estudo da figura é a percepção de que, neste momento histórico, começa a ficar nítido o fundamento jurídico da exceção de insegurança. Trata-se de uma exceção que surge para tutelar a confiança que o vendedor concede ao comprador ao estabelecer um prazo para a entrega da coisa. Diante do perigo da não realização da prestação, causado pelo perecimento patrimonial da outra parte – o que, por vezes, demanda a forma específica da falência ou insolvência conforme a legislação – a tutela preventiva em favor do vendedor é justificada. Portanto, a tutela dessa confiança era a preocupação de Pothier e os códigos dessa época. Esse traço, iniciado historicamente no âmbito do contrato de compra e venda, é mantido nos ordenamentos jurídicos atuais, sendo possível apontar que a tutela da confiança nos contratos bilaterais é fundamento da exceção de insegurança.

3.2.2. BGB e a tutela nos contratos bilaterais

Embora a tutela suspensiva em caso de risco de descumprimento não tenha sido uma originalidade do sistema alemão, conforme vimos acima, é possível atribuir ao BGB o pioneirismo em prever essa modalidade de exceção substancial em um caráter mais abstrato, desprendendo-se de seu regime estrito nos contratos de compra e venda, sendo também um remédio aplicável aos contratos bilaterais em geral. O BGB, já em sua redação original, dedicou um título específico aos denominados contratos bilaterais, abrangendo os §§ 320 a 327.

A redação original do § 321 do BGB determinava, precisamente, que, no âmbito de um contrato bilateral, aquele contratante obrigado a prestar em primeiro lugar teria o direito de recusar sua prestação diante da deterioração das condições patrimoniais da contraparte posterior à conclusão do contrato, de tal modo a colocar em perigo a realização da contraprestação[295]. Merece destaque que a norma era, então, clara ao estabelecer que o momento da piora da situação patrimonial daquele que

[294] Cf. PINNA, Andrea. L'exception pour risque d'inexécution, cit., p. 33.

[295] § 321. Wer aus einem gegenseitigen Vertrage vorzuleisten verpflichtet ist, kann, wenn nach dem Abschlusse des Vertrags in den Vermögensverhältnissen des anderen Theiles eine wesentliche Verschlechterung eintritt, durch die der Anspruch auf die Gegenleistung

deverá prestar em segundo lugar em um contrato bilateral deveria ser posterior à celebração do contrato.

Nos projetos que antecederam a elaboração do BGB[296] o dispositivo continha, em duas versões substancialmente semelhantes, um segundo parágrafo que incluía também no âmbito de incidência de tal norma aqueles eventos que ocorreram anteriormente à celebração do contrato, mas que foram ignorados sem culpa pela parte obrigada a cumprir em primeiro lugar[297]. Todavia, na redação final do diploma legislativo, esse dispositivo foi excluído sob o fundamento de que a existência de circunstâncias desconhecidas deveria ser entendida como um "erro de motivo" (*motivirrum* ou *Irrthum im Beweggrunde*)[298].

Diante disso, tendo em vista a redação expressa da redação originária do § 321 do BGB e o contexto do processo legislativo, a sua abrangência estava precisa em relação ao momento da deterioração patrimonial que seria relevante juridicamente para legitimar a oposição da exceção. Naquele momento, assim, estava posto o seguinte cenário: a diminuição patrimonial anterior à celebração do contrato não permitia o uso legítimo da tutela suspensiva prevista no § 321 do BGB e, se tal situação fosse ignorada sem culpa pelo contratante, deveria ele tentar buscar a tutela por meio da anulação do contrato mediante a proteção prevista no § 119[299], fundamentada em erro de motivo, expediente este de resultado

gefährdet wird, die ihm obliegende Leistung verweigern, bis die Gegenleistung bewirkt oder Sicherheit für sie geleistet wird.

[296] A norma então vazada no § 321 foi apresentada pela primeira vez nos trabalhos da segunda comissão e foi proposta por representantes da advocacia em duas versões substancialmente idênticas (cf. ADDIS, Fabio. *Il "mutamento" nelle condizioni patrimoniali dei contraenti*, cit., p. 45).

[297] Cf. ADDIS, Fabio. *Il "mutamento" nelle condizioni patrimoniali dei contraenti*, cit., p. 46-47.

[298] Tais termos são utilizados expressamente nas conclusões dos redatores do BGB: "wenn derjenige, der eine Vorlestungspflicht übernehme, zur Zeit des Vertragsschlusses vorhandene Umstände nicht gekannt habe, die ihm, wenn sie ihm bekannt gewesen wären, so läge an sich ein lrrthum im Beweggrunde vor, welcher die Giltigkeit des Vertrags nicht berühre. Eine Ausnahme van der Regel der Einflußlosigkeit eines solchen Irrthums zu machen, bestehe kein Grund" (ACHILLES, A.; GEBHARD, A.; SPAHN, P. Protokolle der Kommission für die zweite Lesung des Entwurfs des Bürgerlichen Gesetzbuchs Im Auftrag des ReichsJustinzamts. Allgemeiner Teil und Recht der Schuldverhältnisse. Abs. I, Abs. II Tit. I. Berlin: 1897, p. 632, apud ADDIS, Fabio. *Il "mutamento" nelle condizioni patrimoniali dei contraenti*, cit., p. 47).

[299] § 119. Wer bei der Abgabe einer Willenserklärung über deren Inhalt im Irrthume war oder eine Erklärung dieses Inhalts überhaupt nicht abgeben wollte, kann die Erklärung anfechten,

pouco previsível, uma vez que tal diminuição patrimonial poderia não ser enxergada como uma falsa representação da realidade suficientemente relevante para provocar tal sanção[300].

Essa perspectiva permite enxergar o rigor da mecânica escolhida originalmente pelo legislador alemão no sentido de que correria por conta e risco da contratante que deverá prestar em primeiro lugar a realização das investigações adequadas sobre a real situação do patrimônio da outra parte. Por outro lado, eventual falsidade das informações pela parte beneficiada pelo prazo ou sua negação em divulgar tais dados deveriam ser entendidos como casos peculiares de *dolo in contrahendo*[301]. De toda forma, a situação não seria remediada pela suspensão da execução, e sim por outros meios.

Ante a ausência da possibilidade de invocação da tutela suspensiva prevista na redação original do § 321 do BGB, os tribunais alemães foram cada vez mais provocados a darem respostas sobre os pedidos de anulação fundados no erro de motivo, levando a ser fixada uma posição majoritária no sentido de reconhecer que a situação patrimonial periclitante anterior à conclusão do contrato poderia dar ensejo à anulação por erro. De todo modo, ainda que o resultado da anulação fosse positivo, a resposta jurisprudencial não era totalmente satisfatória do ponto de vista da estabilidade das relações jurídicas: o contratante de boa-fé que tenha movido a pretensão anulatória e sido vitorioso ainda assim corria o risco de perder o valor da sua prestação (que não pôde ser suspensa) caso o patrimônio do contratante, após a sua insolvência, fosse submetido ao regime concursal, além de impossibilitar que a outra parte pudesse oferecer garantia à parte que deveria prestar em primeiro lugar caso quisesse manter o programa contratual originalmente entabulado[302].

Ademais, a própria rigidez da proposta legislativa tinha um inconveniente relacionado às dificuldades sobre a rastreabilidade do patrimônio das partes, sobretudo aquelas que exercem atividade empresária. Por sua

wenn anzunehmen ist, daß er sie bei Kenntniß der Sachlage und bei verständiger Würdigung des Falles nicht abgegeben haben würde. Als Irrthum über den Inhalt der Erklärung gilt auch der Irrthum über solche Eigenschaften der Person oder der Sache, die im Verkehr als wesentlich angesehen werden.

300 Cf. ADDIS, Fabio. *Il "mutamento" nelle condizioni patrimoniali dei contraenti*, cit., p. 47-48.

301 Idem, p. 49-50.

302 Idem, p. 53.

própria natureza, o patrimônio empresarial está em constante mudança de qualidade e quantidade no decurso do tempo, não sendo rara a dificuldade em se definir com precisão o momento exato em que uma dada alteração patrimonial ocorreu. Como a opção legislativa fixava um corte definido no momento da conclusão do contrato, essa análise, embora legalmente determinada, continha inúmeras dificuldades práticas e levantava dúvidas teórico-dogmáticas sobre o momento da alteração patrimonial.

A rigidez da opção original advinda da literalidade do § 321 do BGB, portanto, começou a sofrer pressões em razão do reconhecimento dos benefícios de ordem prática que uma interpretação mais alargada da norma traria, *i.e.*, uma interpretação que reconhecesse que a exceção substancial prevista no dispositivo também poderia ser cabível em situações em que o estado patrimonial periclitante era preexistente à estipulação do contrato e foi ignorada sem culpa pelo contraente de boa-fé.

Esse contexto, somado à influência do art. 71 da CISG, de que trataremos adiante, motivou o legislador alemão a realizar uma relevante modificação no § 321 do BGB na oportunidade da reforma do direito das obrigações de 2002[303]. A norma não apresenta a conclusão do contrato como corte temporal sobre a avaliação da piora patrimonial. Seu texto atual é construído de outra forma, sem referência expressa a um corte temporal, referindo-se somente à circunstância de que após o contrato se torne aparente que o recebimento da contraprestação fique em risco em razão da incapacidade prestacional da outra parte. Houve, assim, a reformulação no dispositivo, de modo a permitir que o remédio dilatório possa ser movido também naquelas situações em que a diminuição patrimonial é anterior à celebração do contrato, mas que, todavia, só é percebida em momento posterior, colocando em risco o adimplemento da prestação.

[303] O texto do § 321 do BGB após a reforma legislativa de 2002 é o seguinte: "§ 321 Unsicherheitseinrede (1) Wer aus einem gegenseitigen Vertrag vorzuleisten verpflichtet ist, kann die ihm obliegende Leistung verweigern, wenn nach Abschluss des Vertrags erkennbar wird, dass sein Anspruch auf die Gegenleistung durch mangelnde Leistungsfähigkeit des anderen Teils gefährdet wird. Das Leistungsverweigerungsrecht entfällt, wenn die Gegenleistung bewirkt oder Sicherheit für sie geleistet wird.
(2) Der Vorleistungspflichtige kann eine angemessene Frist bestimmen, in welcher der andere Teil Zug um Zug gegen die Leistung nach seiner Wahl die Gegenleistung zu bewirken oder Sicherheit zu leisten hat. Nach erfolglosem Ablauf der Frist kann der Vorleistungspflichtige vom Vertrag zurücktreten. § 323 findet entsprechende Anwendung".

Outro dado interessante da reforma de 2002 é a introdução expressa do termo *Unsicherheitseinrede* no texto legal, o que não era previsto na redação original do BGB. Tal termo, em português, pode ser traduzido como exceção de incerteza ou, então, como a própria exceção de inseguridade ou insegurança.

A paternidade do termo *Unsicherheitseinrede*, entretanto, é mais antiga, sendo atribuída ao autor Ernst Rabel[304], em sua mais famosa obra[305], a *Das Recht des Warenkaufs. Eine rechtsvergleichende Darstellung*[306], de 1936, portanto, sob a égide do texto original do § 321 do BGB. Ernst Rabel usa o termo exatamente para descrever que tal exceção seria uma extensão excepcional da *exceptio non adimpleti contractus* atribuída, por vontade do legislador, ao contratante que deverá prestar em primeiro lugar naquelas situações em que há o risco de descumprimento devido, de modo geral, às más condições financeiras do outro contratante[307].

Porém, como observa Fabio Addis, foi somente com a reforma legislativa de 2002 que o texto alemão positivou, de forma definitiva, uma *Unsicherheitseinrede* propriamente dita[308]. Antes desse momento, tendo em vista a formulação da redação original do BGB que descrevemos acima, em que havia um claro corte temporal sobre o momento em que a deterioração patrimonial foi iniciada, havia, em verdade, uma *exceção de deterioração*

304 A paternidade do termo Unsicherheitseinrede a Ernst Rabel é confirmada por Fabio Addis (ver ADDIS, Fabio. Presentazione, cit., p. 8).

305 Cf. RÖSLER, Hannes. Ernst Rabel e a sua influência sobre um direito mundial dos contratos. *RM*, Belo Horizonte, v. 3,
n. 1, p. 5-29, jan./jun. 2008, p. 8.

306 RABEL, Ernst. *Das Recht des Warenkaufs. Eine rechtsvergleichende Darstellung*. Berlin-Leipzig, 1936, I.

307 Ver RABEL, Ernst. Op. cit., p. 135: "Grundsätzlich ist für eine exceptio non adimpleti contractus des vorleistungspflichtigen Teils kein Raum. In einem Ausnahmefall geben aber die verschiedenen Systeme auch ihm ein Zurückbehaltungsrecht, wenn nämlich infolge schlechter Vermögensverhältnisse die Leistung des Gegners gefährdet erscheint (Einrede der Unsicherheit)". Tradução livre do trecho: "Fundamentalmente não há espaço para uma "exceptio non adimpledi contractus" da parte sujeita ao pagamento antecipado. Em um caso excepcional, no entanto, os outros sistemas também lhe conferem o direito de retenção se o desempenho do oponente parecer estar em risco devido a más condições financeiras (exceção de insegurança)".

308 ADDIS, Fabio. Presentazione, cit., p. 18.

de riqueza (*Einrede der verschlechterten Vermögensverhältnisse*[309]) ou então uma *exceção de piora* (*Verschlechterungseinrede*[310]).

A exceção de insegurança, assim, descreveria mais propriamente aquela situação com enfoque na insegurança relativa ao ato de prestar, ainda que medido em razão da deterioração patrimonial, do que a deterioração patrimonial em si, situação essa que só foi alcançada plenamente após a reforma legislativa de 2002.

3.2.3. Tentativas de uniformização do direito privado e a influência da CISG nas atuais características da exceção de insegurança

O tema da exceção de insegurança é objeto das tentativas de uniformização[311] do direito privado ocorridas no século XX. Tais movimentos, ademais, influenciam de forma profunda o remodelamento da figura,

[309] Conforme expressão de Armin Ehrenzweig em EHRENZWEIG, Armin. *Die Zahlungsunfähigkeit*: Vortrag, Gehalten in Der Wiener Juristischen Gesellschaft Am 5. März 1902. Wien, 1902, p.10.

[310] Conforme expressão de Peter Schlechtriem em SCHLECHTRIEM, Peter. *Einheitliches UN-Kaufrecht*. Das Übereinkommen der Vereinten Nationen über internationale Warenkaufverträge. Darstellung und Texte. Tübingen: Mohr Siebeck, 1981, p. 84.

[311] Neste trabalho usamos o termo "uniformização" e não "unificação" ou "harmonização" por entendermos que ele descreve melhor o fenômeno jurídico de que estamos tratando. Conforme Francisco Pignata, as expressões possuem conceitos diferentes. A unificação seria aquela ação de tornar semelhantes vários elementos reunidos para formar um todo. Por meio dela, é instaurada uma regulamentação detalhada e idêntica em todos os pontos e por todos os membros de um conjunto. A harmonização designa uma aproximação entre dois ou mais sistemas jurídicos diferentes, a fim de reduzir ou suprimir certas contradições. Ela seria um meio de estabelecer as grandes linhas a um conjunto jurídico, deixando às partes a obrigação de completar o arcabouço jurídico comum pela edição de normas que correspondam melhor a seus valores, a suas preferências ou a seu nível de desenvolvimento. Exemplo de harmonização seria a experiência da União Europeia com suas Diretivas. A uniformização, por sua vez, consiste em dar uma mesma forma a um conjunto de elementos e que todas as artes se assemelhem entre elas naquele determinado aspecto. Para se chegar a uniformização, é necessário que seja elaborado um quadro normativo através de um instrumento único, ao qual as partes aderem. Cf. PIGNATA, Francisco Augusto. *A uniformização das regras do contrato de compra e venda internacional de mercadorias*: suas vantagens e desafios. In: SCHWENZER, Ingeborg; PEREIRA, Cesar A. Guimarães; TRIPODI, Leandro. *A CISG e o Brasil. Convenção das Nações Unidas para os Contratos de Compra e Venda Internacional de Mercadorias*. São Paulo: Marcial Pons, 2015, pp. 39-41.

inclusive no âmbito dos direitos nacionais, e apontam tendências de transformações futuras.

Tais tentativas, fruto da aproximação comercial entre os países e o desenvolvimento do comércio mundial, têm como objetivo manifesto promover o fluxo de serviços e bens entre os agentes econômicos de diferentes nações, fornecendo normas jurídicas que seriam mais facilmente aceitas pelos agentes transnacionais. Essas normas podem ser entendidas em sentido bastante amplo, incluindo desde modelos contratuais, como os *Incoterms*, como também um conjunto de regras propriamente dito.

Sobre o tratamento da exceção de insegurança nas tentativas de uniformização normativas, do ponto de vista cronológico, é necessário ressaltar, em primeiro lugar, a *Convention relating to a Uniform Law on the International Sale of Goods*, Haia, em 1964 (ULIS), como antecedente normativo mais imediato e direto da Convenção das Nações Unidas sobre Contratos de Compra e Venda Internacional de Mercadorias, Viena, 1980 (CISG). A CISG foi promulgada no Brasil por meio do Decreto n. 8.327/2014.

É interessante notar que, internacionalmente, o desenvolvimento e evolução da exceção de insegurança também ocorram no âmbito de normas relacionadas à compra e venda de bens. No campo dos direitos nacionais, como vimos acima, antes que a exceção de insegurança tomasse sua forma superior, *i.e.*, como remédio destinado a tutelar os contratos bilaterais, suas sementes foram plantadas no campo dos contratos de compra e venda, a partir do pensamento de Pothier e sua disseminação nas primeiras codificações do século XIX. Novamente, mas agora no âmbito internacional, o regramento da compra e venda se mostra como campo experimental frutífero para o desenvolvimento e reflexões sobre remédios contratuais que, posteriormente, podem ganhar maior abstração para tutelar outros tipos de relações contratuais.

A ULIS, em capítulo dedicado às disposições aplicáveis tanto ao comprador quanto ao vendedor, previa, em seu art. 73[312], direito de suspensão

[312] Article 73 1. Each party may suspend the performance of his obligations whenever, after the conclusion of the contract, the economic situation of the other party appears to have become so difficult that there is good reason to fear that he will not perform a material part of his obligations. 2. If the seller has already despatched the goods before the economic situation of the buyer described in paragraph 1 of this Article becomes evident, he may prevent the handing over of the goods to the buyer even if the latter holds a document which entitles him to obtain them.3. Nevertheless, the seller shall not be entitled to prevent the handing over of

da prestação em um sentido bastante abrangente, sendo um dos primeiros exemplos de formulação positivada da exceção de insegurança a se distanciar do requisito da avaliação da situação patrimonial do cocontratante, como era o caso, à época, das formulações dos ordenamentos jurídicos italiano e alemão. Trata-se de formulação que merece ser criticada e avaliada com cautela, como veremos abaixo.

O dispositivo apresenta como requisito autorizador da tutela suspensiva a circunstância de a situação econômica da outra parte aparentar estar em uma dificuldade tal em que há bons motivos (*good reason*) para que a outra parte tema que a contraprestação, ou parte substancial dela, não será executada. O art. 73(2) ainda destaca a aplicabilidade do remédio dilatório mesmo na situação em que a parte obrigada a prestar em primeiro lugar já despachou os bens antes que a situação econômica do comprador tenha ficado evidente, podendo, então, suspender a entrega definitiva de tais bens mesmo que o comprador apresente os documentos que legitimem a sua obtenção. Essa suspensão da entrega definitiva, todavia, não será autorizada caso ela seja exigida por um terceiro com documentação que o legitime a receber os bens, a menos que o documento contenha reservas com relação aos efeitos da transferência ou quando o vendedor conseguir provar que o portador do documento, quando o adquiriu, sabidamente agiu em detrimento do vendedor, nos termos do art. 73(3).

Ao alterar o eixo principal da exceção de insegurança da efetiva redução patrimonial da contraparte para a percepção que uma das partes tem sobre as dificuldades patrimoniais da outra, com base em bons motivos, há uma clara alteração de paradigma em direção a uma subjetivação do remédio dilatório. Tal mudança aumenta a esfera de poder daquela parte que deverá iniciar a execução do programa contratual, uma vez que sua autotutela será legitimada de acordo com critérios mais subjetivos, ainda que conformados dentro de um aspecto amplo de avaliação patrimonial.

Essa mudança de paradigma, que afasta a ULIS do modelo então vigente no BGB e no Código Civil italiano, dá-se no ambiente de uma confrontação socioeconômica entre países industrializados e países em

the goods if they are claimed by a third person who is a lawful holder of a document which entitles him to obtain the goods, unless the document contains a reservation concerning the effects of its transfer or unless the seller can prove that the holder of the document, when he acquired it, knowingly acted to the detriment of the seller.

desenvolvimento, conforme aponta Addis. Para o autor, naquele contexto histórico havia uma polarização entre os interesses "Norte-Sul", sendo que no Norte estariam os interesses dos países mais industrializados e, portanto, representativos usuais dos interesses dos credores que temem não receber a contraprestação e, no Sul, estariam os países em desenvolvimento, personificando o devedor afligido pela *mutatio in deterius*. Os interesses do Sul seriam contra a formulação de uma norma destinada a legitimar um direito exclusivamente unilateral do credor, exercido sem a mediação do controle judicial, com grandes conotações subjetivas[313].

Esse ângulo de embate, que representa somente um dos eixos das diferentes tensões existentes na elaboração de normas de uniformização de direito privado[314], foi presente na formulação da ULIS, e, posteriormente, também influenciou a elaboração da CISG.

Na base desse embate estava o antagonismo das posições do devedor e credor, sendo que a posição credora pressionava para que houvesse uma qualificação de natureza jurídica para mitigar o caráter vinculativo do pacto. Isso seria feito por meio da introdução de pressupostos que colocassem o mero perigo de não execução do programa contratual como uma conduta caracterizada por traços de ilegalidade e, portanto, autorizativas da invocação do remédio dilatório. A ULIS, ao fixar posição no sentido desse pressuposto, dando forma jurídica bastante ampla ao risco de incumprimento, ainda que atenuada, acaba por se afastar do modelo alemão original, porquanto o perigo de descumprimento neste

313 ADDIS, Fabio. *Il "mutamento" nelle condizioni patrimoniali dei contraenti*, cit., p. 151 e ss.

314 Nesse contexto é interessante apontar a avaliação de Rafael Gagliardi sobre o tema, especialmente com relação à elaboração da CISG: "A CISG foi resultado de intensas negociações e de enorme vontade política voltada para se obter uma legislação verdadeiramente unificadora do Comércio Internacional. O texto final da Convenção revela, contudo, ter sido objeto de compromisso, no sentido de ceder para se atingir um meio termo – mais do que de consenso. Só assim tornou-se viável a aprovação de diversos dispositivos da convenção. Tomando em conta as dezenas de nações representadas nas reuniões de trabalho, havia tensões decorrentes de diferenças entre sistema econômico (capitalista/socialista), tradição jurídica (*Civil Law/Common Law*); industrialização (desenvolvidos/em desenvolvimento)" (GAGLIARDI, Rafael Villar. Suspensão de cumprimento contratual na Convenção de Viena de 1980 sobre Contratos de Compra e Venda Internacionais de Mercadoria. In: SCHWENZER, Ingeborg; PEREIRA, Cesar A. Guimarães; TRIPODI, Leandro. *A CISG e o Brasil*, cit., p. 426).

sistema jurídico somente era aferível diante da análise patrimonial da contraparte[315].

Ademais, nota-se que a ULIS não faz referência à ordem cronológica das prestações e tampouco à possibilidade de apresentação de garantia adequada pelo excepto. Todos esses elementos fizeram com que tal texto gerasse grande incerteza com relação ao polo devedor no que se refere à efetiva extensão do remédio e os perigos do avanço de um poder subjetivo para o polo do credor, uma vez que a formulação da ULIS parecia legitimar o recurso à suspensão do cumprimento não apenas quando houvesse uma real deterioração econômica, mas também diante de uma simples aparência de deterioração econômica.

Tudo isso fez com surgissem críticas, como as de Fabio Addis, para quem a tutela prevista naquele corpo legislativo esteve próxima a uma "exceção subjetiva de insegurança"[316], em detrimento dos contratantes pertencentes aos países em desenvolvimento, normalmente mais afetados por instabilidades político-econômicas. A permanência do remédio nessas condições poderia ter se transformado em mais uma acentuação da fraqueza de tais contratantes[317].

Esse contexto de críticas ao modelo subjetivista da ULIS fez com que na elaboração da CISG, anos depois, fossem incorporados ao remédio dilatório novos elementos que permitiram que o remédio ganhasse dinamismo como tutela contratual, sem, contudo, pender para uma subjetivação extremada. Iniciou-se, destarte, um processo de objetivação, embora em avanço com relação aos velhos pressupostos do modelo original do BGB.

O remédio dilatório, tal como estruturado pela CISG, é o principal paradigma contemporâneo da exceção de insegurança, sendo um efetivo marco em sua evolução histórica. O art. 71(1) da CISG, inserido em capítulo que diz respeito às obrigações do vendedor e do comprador, determina que uma parte poderá suspender o cumprimento de suas obrigações se, após a conclusão do contrato, tornar-se evidente que a outra parte não cumprirá parcela substancial de suas obrigações devido à grave insuficiência de sua capacidade de cumpri-las, ou em sua solvência, ou à maneira como se dispõe a cumprir ou como cumpre o contrato. Em

[315] Cf. ADDIS, Fabio. *Il "mutamento" nelle condizioni patrimoniali dei contraenti*, cit., p. 152.

[316] Idem, p. 158.

[317] Idem.

seguida, o art. 71(2) estabelece que, se o vendedor houver expedido as mercadorias antes de se tornarem evidentes os motivos a que se refere o art. 71(1), a exceção poderá ser oposta ao comprador que requer a posse das mercadorias, ainda que ele seja portador de documento que lhe permita obtê-la. Por fim, o art. 71(3) determina que a parte que suspender sua prestação antes ou depois da expedição das mercadorias, deverá enviar comunicação imediatamente à outra parte, mas deverá prosseguir no cumprimento se esta fornecer garantias suficientes do cumprimento de suas obrigações[318].

Em um primeiro momento, é possível observar um efetivo aproveitamento de algumas estruturas e mecanismos apresentados na ULIS. Todavia, apesar da vinculação entre ULIS e CISG, o art. 71 da CISG consegue se distanciar das polêmicas havidas no contexto da Convenção de Haia, justamente por superar uma abordagem excessivamente subjetivista, favorecendo uma processualização mais cuidadosa dos pressupostos da exceção dilatória[319].

Inicialmente, ainda que o art. 71 da CISG também seja destinado a regular um tipo contratual específico (a compra e venda), ele possui um grande potencial de abstração, ou seja, tenciona irradiar seus efeitos para além dos contratos de compra e venda, ao invés de ficar restrito a esse âmbito. Em primeiro lugar, é necessário lembrar que a própria compra e venda constitui um arquétipo de uma figura contratual abstraída de tipos individuais[320]. A partir disso, a disciplina da compra e venda no âmbito internacional desempenha um papel de "veículo de soluções" compatível

[318] Artigo 71 (1) Uma parte poderá suspender o cumprimento de suas obrigações se, após a conclusão do contrato, tornar-se evidente que a outra parte não cumprirá parcela substancial de suas obrigações, devido: (a) a grave insuficiência em sua capacidade de cumpri-las, ou em sua solvência; ou (b) à maneira como se dispõe a cumprir ou como cumpre o contrato. (2) Se o vendedor houver expedido as mercadorias antes de se tornarem evidentes os motivos a que se refere o parágrafo anterior, poderá se opor a que o comprador tome posse das mercadorias, ainda que este seja portador de documento que lhe permita obtê-la. Este parágrafo refere-se somente aos direitos respectivos do comprador e do vendedor sobre as mercadorias. (3) A parte que suspender o cumprimento de suas obrigações, antes ou depois da expedição das mercadorias, deverá comunicá-lo imediatamente à outra parte, mas deverá prosseguir no cumprimento se esta oferecer garantias suficientes do cumprimento de suas obrigações.

[319] ADDIS, Fabio. *Il "mutamento" nelle condizioni patrimoniali dei contraenti*, cit., p. 160.

[320] Idem, p. 122.

com o sistema codificado vigente, e, pela confluência de articulações de suas fontes de produção, também está em harmonia com o desenvolvimento jurisprudencial, sobretudo europeu[321].

Em segundo lugar, é possível destacar que o art. 71 está topologicamente localizado ao fim da CISG, justamente nas disposições vigentes tanto para comprador como para vendedor. Ou seja, trata-se de um mecanismo que já passou por um primeiro exercício de abstração, superando a restrição de ser um remédio disponível a só um dos polos de interesse na relação contratual. A formulação se liberta, assim, de uma eventual relação de exclusividade em relação a um desses polos.

Do ponto de vista do conteúdo do art. 71 da CISG, é possível iniciar com o comentário que, segundo seu texto, a oposição do remédio não requer, estritamente, que a prestação daquele que deverá executar em primeiro lugar ainda não tenha sido iniciada. Ao contrário, o remédio também está disponível para aquela parte que já iniciou sua prestação, mas que, diante das circunstâncias autorizadoras, irá exercer seu direito de suspender a prestação. Permite-se, assim, que uma prestação já iniciada seja suspensa.

Com relação ao seu âmbito de operação, a formulação da CISG soluciona eventuais dúvidas sobre o momento da ocorrência da piora patrimonial, admitindo que a exceção seja oponível em caso de situações que ocorreram antes da celebração do contrato e que, apesar da diligência comum, foram ignoradas pelo *excipiens*, que acabou tomando conhecimento sobre elas posteriormente, isto é, quando elas efetivamente se manifestaram no momento da execução contratual. A regra, assim, confere proteção suspensiva também ao contratante que, sem culpa, ignorou problema financeiro já existente, mas ainda não manifesto[322]. Trata-se de um traço muito relevante da CISG, presente, inclusive, em seu estudo preparatório, influenciando, posteriormente, a reforma do BGB e orientações jurisprudenciais sobre a aplicação da exceção de insegurança nas legislações nacionais.

[321] Idem, 121-122.

[322] ADDIS, Fabio. La sospensione dell'esecuzione: dalla vendita con dilazione di pagamento alla unsicherheitseinrede, In: ADDIS, Fabio (Coord.). *Ricerche sull'eccezione di insicurezza.* Milano: Giuffrè, 2006, p. 11.

Também deve ser destacado que a norma prevê que o exercício da exceção é um procedimento articulado, uma vez que o excipiente deverá notificar imediatamente a outra parte acerca da suspensão, de modo que o excepto possa prestar a garantia adequada para o cumprimento. Necessário apontar que não são todos os ordenamentos que preveem expressamente esse procedimento articulado, não sendo incomum que, diante da omissão do texto positivado, esse dever de apresentar notificação seja reconhecido jurisprudencialmente como uma decorrência da aplicação do princípio da boa-fé. É o caso, por exemplo, do sistema italiano[323].

Ainda em suas particularidades estruturais, o art. 71 da CISG apresenta duas modalidades de pressupostos que podem motivar a oposição da exceção. O primeiro, preconizado no art. 71(1)(a), diz respeito à grave insuficiência na capacidade do excepto em cumprir sua prestação, ou em sua solvência. O segundo, no art. 71(1)(b), tem que ver com a maneira como se dispõe a cumprir ou como cumpre o contrato. Essa evidente amplitude do texto legal deve ser colocada em contexto com a CISG, que continha dispositivos determinando ordem das prestações nos contratos de compra e venda internacional em seu art. 58[324]. Segundo o art. 58(1), se o comprador não estiver obrigado a pagar o preço em momento determinado, deverá pagá-lo quando o vendedor colocar à sua disposição as mercadorias ou os documentos que as representarem, de acordo com o contrato ou com os termos da CISG. Ainda, o vendedor poderá considerar o pagamento como condição para a entrega das mercadorias ou dos documentos.

[323] Ver adiante neste trabalho quando tratarmos do momento da invocação da exceção de insegurança pelo excipiente.

[324] Artigo 58 (1) Se o comprador não estiver obrigado a pagar o preço em momento determinado, deve pagá-lo quando o vendedor colocar à sua disposição as mercadorias ou os documentos que as representarem, de acordo com o contrato ou com a presente Convenção. O vendedor poderá considerar o pagamento como condição para a entrega das mercadorias ou dos documentos. (2) Se o contrato envolver transporte das mercadorias, o vendedor poderá expedi-las com a condição de que as mercadorias ou os documentos que as representarem só sejam entregues ao comprador contra o pagamento do preço. (3) O comprador não estará obrigado a pagar o preço antes de ter tido a possibilidade de inspecionar as mercadorias, salvo se as modalidades de entrega ou de pagamento ajustadas pelas partes forem incompatíveis com essa possibilidade.

Essa estrutura da CISG motiva algumas posições doutrinárias que tratam especificamente da exceção de contrato não cumprido a apontar que tal corpo normativo não traz um regime próprio a essa exceção especificamente, que tutela o inadimplemento atual[325]. Há posições que apontam ainda que, se por acaso as partes afastarem a regra disposta no art. 58(1) ou se encontrarem em uma situação em que as prestações do vendedor e do comprador sejam exigíveis contemporaneamente, haveria a possibilidade de invocação de um "direito geral de retenção", de roupagem semelhante à exceção de contrato não cumprido[326].

Esse caminho argumentativo, todavia, merece ser avaliado com cautela, por conta justamente da amplitude da tutela positivada no art. 71 da CISG. Utilizando a experiência italiana como exemplo, a doutrina daquele país indica que o conteúdo do art. 71(1)(a) coincide com o art. 1.461 do Código Civil italiano, enquanto a disposição do art. 71(1)(b) seria totalmente inovadora e sem correspondente positivado. Todavia, se a comparação parece ser correta quando focada somente no disposto do art. 1.461, é necessário lembrar que a exceção de contrato não cumprido, na Itália, está disciplinada no art. 1.460[327]. É a mesma situação, por exemplo, do ordenamento jurídico alemão ou brasileiro.

O art. 71 da CISG, por seu turno, possui uma técnica mais ampla, pois, ao não fazer referência à ordem das prestações e aumentar o âmbito de seus pressupostos, sem cair no subjetivismo visto na ULIS, leva o princípio *inadimplenti non est adimplendum* a consequências consistentes, permitindo inclusive a aplicação da *exceptio non adimpleti contractus* além da própria

[325] Ver BIAZI, João Pedro de Oliveira de. *A exceção de contrato não cumprido no direito privado brasileiro*, cit., p. 70.

[326] Ver SCHLECHTRIEM, Peter; SCHWENZER, Ingeborg. *Comentários à Convenção das Nações Unidas sobre Contratos de Compra e Venda Internacional de Mercadorias*. In: SCHLECHTRIEM, Peter; SCHWENZER, Ingeborg. (Coord.). Coordenação de tradução de Eduardo Grebler, Vera Fradera, César Guimarães Pereira. São Paulo: RT, 2014.

[327] Art. 1.460 Eccezione d'inadempimento. Nei contratti con prestazioni corrispettive, ciascuno dei contraenti può rifiutarsi di adempiere la sua obbligazione, se l'altro non adempie o non offre di adempiere contemporaneamente la propria, salvo che termini diversi per l'adempimento siano stati stabiliti dalle parti o risultino dalla natura del contratto (1.565). Tuttavia non può rifiutarsi l'esecuzione se, avuto riguardo alle circostanze, il rifiuto è contrario alla buona fede (1.375).

exceção de insegurança[328]. A CISG, ainda que voltada à regulação da compra e venda, oferece efetivamente uma estrutura inovadora de tutela dilatória nas relações sinalagmáticas.

Importante mencionar ainda que a formulação da CISG atribuiu igual importância aos casos exclusivamente imputáveis ao devedor (referidos no art. 71(1)(b)) e às situações que, pelo contrário, poderiam ser aferidas sem que se faça uma apreciação do comportamento do polo devedor (aquelas referidas no art. 71(1)(a)). Essa técnica conecta o exercício da exceção à constatação da alteração objetiva da viabilidade da prestação[329].

O art. 71 da CISG, ao contrário do que expressamente ocorria com a redação original do § 321 do BGB e o que é possível identificar do art. 1.461 do Código Civil italiano (interpretando-o em referência ao art. 1.460), não declara elementos dos quais seja possível deduzir literalmente que a prestação que será suspensa deve ser executada antes daquela a cargo do cocontratante, permitindo que a tutela legitimada por tal dispositivo também seja possível nos casos de prestações que sejam executadas concomitantemente. Nisso também a norma apresenta uma formulação inovadora da aplicação do mesmo princípio *inadimplenti non est adimplendum*[330].

A CISG, dessa forma, apresenta também uma direção do futuro da exceção de insegurança. Condensando as contribuições dos representantes de várias culturas jurídicas mundiais, ela é capaz de oferecer um modelo de padronização, inclusive, possivelmente, para integrações mais perenes, como um eventual Código Civil europeu[331]. Da análise da CISG é possível antecipar certas tendências no desenvolvimento dos regimes jurídicos no direito privado.

Dentro do panorama das tentativas de uniformização vale, ainda que sem a pretensão de exaustão do tema, dar destaque ao conteúdo *UNIDROIT Principles of International Commercial Contracts* – UPICC. Em seu art. 7.3.4[332] é estabelecida também uma modalidade de direito de

[328] Ver nesse sentido ADDIS, Fabio. *Il "mutamento" nelle condizioni patrimoniali dei contraenti*, cit., p. 134.

[329] Idem, p. 135.

[330] Idem, p. 136.

[331] Idem, p. 135.

[332] Article 7.3.4 (Adequate assurance of due performance). A party who reasonably believes that there will be a fundamental non-performance by the other party may demand adequate

suspensão da prestação. Tal norma apresenta uma estruturação de claro enfoque subjetivista, admitindo que a prestação seja suspensa caso o credor acredite, com "razoabilidade", que haverá uma não performance substancial da prestação pela parte contrária. Diante da suspensão da prestação, deverá o excepto apresentar garantia suficiente, sob pena de resolução contratual.

É possível afirmar que a estrutura elaborada nos Princípios UNIDROIT estão mais ligadas às experiências da ULIS, se comparada com a CISG, porquanto esta caminhou no sentido da objetivação do remédio, conforme abordamos acima. Pelo menos do ponto de vista literal, é possível canalizar, portanto, à formulação da tutela suspensiva tal como prevista nos Princípios UNIDROIT as mesmas críticas feitas em relação à formulação da ULIS, uma vez que a subjetivação do pressuposto da exceção pode comprometer justamente o fim que o remédio pretende alcançar, qual seja, o reequilíbrio da relação sinalagmática.

Outra formulação relevante sobre o tema é a dos *Principles of European Contract Law*, que, em seu art. 9:201[333], estabelece a denominada *right to withhold performance*. Em seu item 2, o dispositivo assegura à parte que não está obrigada a executar de forma simultânea o direito de suspender a execução enquanto for manifesto que não ocorrerá a execução devida pela outra parte quando chegar ao seu termo. Essa disposição, como trataremos com mais profundidade adiante neste trabalho, foi expressamente avaliada no "avant-projet Terré" que inspirou a redação final da *Ordonnance* n. 2016-131, que reformulou o *Code*, porém foi descartada como modelo de inspiração porque o pressuposto construído pela circunstância de que se "manifesto que haverá inadimplemento" foi considerado muito vago[334].

assurance of due performance and may meanwhile withhold its own performance. Where this assurance is not provided within a reasonable time the party demanding it may terminate the contract.

333 Article 9:201: Right to Withhold Performance
(1) A party who is to perform simultaneously with or after the other party may withhold performance until the other has tendered performance or has performed. The first party may withhold the whole of its performance or a part of it as may be reasonable in the circumstances.
(2) A party may similarly withhold performance for as long as it is clear that there will be a non-performance by the other party when the other party's performance becomes due.

334 Cf. FENOUILLET, Dominique. L'exception d'inexécution. In: TERRÉ, François. *Pour une réforme du droit des contrats*. Paris: Dalloz, 2008, p. 262.

Por fim, merece menção o mais recente projeto europeu de unificação do direito dos contratos, o *Draft Common Frame of Reference*, que também utiliza conceito mais abrangente como hipótese de legítima suspensão da prestação pelo credor. Seu art. III.3:401[335], ao estabelecer o *right to withhold performance of reciprocal obligation*, também utiliza como critério o fato de a pessoa que irá prestar em primeiro lugar acreditar, com razoabilidade, que a pessoa que irá prestar em segundo lugar não irá executar sua prestação. Aqui também há o problema do pressuposto subjetivo para a invocação do remédio.

3.2.4. Breves comentários sobre o direito de suspensão das prestações na *common law*

Vimos acima que o direito de suspensão das prestações em relações contratuais nos países de direito codificado e herança romano-germânica, ou *civil law*, deu-se pelo desenvolvimento e consolidação da *exceptio non adimpleti contractus*, tanto em razão do inadimplemento quanto, posteriormente, para o risco de inadimplemento. Embora haja diferenças históricas e de pressupostos entre as diferentes formulações que as exceções de inadimplemento e de insegurança podem receber nos diferentes direitos nacionais, todos eles, com consistência, derivam dessa mesma figura.

Os países de tradição de *common law*, sobretudo EUA e Inglaterra, embora não formulem tutelas com base específica na *exceptio non adimpleti contractus*, também contam com construções jurídicas que permitem a suspensão do cumprimento do contrato (*suspension of performance* ou *withholding performance*), apesar de não ser possível apontar uniformidade

[335] III. – 3:401: Right to withhold performance of reciprocal obligation (1) A creditor who is to perform a reciprocal obligation at the same time as, or after, the debtor performs has a right to withhold performance of the reciprocal obligation until the debtor has tendered performance or has performed. (2) A creditor who is to perform a reciprocal obligation before the debtor performs and who reasonably believes that there will be non-performance by the debtor when the debtor's performance becomes due may withhold performance of the reciprocal obligation for as long as the reasonable belief continues. However, the right to withhold performance is lost if the debtor gives an adequate assurance of due performance. (3) A creditor who withholds performance in the situation mentioned in paragraph (2) has a duty to give notice of that fact to the debtor as soon as is reasonably practicable and is liable for any loss caused to the debtor by a breach of that duty. (4) The performance which may be withheld under this Article is the whole or part of the performance as may be reasonable in the circumstances.

e unidade de tratamento acerca dos remédios que permitem tal suspensão. A suspensão da performance contratual na tradição do *common law* é remédio de menor amplitude, normalmente eclipsado por outras modalidades de *termination* e de *remedies*, e pelo fato de os sistemas tenderem a dar destaque aos *damages* como remédio jurídico diante do descumprimento, havendo menor prevalência para a tutela específica (*specific performance*)[336].

Aqui estamos a nos referir à existência de um direito de suspensão da execução contratual fundada no inadimplemento ou no risco do inadimplemento, o que não se confunde com suspensão da prestação ou direito de resolução em razão do inadimplemento antecipado, ou *anticipatory breach*. Trataremos desse tema específico e sua aproximação com a exceção de insegurança adiante neste trabalho.

A autorização da suspensão do contrato na *common law* prevê figuras de nomenclaturas difusas relacionadas à *suspension of performance*, como, por exemplo, *self-help*, *order of performance* e *lien*[337]. Porém, da mesma forma que os países de tradição de *civil law*, tais remédios, quando cabíveis, também encontram fundamento na regra de que o contratante que não cumpre a sua parte desobriga a do outro[338], ou seja, na linha daquilo que identificamos como princípio *inadimplenti non est adimplendum*, que tivemos a oportunidade de abordar anteriormente.

Assim, como breves comentários sobre a suspensão da prestação nos países dessa tradição jurídica, é possível notar que tais remédios também dependem da ideia de sinalagma, da mesma forma que os países de tradição continental, porquanto a suspensão da prestação, quando admitida, ocorre em razão de uma falha ou risco de descumprimento de uma prestação ligada por um nexo de interdependência com a prestação devida pelo devedor. Com base na ideia de interdependência, são autorizados remédios relacionados à autotutela, exercido diretamente pela parte, sem recurso à autoridade judicial ou arbitral, com caráter dilatório.

336 Sobre a eventual existência características gerais de um direito que autorize uma parte a suspender o cumprimento da sua prestação na *common law*, cf. GAGLIARDI, Rafael Villar. *Suspensão de cumprimento contratual na Convenção de Viena de 1980 sobre Contratos de Compra e Venda Internacionais de Mercadoria*, cit., pp. 430-434.

337 Idem, p. 431.

338 Idem, p. 422.

A suspensão do contrato em países que adotam sistemas de *common law*, portanto, é admissível quando as prestações são consideradas interdependentes, condições precedentes uma da outra. Contudo, a grande distinção entre os regimes dos EUA e da Inglaterra nesse ponto é que, naqueles, a bilateralidade contratual é presumida, enquanto na Inglaterra isso não ocorre[339].

Com relação ao direito de suspensão da performance do contrato, é possível afirmar que os EUA são mais abertos à admissão da figura, contando, inclusive, com previsão na UCC, adotado em sua íntegra pela maioria dos estados e territórios daquele país. Especificamente no instituto do *right to adequate assurance of performance*, previsto no § 2-609[340], nota-se um remédio muito próximo à exceção de insegurança, cabível em caso de risco de descumprimento. Segundo tal dispositivo, poderá o credor reter sua prestação desde que haja "fundamentos razoáveis de insegurança com relação à performance da outra parte".

Na Inglaterra, por outro lado, a resistência à suspensão contratual, decorrência da reticência em relação à tutela específica como remédio, assume contornos mais definidos. Sobre esse tema, Gagliardi[341] lembra de importante precedente no qual Mustill, em 1988, afirma, com base em precedente arbitral da Câmara de Comércio Internacional que "under English Law, an aggrieved party faced with a serious breach may terminate

[339] Idem, p. 433.

[340] "§ 2-609. Right to Adequate Assurance of Performance.

(1) A contract for sale imposes an obligation on each party that the other's expectation of receiving due performance will not be impaired. When reasonable grounds for insecurity arise with respect to the performance of either party the other may in writing demand adequate assurance of due performance and until he receives such assurance may if commercially reasonable suspend any performance for which he has not already received the agreed return.

(2) Between merchants the reasonableness of grounds for insecurity and the adequacy of any assurance offered shall be determined according to commercial standards.

(3) Acceptance of any improper delivery or payment does not prejudice the aggrieved party's right to demand adequate assurance of future performance.

(4) After receipt of a justified demand failure to provide within a reasonable time not exceeding thirty days such assurance of due performance as is adequate under the circumstances of the particular case is a repudiation of the contract."

[341] Cf. GAGLIARDI, Rafael Villar. *Suspensão de cumprimento contratual na Convenção de Viena de 1980 sobre Contratos de Compra e Venda Internacionais de Mercadoria*, cit., p. 431.

contract but may not suspend performance"[342]. Há também o precedente de 1992, em que a Court of Appeal afirmou que "there is not yet any established doctrine of English Law that [a creditor] may suspend performance, keeping the contract alive"[343]. Assim, os *case law* ingleses indicam a total excepcionalidade da suspensão da prestação como remédio em seu sistema jurídico, tanto no caso de risco de descumprimento como de descumprimento atual.

Isso não significa que, na Inglaterra, não haja qualquer possibilidade de suspensão da prestação contratual em caso de inadimplemento. Tem-se, por exemplo, o remédio relacionado à *order of performance*. Para que seja admitido, deve a parte contratante demonstrar a existência de obrigações independentes, concorrentes ou interdependentes, e, assim, da ordem de performance. *Grosso modo*, caso exista a ordem de performance nas prestações contratuais estabelecidas entre as partes, uma parte demandada poderá realizar um *counterclaim*, que, caso não seja atendida, será justificativa para a suspensão de sua prestação enquanto a outra parte não prestar[344].

Merece referência ainda a figura do *withholding performance*, conforme previsto no Sale of Goods Act, de 1979, em seu art. 39[345]. Trata-se de um direito conferido ao vendedor de reter a posse de suas mercadorias vendidas e ainda não entregues em caso de não pagamento do preço, em

[342] Mustill, 1988 112 fn 96; a sentença arbitral citada é a ICC n. 2.583, de 1976[1977] JDI 950.

[343] Channel Tunnel Group Ltd. Vs. Balfour Beatty Construction Ltd. [1992] 749 QB 656.

[344] Cf. GAGLIARDI, Rafael Villar. *Suspensão de cumprimento contratual na Convenção de Viena de 1980 sobre Contratos de Compra e Venda Internacionais de Mercadoria*, cit., p. 432, com base nas lições de Edwin Peel.

[345] 39 Unpaid seller's rights.
(1) Subject to this and any other Act, notwithstanding that the property in the goods may have passed to the buyer, the unpaid seller of goods, as such, has by implication of law—
(a) a lien on the goods or right to retain them for the price while he is in possession of them;
(b) in case of the insolvency of the buyer, a right of stopping the goods in transit after he has parted with the possession of them;
(c) a right of re-sale as limited by this Act.
(2) Where the property in goods has not passed to the buyer, the unpaid seller has (in addition to his other remedies) a right of withholding delivery similar to and co-extensive with his rights of lien or retention and stoppage in transit where the property has passed to the buyer.

caso de insolvência do comprador ou, ainda, na hipótese de perda de linha de crédito por parte do comprador[346]. No caso de o comprador cair em insolvência, a norma prevê expressamente que o vendedor terá o direito de paralisar o trânsito dos bens expedidos ao comprador. Na comparação com a figura da exceção de insegurança, chama a atenção a referência ao fato de o remédio ser aplicável caso o comprador caia em insolvência, de modo semelhante ao art. 1613 do Código Civil francês.

Em breve incursão e comentário sobre o direito de suspensão da prestação na *common law*, é possível, destarte, apontar que não há, efetivamente, um princípio geral que permita a suspensão contratual em caso de inadimplemento ou risco de inadimplemento, ainda que esse tipo de tutela seja admissível por meio de figuras diversas.

3.2.5. O panorama sul-americano

Trataremos brevemente abaixo do panorama do desenvolvimento da exceção de insegurança em algumas legislações sul-americanas. Não é nosso objetivo fazer um estudo comparativo ou histórico completo sobre a aplicação da exceção de insegurança nesses países, mas apenas apontar, do ponto de vista estritamente legislativo e textual, alguns dados normativos interessantes para o estudo do tema e sua contextualização no subcontinente e que, historicamente, demonstram como a figura começou a ganhar espaço e se desenvolver. Destacam-se abaixo as experiências do Chile, Equador, Colômbia, Bolívia, Venezuela, Peru, Paraguai, Uruguai e Argentina.

Em primeiro lugar, inclusive do ponto de vista cronológico, é importante mencionar a experiência do Código Civil chileno de 1855, elaborado por Andrés Bello. Tal codificação apresenta dispositivo relacionado à exceção de contrato não cumprido nos contratos bilaterais, mediante a formulação de que, em tal classe de contratos, nenhuma das partes contratantes está em mora caso deixe de cumprir o pactuado enquanto a outra não o cumpre, ou não se proponha a cumpri-lo na forma e no prazo

[346] Com base em Donald Harris, David Campbell e Roger Halson, admite-se a suspensão também com base em perda de linha de crédito pelo comprador, embora não mencionado textual na norma em questão (cf. GAGLIARDI, Rafael Villar. *Suspensão de cumprimento contratual na Convenção de Viena de 1980 sobre Contratos de Compra e Venda Internacionais de Mercadoria*, cit., p. 433).

devidos[347]. Esse dispositivo é considerado marco da exceção de contrato não cumprido no sistema jurídico chileno[348]. Todavia, no regime dos contratos bilaterais não há dispositivo equivalente relacionado ao risco de descumprimento, de modo que a exceção de insegurança, como instrumento de tutela dos contratos bilaterais, não ganhou assento legislativo no Chile naquele momento.

Por outro lado, o Código Civil chileno, seguindo a estrutura Código Civil francês, apresenta um dispositivo específico relacionado à compra e venda onde uma tutela suspensiva é conferida ao vendedor. Segundo o art. 1.826, § 3º, de tal codificação[349], se, depois de concluído o contrato, o comprador houver mudado consideravelmente de fortuna, de modo a colocar o vendedor em risco iminente de perder o preço, este poderá reter a entrega até que haja o pagamento do preço ou apresentação de garantia. É possível apontar que o Código Civil chileno, com relação ao estado do comprador, se aproxima mais do pensamento original de Pothier do que da codificação francesa em sua redação original propriamente dita, uma vez que admite a tutela dilatória em caso de "alteração de fortuna" e não de insolvência ou falência do comprador.

Segue estrutura em quase tudo idêntica ao Código Civil chileno o Código Civil equatoriano, de 1857. Ele também prevê uma estrutura de exceção de contrato não cumprido relacionada à não configuração da mora de um dos contratantes caso o outro não tenha cumprido a sua

[347] Art. 1552. En los contratos bilaterales ninguno de los contratantes está en mora dejando de cumplir lo pactado, mientras el otro no lo cumple por su parte, o no se allana a cumplirlo en la forma y tiempo debidos.

[348] Cf. GAGLIARDI, Rafael Villar. *Exceção de contrato não cumprido*, cit., p. 24.

[349] Art. 1.826. El vendedor es obligado a entregar la cosa vendida inmediatamente después del contrato o a la época prefijada en él.
Si el vendedor por hecho o culpa suya ha retardado la entrega, podrá el comprador a su arbitrio perseverar en el contrato o desistir de él, y en ambos casos con derecho para ser indemnizado de los perjuicios según las reglas generales.
Todo lo cual se entiende si el comprador ha pagado o está pronto a pagar el precio íntegro o ha estipulado pagar a plazo.
Pero si después del contrato hubiere menguado considerablemente la fortuna del comprador, de modo que el vendedor se halle en peligro inminente de perder el precio, no se podrá exigir la entrega aunque se haya estipulado plazo para el pago del precio, sino pagando, o asegurando el pago.

prestação devida na forma e tempo avençados, conforme art. 1.568[350]. A codificação não apresenta uma exceção substancial em caso de risco de descumprimento cabível aos contratos bilaterais. Todavia, admite a tutela dilatória específica ao vendedor na compra e venda a prazo caso o comprador sofra considerável alteração em sua fortuna, de modo a colocar o vendedor em risco de perda do preço, conforme art. 1.766, § 3º, do Código Civil equatoriano[351].

Seguindo a linha do Código Civil chileno está o Código Civil colombiano, de 1887, ainda em vigor, também elaborado por Andrés Bello. Tal codificação, do mesmo modo, prevê um regime jurídico para os contratos bilaterais cujo texto admite a exceção de contrato não cumprido, na medida em que nenhum dos contratantes será considerado moroso enquanto o outro contratante não tenha adimplido sua prestação na forma e tempo avençados, conforme art. 1.609[352]. Porém, a legislação não traz uma defesa equivalente, cabível aos contratos bilaterais em geral, para o caso do risco de inadimplemento qualificado. O Código Civil colombiano, todavia, repete o esquema francês e o chileno de prever tutela dilatória específica para o risco de descumprimento do comprador nos contratos de compra e venda a prazo, conforme art. 1.882, § 3º[353].

[350] Art. 1.568. En los contratos bilaterales ninguno de los contratantes está en mora, dejando de cumplir lo pactado, mientras el otro no lo cumple por su parte, o no se allana a cumplirlo en la forma y tiempo debidos.

[351] Art. 1766. El vendedor está obligado a entregar la cosa vendida inmediatamente después del contrato, o a la época prefijada en él.
Si el vendedor, por hecho o culpa suya, ha retardado la entrega, podrá el comprador, a su arbitrio, perseverar en el contrato o desistir de él; y en ambos casos, con derecho para ser indemnizado de los perjuicios, según las reglas generales.
Todo lo cual se entiende si el comprador ha pagado o está pronto a pagar el precio íntegro, o si ha estipulado pagar a plazo.
Pero si después del contrato hubiere menguado considerablemente la fortuna del comprador, de modo que el vendedor se halle en peligro inminente de perder el precio, no se podrá exigir la entrega, aunque se haya estipulado plazo para el pago del precio, sino pagando o asegurando el pago.

[352] Artículo 1609. <MORA EN LOS CONTRATOS BILATERALES>. En los contratos bilaterales ninguno de los contratantes está en mora dejando de cumplir lo pactado, mientras el otro no lo cumpla por su parte, o no se allana a cumplirlo en la forma y tiempo debidos.

[353] Artículo 1882. <TIEMPO DE ENTREGA Y RETARDO>. El vendedor es obligado a entregar la cosa vendida inmediatamente después del contrato, o a la época prefijada en él.

O autor colombiano Carlos Alberto Chinchilla Imbett denomina a exceção de insegurança "*excepción de incumplimiento previsible*", e, embora no sistema jurídico colombiano ela ainda esteja somente prevista como tutela específica nos contratos de compra e venda, ainda assim é possível apontar sua autonomia e diferença operativa em relação à exceção de contrato não cumprido[354].

A estrutura das codificações chilena e colombiana também é seguida pelo Código Civil da Venezuela, em sua versão de 1982. A codificação civil venezuelana igualmente determina um regime jurídico para os contratos bilaterais[355], prevendo expressamente a exceção de contrato não cumprido, admitindo que cada um dos contratantes pode se negar a executar a sua prestação enquanto o outro não executa a sua, a menos que tenham fixado datas distintas para a execução das prestações, conforme art. 1.168[356]. Não apresenta, todavia, a exceção de insegurança como um

Si el vendedor, por hecho o culpa suya, ha retardado la entrega, podrá el comprador, a su arbitrio, perseverar en el contrato o desistir de él y en ambos casos con derecho para ser indemnizado de los perjuicios según las reglas generales.
Todo lo cual se entiende si el comprador ha pagado o está pronto a pagar el precio íntegro o há estipulado pagar a plazo.
Pero si después del contrato hubiere menguado considerablemente la fortuna del comprador, de modo que el vendedor se halle en peligro inminente de perder el precio, no se podrá exigir la entrega aunque se haya estipulado plazo para el pago del precio, sino pagando o asegurando el pago.

[354] "En fin, tales diferencias permiten excluir que la excepción de incumplimiento previsible sea considerada como un instituto dependiente e sobrepuesto de la excepción de incumplimiento. Son dos remédios sinalagmáticos que tienen como núcleo esencial la protección del sinalagma del contrato, que derivan del principio de la buena fe, y específicamente de la regla de la correcta ejecución de las prestaciones de los contratos sinalagmáticos, todo lo cual no autoriza la completa asimilación, pues los presupuestos para la aplicación son completamente diferentes para ambas excepciones: en una la actuación de la relación negocial se encuentra ya comprometida, en la otra la falta de actuación de la relación negocial es sólo eventual, pero amenaza gravemente la satisfacción del interés del acreedor" (IMBETT, Carlos Alberto Chinchillac. *La excepción de incumplimiento contractual*: estructura, función y límites. Bogotá: Universidad Externado de Colombia, 2017, p. 221)

[355] Artículo 1.134. El contrato es unilateral, cuando una sola de las partes se obliga; y bilateral, cuando se obligan recíprocamente.

[356] Artículo 1.168. En los contratos bilaterales, cada contratante puede negarse a ejecutar su obligación si el otro no ejecuta la suya, a menos que se hayan fijado fechas diferentes para la ejecución de las dos obligaciones.

remédio geral cabível aos contratos bilaterais. A tutela suspensiva em caso de risco de descumprimento é prevista especificamente em favor do vendedor na compra e venda a prazo. Segundo o art. 1.493, parágrafo segundo[357], o vendedor pode suspender a entrega do bem na compra e venda a prazo caso depois da venda o comprador fique insolvente ou caia em "*estado de quiebra*", de modo a colocar o vendedor em risco iminente da perda do preço, podendo o comprador dar caução para eliminar os efeitos dessa suspensão. Vemos, assim, que, do ponto de vista textual, o diploma venezuelano se aproxima bastante do modelo do Código Civil francês, em sua estrutura original.

O Código Civil boliviano, de 1975, segue uma estrutura parecida com os códigos mencionados anteriormente, embora apresente maior clareza, especificamente, sobre a exceção de contrato não cumprido. O art. 573[358] do referido Código, que apresenta expressamente a subtitulação de "*excepción del incumplimiento del contrato*", dividido em duas alíneas, prevê que, em contratos com prestações recíprocas, qualquer das partes poderá se negar a cumprir sua obrigação se a outra não cumpre ou não oferece cumprimento ao mesmo tempo, a menos que se tenha convencionado prazo distinto para as prestações ou a própria natureza do contrato determine diferentes prazos para o cumprimento.

A segunda alínea do art. 573 determina expressamente a aplicabilidade da exceção para caso de incumprimento parcial da prestação, a menos que tal negativa, a depender das circunstâncias, seja contrária à boa-fé. Aqui também se destaca a previsão expressa do direito à suspensão, e não

[357] Artículo 1.493. El vendedor que no ha acordado plazo para el pago no está obligado a entregar la cosa si el comprador no paga el precio.
Tampoco está obligado a hacer la entrega, aun cuando haya acordado plazo para el pago del precio, si después de la venta el comprador se hace insolvente o cae en estado de quiebra, de suerte que el vendedor se encuentre en peligro inminente de perder el precio, a menos que se dé caución de pagar en el plazo convenido.

[358] Artículo 573. (EXCEPCIÓN DEL INCUMPLIMIENTO DE CONTRATO).
I. En los contratos de prestaciones recíprocas cualquiera de las partes podrá negarse a cumplir su obligación si la otra no cumple o no ofrece cumplir al mismo tiempo la suya, a menos que se hubiera convenido otra cosa o de la naturaleza del contrato resultaren términos diferentes para el cumplimiento.
II. La excepción de incumplimiento también podrá oponerse cuando el otro contratante ha cumplido sólo parcialmente su obligación; pero no podrá oponérsela y se deberá cumplir la prestación si, teniendo en cuenta las circunstancias, la negativa fuera contraria a la buena fe.

à mera impossibilidade da cobrança. Todavia, nesse Código ainda não há a previsão expressa da exceção de insegurança aplicável aos contratos com prestações recíprocas. Seguindo aquela linha que encontra suas raízes nos primeiros desenvolvimentos da exceção de insegurança no século XIX, a codificação confere ao vendedor, ao regular os contratos típicos de compra e venda, o remédio da suspensão da entrega do bem. Utilizando a rubrica "negativa legítima de entrega", a codificação, em seu art. 623[359], permite ao vendedor suspender a entrega caso, depois da venda, o comprador fique insolvente, a menos que apresente fiança como garantia do pagamento no prazo combinado.

O Código Civil peruano, de 1984, por sua vez, apresenta uma estrutura mais contemporânea sobre a exceção de contrato não cumprido e sobre a exceção de insegurança. Tal Código, em título dedicado aos contratos com prestações recíprocas, apresenta norma expressa sobre exceção cabível em caso de descumprimento da prestação, determinando, em seu art. 1.426[360], que, nos contratos com prestações recíprocas que devem ser cumpridas simultaneamente, cada parte tem o direito de suspender o cumprimento de sua prestação, até que a outra satisfaça a contraprestação ou garanta seu cumprimento.

Em suma, três pontos merecem atenção nessa formulação. O primeiro é a não utilização do conceito de "contratos bilaterais", preferindo o legislador fazer referência à fórmula decomposta das "prestações recíprocas que devem ser cumpridas simultaneamente". Em segundo lugar, o texto do Código peruano destaca claramente o direito de suspensão da prestação, alinhando-se com aquela corrente legislativa que prevê, expressamente, a exceção substancial em favor do demandado, ao invés de

[359] Artículo 623. (NEGATIVA LEGÍTIMA DE ENTREGA).
I. El vendedor no está obligado a entregar la cosa si el comprador, sin tener un plazo, no le ha pagado el precio.
II. Si después de la venta se establece que el comprador es insolvente, el vendedor, que está en peligro de perder el precio, tampoco estará obligado a la entrega aún cuando hubiera concedido plazo para el pago, excepto si el comprador da fianza para pagar al vencimiento del plazo.

[360] Incumplimiento – Artículo 1426. En los contratos con prestaciones recíprocas en que éstas deben cumplirse simultáneamente, cada parte tiene derecho de suspender el cumplimiento de la prestación a su cargo, hasta que se satisfaga la contraprestación o se garantice su cumplimiento.

trazer uma norma que proíbe o demandante de buscar sua prestação caso ele mesmo não tenha apresentado prova ou ter alegado seu cumprimento. Em terceiro lugar, a estrutura peruana da exceção de contrato não cumprido comporta textualmente a apresentação de garantia pelo excepto, ao invés do efetivo cumprimento.

A exceção de inseguridade, por seu turno, pode ser vislumbrada no art. 1.427 do Código Civil peruano[361]. Segundo tal dispositivo, se, depois de concluído um contrato com prestações recíprocas, sobrevier o risco de que a parte que deverá cumprir em segundo lugar não possa executar sua prestação, a parte que deve prestar em primeiro lugar pode suspender a execução da sua prestação até que a outra parte adiante sua prestação ou apresente garantia.

Do ponto de vista textual, é extremamente interessante notar a escolha do legislador peruano ao formular, pelo menos do ponto de vista literal, os pressupostos da exceção de insegurança sem a referência à redução patrimonial do excepto com nexo causal no risco do inadimplemento, preferindo somente fazer referência ao risco de descumprimento. Trata-se de um pressuposto aberto e que, a rigor, permitiria inserção de fatos que não se relacionam especificamente com o patrimônio do excepto, privilegiando a proteção do crédito do excipiente[362]. Todavia, parte da doutrina peruana propõe uma leitura mais aproximada às experiências de outras legislações nacionais, sobretudo o exemplo do Código Civil italiano, no sentido de que a exceção de insegurança

[361] Caducidad del plazo – Artículo 1427. Si después de concluido un contrato con prestaciones recíprocas sobreviniese el riesgo de que la parte que debe cumplir en segundo lugar no pueda hacerlo, la que debe efectuar la prestación en primer lugar puede suspender su ejecución, hasta que aquélla satisfaga la que le concierne o garantice su cumplimiento.

[362] Ver, por exemplo, a seguinte circunstância hipotética narrada por Oreste Mendoza: "En relación a ello, se puede indicar que ese estado de riesgo de incumplimiento abarca tanto un detrimento patrimonial como cualquier situación que ponga en peligro la ejecución del contrato, por ejemplo que en una locación de servicios profesionales el profesional que debe asistir al paciente que deba pagar antes de la prestación, asume diversos compromisos que afectarían su disponibilidad al momento que tenga que ejecutar su prestación de servicios profesionales" (MENDOZA, Oreste Gherson Roca. La "excepción de incumplimiento" y la llamada "excepción de caducidad del plazo" como instrumentos de autotutela contractual, In: CARRASCO, Manuel. A. Torres. *Los contratos*: consecuencias jurídicas de su incumplimiento. Lima: Gaceta Jurídica, 2013, p. 353).

deve ser oposta mediante uma análise do desenvolvimento patrimonial do excepto[363].

Apesar de o art. 1.427 do Código Civil peruano estar apresentado textualmente como "*caducidad del plazo*", tanto a estrutura quanto o âmbito operativo do remédio previsto na norma permitem identificar o remédio como uma "*excepción de peligro de cumplimiento*" e não como uma norma que diz respeito à perda do benefício do prazo, uma vez que a situação descrita no dispositivo não torna as prestações exigíveis no mesmo momento, mas, na verdade, permite a suspensão da prestação do excipiente até que o excepto efetivamente preste ou apresente garantia[364].

O Código Civil paraguaio, de 1985, também possui dispositivo referente à exceção de insegurança. O art. 720 do Código Civil paraguaio, em redação bastante parecida com a empregada pelos Códigos Civis brasileiros de 1916 e 2002[365], determina que, se depois de concluído o contrato sobrevier a uma das partes diminuição do seu patrimônio capaz de comprometer ou tornar duvidoso o cumprimento da prestação à qual se obrigou, pode a parte a quem incumbe fazer a prestação em primeiro

[363] "El impedimento para incumplir la prestación basado en la disminución del patrimonio no ha sido ni podía ser cuantificado por el Código. Se trata, en suma, de una cuestión de hecho que tendrá que ser resuelta por el juez que conozca la causa. Si bien es verdad, por otro lado, que el desmejoramiento de fortuna ordinariamente se presenta respecto de prestaciones relacionadas con pago de sumas de dinero, no puede descartarse que opere también cuando la prestación esté proyectada a bienes o servicios, pues estos pueden transformarse en efectos de naturaleza pecuniaria" (ARIAS-SCHREIBER PEZET, Max. *Exégesis del Código Civil peruano de 1984*: contratos. Parte general. Lima: Gaceta Jurídica, 2011, t. 1, p. 194).

[364] "Asimismo, dicho remedio tiene más afinidad a la 'excepción de peligro de cumplimiento' en la cual otorga a la parte perjudicada la facultad de suspender su prestación, que en la 'caducidad del término' que otorga la facultad de exigir la prestación dejando de lada el plazo convenido, además que el primero permite dar garantía idónea dada la precariedad de la situación que viene a ser compensada automáticamente por esa prestación, aunque a ambas le conceden importancia al cambio de las condiciones patrimoniales del deudor" (MENDOZA, Oreste Gherson Roca. Op. cit., p. 352).

[365] A correspondência entre o art. 720 do Código Civil paraguaio e o art. 477 do Código Civil brasileiro é também apontada por Renan Lotufo (LOTUFO, Renan. *Comentários ao Código Civil*: contratos em geral até doação (arts. 421 a 564). São Paulo: Saraiva, 2016. v. 3, t. 1, p. 142).

lugar negar seu cumprimento até que a outra satisfaça sua prestação ou apresente garantia bastante[366].

O Código Civil uruguaio, em sua versão de 1995, ainda apresenta a estrutura original da codificação elaborada no século XIX, sendo uma das codificações sul-americanas que não apresenta uma regulação expressa da exceção de contrato não cumprido, à semelhança do que ocorria com o *Code* em sua versão original. A codificação uruguaia, todavia, prevê dispositivo expresso admitindo a cláusula resolutiva tácita nos contratos bilaterais ou sinalagmáticos, conforme art. 1.431[367]. Dessa forma, também de modo semelhante à evolução francesa, jurisprudência e doutrina uruguaias admitiram a existência e a aplicação da exceção de contrato não cumprido naquele sistema[368]. A exceção de insegurança tampouco é admitida expressamente pela legislação uruguaia como um remédio cabível aos contratos bilaterais. Está prevista na legislação a tutela específica do vendedor nos contratos de compra e venda a prazo, caso depois da venda o comprador caia em estado de insolvência ou tenha seus interesses comprometidos de forma a colocar o vendedor em risco de perder o preço, conforme art. 1.688, § 3º[369].

[366] Art.720. Si después de concluido el contrato sobreviniere a una de las partes disminución en su patrimônio capaz de comprometer o tornar dudoso el cumplimiento de la prestación a la cual se obligó, puede la parte a quien incumbe cumplir la suya en primer lugar, negarse a ésta hasta que el otro satisfaga la que le compete o dé garantía bastante.

[367] 1431. La condición resolutoria se entiende implícitamente comprendida en todos los contratos bilaterales o sinalagmáticos, para el caso en que una de las partes no cumpla su compromiso.

En tal caso el contrato no se resuelve ipso jure como cuando se ha pactado la condición resolutoria. La parte a quien se ha faltado puede optar entre obligar a la otra a la ejecución de la convención, cuando es posible o pedir la resolución con daños y perjuicios. La resolución debe reclamarse judicialmente y según las circunstancias, pueden los tribunales conceder un plazo al demandado (artículo 1.740).

[368] Cf. GAMARRA, Jorge. *Tratado de derecho civil uruguayo*. Montevideo: FCU, 2006, t. XVIII, v. 2, p. 107.

[369] Artículo 1688. El vendedor debe entregar la cosa vendida inmediatamente después del contrato o a la época prefijada en él.

Si por hecho o culpa suya ha retardado la entrega, podrá el comprador a su arbitrio pedir el cumplimiento o la resolución del contrato y em ambos casos con derecho para ser indemnizado de los daños y perjuicios según las reglas generales.

Todo lo cual se entiende si el comprador ha pagado o está pronto a pagar el precio o estipulado pagar a plazo.

De especial importância é a experiência argentina sobre a exceção de insegurança. Seu antigo Código Civil, de 1869, elaborado por Vélez Sarsfield com base no Esboço de Teixeira de Freitas, trazia regra sobre contratos bilaterais, de modo que, em tais contratos, uma das partes não poderia demandar o cumprimento da prestação se não provasse o cumprimento de sua prestação ou oferecesse o cumprimento, a menos que sua obrigação fosse a prazo[370]. Essa redação, praticamente uma tradução do art. 1.955 do Esboço de Teixeira de Freitas sobre os contratos bilaterais, conforme analisaremos adiante neste trabalho, tinha o inconveniente de dar ensejo à discussão sobre a natureza do remédio positivado, ou seja, se o código efetivamente previa uma exceção de contrato não cumprido própria, ou se, por outro lado, era caso se de cogitar de um pressuposto da ação do demandante contra o demandado.

Ao dispor dessa forma sobre os contratos bilaterais, o Código Civil argentino tomou posição pioneira na época em relação à exceção de contrato não cumprido, especificamente. Apesar das dificuldades trazidas pelo dado normativo, doutrina e jurisprudência argentinas caminharam no sentido de reconhecer, a partir daquele dispositivo, a existência de uma exceção de contrato não cumprido em sentido estrito, por ser essa a interpretação mais coerente com as regras de boa-fé no ordenamento jurídico daquele país[371].

Com relação especificamente à exceção de insegurança, não havia, naquela codificação, a previsão de uma tutela dilatória em caráter abstrato, cabível aos contratos bilaterais, em caso de risco de descumprimento. Todavia, seguindo linha muitíssimo parecida com a do Código Civil francês, o Código Civil argentino de 1869 previu exceções substanciais específicas para a compra e venda, também em dois dispositivos, nomeadamente os

Pero si después del contrato se hallare el comprador en estado de insolvencia o estuvieren sus intereses comprometidos de tal manera que el vendedor corra riesgo inminente de perder el precio, no se podrá exigir la entrega, aunque se haya estipulado plazo para el pago de aquél, sino afianzando pagar al vencimiento del plazo. (Artículo 1735).

[370] Art. 1.201. En los contratos bilaterales una de las partes no podrá demandar su cumplimiento, si no probase haberlo ella cumplido u ofreciese cumplirlo, o que su obligación es a plazo.

[371] MASNATTA, Hector. Op. cit., p. 29; GASTALDI, José María; CENTANARO, Esteban. Op. cit., p. 126.

arts. 1.418[372] e 1.419[373]. Nesse ponto o Código argentino trilhou caminho diferente da estrutura de remédios prevista no Esboço de Teixeira de Freitas. No primeiro dispositivo, a norma está construída como um direito do vendedor, que não estará obrigado a entregar a coisa se, vendida, o comprador não pagar o preço. No dispositivo seguinte, temos claramente a tutela suspensiva diante do risco de descumprimento. Segundo o texto, o vendedor não está obrigado a entregar a coisa se, nas situações em que houver conferido um prazo para o pagamento, depois da venda, o comprador entre em estado de insolvência, a menos que dê garantia de pagar no prazo.

O panorama da exceção de insegurança na Argentina, porém, sofreu relevante reformulação com o novo Código Civil e Comercial de 2014. A nova codificação não mais prevê regra específica sobre exceções substanciais no contrato de compra e venda[374] e passa a prever, como remédio abstrato cabível aos contratos bilaterais, exceções substanciais identificáveis com a exceção de contrato não cumprido e a exceção de insegurança, respectivamente. Em uma sessão sobre "suspensão de cumprimento e força maior", o novo Código, em seu art. 1.031[375], estabelece que nos contratos bilaterais, quando as partes devem cumprir simultaneamente, uma delas pode suspender o cumprimento da sua prestação, até que a outra cumpra ou se ofereça a cumprir. Se a prestação for a favor de vários interessados, continua o dispositivo, poderá a parte suspender a prestação devida a cada um até a execução completa da contraprestação. Vemos, portanto, claramente o abandono da técnica redacional do Código Civil

[372] Art. 1.418. El vendedor no está obligado a entregar la cosa vendida si el comprador no le hubiese pagado el precio.

[373] Art. 1.419. Tampoco está obligado a entregar la cosa, cuando hubiese concedido un término para el pago, si después de la venta el comprador se halla en estado de insolvencia, salvo si afianzase de pagar en el plazo convenido.

[374] Vale apontar que alguns códigos, como é o caso do Código Civil brasileiro de 2002, optaram por manter as tutelas dilatórias específicas para os contratos típicos ao lado da previsão geral da exceção de insegurança para os contratos bilaterais.

[375] Artículo 1031. Suspensión del cumplimiento. En los contratos bilaterales, cuando las partes deben cumplir simultáneamente, una de ellas puede suspender el cumplimiento de la prestación, hasta que la otra cumpla u ofrezca cumplir. La suspensión puede ser deducida judicialmente como acción o como excepción. Si la prestación es a favor de varios interesados, puede suspenderse la parte debida a cada uno hasta la ejecución completa de la contraprestación.

de 1869 sobre o contrato bilateral, ficando clara, na nova legislação, a natureza de contradireito em favor do devedor.

Em seguida, o art. 1.032[376] prevê a "tutela suspensiva" que autoriza a parte a suspender o cumprimento de sua prestação, se seus direitos sofrerem uma grave ameaça de dano em razão de a contraparte ter sofrido um menoscabo significativo em sua aptidão de cumprir ou em sua solvência. Temos aqui uma exceção de insegurança de caráter amplo, baseada em critérios relacionados ao patrimônio da contraparte e na avaliação sobre a aptidão de uma parte cumprir sua prestação. Há também maior amplitude sobre o objeto jurídico tutelado, uma vez que não se refere somente à perda do preço ou inadimplemento, mas, sim, grave ameaça de dano. Dessa forma, do ponto de vista textual, o legislador argentino optou por um modelo mais aproximado da experiência da CISG ou do BGB pós-reforma de 2002.

3.3. O desenvolvimento histórico da exceção de insegurança na perspectiva nacional

3.3.1. Pré-codificação: a tutela dilatória na compra e venda

No período anterior às codificações brasileiras do século XX, o sistema jurídico nacional não previa uma tutela suspensiva em abstrato, cabível aos contratos bilaterais, que permitisse que a prestação devida por uma parte fosse suspensa diante do risco objetivo de inadimplemento da outra parte em um contrato com prestações diferidas. Todavia, à semelhança do panorama europeu, a previsão de tutelas dilatórias específicas para certos tipos contratuais não era estranha à cultura jurídica brasileira.

Como primeiro ponto, tendo respeito à ordem cronológica das tutelas jurídicas que, em linha evolutiva, convergiram para a atual formatação da exceção de insegurança entre nós, merece menção o texto das Ordenações Filipinas. A Lei de 20 de outubro de 1823, em seu art. 1º, decretou que continuavam em vigor no Brasil as Ordenações, as Leis, Regimentos,

[376] Artículo 1032. Tutela preventiva. Una parte puede suspender su propio cumplimiento si sus derechos sufriesen una grave amenaza de daño porque la otra parte ha sufrido un menoscabo significativo en su aptitud para cumplir, o en su solvencia. La suspensión queda sin efecto cuando la otra parte cumple o da seguridades suficientes de que el cumplimiento será realizado.

Alvarás, Decretos e Resoluções promulgadas pelos Reis de Portugal até o dia 25 de abril de 1821[377]. As Ordenações Filipinas, especificamente, embora ainda muito distante de consagrar uma proteção dilatória abstrata aos contratos bilaterais em razão do risco de inadimplemento qualificado, previa, em seu l. 4, tít. 5 ("do comprador, que não pagou o preço ao tempo, que devia, por a causa não ser do vendedor")[378], tutela específica para a compra a venda em que o vendedor é exposto ao risco de descumprimento pelo comprador, isto é, ao não pagamento do preço, e, também, para o

[377] "Declara em vigor a legislação pela qual se regia o Brazil até 25 de Abril de 1821 e bem assim as leis promulgadas pelo Senhor D. Pedro, como Regente e Imperador daquella data em diante, e os decretos das Cortes Portuguezas que são especificados. (...) Art. 1º As Ordenações, Leis, Regimentos, Alvarás, Decretos, e Resoluções promulgadas pelos Reis de Portugal, e pelas quaes o Brazil se governava até o dia 25 de Abril de 1821, em que Sua Magestade Fidelissima, actual Rei de Portugal, e Algarves, se ausentou desta Côrte; e todas as que foram promulgadas daquella data em diante pelo Senhor D. Pedro de Alcantara, como Regente do Brazil, em quanto Reino, e como Imperador Constitucional delle, desde que se erigiu em Imperio, ficam em inteiro vigor na pare, em que não tiverem sido revogadas, para por ellas se regularem os negocios do interior deste Imperio, emquanto se não organizar um novo Codigo, ou não forem especialmente alteradas."

[378] Eis o texto integral da mencionada regra em sua grafia original: "Se o comprador fôr entregue da cousa que comprou, e antes de pagar o preço ao vendedor, lhe for dito, que a cousa nâo he do vendedor, não será obrigado a lhe pagar o preço; e se lhe já tiver pago parle delle, não será obrigado a lho acabar de pagar, até que o vendedor lhe dê bons fiadores leigos e abonados, que sendo-lhe a cousa vencida, lhe componham o vencimento della.
Porém, se o vendedor tiver tantos bens de raiz desembargados, que bastem para inteiramente cumprir o vencimento da cousa, sendo vencida, não será obrigado dar fiança, pois tem bens, per que componha o vencimento della. 1. E por quanto, tanto que a compra e venda for acabada per consentimento das partes, deve o vendedor entregar primeiro a cousa vendida ao comprador e depois o comprador lhe deve logo pagar o preço, se o vendedor recuzar entregar primeiro a cousa vendida ao comprador, receando de não poder delle haver o preço, e o comprador não confiar do vendedor, duvidando haver delle a cousa comprada, sem lhe primeiro pagar o preço. Mandamos, que a cousa vendida e o preço sejam entregues em mão de homem fiel, o qual tanto que de tudo fór entregue, faça as partes contentes, dando ao vendedor o preço, e ao comprador a cousa; e tanto que o comprador fór entregue da cousa comprada, e pagar o preço ao vendedor, ou offerecer, logo he feito della senhor; e não pagando, nem offerecendo logo o comprador o preço ao vendedor, poderá o vendedor cobrar delle a cousa, quando quizer, como sua; salvo se ao tempo do contracto entre elles feito, ou ao tempo da entrega da cousa vendida, o vendedor se houve por pago do preço, porque então será o comprador feito senhor della, como se o tivesse pago, ou offerecido ao vendedor" (ALMEIDA, Cândido Mendes de. Op. cit., p. 782-783).

caso de o comprador se ver exposto ao risco do não recebimento da coisa comprada. Isso ocorre no contexto em que tal dispositivo estabelecia uma ordem específica nas prestações de compra e venda: uma vez concluída a compra e venda por consentimento das partes, deveria o vendedor entregar primeiro a coisa vendida ao comprador que, posteriormente, lhe pagaria o preço, conforme Ord. l. 4, tit. 2[379]. Se o vendedor entregasse a coisa, mas o preço não fosse pago, reputava-se a entrega como não tendo sido feita[380]. A existência de ordem nas prestações fez com que fosse dificultado o reconhecimento da exceção de contrato não cumprido naquele sistema. Como aponta José A. Cesar, "os dois preceitos citados das Ordenações [Ord. l. 4, t. 2 e Ord. l. 4, t. 5] excluem, portanto, a aplicação ao comprador da *exceptio non adimpleti contractus*, a qual, com já vimos, conduz à execução simultânea"[381].

Dentro dessa estrutura, as Ordenações Filipinas estabeleciam o direito de recusa tanto ao vendedor quanto ao comprador, diante, respectivamente, do receio do vendedor de não receber o preço quanto o do comprador de não receber a mercadoria, ou, como também aponta José A. Cesar, "quando há dúvida entre comprador e vendedor"[382]. A existência desses direitos de recusa no âmbito do contrato de compra e venda justifica posições que reconhecem, já nas Ordenações Filipinas, uma tutela jurídica semelhante à exceção de insegurança[383]. Todavia, a formulação era ainda muito precária e imprecisa, ficando aquém, por exemplo, das formulações estabelecidas já no Código Civil francês do início do século XIX, nas tutelas suspensivas específicas para a compra e venda.

[379] Ord. l. 4, tit. 2: "Fazendo-se compra e venda de alguma certa cousa por certo preço, depois que o contracto he acordado e firmado pelas partes, não se póde mais alguma dellas arrepender sem consentimento da outra. Porque, tanto que o comprador e o vendedor são acordados na compra e venda de alguma certa cousa por certo preço, logo es e contracto he perfeito e acabado, em tanto que dando, ou offerecendo o comprador ao vendedor o dito preço, que seja seu, será elle obrigado de lhe entregar a cousa vendida, se for em seu poder; e se em seu poder não for, pagar-lhe-ha todo o interesse, que lhe pertencer, assi por respeito do ganho, como por respeito da perda".

[380] Cf. SERPA LOPES, Miguel Maria de. Op. cit., p. 156.

[381] CESAR, José A. Op. cit., p. 50.

[382] Idem.

[383] Cf. BIAZI, João Pedro de Oliveira de. *A exceção de contrato não cumprido no direito privado brasileiro*, cit., p. 76.

Destaca-se entre nós, entretanto, o pioneirismo do texto do Código Comercial de 1850[384] que, no título dedicado à compra e venda mercantil, determinava a possibilidade de suspensão da prestação conforme formulações estabelecidas nos arts. 197[385] e 198[386]. Segundo o art. 197, logo que a venda era considerada perfeita, i.e., quando houvesse entre comprador e vendedor acordo sobre a coisa, preço e condições[387], o vendedor ficaria obrigado a entregar ao comprador a coisa vendida no prazo e pelo modo estipulado pelo contrato. O art. 198, por sua vez, previa a isenção da obrigação ao vendedor em entregar a coisa antes de efetuado o pagamento do preço, se, entre o ato da venda e o da entrega, o comprador mudasse "notoriamente de estado" e não prestasse fiança idônea aos pagamentos nos prazos convencionados.

É importante lembrar que, no âmbito do Código Comercial de 1850, um contrato de compra e venda mercantil em que não fosse estabelecido um prazo certo de cumprimento seria exequível após dez dias de sua celebração, a rigor de seu art. 137[388]. Dessa forma, diante dessa estrutura, como a simultaneidade não era regra[389], não poderia o contratante exigir a

[384] Haroldo Valladão aponta que o Código Comercial de 1850 pode ser considerado a primeira legislação efetivamente original da América Latina (VALLADÃO, Haroldo. *História do direito especialmente do direito brasileiro.* 3. ed. Rio de Janeiro: Freitas Bastos, 1977, p. 130-131).

[385] Art. 197 – Logo que a venda é perfeita (artigo n. 191), o vendedor fica obrigado a entregar ao comprador a coisa vendida no prazo, e pelo modo estipulado no contrato; pena de responder pelas perdas e danos que da sua falta resultarem.

[386] Art. 198 – Não procede, porém, a obrigação da entrega da coisa vendida antes de efetuado o pagamento do preço, se, entre o ato da venda e o da entrega, e comprador mudar notoriamente de estado, e não prestar fiança idônea aos pagamentos nos prazos convencionados.

[387] Art. 191 – O contrato de compra e venda mercantil é perfeito e acabado logo que o comprador e o vendedor se acordam na coisa, no preço e nas condições; e desde esse momento nenhuma das partes pode arrepender-se sem consentimento da outra, ainda que a coisa se não ache entregue nem o preço pago. Fica entendido que nas vendas condicionais não se reputa o contrato perfeito senão depois de verificada a condição (artigo n. 127).

[388] "Art. 137. Toda a obrigação mercantil que não tiver prazo certo estipulado pelas partes, ou marcado neste Código, será exequível dez dias depois da sua data." Vale apontar que essa regra do Código Comercial de 1850 foi superada posteriormente pelo art. 127 do Código Civil de 1916, que retornou à regra de exigibilidade simultânea das prestações.

[389] "Como se depreende, não há aqui margem para o *Zug um Zug*, de início, porquanto as duas obrigações não são exigíveis ao mesmo tempo, mas sim cabe ao vendedor iniciar o cumprimento da que lhe incumbe para depois se tornar exigível, salvo em havendo mudança notória de estado, em relação ao comprador, caso em que cabe ao vendedor uma exceptio, se o comprador

prestação antes de seu vencimento, mas poderia lançar mão dos remédios preventivos, desde que seus pressupostos estivessem preenchidos.

Muito embora tais dispositivos tivessem escopo restrito, é interessante notar a escolha dos termos empregados pelo legislador. À época, o Código Civil francês continha o já analisado art. 1.613, que, todavia, utilizava termos mais estritos para descrever a situação patrimonial do comprador que daria ensejo a suspensão (*faillite* e *état de déconfiture*), enquanto o Código Comercial de 1850 fazia referência tão somente à mudança notória de estado[390].

É possível, nesse ponto, apontar que o Código Comercial de 1850, destarte, acabou se aproximando, pelo menos no âmbito textual, mais do pensamento original de Pothier sobre a disciplina da compra e venda, que não fazia uma determinação específica sobre qual categoria jurídica de deterioração patrimonial que o vendedor deveria experimentar, havendo somente referência à sua mudança notória de estado, do que do texto do Código Civil francês.

Também merece destaque a ausência expressa da menção, na legislação brasileira, do nexo entre a mudança de estado e eventual perigo de "perda do preço" (conforme previsto na legislação francesa) ou outra forma de

não prestar fiança idônea aos pagamentos nos prazos convencionados. Acreditamos, porém, que a regra do art. 198 supracitado só tem aplicação nos contratos de compra e venda de execução continuada e não nos contratos de compra e venda à vista" (SERPA LOPES, Miguel Maria de. Op. cit., p. 160).

[390] Há interessante passagem da obra de Pontes de Miranda em que o autor, ao comparar o art. 1.131 do Código Civil de 1916 com o art. 198 do Código Comercial, além de tentar marcar o conteúdo exato do pressuposto dos dois remédios, acaba contradizendo parcialmente seu pensamento em relação aos efeitos de tais figuras, sobretudo aqueles vistos no tomo XXVI do seu *Tratado de direito privado*, equiparando-as a um direito de retenção. Eis o trecho: "Se ocorre insolvência do comprador, o vendedor pode sobrestar a entrega do bem, até que o comprador lhe dê caução de pagar no tempo ajustado (Código Civil, art. 1.131). Cf. Código Comercial, art. 198, onde "mudar notoriamente de estado" está em vez de ficar insolvente. Não é de mister que tenha havido decretação de abertura de concurso de credores civil, ou de abertura da falência, ou de liquidação coativa. Por exemplo: concordata preventiva, protesto de títulos cambiários ou cambiariformes, em circunstâncias tais que componham a figura de insolvência. O caso é de direito de retenção. Não há nenhuma contradição entre a regra jurídica do art. 198 do Código Comercial com a regra jurídica do art. 191, pois não há qualquer arrependimento do vendedor" (PONTES DE MIRANDA, Francisco Cavalcanti. *Tratado de direito privado*: parte especial. 2. ed. Rio de Janeiro: Borsoi, 1972, t. XXXIX).

referência ao descumprimento da prestação pelo comprador, como hoje existe, por exemplo, no art. 477 do Código Civil de 2002. De toda forma, o sentido da norma era construído de modo que esse nexo poderia ser subentendido. Conforme aponta Waldemar Ferreira, o art. 198 do Código Comercial de 1850 apresentava uma "providência assecuratória do risco de crédito, em face daquela situação anômala, mas notória e atual"[391].

Vale apontar ainda sobre o art. 198 do Código Comercial de 1850 a possibilidade de que a tutela suspensiva do vendedor fosse eliminada pelo comprador caso este oferecesse "fiança idônea aos pagamentos nos prazos convencionados".

Temos, então, de modo bastante evidente, um dispositivo nacional no século XIX que, apesar de seu âmbito ainda restrito, determina com nitidez os elementos nodais da atual exceção de insegurança.

Ainda no panorama brasileiro pré-codificações civis, vale a pena destacar o Esboço de Teixeira de Freitas. Por meio do decreto de 11 de janeiro de 1859[392], o Governo Imperial aprovou o contrato celebrado com Augusto Teixeira de Freitas para que este elaborasse um projeto de

[391] "Contrato consensual, em regra o de compra e venda se celebra e imediatamente se executa pela tradição da coisa e o pagamento do preço. Subordinou-se, todavia, o Código Civil, ao princípio, consignado no art. 1.130, de não ser o vendedor obrigado a entregar a coisa, antes de recebê-la; mas isso não se coaduna bem com a venda a crédito, peculiar ao comércio. Passou-se neste a suportar os riscos do pagamento a prazo, mas acautelando-se suficientemente na impossibilidade de afastar a venda com a entrega da coisa e a concedência de prazo para o pagamento do preço. Estabeleceu, por outro lado, o Código Comercial, no art. 198, não proceder a obrigação de entrega da coisa, antes de efetuado o pagamento do preço, desde que, entre o ato da venda e o da entrega, mude o comprador notoriamente de estado. Depara-se, no dispositivo, providência assecuratória do risco do crédito, em face daquela situação anômala, mas notória e atual. Não, porém, quanto à futura" (FERREIRA, Waldemar. *Tratado de direito commercial.* São Paulo: Saraiva, 1963, v. 10, p. 82-83).

[392] "Decreto n. 2.337, de 11 de janeiro de 1859, Approva o contracto celebrado com o Bacharel Augusto Teixeira de Freitas para a reducção do projecto do Codigo Civil do Imperio. Hei por bem Approvar o contracto celebrado com o Bacharel Augusto Teixeira de Freitas em dez do corrente mez, para a redacção do Projecto do Codigo Civil do Imperio, na conformidade do Decreto numero dous mil tresentos e dezoito de vinte dous de Dezembro proximo preterito. José Thomaz Nabuco de Araujo, do Meu Conselho, Ministro e Secretario d'Estado dos Negocios da Justiça, assim o tenha entendido e faça executar. Palacio do Rio de Janeiro, em onze de Janeiro de mil oitocentos cincoenta e nove, trigesimo oitavo da Independencia e do Imperio. Com a Rubrica de Sua Magestade o Imperador. José Thomaz Nabuco de Araujo. (...)" (grafia original).

Código Civil. Tal projeto foi apresentado entre os anos de 1860 e 1865. Muito embora não tenha sido convertido em lei, trata-se de um trabalho de grande relevância para a cultura jurídica nacional e sul-americana, influenciando a elaboração de muitas codificações no subcontinente, conforme observamos acima.

O Esboço determinava regime expresso sobre os contratos bilaterais. Segundo seu art. 441[393], quando os contratos impuserem às duas partes obrigações recíprocas, terão a denominação de contratos bilaterais ou sinalagmáticos. Dentro do regime dos contratos bilaterais, destacava-se o disposto no art. 1.955[394], que determinava que uma das partes não poderia demandar o cumprimento da sua prestação sem provar que de seu lado os tem cumprido, ou que sua obrigação é a prazo.

Sobre esse dispositivo há discussão se de fato ele havia previsto uma exceção de contrato não cumprido propriamente dita, tendo em vista a ênfase que o dispositivo faz na necessidade de que o demandante prove (e não somente alegue) o cumprimento de sua prestação. Vemos nessa formulação que o Esboço de Teixeira de Freitas estava mais alinhado com a percepção da ciência jurídica alemã do fim do século XVIII e início do século XIX, período em que a ideia dos pós-glosadores, no sentido de que essa modalidade de tutela deveria ser enxergada como uma exceção em sentido estrito, ainda não era plenamente admitida. Ao contrário, naquela época era corrente o pensamento de que a figura tinha feição de requisito da pretensão contratual, cujo não cumprimento impedia o demandante de exigir o pagamento, sendo matéria reconhecível de ofício pelo juiz. Por isso o texto dá ênfase à circunstância de que "uma das partes não poderá demandar seu cumprimento sem provar que de seu lado os tem cumprido", ao invés de fazer referência ao direito de recusa do demandado. Todavia, esse entendimento foi superado na Alemanha a partir da metade do século XIX, de modo a reconhecer que a exceção de contrato não cumprido era, efetivamente, uma exceção em sentido estrito, não sendo reconhecida

[393] "Art. 441. Quando os contratos impuserem às duas partes obrigações recíprocas, terão a denominação de contractos bilateraes ou synallagmaticos" (TEIXEIRA DE FREITAS, Augusto. *Esboço*, cit., p. 272).

[394] "Art. 1.955. Se forem bilateraes (Art. 441), uma das partes não poderá demandar seu cumprimento sem provar que de seu lado os tem cumprido, ou que sua obrigação é a prazo; ou sem se offerecer á cumpril-os" (TEIXEIRA DE FREITAS, Augusto. *Esboço*, cit., p. 783).

de ofício, cabendo à parte demandante a sua invocação[395]. Essa evolução histórica culminou na redação original do § 320 do BGB.

De toda forma, sobre a eventual existência de um remédio específico relacionado com a atual exceção de insegurança, o art. 1.955 faz referência expressa às obrigações que têm prazos distintos para cumprimento, sem, todavia, formular o esquema dualista de tutelas previsto no Código Civil francês ou então do Código Civil italiano de 1865, que admitiam, em primeiro lugar, uma tutela em caso de descumprimento em obrigações exigíveis simultaneamente, para, em seguida, prever uma defesa suspensiva para a situação da compra e venda a prazo. Dessa forma, não é possível dizer que o Esboço tenha apresentado, no regramento sobre o contrato bilateral, um remédio suspensivo abstrato relacionado ao risco de descumprimento qualificado.

Ainda sobre o Esboço, vale a pena avaliar se nos regimes dos tipos contratuais específicos, notadamente da compra e venda, seria possível enxergar alguma exceção substancial que se aproximasse com mais propriedade da atual exceção de insegurança, sobretudo em relação aos seus pressupostos e objeto de tutela. O diploma, de fato, apresentava interessante estrutura sobre tutela suspensiva em favor do vendedor sobre a compra e venda a crédito, isto é, segundo a formulação do Esboço, aquela compra e venda em que o vendedor aceita fazer a tradição ao comprador antes de receber o preço[396]. Seu art. 2.034[397] determinava que o vendedor, posto que tenha vendido a crédito, poderia recusar ao comprador a entrega da coisa móvel vendida quando o comprador não tivesse prestado a caução prometida para a segurança do pagamento do preço e nos casos em que a dívida era exigível antes do vencimento do prazo. O dispositivo possui nuances que merecem ser apontadas.

[395] Sobre o tema, ver ADDIS, Fabio. *Il "mutamento" nelle condizioni patrimoniali dei contraenti*, cit., p. 39; MALECKI, Catherine. Op. cit., p. 7.

[396] Segundo o art. 2.054 do Esboço: "Art. 2.054. Sempre que o vendedor, antes de receber o preço tiver feito tradição ao comprador da cousa movel vendida; entender-se-ha que a venda foi á crédito (Art. 2045 n. 1)" (TEIXEIRA DE FREITAS, Augusto. *Esboço*, cit., p. 815).

[397] "Art. 2034. Poderá o vendedor, posto que tenha vendido á crédito, recusar ao comprador a entrega da cousa movel vendida: 1º Quando o comprador não tiver prestado a caução prometida para segurança do pagamento do preço. 2.º Nos casos em que a dívida é exigível antes do vencimento do prazo (art. 1.077)" (TEIXEIRA DE FREITAS, Augusto. *Esboço*, cit., p. 810).

A primeira hipótese, referente à possibilidade de recusa da entrega do bem caso não haja o oferecimento de caução prometida, parece dizer respeito a um efetivo descumprimento por parte do devedor de um dever de prestar garantia. Essa hipótese aparenta estar mais próxima de uma manifestação de exceção de contrato não cumprido do que de uma exceção de insegurança propriamente dita, porquanto relacionada a um descumprimento atual e não ao risco do descumprimento de uma prestação futura. De toda forma, o art. 2.036[398], logo em seguida, descreve a consequência lógica da apresentação de garantia suficiente pelo comprador, qual seja, a não prevalência da recusa e o restabelecimento da pretensão do comprador em receber a coisa vendida a prazo.

A segunda hipótese que justifica a recusa do comprador é a situação de a dívida ser exigível antes do vencimento do prazo, conforme determinado no art. 1.077 do Esboço[399]. Esse dispositivo, por sua vez, elencava como hipóteses de vencimento antecipado do prazo, *grosso modo*, a circunstância de o devedor se tornar insolvente ou falido, se as garantias apresentadas pelo devedor se extinguirem ou se tornarem insuficientes ou se os bens dados em garantia forem objeto de penhora por outro credor ou tenham sido arrematados ou adjudicados em execução de sentenças. Vemos, assim, que a disciplina de tais dispositivos específicos para a compra e venda se aproximam do atual art. 333 do Código Civil, que confere formulação em um caráter mais abstrato (isto é, não exclusivo aos contratos de compra e venda) de modo que ao credor assistirá o direito de cobrar a dívida antes do vencimento.

Ao longo deste trabalho trataremos da diferença entre as hipóteses de vencimento antecipado e sua diferença em relação aos pressupostos que autorizam a atual exceção de insegurança, mas, aqui, já é possível

[398] "Art. 2.036. Não prevalecerá a recusa do vendedor á entrega da cousa vendida, se o comprador á fé de preço quizer pagar logo, ou lhe prestar caução sufficiente ao pagamento do preço total ou do restante delle" (TEIXEIRA DE FREITAS, Augusto. *Esboço*, cit., p. 810)

[399] "Art. 1.077. Será porém a divida exigivel antes do vencimento do prazo: 1. Se o devedor se tornar insolvavel, ou, sendo commerciante, se for aberta a sua fallencia. Se a divida fôr solidaria, não será exigivel contra os codevedores solvaveis, e não fallidos. 2. Se, estando o credor garantido por hypotheca, antichrese, penhôr, ou fiança; estas garantias se extinguirem, ou tornarem-se insufficientes. 3º Se os bens hypothecados, ou dados em antichrese ou penhôr, fôrem penhorados por outro credor, e tiverem de ser arrematados ou adjudicados em execução de sentenças" (TEIXEIRA DE FREITAS, Augusto. *Esboço*, cit., p. 491).

adiantar que essa técnica do Esboço tampouco confere uma tutela jurídica diante de um risco de descumprimento, porquanto o vencimento antecipado da obrigação faz com que a prestação futura seja exigível antecipadamente. Dessa forma, não é possível enxergar nesse dispositivo uma aproximação ou gérmen propriamente dito da exceção de insegurança, mas, antes, uma espécie de tutela mais próxima à exceção de contrato não cumprido.

Por fim, no esquema do Esboço, a ausência de pagamento ou prestação de caução pelo comprador autorizaria o vendedor a dar o contrato como resolvido, podendo buscar indenização contra o comprador em virtude de eventuais prejuízos que tenha sofrido, conforme determinação do art. 2.037[400]. Aqui também há um ponto de divergência com a configuração contemporânea da exceção de insegurança. Essa espécie de exceção substancial apenas paralisaria pretensão do devedor enquanto não houvesse a prestação de caução ou adiantamento da prestação principal devida, sendo-lhe estranha a pretensão resolutória. Na estrutura das exceções de insegurança, a apresentação de caução ou adiantamento da prestação não é propriamente um dever, mas sim um ônus do devedor que, se quiser se ver livre dos efeitos do contradireito que contra ele é dirigido, deverá agir em um determinado sentido.

Dessa forma, pelo menos do ponto de vista textual, é possível observar que as sementes da atual exceção de insegurança eram mais perceptíveis nos regimes jurídicos da compra e venda previstos no Código Comercial de 1850 e nas Ordenações Filipinas do que no Esboço de Teixeira de Freitas. Isso porque aqueles diplomas normativos efetivamente previram remédios em razão do risco de descumprimento da prestação, ainda que estritamente no âmbito do contrato de compra e venda, ao passo que o Esboço de Teixeira de Freitas apresentou defesas ligadas ao efetivo descumprimento de deveres e vencimento antecipado de obrigações.

[400] "Art. 2037. Se o comprador não pagar logo, ou não prestar caução sufficiente ao pagamento do preço ou do restante delle; o vendedor da cousa movel terá direito para dar o contracto como resolvido, e para haver do comprador a indemnisação de prejuizos que tenha soffrido; e o do immovel terá direito para demandar a resolução do contracto, tambem com indemnisação de prejuizos que tenha sofrido" (TEIXEIRA DE FREITAS, Augusto. *Esboço*, cit., p. 810).

3.3.2. Codificações: previsão de uma tutela suspensiva geral diante do risco de inadimplemento aplicável aos contratos bilaterais

A entrada em vigor do Código Civil de 1916 é um marco de suma importância para o desenvolvimento histórico da exceção de insegurança no direito nacional. Com ele, o sistema jurídico brasileiro passa a figurar entre os ordenamentos jurídicos que, por meio de codificação civil, apresentam textualmente uma tutela dilatória em caráter abstrato, cabível aos contratos bilaterais, conferindo uma proteção ao risco qualificado de descumprimento da prestação. Como vimos acima, no momento histórico anterior, o nosso sistema continha apenas a semente da exceção de insegurança, por meio de defesas específicas para os contratos de compra e venda.

À semelhança do BGB, tal codificação previu um capítulo específico para os contratos bilaterais. O primeiro dispositivo do capítulo, o art. 1.092, foi dividido em duas alíneas. A primeira determinou a regra de que nos "contratos bilaterais, nenhum dos contratantes, antes de cumprida a sua obrigação, pode exigir o implemento da do outro", estabelecendo, por assim dizer, uma das faces da moeda da exceção de contrato não cumprido, já que, ao contrário do § 320 do BGB, não ressaltava textualmente a exceção propriamente dita, isto é, o contradireito de recusa daquele que é demandado. A segunda alínea, que nos interessa particularmente, apresentava a seguinte redação:

> *"Se, depois de concluído o contrato, sobrevier a uma das partes contratantes diminuição em seu patrimônio, capaz de comprometer ou tornar duvidosa a prestação pela qual se obrigou, pode a parte, a quem incumbe fazer prestação em primeiro lugar, recusar-se a esta, até que a outra satisfaça a que lhe compete ou dê garantia bastante de satisfazê-la".*

A paternidade do dispositivo, do ponto de vista do processo legislativo, pode ser atribuída ao trabalho da Comissão da Câmara, que aceitou uma emenda aditiva de Amaro Cavalcanti[401] para a inclusão da segunda alínea. Clóvis Beviláqua é claro ao assinalar que, na primeira alínea do art.

[401] Cf. BEVILÁQUA, Clóvis. Op. cit., p. 206.

1.092, havia a previsão da exceção *non adimpleti contractus* como defesa da parte demandada, justamente como consequência da situação de a norma proscrever a possibilidade de cobrança de uma parte à outra em um contrato bilateral sem que ela própria tenha cumprido a sua prestação. Essa defesa teria como fundamento a reciprocidade ínsita ao contrato bilateral[402]. Ademais, aponta o autor que a exceção de contrato não cumprido não deixava de ser reconhecida pelo direito anterior ao Código Civil de 1916, mas até então não se achava expressa com generalidade e precisão[403].

Importante mencionar que a admissão da exceção de contrato não cumprido no ordenamento jurídico brasileiro, mesmo após o Código Civil de 1916, foi objeto de polêmicas. Antônio Chaves[404] e Serpa Lopes[405], por exemplo, argumentavam que a legislação brasileira, à época, ainda se filiava à tradição legislativa francesa acerca do tratamento da exceção de contrato não cumprido, no sentido de que não havia dispositivo expresso que a reconhecesse, porquanto o texto só apresentava textualmente a proibição de buscar o cumprimento de um contrato bilateral nos casos em que o demandante não tivesse, ele mesmo, cumprido ou oferecido a sua prestação. A conclusão, assim, baseava-se mais fortemente na deficiência do texto normativo do Código Civil de 1916 em comparação com o regime

402 É interessante ver a íntegra da avaliação de Clóvis Beviláqua: "O contrato é, sempre, um ato bilateral, porque pressupõe acordo de vontades; mas, por sua vez, pode ser bilateral ou unilateral, segundo há, ou não, reciprocidade de prestações. Esta reciprocidade de prestações é da essência dos contratos bilaterais. Dela resulta a exceção *non adimpleti contractus*, em virtude da qual, se uma das partes, sem ter cumprido a sua prestação, exigir o cumprido da outra, esta se defende, alegando que não pode ser coagida, porque o outro contraente também não cumpriu o prometido. É ainda essa reciprocidade essencial aos contratos bilaterais que serve de fundamento ao preceito contido na segunda alínea do artigo: se sobrevier alteração no patrimônio de um dos contratantes, capaz de comprometer ou tornar duvidosa a prestação devida, a parte a quem incumbe satisfazer o contrato, em primeiro lugar, pode recusar-se a fazê-lo, até que a outra lhe dê garantias suficientes ou cumpra a sua prestação" (idem, p. 206).

403 Idem, p. 206.

404 CHAVES, Antônio. *Tratado de direito* civil. 3. ed. São Paulo: RT, 1984, v. 2, t.2, p. 1679.

405 "O Código Civil, no nosso entender, seguiu o critério do Código Civil francês. Não consagra um dispositivo especial inerente à exceção de contrato não cumprido. Há poucos dispositivos de onde se podem extrair os elementos necessários para a sua aplicação jurisprudencial" (SERPA LOPES, Miguel Maria de. Op. cit., p. 155)

jurídico visto no BGB, e menos na presença ou não de um texto normativo que alude ao instituto[406-407].

Também com fundamento na reciprocidade, ainda segundo Clóvis, há a previsão da segunda alínea do dispositivo. Ao contrário da eventual deficiência do *caput* do art. 1.092, a segunda alínea apresenta claramente um direito que legitima a recusa na prestação para aquele que, razoavelmente, pode supor que a sua prestação ficará sem a correspondência convencionada. Assim, "a lei, vindo em seu auxílio [de quem deverá prestar em primeiro lugar], faculta-lhe os meios de afastar o prejuízo que o ameaça; dá-lhe o direito de reter a sua prestação ou de exigir garantias da prestação da outra parte"[408].

A "deficiência" do ordenamento jurídico brasileiro com relação à exceção de contrato não cumprido, identificada especificamente na ênfase

[406] Cf. SERPA LOPES, Miguel Maria de. Op. cit., p. 95.

[407] Embora não seja objetivo deste trabalho examinar o histórico evolutivo da exceção de contrato não cumprido, e sim a exceção de insegurança, vale apontar que a eventual insatisfação do texto do Código Civil de 1916, à semelhança do que aconteceu com o Código Civil argentino, este inspirado no esquema de Teixeira de Freitas, não impediu que doutrina e jurisprudência, ao longo do século XX, admitissem a existência da exceção de contrato não cumprido nos dois países. Parece exagerado o argumento de que as legislações que não seguiram o modelo mais completo do BGB, notadamente em seus §§ 320 e 322, devem ser enxergadas como sistemas que careciam de uma previsão positiva da figura. A legislação brasileira – e isso tanto no Código Civil de 1916 quanto no Código Civil de 2002 – efetivamente foi além do esquema da codificação francesa em sua redação original. Como lembra Rafael Gagliardi (GAGLIARDI, Rafael Villar. *Exceção de contrato não cumprido*, cit., p. 29), diante da ausência de um dispositivo como hoje previsto no art. 476 do Código Civil de 2002, a doutrina francesa precisou recorrer a fundamentos ainda mais distantes para defender a existência da exceção de contrato não cumprido, tais como o argumento de, havendo a previsão de resolução por inadimplemento, *a fortiori* deveria ser reconhecida a exceção de contrato não cumprido, a equiparação ao direito de retenção e a abstração dos arts. 1.612 e 1.613 para casos que não fossem estritamente relacionados à compra e venda. Interessante notar que existem posições inclusive na doutrina estrangeira que colocam a codificação brasileira no rol daqueles sistemas que disciplinam expressamente a matéria da exceção de contrato não cumprido (ver GASTALDI, José María; CENTANARO, Esteban. Op. cit., p. 51). Dessa forma, ainda que a tradição codificada brasileira tenha ficado aquém, em termos de completude, ao BGB, ela certamente estava mais completa que a redação original do Código Civil francês. A *Ordonnance* n. 2016-131, todavia, alterou completamente esse panorama, uma vez que a nova redação do art. 1.219 consagra expressamente o dever de recusa do demandado.

[408] Idem.

exclusiva sobre a impossibilidade de o demandante exigir sua prestação, e não no direito do demandado em recusar a prestação, também foi refletida na legislação processual. Conforme aponta Rafael Alexandria de Oliveira[409], durante a vigência do Código de Processo Civil de 1939 o único dispositivo que estabelecia algo relacionado ao tema era o art. 892[410]. Tal dispositivo determinava que não seria expedido mandado executivo se a execução dependesse de prova de contraprestação devida ao executado pelo credor, ou seja, colocava a tutela jurídica diante do descumprimento nos termos de uma prova a ser demonstrada pelo demandante. Em seguida, o Código de Processo Civil de 1973 também seguiu a trilha da legislação subjetiva, tratando da exceção de contrato não cumprido somente indiretamente em seu art. 582[411]. Ainda segundo Oliveira, a legislação de 1973 veio, em verdade, proibir a demanda do credor que não cumpriu a prestação que devia, e não em reconhecer um contradireito do demandado na forma de exceção. Essa circunstância também seria confirmada pela leitura do art. 466-C[412] do mesmo diploma. É possível apontar que o Código de Processo Civil de 2015 se manteve fiel a essa forma de abordagem da exceção de contrato não cumprido, conforme pode ser visto em seu art. 787[413].

[409] OLIVEIRA, Rafael Alexandria de. Op. cit., p.75.

[410] Art. 892. Não se expedirá mandado executivo se a execução depender de prova de contraprestação devida ao executado pelo credor.

[411] Art. 582. Em todos os casos em que é defeso a um contraente, antes de cumprida a sua obrigação, exigir o implemento da do outro, não se procederá à execução, se o devedor se propõe satisfazer a prestação, com meios considerados idôneos pelo juiz, mediante a execução da contraprestação pelo credor, e este, sem justo motivo, recusar a oferta.
Parágrafo único. O devedor poderá, entretanto, exonerar-se da obrigação, depositando em juízo a prestação ou a coisa; caso em que o juiz suspenderá a execução, não permitindo que o credor a receba, sem cumprir a contraprestação, que Ihe tocar.

[412] Art. 466-C. Tratando-se de contrato que tenha por objeto a transferência da propriedade de coisa determinada, ou de outro direito, a ação não será acolhida se a parte que a intentou não cumprir a sua prestação, nem a oferecer, nos casos e formas legais, salvo se ainda não exigível

[413] Art. 787. Se o devedor não for obrigado a satisfazer sua prestação senão mediante a contraprestação do credor, este deverá provar que a adimpliu ao requerer a execução, sob pena de extinção do processo.
Parágrafo único. O executado poderá eximir-se da obrigação, depositando em juízo a prestação ou a coisa, caso em que o juiz não permitirá que o credor a receba sem cumprir a contraprestação que lhe tocar.

Nesse momento inicial do processo de assimilação da exceção de insegurança na cultura jurídica brasileira não há, ainda, o reconhecimento legal expresso ou doutrinário da independência entre a exceção de contrato não cumprido e a exceção de insegurança. Não raramente a exceção dilatória em caso de risco de descumprimento era enxergada como uma manifestação excepcional, em razão de determinação legal, da exceção de contrato não cumprido, que deixava seu âmbito operacional típico, qual seja, uma tutela diante de um descumprimento atual, para também alcançar o risco de descumprimento da prestação diante de circunstâncias especiais. Por motivos históricos, essas circunstâncias especiais, nessa época, relacionavam-se exclusivamente à deterioração patrimonial da contraparte após a celebração do contrato.

Clóvis Beviláqua, já mencionado acima, tratou da figura em seus comentários ao Código Civil de 1916 como uma hipótese excepcional da exceção de contrato não cumprido, sendo que os dois âmbitos operativos – a tutela diante do inadimplemento, de um lado, e a tutela diante do risco de inadimplemento, de outro – são tratados como manifestações legais que possuem o mesmo fundamento como pano de fundo. Em comentário aos dispositivos, Carvalho Santos dá a entender que a figura não é exatamente a exceção de contrato não cumprido, porém, não a nomeia como exceção de insegurança ou exceção de inseguridade[414].

Serpa Lopes, por sua vez, seguindo o pensamento de René Cassin, aponta que a exceção de contrato não cumprido, em regra, tem como requisito a simultaneidade das prestações e, excepcionalmente, pode ser oposta em caso de prestações não simultâneas[415]. Segundo o autor, o "estado de alarma" que pode surgir em casos de prestações não simultâneas justifica a proteção à parte a quem incumbe fazer a prestação em primeiro lugar.

[414] Em comentários ao art. 1.092, segunda alínea, do Código Civil de 1916, diz que "se sua prestação devesse ser feita concomitantemente com a do outro contratante ou depois, seria o caso dela invocar a exceção *non adimpleti contractus* (...) não há infração nesta recusa, precisamente porque as circunstâncias deixam ver claramente que o contrato não se apresenta com a possibilidade de equivalência e reciprocidade das prestações, que é a da sua essência, como já mostramos" (CARVALHO SANTOS, João Manuel de. *Código Civil brasileiro interpretado*: direito das obrigações. 11. ed. Rio de Janeiro: Freitas Bastos, 1986, v. XV, p. 242-243).

[415] Ver SERPA LOPES, Miguel Maria de. Op. cit., p. 277-279.

Serpa Lopes vai além e argumenta que o art. 1.092 é completado pelas normas do art. 954, I a III, do Código Civil de 1916, que dizem respeito ao vencimento antecipado do prazo, e também pelo art. 1.131, que confere ao comprador o direito de sobrestar o pagamento se antes da tradição o comprador cair em insolvência, não obstante o prazo ajustado para o pagamento. Arremata afirmando: "em todos os casos acima previstos, em que desaparece o obstáculo do termo vencido, em muitas circunstâncias, por um estado de suspeição, a *exceptio non adimpleti contractus* volta a operar em toda sua plenitude, como se as obrigações fossem de realização simultânea"[416].

Dessa forma, fica claro que Serpa Lopes enxerga que a situação descrita na segunda alínea do art. 1.092 autoriza a oposição da exceção de contrato não cumprido tanto quanto aquelas situações que determinam o vencimento antecipado do prazo. Em que pese a autoridade do autor, abaixo neste trabalho trataremos com mais vagar sobre a não identidade da exceção de insegurança (então prevista na segunda alínea do art. 1.092 do Código Civil de 1916) com a exceção de contrato não cumprido diante do vencimento antecipado do prazo.

Todavia, por ora, dentro da análise da historiografia da exceção de insegurança no Brasil, é possível identificar que até meados do século XX a nossa cultura jurídica ainda não enxergava a autonomia entre a figura da exceção de insegurança e a exceção de contrato não cumprido.

O reconhecimento da autonomia da exceção de insegurança começa a tomar corpo na cultura jurídica brasileira por meio da obra de Pontes de Miranda, mais especificamente do tomo XXVI de seu *Tratado de direito privado*, cuja primeira edição data da década de 1960[417]. O autor, ao avaliar a segunda alínea do art. 1.092 do Código Civil de 1916, diz expressamente que "aí está a exceção de inseguridade"[418]. É interessante notar que já na década de 1960 surgem julgados que utilizam a expressão "exceção de inseguridade", com referência expressa à obra de Pontes de Miranda. É o

[416] SERPA LOPES, Miguel Maria de. Op. cit., p. 279.

[417] A primeira edição do tomo XXVI do *Tratado de Direito Privado* é da década de 1960, publicada pela editora Borsoi. Todavia, as referências bibliográficas diretas neste trabalho são da 3ª edição, também editada pela Borsoi, do ano de 1971.

[418] PONTES DE MIRANDA, Francisco Cavalcanti. *Tratado de direito privado*, cit., t. XXVI, p. 109.

caso, por exemplo, de precedente do TJ do Rio Grande do Sul que afirmou ter sido legítima a suspensão de pagamento pelo comprador, em exercício da exceção de inseguridade, diante da circunstância de que o vendedor havia paralisado a obra que deveria entregar em razão de compromisso de compra e venda, além de ter desaparecido da capital gaúcha e se envolvido em processo falimentar[419].

Com relação ao pensamento do autor sobre a figura jurídica, Pontes de Miranda rejeita a identidade entre a exceção de contrato não cumprido e a exceção de insegurança (ou "exceção de inseguridade", como prefere o autor), uma vez que, à semelhança do que a 2ª Comissão alemã concebeu no § 321 do BGB, ela apresenta pressupostos especiais. Para ele, há efetivamente proximidade entre as duas alíneas do art. 1.092. Porém, "na alínea 2ª cogita-se do interesse de quem não pode invocar a alínea 1ª"[420].

A expressão "exceção de inseguridade", utilizada pelo autor, é uma tradução possível do termo alemão *Unsicherheitseinrede*, embora Pontes de Miranda não indique expressamente qual é a fonte exata da expressão que ele escolheu para identificar a exceção dilatória prevista na alínea segunda do art. 1.092[421]. De toda forma, é possível afirmar que a obra de Pontes de

[419] TJ do Rio Grande do Sul, 2ª Câm. Cív., AC 27817, Rel. Des. Pedro Soares Muñoz, v.u., d.j. 26-08-1965.

[420] PONTES DE MIRANDA, Francisco Cavalcanti. *Tratado de direito privado*, cit., t. XXVI, p. 106.

[421] Quando tratamos especificamente do termo *Unsicherheitseinrede* vimos que sua invocação, antes de sua consagração na reforma do direito das obrigações em 2002, ocorreu por obra de Ernst Rabel, em texto de 1936, embora ainda como uma espécie de exceção de contrato não cumprido no âmbito dos contratos internacionais. Pontes de Miranda não cita expressamente Ernst Rabel no tomo XXVI do *Tratado de direito privado*. Todavia, além de Pontes de Miranda ter recebido influência direta dos autores alemães em seus comentários sobre a exceção de inseguridade (sobretudo Otto Warneyer, Laubhardt, Karl Larenz e Hermann Staub), sabe-se que o autor alagoano proferiu em 1930 conferência no *Berliner Stadtschloss*, local onde o instituto *Kaiser-Wilhelm-Institut für ausländisches und internationales Privatrecht* (Instituto Kaiser Wilhelm de Direito Comparado e Privado Internacional), atual *Max-Planck-Institut für ausländisches und internationales Privatrecht* (Instituto Max-Planck de Direito Comparado e Privado Internacional), ocupava parte de suas dependências na época. Ernst Rabel era responsável por tal instituto entre 1926 e 1930 (sobre o tema, ver RODRIGUES JUNIOR, Otavio Luiz. *Ernst Rabel é o pai do moderno direito comparado alemão*. Coluna "Direito Civil Atual" (da "Rede de Pesquisa de Direito Civil Contemporâneo") do jornal "Consultor Jurídico" (https://www.conjur.com.br/secoes/colunas/direito-civil-atual), 2012. Disponível [on-line] em: https://www.conjur.com.br/2012-nov-07/ernst-rabel-pai-moderno-direito-comparado-alemanha#_ftn2_2196 [31-08-2020]).

Miranda dá o impulso doutrinário que permite que, posteriormente, as obras que tratam do tema da exceção de contrato não cumprido mencionem a existência da exceção de insegurança como uma espécie de exceção substancial com âmbito operacional autônomo[422].

O advento do Código Civil de 2002 representa um passo adiante na evolução da exceção de insegurança entre nós, embora, todavia, não tenha rompido substancialmente com o modelo adotado pelo Código Civil de 1916. O legislador de 2002 preferiu dividir em dois artigos distintos – e não mais em duas alíneas de um mesmo artigo, como era o caso da legislação de 1916 – os dispositivos que fundamentam a exceção de contrato não cumprido e a exceção de insegurança em caráter abstrato, aplicáveis aos contratos bilaterais.

Foram reunidos em uma mesma seção intitulada "da exceção de contrato não cumprido", inserida dentro do capítulo sobre "a extinção do contrato", os arts. 476 e 477. Ou seja, do ponto de vista topológico, a estruturação das exceções substanciais de inseguridade e de inadimplemento não são mais destacadas como um dos elementos da regulação dos contratos bilaterais (como era a opção da codificação de 1916), mas sim como uma matéria atinente à extinção do contrato, apesar de a função das exceções ser, justamente, reequilibrar o sinalagma e evitar a extinção do contrato por descumprimento.

O art. 476 apresenta a regra referente à exceção de contrato não cumprido propriamente dita, em tudo idêntica à redação da primeira alínea do art. 1.092 do Código Civil de 1916. O art. 477, por sua vez, apresenta diferenças redacionais marginais em relação à segunda alínea do art. 1.092

Do ponto de vista do rigor da pesquisa histórica, todavia, o máximo que é possível afirmar é que o termo "exceção de inseguridade" (ou insegurança) tem sua primeira entrada na cultura jurídica brasileira pela influência geral da cultura germânica na obra de Pontes de Miranda.

[422] Veja-se, sem pretensão de exaustão, a referência bibliográfica direta à obra de Pontes de Miranda nos seguintes autores: GERAIGE, Nadime Meinberg. Op. cit., p. 68; TERRA, Aline de Miranda Valverde. Op. cit., p. 188; ASSIS, Araken de. Comentários aos arts. 421 a 488, cit., p. 696 e ss.; LOTUFO, Renan. Comentários ao Código Civil: contratos em geral até doação (arts. 421 a 564), cit., p. 142-143; GAGLIARDI, Rafael Villar. *Exceção de contrato não cumprido*, cit., p. 124, 128 e 129; OLIVEIRA, Rafael Alexandria de. Op. cit., p. 77; BIAZI, João Pedro de Oliveira de. *A exceção de contrato não cumprido no direito privado brasileiro*, cit., p. 140 e 143; ZANETTI, Cristiano de Sousa. Art. 477. In: NANNI, Giovanni Ettore (Coord.). *Comentários ao Código Civil*. São Paulo: Saraiva, 201., p. 773-774.

do Código Civil de 1916, especificamente com relação à substituição da expressão "pode a parte, a quem incumbe fazer a prestação em primeiro lugar, recusar-se a esta" pela expressão "pode a outra [parte] recusar-se à prestação que lhe incumbe". Veremos adiante neste trabalho que essa alteração não representa uma modificação nos pressupostos da exceção de insegurança no sistema brasileiro.

Essa situação normativa permite algumas conclusões. A primeira é que os textos doutrinários elaborados dentro da vigência do Código Civil de 1916 ainda apresentam grande importância para a análise da exceção de insegurança entre nós. Isso não é dizer, todavia, que não se deva avaliar a influência do contexto jurídico atual no funcionamento e abrangência da exceção de insegurança.

É possível afirmar que, do ponto de vista legislativo, não houve um rompimento com a opção legislativa brasileira do início do século XX. Essa circunstância parece apontar para o fato de que a exceção de insegurança no Brasil encontra-se em um claro período de transição, ainda não cristalizado do ponto de vista legislativo, mas que sofre constantes pressões advindas de outras culturas jurídicas e suas respectivas transformações no que diz respeito ao desenvolvimento histórico-jurídico dessa modalidade específica de tutela suspensiva.

Nesse sentido, merece ser destacado que o legislador de 2002 manteve um componente nuclear da estrutura de pressupostos da exceção de insegurança do Código Civil de 1916, especificamente a necessidade da verificação de uma diminuição patrimonial de um dos contratantes, que deverá ter um nexo causal com o comprometimento e dúvida sobre a capacidade de prestar em um contrato bilateral.

Da exposição acima, vimos que esse é um traço típico das primeiras manifestações da exceção de insegurança, ainda em sua fase de tutela suspensiva cabível apenas aos contratos de compra e venda e que, no início do século XX, foi posicionada nas primeiras construções abstratas da exceção de insegurança como instrumento de tutela do sinalagma nos contratos bilaterais, sobretudo o BGB e os códigos por ele influenciados.

Todavia, ao longo do século XX esse pressuposto enfrentou forças que exigiam a sua superação, motivado, sobretudo, pelo inconveniente de se estabelecer um corte temporal para a redução patrimonial – se anterior ou posterior à conclusão do contrato – e até a própria insatisfação do critério para dar uma resposta jurídica adequada diante das múltiplas possibilidades e comportamentos que colocam em risco a prestação em um contrato diferido no tempo, não necessariamente refletidas em uma redução patrimonial da parte que deve prestar.

Outros ordenamentos jurídicos reagiram de modo diferente a essas influências. O primeiro exemplo que merece ser citado é o próprio BGB que, em 2002, passou por reformulação que abrangeu seu § 321. Tal dispositivo, desde então, apresenta o estágio atual da *Unsicherheitseinrede*, ou seja, uma tutela nos contratos bilaterais ligada à insegurança do ato prestacional, e não necessariamente ligada à deterioração da riqueza ou piora patrimonial[423].

Também é possível citar o exemplo do sistema francês que, por meio da *Ordonnance* nº 2016-131, além de inaugurar uma previsão abstrata para a tutela suspensiva diante do risco do descumprimento, formulou tal defesa sem o pressuposto da redução patrimonial do contratante que deverá prestar em primeiro lugar, preferindo prever em sua formulação o critério de ser manifesto que a outra parte não irá cumprir sua prestação e que esse descumprimento seja suficientemente grave. Vale apontar, todavia, que na codificação civil francesa foram mantidos os arts. 1.612 e 1.613 conforme originalmente formulados e que preveem a tutela suspensiva específica no contrato de compra e venda. Isso demonstra o movimento em que a forma superior da exceção de insegurança (tutela abstrata, cabível aos contratos sinalagmáticos em geral, em que o risco de descumprimento não está necessariamente vinculado à diminuição patrimonial) pode andar em paralelo com a preservação de sua "semente" normativa (tutela específica a contratos típicos com pressuposto da redução patrimonial).

Muito embora os influxos que motivaram a alteração do BGB e do *Code* no século XXI já pudessem ser sentidos pelo legislador brasileiro na oportunidade da codificação de 2002, nosso sistema permaneceu filiado, no que se refere às características textuais da exceção de insegurança, à opção do início do século XX.

No subcontinente sul-americano, todavia, é importante reafirmar que a nova codificação argentina, de 2015, trilhou caminho diferente. O antigo Código Civil argentino, elaborado por Vélez Sarsfield, continha a estrutura também presente no Esboço de Teixeira de Freitas: ainda que previsse a categoria de contrato bilateral, não admitia, textualmente, uma

[423] Ver acima comentários sobre BGB e a tutela suspensiva nos contratos bilaterais.

tutela suspensiva diante do risco de descumprimento, embora a exceção de contrato não cumprido, fundada no descumprimento efetivo, fosse reconhecida doutrinariamente naquele país. A nova codificação, como tivemos a oportunidade de abordar acima, prevê expressamente a figura da "tutela preventiva" nos contratos bilaterais em seu art. 1.032. O legislador platino adotou solução legislativa ampla, admitindo como pressuposto para tal tutela preventiva tanto a piora na solvência quanto na aptidão para o cumprimento. Ademais, tal contradireito pode ser oposto diante de "grave ameaça de dano" relativo ao direito do credor, uma expressão que, embora tenha como foco central o dano causado pelo inadimplemento da prestação principal, tem potencial de abarcar outras situações.

Diante desse panorama, nos capítulos a seguir, em que trataremos precisamente dos desafios advindos do atual perfil dogmático da exceção de insegurança, levaremos em conta a posição histórica em que nos encontramos no desenvolvimento da figura. De modo a estabelecer propostas em análise ao perfil dogmático da figura, é necessário considerar tanto a opção legislativa quanto os influxos históricos concretos que exercem influência em seu desenvolvimento. Assim, para sabermos onde estamos, é necessário reconhecer de onde viemos e quais são os impulsos que nos levam para o futuro.

4.
PERFIL DOGMÁTICO DA EXCEÇÃO DE INSEGURANÇA

4.1. Características, natureza, funções e fundamento

A exceção de insegurança é um remédio jurídico cabível em relações contratuais sinalagmáticas diante do risco sério e objetivo de que a prestação devida ao *excipiente* não seja adimplida pelo excepto. Ela permite que o excipiente legitimamente suspenda a sua prestação naquelas relações que estabelecem ordens específicas de cumprimento das prestações das partes contratantes[424]. É instrumento intimamente ligado ao exercício da autonomia privada e operante, fundamentalmente, pela via da autotutela do credor (o pré-obrigado, que se torna o excipiente ao mover a exceção)[425].

A exceção de insegurança, no Brasil, apresenta positivação como regra contratual aplicável aos contratos bilaterais em geral no art. 477 do Código Civil de 2002. Por meio dela, o pré-obrigado em um contrato bilateral (*i.e.*, o contratante que deverá prestar em primeiro lugar de acordo com o programa contratual estabelecido) se recusa a cumprir a prestação que lhe cabe, tendo em vista que o recebimento da contraprestação (*i.e.*, a prestação do contratante que deverá prestar em segundo lugar) encontra-se em risco em razão da diminuição patrimonial desse contratante. O pré-obrigado poderá se negar a cumprir e retardar sua prestação até

[424] Cf. VAZ SERRA, Adriano Paes da Silva. Excepção de contrato não cumprido. In: *Boletim do Ministério da Justiça*, 67. Lisboa: Boletim do Ministério da Justiça, 1957, p. 53.
[425] MACARIO, Francesco. Op. cit., p. 205.

que a contraparte apresente garantia idônea ou, então, cumpra a sua prestação[426].

Assim, neste momento de apresentação geral da figura, o primeiro traço característico que deve ser apontado sobre a natureza da exceção de insegurança é que ela não representa uma pretensão à prestação antecipada em relação ao outro figurante ou em relação ao recebimento da garantia[427]. Noutro giro, ela não pode ser confundida como uma pretensão à inversão da ordem das prestações.

É possível encontrar posições doutrinárias que dão a entender que existe essa pretensão. Isso se vê em argumentos que afirmam que, por meio da oposição da exceção de insegurança, o excipiente requer da contraparte o pagamento antecipado ou a prestação de garantia para que, então, cumpra a sua prestação em primeiro lugar[428]. Não é esse exatamente o caso. A exceção de insegurança possui natureza de exceção e o excepto pode realizar as atividades descritas no art. 477 para sair da situação que autorizou o excipiente a paralisar a eficácia da pretensão do excepto.

De toda forma, com o manejo da exceção de insegurança, o roteiro contratual, isto é, a ordem das prestações estabelecida inicialmente, poderá sofrer alterações, deixando de ser exigível de modo sucessivo. Caso o excepto decida prestar antes, a exceção de insegurança terá como efeito prático a inversão da ordem das prestações; em uma situação em que o excepto apresente garantia antes do termo da prestação do pré-obrigado, hipótese possível caso a exceção de insegurança seja comunicada e oposta pelo excipiente antes do termo da prestação que lhe cabe, a ordem das prestações não será alterada, embora tenha havido o acréscimo da garantia da relação contratual.

A natureza da figura é a de exceção substancial, como já destacamos algumas vezes neste trabalho. Sua característica fundamental, assim, é paralisar a eficácia da pretensão do excepto mediante uma tutela suspensiva em favor do excipiente, ou seja, suspender os efeitos dessa

[426] PONTES DE MIRANDA, Francisco Cavalcanti. *Tratado de direito privado*, cit., t. XXVI, p. 109.

[427] Idem.

[428] Cf., por exemplo, NEVES, José Roberto de Castro. As garantias do cumprimento da obrigação. *REMERJ*, v. 11, n. 44, 2008, p. 189.

pretensão, o que justifica a nomenclatura italiana da figura como *eccezione di sospensione*[429].

Ademais, trata-se de uma exceção dilatória, uma vez que a paralisação da eficácia da pretensão deduzida pela parte contrária pode ser temporária[430] e, em última análise, tem sua permanência condicionada ao cumprimento da prestação pelo excepto ou pela apresentação de garantia[431]. Isto é, pela própria configuração normativa da exceção de insegurança, pode o excepto eliminar sua eficácia, fazendo com que a eficácia de sua pretensão – que estava até então paralisada pela exceção – seja restaurada.

A exceção de insegurança tem como função remediar uma situação de agravamento extraordinário do risco de descumprimento relacionado à prestação que é devida ao excipiente. Do ponto de vista da positivação vigente, esse risco é aferido tendo em consideração a diminuição patrimonial do outro contratante.

Ao contrário da exceção de inadimplemento, que constitui uma legítima reação contra uma lesão ao sinalagma já consumada, no caso da exceção de insegurança temos um instrumento de natureza cautelar[432], isto é, ela deve necessariamente ser manejada antes da configuração do descumprimento, que é o dano ao sinalagma que a figura tem como objetivo evitar[433-434]. Ela tutela risco de desequilíbrio, e não exatamente o desequilíbrio já consumado.

O desequilíbrio que fundamenta a exceção de insegurança, de modo geral, é o agravamento do risco de inadimplemento em um contrato com prestações sucessivas. O direito positivo e a construção jurisprudencial, todavia, podem limitar o que exatamente é juridicamente relevante para

[429] Ver, sem pretensão de exaustão, GABRIELLI, Enrico. Il contratto e i rimedi: la sospensione dell'esecuzione, cit., p. 25; REALMONTE, Francesco. Op. cit., p. 229-230; MACARIO, Francesco. Op. cit., p. 183-184.

[430] GERAIGE, Nadime Meinberg. Op. cit., p. 66.

[431] OLIVEIRA, Rafael Alexandria de. Op. cit., p .74.

[432] GABRIELLI, Enrico. Il contratto e i rimedi: la sospensione dell'esecuzione, cit., p. 29.

[433] ROPPO, Vincenzo, Op. cit., p. 990.

[434] Sobre o tema, Enrico Gabrielli aponta que a função da exceção de insegurança é prevenir a possibilidade de adimplemento dano diante do risco de a contraparte não cumprir o avençado: "La funzione del rimedio consiste dunque nel prevenire possibili adempimenti dannosi per la parte non inadempiente, in presenza del rischio di inadempimento della propria controparte" (GABRIELLI, Enrico. Il contratto e i rimedi: la sospensione dell'esecuzione, cit., p. 27).

a determinação desse risco. O art. 477 do Código Civil, por exemplo, está filiado à corrente que impõe textualmente o enfoque na situação patrimonial do segundo prestador.

Assim, é importante apontar que o risco de descumprimento contratual é natural a todo e qualquer contrato que se protrai no tempo e não cabe ao sistema jurídico eliminar completamente esse risco. O ordenamento positivo, porém, pode eleger certos critérios com a finalidade de evitar riscos extraordinários impostos à parte. É o caso, exatamente, da exceção de insegurança.

Conforme veremos adiante quando tratarmos dos pressupostos da exceção de insegurança, ela não tem como objetivo evitar totalmente o risco do descumprimento contratual, mas apenas conferir um instrumento jurídico de tutela relacionado ao risco excessivo de descumprimento causado pela deterioração patrimonial da outra parte. A redução patrimonial, no caso da exceção de insegurança, é determinada pela norma como um sinal objetivo da incapacidade do devedor em satisfazer as suas obrigações quando do seu vencimento e pelos meios normais de sua atividade[435].

A exceção de insegurança, ademais, é uma tutela da confiança do excipiente que concede um crédito ao excepto, acreditando que ele irá cumprir sua prestação após a prestação daquele[436]. Sua origem mais próxima, como vimos acima, é a tutela do vendedor nas denominadas compra e venda a crédito. Conforme contextualização precisa de Andrea Pinna, ao avaliar a pertinência da *exception pour risque d'inexécution* mesmo antes da *Ordonnance* n. 2016-131, "*la confiance et sa perte sont des aspects essentiels d'une relation contractuelle fondée sur l'endettement. C'est en effet la confiance qui est à la base du crédit et qui a permis son développement*"[437].

Assim, ela cumpre pelo menos duas funções principais. A primeira, a função de garantia indireta, uma vez que evita que o excipiente tenha

[435] BIGLIAZZI, Lina; BRECCIA, Humberto; NATOLI, Ugo; y BUSNELLI, Francesco. Los hechos jurídicos. In: *Derecho civil*: hechos y actos jurídicos. Trad. Fernando Hinestrosa. Bogotá: Departamento de Publicaciones de la Universidad Externado de Colombia, 1999, t. I, v. 2, p. 1088.

[436] A exceção de insegurança como tutela da confiança é reconhecida, também, pela doutrina e jurisprudência italiana. Cf. ROSSETTI, Marco. Op. cit., p. 537, em comentário ao julgado de Cass. 21.3.1983, n. 1990, na mesma obra e página.

[437] PINNA, Andrea. L'exception pour risque d'inexécution, cit., p. 43.

o prejuízo patrimonial que ocorreria caso o seu adimplemento se desse sem a devida contraprestação pelo excepto. No esquema proposto por Chantepie e Latina, trata-se de uma modalidade de *suspension-pression* do contrato[438]. Em segundo lugar, embora com menor grau, ela também exerce uma função coercitiva indireta, uma vez que faz com o excepto cogite adiantar sua prestação ou prestar garantia para restaurar sua pretensão.

Realmente, faltam à exceção de insegurança as características próprias das garantias, isto é, sua natureza acessória e convencional, além do acréscimo qualitativo à garantia patrimonial genérica pela qual responde toda pessoa pelo inadimplemento de suas obrigações, conforme o art. 391 do Código Civil. De toda forma, reconhece-se a função de garantia em sentido amplo, porquanto a exceção de insegurança tem como função impedir a perda da prestação do excipiente caso o risco de descumprimento pelo excepto venha a materializar-se no futuro.

Nesse ponto é possível encontrar o ponto central do fundamento da exceção de insegurança. Giuseppe Osti[439], Rodolfo Sacco[440], Fabio Addis[441] e outros autores[442], por exemplo, enxergam na exceção de insegurança, por representar uma suspensão da execução, uma aplicação da cláusula *rebus sic stantibus*, em razão da influência de eventos supervenientes aptos a alterar as circunstâncias econômicas que permeiam o contrato. Esse era também o entendimento da doutrina majoritária alemã em suas primeiras análises do § 321 do BGB, sendo que, inclusive, nos trabalhos preparativos do BGB, essa tutela era tida como manifestação da cláusula *rebus sic stantibus*[443]. Essa aplicação da cláusula *rebus sic stantibus* não deve ser

[438] CHANTEPIE, Gaël; LATINA, Mathias. *La réforme du droit des obligations*: commentaire théorique et pratique dans l'ordre du Code Civil. 2. ed. Paris: Dalloz, 2016, p. 575.

[439] OSTI, Giuseppe. Clausola "rebus sic stantibus". In: *Novissimo Digesto Italiano*. Torino: UTET, 1959, v. 3, p. 360.

[440] SACCO, Rodolfo. I rimedi sinallagmatici. In: RESCIGNO, Pietro (Coord.) *Trattato di diritto privato*, 2. ed. Torino: UTET, 1995, v. 10, t. 2, p. 682.

[441] ADDIS, Fabio. *Il "mutamento" nelle condizioni patrimoniali dei contraenti*, cit., p. 30.

[442] Idem, nota 42.

[443] Sobre o tema, ver FONSECA, Ana Taveira da. *Da recusa de cumprimento da obrigação para a tutela do crédito*: em especial na excepção de não cumprimento, no direito de retenção e na compensação, cit., p. 193, nota 636.

estritamente compreendida em seu sentido de extinção do vínculo contratual[444], estranho à exceção de insegurança, mas sim como um remédio relacionado ao âmbito eficacial dos contratos durante sua fase de execução, determinada por lei de modo a dar uma resposta jurídica ao desequilíbrio causado por eventos perigosos manifestados supervenientemente.

Embora seja compreensível a percepção de que exceção de insegurança e a cláusula *rebus sic stantibus* estejam de certa forma conectadas, sua fundamentação parece ser mais bem verificada na efetiva tutela da confiança e, destarte, como uma consequência do próprio sinalagma e da reciprocidade entre as prestações. Trata-se de uma aplicação consequente do princípio *inadimplenti non est adimplendum*, e, assim, encontra seu fundamento também na boa-fé e na equidade.

Como síntese maior de todas as funções acima indicadas, é necessário apontar, à semelhança da conclusão alcançada por Araken de Assis ao versar sobre a exceção de contrato não cumprido[445], que o objetivo primordial da exceção de insegurança consiste em preservar, até a extinção do contrato, a relação de interdependência das prestações que presidiu a formação do negócio. É dizer, o objetivo da exceção de insegurança não é outro se não a tutela do sinalagma da relação contratual.

Essa função de preservação do contrato, preferível inclusive diante da resolução, também é destaca por Andrea Pinna como um dos fundamentos da admissão da *exception pour risque d'inexécution* no sistema francês[446].

Dessa forma, a exceção de insegurança é uma ferramenta que tem como objetivo assegurar a manutenção do sinalagma contratual, conferindo

[444] É importante apontar que Pontes de Miranda utiliza a expressão *cláusula rebus sic stantibus* ao tratar da exceção da insegurança justamente nesse sentido extintivo, ao asseverar que a legitimação para a exceção de insegurança não pode ser confundida com a legitimação à resolução do contrato por inadimplemento, "caso contrário, todo contrato teria inclusa a 'cláusula rebus sic stantibus'" (PONTES DE MIRANDA, Francisco Cavalcanti. *Tratado de direito privado*, cit., t. XXVI, p 110). Concordamos com a conclusão do autor nesse sentido, com a reserva de que a *cláusula rebus sic stantibus* não pode ser compreendida como um instrumento fixo e determinado nos corpos legislativos atuais com sentido extintivo, sendo, antes, uma ideia que preside remédios contratuais específicos, como, por exemplo, a resolução por onerosidade excessiva e a possiblidade de correção da prestação prevista no art. 317. Conforme é possível ver dos autores citados, a *cláusula rebus sic stantibus* também pode presidir tutelas meramente suspensivas, como é o caso da exceção de insegurança.

[445] ASSIS, Araken de. Comentários aos arts. 421 a 488, cit., p. 660.

[446] PINNA, Andrea. L'exception pour risque d'inexécution cit., p. 32.

àquele contratante que irá prestar em primeiro lugar, assumindo, em razão disso, um risco patrimonial, um contradireito protetivo contra o risco de inadimplemento reconhecido objetivamente pela redução patrimonial do excepto. O desequilíbrio que se quer evitar é justamente o de que um dos sujeitos cumpra a obrigação e o outro, não[447].

Trata-se de uma figura que balanceia a posição dos contratantes em razão de um agravamento extraordinário do risco que compromete o sinalagma contratual na fase de execução. Uma vez que o excepto realize a prestação ou apresente garantia, a finalidade da exceção se exaure, restabelecendo a pretensão que estava paralisada. O processo em direção ao bem comum resultante do cumprimento global do contrato volta ao seu eixo por meio da exceção[448]. Ao buscar o reequilíbrio contratual, é possível assinalar que a exceção de insegurança se baseia em razões de equidade, como afirmamos acima.

A exceção de insegurança é um remédio contratual aplicável aos contratos bilaterais, tendo âmbito de operação relacionado a prestações principais de qualquer natureza, sejam pecuniárias ou não[449], de fazer, dar ou não fazer.

O art. 477 do Código Civil confere ao excepto a opção de prestar antecipadamente ou de apresentar garantia para evitar ou suspender a eficácia da exceção. Essa é uma opção que cabe exclusivamente ao excepto[450]. Vale apontar, a título comparativo, que o Código Civil italiano somente faz referência expressa à possibilidade de apresentação de garantia em seu art. 1.461, não havendo referência à possibilidade de prestação antecipada pelo excepto. Todavia, não há oscilação de interpretação no sentido de que também naquele ordenamento jurídico é admitida a prestação antecipada[451]. Se a exceção poderia ser afastada pela garantia, não haveria

[447] OLIVEIRA, Rafael Alexandria de. Op. cit., p. 75.

[448] Cf. PILLEBOUT, Jean-François. *Recherches sur l'exception d'inexécution*. Paris: LGDJ, 1971, p. 208.

[449] É comum encontrar posições que não negam que a exceção de insegurança seja também aplicável a obrigações de naturezas diversas, embora ressaltem que, na prática, o mais comum é que se relacionem com obrigações de pagamento de dinheiro. Ver: ARIAS-SCHREIBER PEZET, Max. Op. cit., p. 194.

[450] PONTES DE MIRANDA, Francisco Cavalcanti. *Tratado de direito privado*, cit., t. XXVI, p. 109.

[451] ROPPO, Vincenzo. Op. cit., p. 991.

sentido lógico em impedir que igual efeito tenha a prestação antecipada. Ela é admitida, assim, *a fortiori*.

Ainda sobre o texto do art. 477 do Código Civil, embora não haja menção expressa, a própria estrutura da exceção faz com que ela seja aplicável somente quando existam prazos distintos para o cumprimento das prestações estabelecidas contratualmente. Caso as obrigações fossem exigíveis simultaneamente, o remédio sinalagmático possível seria a exceção de inadimplemento prevista no art. 476, que confere proteção ao contratante leal diante do inadimplemento consumado da outra parte.

Pense-se nas possíveis situações que podem existir em um contexto em que as prestações são exigíveis simultaneamente. Em um primeiro cenário, nenhuma das obrigações estaria ainda vencida, e não haveria de se cogitar em inadimplemento, ou seja, a parte demandada poderia alegar a mera inexistência de pretensão, sem mover qualquer modalidade de exceção substancial. Em um segundo cenário, ambas as obrigações já estariam vencidas, inexistindo o risco de inadimplemento, mas sim o inadimplemento já configurado. Nessa circunstância, o demandado que não tenha cumprido sua prestação poderá afirmar que a contraprestação não foi adimplida corretamente, fazendo uso da exceção de contrato não cumprido satisfatoriamente, ou, caso o demandante não tenha cumprido sua prestação, o demandado poderá fazer uso da exceção de contrato não cumprido[452].

Também é possível afirmar, embora não haja menção expressa, que a exceção de insegurança é remédio a serviço somente do pré-obrigado, e não daquele que deverá prestar em segundo lugar em relação à prestação do pré-obrigado. A redação do art. 1.092 Código Civil de 1916 sobre a exceção de insegurança mencionava expressamente que a exceção cabia "a quem incumbe fazer prestação em primeiro lugar". O art. 477 do atual Código Civil não contém igual expressão. Porém, não há sentido lógico em apontar que essa diferença é significativa juridicamente. Em comparação com outros ordenamentos jurídicos, aponta-se que o art. 1.461 do Código Civil italiano tampouco faz referência expressa sobre qual parte pode fazer uso da exceção. O § 321 do BGB, por sua vez, faz referência à parte que deve executar sua prestação em primeiro lugar.

[452] OLIVEIRA, Rafael Alexandria de. Op. cit., p. 75-76.

Evidentemente que a análise da posição de "pré-obrigado" e "aquele que deverá prestar em segundo lugar" deve ser analisada concretamente em relação à ordem das prestações estabelecidas, e não em um sentido literal relacionado ao conjunto das prestações estabelecidas pelas partes. É possível, por exemplo, que uma parte se comprometa a realizar uma primeira prestação como sinal para, então, somente após a prestação do contratante, realizar o restante da sua prestação. Nessa situação, a pessoa que recebeu o sinal (e, portanto, recebeu uma vantagem patrimonial anterior) poderá fazer uso da exceção de insegurança para suspender a sua prestação (ou seja, cronologicamente posterior ao sinal, mas anterior ao restante da prestação final), caso a outra parte sofra redução patrimonial capaz de comprometer seu adimplemento final[453].

A comparação e aproximação da exceção de insegurança com o exercício da resolução devem ser feitas com cautela. Como aponta Pontes de Miranda, a legitimação à exceção de inseguridade não pode ser confundida com a legitimação à resolução do contrato por inadimplemento. "Caso contrário, todo contrato teria inclusa a cláusula '*rebus sic stantibus*'"[454], arremata o autor, utilizando a expressão como figura em sentido resolutório. Evidente que os contratos podem incluir uma cláusula *rebus sic stantibus*, em seu sentido resolutório, mas esse fato não tem relação com a possibilidade de oposição da exceção de insegurança[455].

A exceção de insegurança não tem como objetivo a extinção do vínculo contratual. Ao contrário, ela justamente se manifesta como instrumento

[453] Rafael Alexandria de Oliveira fornece exemplo para essa situação: "Vicente se comprometeu, mediante contrato de compra e venda, a fabricar e entregar a Matheus, no prazo de um mês, um instrumento musical, enquanto este último, tendo pago uma pequena quantia a título de sinal, comprometeu-se a complementar o valor em prestações vencíveis dentro de trinta e sessenta dias, contados da data da formação do negócio. Ainda que ultrapassado o prazo convencionado para a entrega do instrumento musical, e ainda que demandado para entregá-lo, Vicente poderá recursar-se a fazê-lo se demonstrar ter havido diminuição no patrimônio de Matheus, a ponto de tornar duvidoso que este último venha a contar com recursos suficientes para pagar o restante do preço convencionado, e a sua recusa soará legítima até que Matheus, que estava obrigado a prestar em segundo lugar, cumpra a sua própria prestação, se esta vier a vencer no curso da discussão, ou dê garantia suficiente de que irá satisfazê-la, se ainda não vencida" (OLIVEIRA, Rafael Alexandria de. Op. cit., p. 74).

[454] PONTES DE MIRANDA, Francisco Cavalcanti. *Tratado de direito privado*, cit., t. XXVI, p. 110.

[455] Idem, p. 111.

de equilíbrio sinalagmático, com o objetivo de tutelar o risco de descumprimento na relação contratual de modo a evitar a resolução. No caso da exceção de insegurança, ela tem como objetivo evitar a possível resolução em razão do inadimplemento que pode ocorrer caso a contraparte não realize a prestação futura em relação à prestação do pré-obrigado. Distinguem-se, portanto, as figuras: com a resolução se extingue o contrato; no caso da exceção de insegurança, o contrato fica preservado, com a paralisação temporária de seus efeitos[456].

Dessa forma, merecem críticas certos julgados que, sem a devida atenção aos contornos jurídicos da figura, utilizam a exceção de insegurança justamente para legitimar a resolução contratual unilateralmente. É o caso, por exemplo, de julgado do TJ do Rio Grande do Sul[457], que entendeu que o art. 477 do Código Civil justificaria o encerramento unilateral de contrato de prestação de serviço havido entre duas empresas, uma vez que o administrador da contratada fora preso preventivamente, compondo o cenário de agravamento do risco de que ela não devolvesse o maquinário cedido em comodato pela contratante. A exceção de insegurança é figura relacionada à manutenção do vínculo contratual, e não, imediatamente, à extinção.

Todavia, deve-se apontar que a exceção de insegurança pode não ser suficiente para evitar, finalmente, a resolução do contrato, embora sirva de proteção ao pré-obrigado. É o caso em que, uma vez oposta a exceção de insegurança, o excepto não apresente caução e tampouco tenha condições para adimplir. Nesse caso, o excipiente deverá esperar o vencimento da dívida do outro figurante, e, diante do inadimplemento, pedir a resolução do contrato. A diferença reside na circunstância de que, em razão da oposição da exceção de insegurança, a recusa da prestação não se torna uma infração contratual, mediante a paralisação da eficácia da pretensão do excepto, evitando que o excipiente sofra o dano de um adimplemento não correspondido.

A exceção de insegurança, como exceção substancial dilatória, tem sua consagração geral positivada no art. 477 do Código Civil. Todavia,

[456] Argumentação semelhante em relação à exceção de contrato não cumprido é feita em ASSIS, Araken de. Comentários aos arts. 421 a 488, cit., p. 664

[457] TJ do Rio Grande do Sul, 10ª Câm. Cív., AC 70050511666, Des. Rel. Marcelo Cezar Müller, v.u., d.j. 13-12-2012.

existem outros dispositivos da legislação que apresentam o mesmo fundamento – qual seja, uma aplicação consequente do princípio *inadimplenti non est adimplendum* – que fornecem uma tutela suspensiva e que seguem lógica e função similares à exceção de insegurança, porém, com características próprias. Como vimos acima, antes que a exceção de insegurança fosse alçada positivamente a um remédio cabível aos contratos bilaterais em geral, os sistemas jurídicos, sobretudo os que seguiram a linha inaugurada pela redação original do Código Civil francês, previram soluções específicas para determinados tipos contratuais. Essas defesas convivem hoje com a previsão mais abstrata da exceção de insegurança.

Especificamente, fazemos referência aos dispositivos relacionados a tipos contratuais específicos no sistema brasileiro, como é o caso do art. 495 do Código Civil[458], aplicável ao contrato de compra e venda, e o art. 590 do mesmo Código[459], relacionado ao contrato de mútuo. Ambos os dispositivos devem ser avaliados com cautela para verificarmos se se trata de outras manifestações da exceção de insegurança.

O art. 495 do vigente Código, que possui redação idêntica à do art. 1.131 do Código Civil de 1916, autoriza o vendedor de um bem a sobrestar a entrega da coisa até que o comprador que caiu em insolvência antes da tradição apresente caução de que irá pagar o preço da coisa no tempo ajustado.

Os contratos de compra e venda que estabelecem momentos distintos para as respectivas contraprestações são terrenos muito propícios para as tutelas suspensivas. É importante apontar que nem sempre os julgadores são cuidadosos ao identificar qual é, de fato, a ordem das prestações em uma determinada relação, sendo que, deste fato, podem decorrer dissonâncias de fundamentação em suas decisões. É o caso, por exemplo, de precedente do TJ de Minas Gerais que, no mesmo caso, aplica concomitantemente os arts. 491 e 495 do Código Civil, apesar da contradição lógica entre as situações descritas nos dois dispositivos, para fundamentar a recusa de um

[458] Art. 495. Não obstante o prazo ajustado para o pagamento, se antes da tradição o comprador cair em insolvência, poderá o vendedor sobrestar na entrega da coisa, até que o comprador lhe dê caução de pagar no tempo ajustado.

[459] Art. 590. O mutuante pode exigir garantia da restituição, se antes do vencimento o mutuário sofrer notória mudança em sua situação econômica.

vendedor em entregar o bem a um comprador que não tinha honrado a primeira parcela do negócio estabelecido entre as partes[460].

Vale lembrar que o reconhecimento normativo da tutela suspensiva nos contratos de compra e venda é a gênese da exceção de insegurança, que, a partir deste ponto, por meio da evolução jurisprudencial e normativa, ganhou maior grau de abstração a permitir que ela fosse tida como remédio aplicável genericamente aos contratos bilaterais. Essa é a situação da evolução normativa brasileira, bem como a francesa e italiana, conforme aponta Fabio Addis[461].

A primeira diferença notável entre o art. 475 do Código Civil e a regra geral do art. 477 é o pressuposto condicionante: o dispositivo fala em "cair em insolvência", enquanto a regra da exceção de insegurança fala em redução patrimonial capaz de colocar em risco a prestação. Apesar dessa diferença textual, admite-se que não seja rigorosamente necessária a insolvência civil para a aplicação da regra, bastando "a identificação por elementos de fato concretos reveladores do justo receio de que o comprador se encontre em estado patrimonial sem condições financeiras de honrar a obrigação"[462].

O que essa orientação aponta, na verdade, é que, caso a insolvência do comprador não seja juridicamente constituída (como previsto no art. 495 do Código Civil), ao comprador assistirá contradireito idêntico em efeitos à exceção de insegurança do art. 477, de modo que seja suspensa a pretensão do comprador em razão da sua redução patrimonial que tornou duvidosa a prestação futura em favor do vendedor. Este, assim, poderá suspender a entrega da coisa até o oferecimento de caução idônea ou, com maior razão, com o pagamento do preço pelo comprador.

Faz sentido não fazer uma leitura estrita do termo "cair em insolvência" do art. 495, uma vez que a insolvência do credor, conforme prevista no art. 955 do Código Civil, necessariamente acarretaria o vencimento antecipado da contraprestação devida pelo comprador, conforme art. 333 do

[460] TJ de Minas Gerais, 14ª Câmara Cìvel, AC 1.0778.07.017027-0/001, Rel. Des. Estevão Lucchesi, v.u., d.j. 04-07-2019.

[461] ADDIS, Fabio. *Il "mutamento" nelle condizioni patrimoniali dei contraenti*, cit., p. 35-45.

[462] GUERRA, Alexandre Dartanhan de Mello. Art. 495. In: NANNI, Giovanni Ettore (Coord.). *Comentários ao Código Civil*. São Paulo: Saraiva, 2019, p. 808; também nesse sentido: TEPEDINO, Gustavo; BARBOSA, Heloisa Helena; MORAES, Maria Celina Bodin. *Código Civil interpretado conforme a Constituição da República*. Rio de Janeiro: Renovar, 2006, v. II, p. 156.

Código Civil[463]. No momento em que a dívida do comprador já é exigível pelo vendedor, afastamo-nos do âmbito da exceção de insegurança (que trata do risco de inadimplemento e não do adimplemento já configurado, mesmo que antecipadamente), e entram em jogo os demais remédios relacionados ao inadimplemento, como a exceção de contrato não cumprido e a resolução.

O art. 590, por sua vez, com redação praticamente idêntica à do art. 1.261 do Código Civil de 1916[464], é aplicável aos contratos de mútuo, autorizando o mutuante a exigir garantia da restituição do mutuário, se antes do vencimento o mutuário sofrer "notória mudança em sua situação econômica".

Há precedente do TJ de São de Paulo que serve para ilustrar o funcionamento do dispositivo[465]. Trata-se de um caso em que o mutuante fez a entrega de valores em reais e em moeda estrangeira para o mutuário em março e agosto de 2014, e este apresenta, em outubro de 2015, a sua liquidação e deixa de oferecer os balanços patrimoniais, sugerindo sua situação pré-falimentar e, consequentemente, o risco da devolução dos valores mutuados. O mutuante, então, ingressa com medida judicial com pedido de tutela antecipada para que o mutuário apresente bens em garantia ao contrato de mútuo celebrado. Nota-se que o mutuante postula efetiva pretensão de apresentação de garantia, conforme autorizado pelo art. 590 do Código Civil. Conforme veremos adiante neste trabalho, a existência de pretensão à apresentação de garantia é uma diferença relevante entre o remédio do dispositivo em questão e a exceção de insegurança. A medida judicial é acatada em decisão de primeiro grau e mantida pelo TJ de São Paulo, uma vez que foi considerada existente a efetiva mudança na situação patrimonial do mutuário e este não conseguiu demonstrar que

[463] Art. 333. Ao credor assistirá o direito de cobrar a dívida antes de vencido o prazo estipulado no contrato ou marcado neste Código:
I – no caso de falência do devedor, ou de concurso de credores;
II – se os bens, hipotecados ou empenhados, forem penhorados em execução por outro credor;
III – se cessarem, ou se se tornarem insuficientes, as garantias do débito, fidejussórias, ou reais, e o devedor, intimado, se negar a reforçá-las.

[464] Art. 1.261. O mutuante pode exigir garantia da restituição, se antes do vencimento o mutuário sofrer notória mudança na fortuna.

[465] TJ de São Paulo, 19ª Câm. Cív., AI 2069115-21.2016.8.26.0000, Rel. Des. Cláudia Grieco Tabosa Pessoa, v.u., d.j. 04-07-2016.

a sua situação patrimonial era plenamente conhecida pelo mutuante no momento da formação do contrato.

É possível encontrar posições que enxergam que o dispositivo também trata da exceção de insegurança[466]. Todavia, embora realmente a hipótese do art. 590 guarde relação com a exceção de insegurança, uma vez que ambas as figuras lidam com o risco do inadimplemento e são fundamentadas na perda de confiança objetivamente considerada, elas não se confundem e tampouco existe entre elas relação de gênero-espécie.

Como será tratado adiante neste trabalho, a exceção de insegurança é remédio cabível somente aos contratos bilaterais, sinalagmáticos, não sendo aplicável aos contratos unilaterais, como é o caso do mútuo. O dispositivo em questão efetivamente confere um contradireito ao mutuante, mas não se trata de uma exceção substancial. Por meio do art. 590, o mutuante não neutraliza a eficácia de eventual pretensão do mutuário. Pela natureza real e unilateral do contrato de mútuo, a relação jurídica contratual passa a existir no momento em que há a entrega da coisa fungível ao mutuário (ou seja, a entrega do bem não está relacionada à execução do contrato), cabendo somente a ele realizar uma prestação principal em favor do mutuante, isto é, restituir a coisa mutuada. Dessa forma, o art. 590 não confere um direito ao mutuante de sobrestar a prestação que lhe cabe – traço característico da exceção de inseguridade – uma vez que tal prestação sequer existe, dada a natureza unilateral da relação.

O mutuante, assim, diante das circunstâncias do art. 590, poderá exercer o seu contradireito, em relação ao mutuário, de exigir a apresentação de garantia. No descumprimento desse dever temos outra distinção do art. 590 em relação à exceção de insegurança de que trata o art. 477 do Código Civil. Em uma exceção de insegurança oposta propriamente no âmbito do contrato bilateral, caso o excepto não apresente garantia e tampouco adiante sua prestação, deverá o excipiente aguardar o termo da obrigação do excepto para então lançar mão dos remédios relacionados ao inadimplemento (como a resolução). Porém, no caso do art. 590, se o

[466] Por exemplo, SANSEVERINO, Paulo de Tarso Vieira. Contratos nominados II. In: REALE, Miguel; MARTINS-COSTA, Judith (Coords.). *Biblioteca de direito civil.* Estudos em homenagem ao Professor Miguel Reale. 2. ed. São Paulo: RT, 2011, p. 338; GUERRA, Alexandre Dartanhan de Mello. Op. cit., p. 938.

mutuário se negar a apresentar a garantia, sua prestação poderá vencer antecipadamente, aplicando-se, ao caso, o art. 333, III, do Código Civil.

Cenário um pouco diferente ocorre no contrato de abertura de linha de crédito. Trata-se de contrato pelo qual o banqueiro-creditador coloca à disposição do cliente-creditado dinheiro, bens ou serviços por um tempo convencionado, mediante certas condições recíprocas. Conforme aponta Ruy Rosado de Aguiar, existe discussão sobre a classificação do contrato de abertura de linha crédito, havendo quem defenda ser esse um contrato de classificação *sui generis* ou unilateral[467]. Todavia, parece fazer mais sentido compreender esse contrato como bilateral e consensual, com obrigações estipuladas para ambas as partes, umas em função das outras. Dessa forma, trata-se de relação contratual passível inclusive de resolução ou ação de adimplemento por parte do cliente-creditado em face do banqueiro-credor[468].

Por ser bilateral, também seria o caso de se cogitar a aplicação da exceção de insegurança. Há julgados nas cortes nacionais nesse sentido[469]. Destaca-se julgado do TRF da 4ª Região[470] que confirma tal entendimento, julgando ser admissível, em tese, a invocação da exceção de insegurança pelo BNDES em contrato de abertura de crédito para suspender certas liberações a cliente que se encontra em situação patrimonial periclitante e a oferecer risco em relação à sua prestação futura, qual seja, de devolução das quantias ao banqueiro-creditador, além de taxas e remuneração do capital. Essa possibilidade, no caso, seria justificável tanto diante do art. 477 do Código Civil quanto do próprio instrumento contratual firmado entre as partes[471].

467 AGUIAR JÚNIOR, Ruy Rosado. Os contratos bancários e a jurisprudência do Superior Tribunal de Justiça. Informativo Jurídico da Biblioteca Ministro Oscar Saraiva, v. 15, n. 1, p. 1-148, jan./jun. 2003, p. 35.

468 Idem, p. 32.

469 Pela legitimidade da oposição da exceção de insegurança relacionada ao crédito residual, ver TJ de São Paulo, 38ª Câmara de Direito Privado, AC 0000562-46.2010.8.26.0038, Rel. Des. César Peixoto, v.u., d.j. 31-10-2012.

470 TRF da 4ª Região, 3ª Turma, AC 5009488-13.2013.404.7202, Rel. Des. Federal Nicolau Konkel Junior, v.u., d.j. 25-03-2015.

471 Deve-se apontar, todavia, que o julgado em questão somente considera essa possibilidade abstratamente, uma vez que, analisando as provas produzidas nos autos, não houve comprovação de que o BNDES tivesse se recusado a fazer a liberação dos créditos nos termos contratuais estabelecidos.

Ainda sobre o tema do contrato de linha de crédito, é interessante notar que em França, antes da *Ordonnance* n. 2016-131, conforme aponta Andrea Pinna, foi reconhecida a possibilidade de oposição da *exception pour risque d'inexécution*, mediante pronunciamento judicial, para suspender a prestação devida por banqueiro em linha de crédito aberta por cliente em situação patrimonial periclitante. Apesar de a legislação francesa à época, especificamente o Código Monetário e Financeiro, proibir a revogação da linha de crédito *ad nutum*, a *exceptio* foi reconhecida como medida protetiva ao banqueiro, enquanto este aguardava esclarecimento sobre a situação do cliente, que não estava com a situação patrimonial irreparavelmente comprometida[472].

4.2. Panorama geral da exceção de insegurança na doutrina e jurisprudência nacionais

Vimos nos capítulos em que tratamos da evolução histórica da exceção de insegurança que a positivação da figura no ordenamento jurídico brasileiro, como modalidade de tutela suspensiva cabível aos contratos bilaterais em geral diante do risco de descumprimento, não é propriamente uma novidade da codificação de 2002. O art. 477 do Código Civil de 2002, que a consagra dentro do título "Dos Contratos em Geral", praticamente repete a redação da segunda parte do art. 1.092 do Código Civil de 1916, então inserido do título "Dos Contratos", com a única diferença textual de que na antiga legislação havia a menção expressa de que a exceção era cabível "a quem incumbe fazer a prestação em primeiro lugar" em um contrato com prestação diferida.

Antes da codificação de 1916, porém, uma tutela suspensiva de caráter amplo, cabível aos contratos bilaterais, com fundamento no risco do descumprimento qualificado não era uma realidade positivada. Vimos que a cultura jurídica brasileira do século XIX estava familiarizada com as tutelas suspensivas para tipos contratuais específicos, por exemplo, no art. 198 do antigo Código Comercial de 1850, como uma exceção oponível nos contratos de compra e venda mercantil, sem que, todavia, houvesse autorização normativa expressa para que tal remédio fosse estendido a outras espécies de contrato.

[472] PINNA, Andrea. L'exception pour risque d'inexécution, cit., p. 41.

A previsão de uma tutela suspensiva aplicável aos contratos bilaterais em geral com fundamento no risco do descumprimento qualificado foi inicialmente prevista no Código Civil de 1916, portanto, no início do século XX, seguindo linha inaugurada, no plano das codificações, pelo BGB.

A partir desse momento, muitos sistemas jurídicos que se utilizam da técnica da codificação civil para estabelecer um regramento geral sobre as relações privadas contratuais acabaram por assimilar e desenvolver previsões sobre a tutela suspensiva aplicável aos contratos bilaterais diante de um risco qualificado de inadimplemento. Sem prejuízo dos detalhes e desenvolvimentos próprios a cada uma das opções legislativas e do funcionamento e interpretação dessa modalidade de tutela em cada uma delas, vimos que houve a previsão da figura nas codificações civis vigentes da Itália, França (conforme reforma do direito obrigacional em razão da *Ordonnance* nº 2016-131) e Alemanha. Assim, além do Brasil, nota-se que a tutela suspensiva com base no risco objetivo de descumprimento é um tema familiar aos ordenamentos jurídicos de tradição civil continental, figurando como dispositivo nas codificações mais influentes e estudadas, e ainda é um tema tratado em códigos que surgiram no século XXI, como, por exemplo o novo Código Civil e Comercial argentino.

Entretanto, mesmo diante da existência de positivação expressa na legislação, dos influxos culturais jurídicos de outros países e ainda da importância do instrumento para a tutela do sinalagma contratual, a literatura jurídica brasileira não se animou, até o momento, em lhe dedicar um estudo específico, embora existam sinais de interesse crescente sobre o tema[473]. As esparsas análises doutrinárias sobre a exceção de insegurança

[473] É possível apontar que a crise gerada pela pandemia da COVID-19 em 2020 levou a comunidade jus-civilista brasileira a reavaliar todos os instrumentos que estão no amplo leque das figuras que têm como objetivo lidar com os efeitos das alterações das circunstâncias, dentre elas a exceção de insegurança. A figura, destarte, foi objeto de alguns textos que abordam a eventual aplicabilidade da exceção de insegurança no contexto da COVID-19 (ver, por exemplo, MORAES, Bernardo B. Queiroz de; GIANNOTI, Luca D'Arce. A exceção de inseguridade e a tutela do devedor em tempos de Covid-19. Coluna "Direito Civil Atual" (da "Rede de Pesquisa de Direito Civil Contemporâneo") do jornal *Consultor Jurídico* (https://www.conjur.com.br/secoes/colunas/direito-civil-atual), 2020. Disponível [on-line] em: https://www.conjur.com.br/2020-abr-29/direito-civil-atual-excecao-inseguridade-tutela-devedor-tempos-covid-19 [22-07-2020]; ASSAF FILHO, Alexandre. A exceção de inseguridade em tempos de pandemia,

no Brasil normalmente são vistas em obras dedicadas a estudar a exceção de contrato não cumprido[474], ou em tópicos em obras que possuem o objetivo de conferir uma análise ampla do direito privado brasileiro ou da codificação civil[475].

A lacuna não é só sentida no campo doutrinário e acadêmico, mas também na ausência de um corpo de julgados abrangente sobre o tema nos tribunais brasileiros. Na base de dados do STJ[476], por exemplo, há poucos julgados que tratam da exceção de insegurança, sendo que o principal deles, seguramente, é o RESp n. 1.279.188 – SP, julgado em 16 de abril de 2015, de relatoria do Ministro Luís Felipe Salomão[477], em que a aplicação da exceção de insegurança, como prevista em legislação federal,

2020. Disponíel [on-line] em: https://www.megajuridico.com/a-excecao-de-inseguridade--em-tempos-de-pandemia [01-06-2020]; ZARONI, Bruno Marzullo. Devo cumprir um contrato mesmo prevendo que a outra parte não o honrará?, 2020. Disponível [on-line] em: https://www.vgplaw.com.br/devo-cumprir-um-contrato-mesmo-prevendo-que-a-outra--parte-nao-o-honrara [26-03-2020]).

474 É o caso, por exemplo, de GAGLIARDI, Rafael Villar. *Exceção de contrato não cumprido*, cit., p. 123-130; BIAZI, João Pedro de Oliveira de. *A exceção de contrato não cumprido no direito privado brasileiro*, cit., p. 140 e ss.; GERAIGE, Nadime Meinberg. Op. cit., p. 65 e ss.; BUTRUCE, Vitor Augusto José. Op. cit., p. 17-18; ZANETTI, Cristiano de Sousa. Exceção de contrato não cumprido. In: MORRIS, Amanda Zoe; BARROSO, Lucas Abreu. *Direito civil*: direito dos contratos. 3. ed. São Paulo: RT, 2008, p. 228-234. Vale lembrar que existem obras sobre o tema que não identificam a autonomia da exceção de insegurança em relação à exceção de contrato não cumprido, enxergando aquela como manifestação desta. É o caso LOPES, Miguel Maria de Serpa. Op. cit., p. 277-279.

475 Ver, por exemplo, PONTES DE MIRANDA, Francisco Cavalcanti. *Tratado de direito privado*: parte especial, cit., t. XXVI, p. 109-115; ALVES, João Luiz. *Código Civil annotado*. 1. ed. Rio de Janeiro: F. Briguiet e Cia Editores Livreiros, 1917; ZANETTI, Cristiano de Sousa. Art. 477, cit., p. 773-775; MATIELLO, Fabrício Zamprogna. *Código Civil comentado*. 3. ed. São Paulo: LTr, 2007; TARTUCE, Flávio. *Código Civil*: teoria geral dos contratos e contratos em espécie. São Paulo: Método, 2013, v. 3.

476 Sobre a base de dados do STJ, oportuna a observação de Otavio Luiz Rodrigues Júnior: "a base de dados do Superior Tribunal de Justiça, em termos quantitativos, pode ser considerada ideal, pois contém absolutamente todos os julgamentos daquela unidade judiciária. O universo de pesquisa é integral e permite a obtenção de resultados com maior rigor" (RODRIGUES JÚNIOR, Otávio Luiz. Um modelo de revisão contratual por etapas e a jurisprudência contemporânea do Superior Tribunal de Justiça. In: LOPEZ, Tereza Ancona; LEMOS, Patrícia Faga Iglecias; RODRIGUES JÚNIOR, Otávio Luiz (Coord.). *Sociedade de risco e direito privado*: desafios normativos, consumeristas e ambientais. São Paulo: Atlas, 2013, p. 472.

477 STJ, 4ª Turma, REsp 1.279.188 / SP, Rel. Min. Luis Felipe Salomão, v.u., d.j. 16-04-2015.

é objeto de análise[478]. Um detalhe relevante desse julgado é que a exceção de insegurança foi tratada como "principiologia" para a resolução do caso, fato cuja relevância será abordada mais adiante em detalhes.

Pesquisando as bases de dados dos tribunais estaduais e regionais federais brasileiros, e mesmo tendo em vista as restrições quantitativas a cada uma das bases dependendo da organização de cada tribunal, é possível notar que as buscas por "exceção de insegurança", "exceção de inseguridade" ou até mesmo menções ao art. 477 do Código Civil fornecem resultados restritos. Ademais, a menção ao art. 477 não raramente é feita pelos tribunais brasileiros ao se apontar um dos componentes da figura geral da exceção de contrato não cumprido, cabível em caso de descumprimento da prestação, embora as duas figuras tenham âmbito operacional e efeitos distintos[479]. Esse fenômeno pode ser atribuído à

[478] Aponta-se que a exceção de inseguridade é mencionada no julgamento por decisão monocrática do Agravo de Instrumento de n. 219.730/RS, mas ao recurso foi negado provimento com fundamento nas Súmulas n. 5 e 7 do STJ: STJ, AG 219.730/ RS, Rel. Min. Barros Monteiro, d.j. 10-05-1999.

[479] Ver os seguintes julgados: STJ, 3ª Turma, AgInt no Ag. em REsp 1.644.843/DF, Rel. Min. Nancy Andrighi, v.u., d.j. 21-09-2020; TJ do Ceará, 2ª Câmara de Direito Privado, AC 0000297-62.2005.8.06.0107, Rel. Des. Carlos Alberto Mendes Fortes, v.u., d.j. 04-12-2019; TJ do Distrito Federal, 2ª Turma Recursal dos Juizados Especiais do Distrito Federal, RI 0712955-75.2018.8.07.0016, Rel. Juiz Arnaldo Corrêa Silva, v.u., d.j. 24-10-2018; TJ do Distrito Federal, 3ª Turma Cível, AC 20130111723642APC (0043877-64.2013.8.07.0001), Rel. Des. Alvaro Ciarlini, v.u., d.j. 07-11-2018; TJ do Distrito Federal, 3ª Turma Cìvel, AC 20050110767676APC, Rel. Des. Esdras Neves, v.u., d.j. 30-09-2009; TJ do Distrito Federal, 1ª Turma Recursal dos Juizados Especiais do Distrito Federal, AC do Juizado Especial 20070710233512ACJ, Rel. Juiz Arolson Ramos de Araújo, v.u., d.j. 30-08-2010; TJ do Distrito Federal, 1ª Turma Cível, AC 20110111519993APC, Rel. Des. Alfeu Machado, v.u., d.j., 03-04-2013; TJ do Distrito Federal, 1ª Turma Recursal dos Juizados Especiais do Distrito Federal, RI 0753882-83.2018.8.07.0016, Rel. Juíza Soníria Rocha Campos D'Assunção, v.u., d.j., 08-08-2019; TJ de Goiás, 5ª Câm. Cív., AC 0409513.54.2014.8.09.0051, Rel. Des. Guilherme Gutemberg Isac Pinto, v.u., d.j. 07-06-2019; TJ de Minas Gerais, 11ª Câm. Cív., AC 1.0672.08.300861-1/002, Rel. Des. Adriano de Mesquita Carneiro, v.u., d.j. 04-12-2019; TJ de Minas Gerais, 16ª Câm. Cív., AC 1.0024.09.747092-6/001, Rel. Des. Pedro Aleixo, v.u., d.j. 26-06-2014; TJ de Minas Gerais, 11ª Câmara Cível, AC 1.0672.08.291793-7/003, Des. Rel. Adriano de Mesquita Carneiro, v.u., d.j. 04-12-2019; TJ de Minas Gerais, 11ª Câm. Cív., AC 1.0471.12.011023-7/001, Rel. Des. Wanderley Paiva, v.u., d.j. 29-01-2014; TJ de Minas Gerais, 13ª Câm. Cív., AI 1.0024.11.151884-1/001, Des. Rel. Francisco Kupidlowski, v.u., d.j. 06/10/2011; TJ de Mato Grosso, 6ª Câm. Cív., AC 27932/2014, Rel. Des. Serly Marcondes Alves, v.u., d.j. 08-10-2014; TJ de Mato Grosso, 1ª Câm. Cív., AC 157586/2014, Rel. Des.

circunstância de que, como tivemos a oportunidade de apontar acima, a codificação civil de 2002 incluiu os dois dispositivos dentro da mesma

Nilza Maria Pôssas de Carvalho, v.u., d.j. 04-10-2016; TJ de Pernambuco, 6ª Câm. Cív., AC 93870-1, Rel. Des. Bartolomeu Bueno, v.u., d.j. 11-05-2006; TJ de Pernambuco, 2ª Câm. Cív., AC 0024509-81.1999.8.17.0001 (0234677-0), Rel. Des. Cândido Saraiva de Moraes, v.u., d.j. 29-10-2013; TJ do Paraná, 14ª Câm. Cív., AC 2159-65.2018.8.16.0194, Rel. Des. Fernando Prazeres, v.u., d.j. 09-09-2020; TJ do Paraná, 12ª Câm. Cív., AC 0003075-03.2009.8.16.0037, Rel. Des. Roberto Massaro, v.u., d.j. 06-06-2018; TJ do Paraná, 12ª Câmara Cìvel, AC 0005106-17.2013.8.16.0017, Des. Rel. Anderson Ricardo Fogaça, v.u., d.j. 11-07-2018; TJ do Paraná, 1ª Turma Recursal dos Juizados Especiais, RI 0008216-49.2015.8.16.0083, Rel. Juiza Vanessa Bassani, v.u., d.j. 19-04-2018; TJ do Rio de Janeiro, 3ª Câm. Cív., AC 0002666-82.2011.8.19.0066, Rel. Des. Renata Machado Cotta, v.u., d.j. 31-07-2019; TJ do Rio de Janeiro, 8ª Câm. Cív., AC 0007825-25.2018.8.19.0045, Rel. Des. Mônica Maria Costa, v.u., d.j. 25-06-2019; TJ do Rio de Janeiro, 21ª Câm. Cív., AC 0008463-13.2016.8.19.0212, Rel. Des. Mônica Feldman de Mattos, v.u., d.j. 11-06-2019; TJ do Rio de Janeiro, 8ª Câm. Cív., AC 0020914-09.2014.8.19.0061, Des. Rel. Mônica Maria Costa, v.u., d.j. 17-10-2017; TJ do Rio de Janeiro, 8ª Câm. Cív., AC 0062721-97.2011.8.19.0001, Rel. Des. Mônica Maria Costa, v.u., d.j. 10-12-2013; TJ do Rio de Janeiro, 21ª Câm. Cív., AC 0078659-96.2016.8.19.0021, Rel. Des. Mônica Feldman de Mattos, v.u., d.j. 14-12-2018; TJ do Rio de Janeiro, 8ª Câm. Cív., AC 0105703-24.2014.8.19.0001, Rel. Des. Mônica Maria Costa, v.u., d.j. 06-07-2017; TJ do Rio de Janeiro, 8ª Câm. Cív., AC 0134186-50.2003.8.19.0001, Rel. Des. Mônica Maria Costa, v.u., d.j. 24-02-2016; TJ do Rio de Janeiro, 21ª Câmara de Direito Civil, AC 0191162-57.2015.8.19.0001, Rel. Des. Denise Levy Tredler, v.u., d.j. 08-08-2019; TJ do Rio de Janeiro, 4ª Câm. Cív., AC 0210150-29.2015.8.19.0001, Des. Rel. Myriam Medeiros da Fonseca Costa, v.u., d.j. 04-07-2018; TJ do Rio de Janeiro, 8ª Câm. Cív., AC 0242478-85.2010.8.19.0001, Rel. Des. Mônica Maria Costa, v.u., d.j. 21-08-2016; TJ do Rio de Janeiro, 8ª Câm. Cív., AC 0357371-55.2011.8.19.0001, Rel. Des. Mônica Maria Costa, v.u., d.j. 21-08-2018; TJ do Rio de Janeiro, 25ª Câm. Cív., AC 0373602-21.2015.8.19.0001, Rel. Des. Luiz Fernando de Andrade Pinto, v.u., d.j. 04-09-2019; TJ do Rio de Janeiro, 27ª Câm. Cív., AC 0079313-53.2010.8.19.0002, Rel. Des. Mônica Feldman de Mattos, v.u., d.j. 03-02-2015; TJ do Rio de Janeiro, 6ª Câm. Cív., AC 0038954-86.2018.8.19.0000, Rel. Des. Nagib Slaibi, v.u., d.j. 26-10-2016; TJ do Rio de Janeiro, 4ª Câm. Cív., AI 0004191-59.2018.8.19.0000, Rel. Des. Myriam Medeiros da Fonseca Costa, v.u., d.j. 04-04-2018; TJ do Rio Grande do Norte, 2ª Câm. Cív., AI 0803874-98.2018.8.20.0000, Rel. Des. Virgílio Macêdo Jr., v.u., d.j. 06-09-2018; TJ do Rio Grande do Norte, 2ª Câm. Cív., AI 0806669-77.2018.8.20.0000, Rel. Des. Virgílio Macêdo Jr., v.u. d.j. 19-11-2018; TJ do Rio Grande do Sul, 13ª Câm. Cív., AC 70007128853, Rel. Des. Marco Aurelio de Oliveira Canosa, v.u., d.j. 04-05-2004; TJ do Rio Grande do Sul, 13ª Câm. Cív., AC 70006909501, Rel. Des. Marco Aurelio de Oliveira Canosa, v.u., d.j. 04-05-2004; TJ do Rio Grande do Sul, 13ª Câm. Cív., AC 70007182504, Rel. Des. Marco Aurelio de Oliveira Canosa, v.u., d.j. 14-09-2004; TJ do Rio Grande do Sul, 4ª Turma Recursal Cível, RI 71005129697, Rel. Glaucia Dipp Dreher, v.u., d.j. 27-02-2015; TJ do Rio Grande do Sul, 17ª Câm. Cív., AC

seção intitulada "exceção de contrato não cumprido". Também é importante lembrar que durante o século XX, sobretudo em sua primeira metade, era predominante o entendimento doutrinário de que a exceção

70070975826, Rel. Des. Gelson Rolim Stocker, v.u., d.j. 17-11-2016; TJ de Santa Catarina, 5ª Câm. Cív., AC 2008.060740-6 e 2008.060741-3, Rel. Des. Cláudio Valdyr Helfenstein, v.u., d.j. 18-10-2012; TJ de Santa Catarina, 2ª Câmara de Direito Comercial, AC 0004901-16.2007.8.24.0036, v.u., d.j., 14-12-2016; TJ de Santa Catarina, 2ª Câmara de Direito Comercial, AC 0004902-98.2007.8.24.0036, Rel. Des. Robson Luz Varella, v.u., d.j. 14-12-2016; TJ de Tocantins, 5ª Turma da 2ª Câm. Cív., AI 0026226-25.2017.827.0000, Rel. Des. João Rigo Guimarães, v.u., d.j. 13-06-2018; TJ de Tocantins, 4ª Turma da 1ª Câm. Cív., AC 0007275-46.2018.8.27.0000, Rel. Des. Etelvina Maria Sampaio Felipe, v.u., d.j. 10-06-2020; TJ de Tocantins, 4ª Turma da 1ª Câm. Cív., AC 0025368-91.2017.8.27.0000, Rel. Des. Etelvina Maria Sampaio Felipe, v.u., d.j. 10-06-2020; TRF da 5ª Região, 4ª Turma, AC 0801877-15.2016.4.05.8500, Rel. Des. Federal Rubens de Mendonça Canuto Neto, v.u., d.j. 21-02-2017; TJ de São Paulo, 3ª Câmara de Direito Privado, AC 4 61.118-4/6-00, Rel. Des. Beretta da Silveira, v.u., d.j. 12-12-2006; TJ de São Paulo, 1ª Câmara de Direito Privado, AC 0006929-85.2013.8.26.0554, Rel. Des. Luiz Antonio de Godoy, v.u., d.j. 03-07-2018; TJ de São Paulo, 35ª Câmara de Direito Privado, AC 0012501-36.2012.8.26.0302, Rel. Des. Clóvis Castello, v.u., d.j. 30-06-2014; TJ de São Paulo, 5ª Câmara de Direito Privado, AC 0041007-15.2013.8.26.0002, Rel. Des. J. L. Mônaco da Silva, v.u., d.j. 24-02-2016; TJ de São Paulo, 6ª Câmara de Direito Privado, AC 0186423-79.2011.8.26.0100, Rel. Des. José Roberto Furquim Cabella, v.u., d.j. 25-02-2016; TJ de São Paulo, 26ª Câmara de Direito Privado, AC 783710- 0/8, Rel. Des. Andreatta Rizzo, v.u., d.j. 02-05-05; TJ de São Paulo, 28ª Câm. Cív., AC 1001292-53.2017.8.26.0213, Rel. Des. Dimas Rubens Fonseca, v.u., d.j. 16-04-2019; TJ de São Paulo, 35ª Câmara de Direito Privado, AC 1004947-41.2014.8.26.0309, Rel. Des. Flavio Abramovici, v.u., d.j. 08-06-2020; TJ de São Paulo, 1ª Câmara de Direito Privado, AC 1094641-32.2015.8.26.0100, Rel. Des. Luiz Antonio de Godoy, v.u., d.j. 03-05-2018; TJ de São Paulo, 29ª Câmara de Direito Privado, AC 1238754- 0/4, Rel. Des. Pereira Calças, v.u., d.j. 01-04-2009; TJ de São Paulo 27ª Câmara de Direito Privado, AC 4002280-29.2013.8.26.0224, Rel. Des. Daise Fajardo Nogueira Jacot, v.u., d.j. 27-09-2016; TJ de São Paulo, 12ª Câmara de Direito Privado, AC 9187221-61.2009.8.26.0000, Rel. Des. Jacob Valente, v.u., d.j. 08-02-2012; TJ de São Paulo, 3ª Câmara B do Exintito Primeiro Tribunal de Alçada Cívil, 1.280.904-2, Rel. Des. Roque Mesquita, por maioria dos votos, d.j. 28-04-2005; Primeiro Tribunal de Alçada Cível do Estado de São Paulo, 3ª Câmara, AI 1.278.641-9, Rel. Des. Itamar Gaino, v.u., d.j. 27-04-2004; Primeiro Tribunal de Alçada Cível do Estado de São Paulo, 3ª Câmara, AI 1.179.491-1, Rel. Des. Carvalho Viana, v.u., d.j. 16-09-2003; TJ de São Paulo, 27ª Câm. Cív., AI 1281832- 0/5, Rel. Des. Dimas Rubens Fonseca, v.u., d.j. 25-08-2009; TJ de São Paulo, 6ª Câm. Cív., AI 2056156-86.2014.8.26.0000, Rel. Des. Francisco Loureiro, v.u., d.j. 16-05-2014; TJ de São Paulo, 1ª Câmara de Direito Privado, AI 2196025-25.2018.8.26.0000, Rel. Des. Francisco Loureiro, v.u., d.j. 08-10-2018; Primeiro Tribunal de Alçada Cível do Estado de São Paulo, Quinta Câmara "A", AgRg 1.301.904-4/01, Rel. Des. Manoel Mattos, v.u., d.j. 02-06-2004.

de insegurança (então positivada no art. 1.092, 2ª alínea, do Código Civil de 1916) devia ser compreendida como uma hipótese extraordinária de exceção de contrato não cumprido, cabível nas hipóteses em que as prestações não eram recíprocas[480]. Esses são os fatores que levam alguns julgados a afirmarem, sem o devido cuidado, que a exceção de contrato não cumprido está prevista tanto no art. 476 quanto no art. 477 do Código Civil.

Todavia, embora o número de julgados que analisam propriamente a exceção de insegurança seja baixo, é possível notar que se trata de figura viva na experiência jurisprudencial brasileira, tanto em tribunais estaduais quanto federais, havendo interessantes precedentes que mostram o estágio de assimilação da figura na nossa cultura jurídica. Embora muitos julgados estejam sujeitos a críticas do ponto de vista técnico – o que será demonstrado oportunamente abaixo – é necessário apontar que o estudo jurisprudencial revela a urgência de um estudo detido sobre o tema.

Tendo em vista que a exceção de insegurança é um instrumento de tutela do risco contratual diante da ruptura do equilíbrio contratual causado por um risco de descumprimento qualificado, evitando, assim, a resolução, é cabível a dúvida sobre as percepções dos operadores do direito sobre a habilidade do instituto em cumprir essa função com segurança jurídica. Esse ponto está intimamente ligado à prática de assessoria jurídica a contratantes em sugerir a solução da exceção de insegurança como instrumento jurídico hábil a resolver situações de ruptura do equilíbrio diante dos pressupostos estabelecidos em lei. Tendo em vista que a oposição da exceção é um instrumento que pode ser impulsionado de parte a parte (ou seja, sem a mediação de uma autoridade judiciária), prestigiando a atividade estritamente privada no direito[481], cabe inicialmente

[480] Ver BEVILÁQUA, Clóvis. Op. cit., p. 206; SERPA LOPES, Miguel Maria de. Op. cit., p. 277-279.

[481] Sobre o prestígio conferido à atividade dentro do atual panorama da legislação civil brasileira, ver LOTUFO, Renan. Teoria geral dos contratos. In: LOTUFO, Renan; NANNI, Giovanni Ettore (Coord.). *Teoria geral dos contratos.* São Paulo: Atlas, 2011, p. 20: "Identifica-se a presença dos princípios como base da Teoria Geral dos Contratos no Código Civil de 2002, que, como temos dito, é um Código que exige atores, não meros espectadores, ou detentores de *status*, isto é, exige que cada pessoa atue na conquista e na preservação do seu direito, sob pena de vê-lo suprimido, invalidado pela ineficácia decorrente da inércia. Não é um Código

ao ente contratante, normalmente mediante assessoria jurídica habilitada, fazer o juízo de conveniência sobre o uso da exceção de insegurança.

A ausência de um número relevante de manifestações jurisprudenciais, assim, sugere que a exceção de insegurança, atualmente, tem pouco espaço na "caixa de ferramentas" de assessores jurídicos na busca de soluções adequadas para as entidades contratantes assessoradas.

Estabelecer conclusões sobre esse fato é atividade que encarta grandes desafios, sobretudo metodológicos, uma vez que variadas causas podem justificar o não uso de um instrumento jurídico, ou até o conjunto delas. Tanto as dificuldades trazidas pela própria modelagem normativa da figura quanto a insegurança causada justamente pela ausência de jurisprudência firme a guiar opiniões jurídicas podem influenciar essa particular circunstância brasileira.

Dessa forma, sobre esses pontos, um estudo dogmático da exceção de insegurança pode fornecer especial utilidade na identificação de dificuldades próprias do instituto, sobretudo os riscos e limites jurídicos para sua utilização. Há, todavia, a necessidade de evitar exageros interpretativos, sobretudo em épocas de crises econômicas em que há uma acentuada busca por novos remédios jurídicos para tratar os diferentes males que assolam os personagens do tráfego jurídico. Como bem assinalou Ana Taveira da Fonseca em evento do Instituto de Direito Privado sobre a exceção de contrato não cumprido e a exceção de insegurança, "[a exceção de insegurança] vai dar menos do que prometia"[482]. A frase deve ser vista no contexto sobre a avaliação das efetivas possibilidades da exceção de insegurança diante de um cenário de crise econômica generalizada.

Mas a própria jurisprudência também merece rigorosa análise crítica. Um estudo que pretenda analisar o perfil jurídico da exceção de insegurança, fornecendo métodos seguros de análise do funcionamento do instituto no ordenamento jurídico brasileiro, servirá também para identificar eventuais falhas em decisões judiciais ao apontar o núcleo dos

voltado para o ócio, mas para atividade. A presença permanente do requisito da atividade faz parte do viver em sociedade mantendo a individualidade".

[482] FONSECA, Ana Taveira da. Exceção de contrato não cumprido e exceção de inseguridade. In: GRUPO DE ESTUDOS EM DIREITO CONTRATUAL COMPARADO DO INSTITUTO DE DIREITO PRIVADO, 2020, São Paulo.

problemas levados à apreciação judicial ou então exercer um controle sobre os limites da atividade interpretativa nas decisões. O acórdão do STJ mencionado acima, como veremos, demonstra que dentro do tema da exceção de insegurança esse é um assunto que começa a se tornar incontornável.

Por outro lado, se a identificação dos contornos próprios e natureza normativa da exceção de insegurança é um desafio no âmbito jurisprudencial, também se mostra relevante, como já apontado, a ausência de um número expressivo de julgados sobre o assunto. Seria o caso de se cogitar que os tribunais não enxergaram a necessidade de aplicação das regras referentes à exceção de insegurança quando elas efetivamente mereciam ser aplicadas. Não se descarta, por exemplo, que muitos julgados que poderiam ser resolvidos pela aplicação do regime jurídico da exceção de insegurança sejam, na verdade, analisados equivocadamente sob a ótica de outros institutos, como a exceção de contrato não cumprido ou eventuais modalidades de resolução contratual diante das dificuldades patrimoniais enfrentadas por um contratante, e que, portanto, proferem resultados pouco coerentes com a sistemática contratual disciplinada na legislação positivada. Assim, será possível identificar que talvez o problema seja na própria falha judicial na identificação da incidência das regras jurídicas sobre a exceção de insegurança, e não na ausência de utilidade para os contratantes, sem prejuízo de a primeira causa influenciar diretamente na segunda.

4.3. Nossa proposta de delimitação conceitual de exceção de insegurança

Uma vez estabelecidas as características principais, natureza, funções e fundamentos da exceção de insegurança no sistema brasileiro, é desde já possível fornecer o seu conceito. Esse conceito informará os demais aspectos analíticos de seu perfil jurídico, nomeadamente seus pressupostos, efeitos e distinções relativas a outras figuras.

A exceção de insegurança, assim, é aquela exceção substancial cabível nos contratos bilaterais que, como tutela da confiança, confere remédio suspensivo a um dos contratantes, o excipiente, permitindo-o suspender a sua prestação, caso se configure o risco objetivo de inadimplemento da outra parte, o excepto, em razão da deterioração da sua capacidade de cumprimento da prestação.

Tradicionalmente o direito positivo elege como suporte fático da deterioração da capacidade de cumprimento do excepto a evolução *in peius* de seu patrimônio após a celebração do contrato.

Diante da existência da situação legitimadora da exceção de insegurança, o excepto, por sua vez, poderá extinguir a eficácia da exceção de insegurança contra ele oposta mediante apresentação de caução suficiente ou, então, mediante o adiantamento de sua prestação. A apresentação de caução ou adiantamento de sua prestação, assim, fazem cessar o risco de inadimplemento objetivo, eliminando a *raison d'être* da exceção de insegurança.

Com esse conceito fica destacado o fundamento da exceção de insegurança, como tutela da confiança, assim como o risco que ela vem a tutelar, qual seja, o de inadimplemento em razão do agravamento da incapacidade de cumprimento pelo excepto. Também se ressalta a característica central da exceção de insegurança fiel ao seu desenvolvimento histórico, qual seja, a de ser um remédio cabível aos contratos bilaterais em geral e não a determinados tipos contratuais específicos, como ocorria na origem do instituto.

Ao analisarmos os pressupostos da exceção de insegurança será possível chamar a atenção para cada um dos detalhes desse conceito, justificando-os.

4.4. Inadimplemento e risco de inadimplemento. A compreensão do risco tutelado pela exceção de insegurança

Nos contratos em que não há o cumprimento imediato e simultâneo das prestações, por sua própria estrutura, as partes devem conviver, necessariamente, com risco de descumprimento da obrigação. A materialização desse risco, isto é, a ausência da prestação pelo devedor no tempo, lugar e forma avençados pode levar a uma situação de crise, podendo, por fim, destruir a relação[483]. A exceção de insegurança, como modalidade de exceção dilatória, tem como função conferir uma salvaguarda, uma defesa, diante do risco de descumprimento ao legitimar a suspensão da prestação pelo excipiente até o recebimento de garantia ou, *a fortiori*, o adiantamento da prestação.

[483] Cf. AGUIAR JÚNIOR, Ruy Rosado de. *Extinção dos contratos por incumprimento do devedor*: resolução. cit., p. 91.

É famosa a assertiva de Agostinho Alvim, em uma das mais importantes monografias sobre o tema do descumprimento da obrigação no Brasil, no sentido de que o cumprimento da obrigação é a regra e o descumprimento é a patologia, uma enfermidade, com consequências negativas ao credor[484]. O ordenamento cria, assim, respostas jurídicas para recompor os interesses atingidos por essa situação patológica. Também, nesse ponto, observam François Terré, Philippe Simler e Yves Lequette que o direito determina sanções, como respostas jurídicas, diante do descumprimento, com a seguinte sintetização: "le contrat ayant force obligatoire, son inexécution est un fait contraire au droit, qui appelle normalement une sanction"[485].

Deve-se ter em mente que na fase da execução contratual muitos acontecimentos além do descumprimento efetivo da prestação principal podem perturbar a economia contratual e o equilíbrio prestacional estabelecido entre as partes. A perturbação pode ocorrer em razão das variadas gradações que o inadimplemento pode assumir, incluindo, também, as gradações de risco de inadimplemento. É nesse último aspecto, o do risco do inadimplemento, que se insere a exceção de insegurança, uma vez que as exceções substanciais também encontram campo significativo de atuação mesmo perante o risco de descumprimento, que, com base em critérios identificáveis objetivamente, autorizam a suspensão da prestação pelo excipiente[486].

O ordenamento jurídico brasileiro, hoje, convive formalmente com duas formulações da chamada exceção de insegurança. A primeira é aquela advinda do direito nacional, prevista no art. 477 do Código Civil, enquanto a segunda está presente na formulação do art. 71 da CISG, promulgada por meio do Decreto n. 8.327/2014. Trata-se de circunstância de grande relevância, embora ainda não tratada com a profundidade merecida por nossa doutrina e jurisprudência, o que nos motiva a realizar propostas para coordenar as duas figuras, uma vez que eventual incongruência, nesse

[484] ALVIM, Agostinho. *Da inexecução das obrigações e suas consequências*. 5. ed. São Paulo: Saraiva, 1980, p. 3.

[485] TERRÉ, François; SIMLER, Philippe; LEQUETTE, Yves. *Droit civil*: les obligations. 5. ed. Paris: Dalloz, 1993, p. 404.

[486] Cf. ADDIS, Fabio. Le eccezione dilatorie. In: ROPPO, Vincenzo (Coord.). *Trattato dei contratti*: rimedi 2. Milano: Giuffrè, 2006. v. 5, p. 424.

tema, seria um fator de desestabilização da coerência do sistema jurídico contratual.

Para que seja possível, assim, avaliar com precisão o alcance da figura da exceção de insegurança e quais manifestações de risco de descumprimento aos quais ela se dirige – e, a partir disso, identificar seus limites, embasar propostas de interpretação e propor contribuições legislativas em benefício da segurança jurídica – é necessário, antes, indicar o que é o inadimplemento e quais são seus efeitos, ainda que sucintamente.

4.4.1. O não cumprimento da prestação e as suas classificações

4.4.1.1. Apontamentos preliminares

Em termos gerais, o não cumprimento da obrigação ocorre quando a prestação deixa de ser efetuada, no tempo, lugar e forma em que o contrato ou a lei determinam, conforme bem sumariza Werter Faria[487]. Trata-se de uma situação objetiva decorrente do fato de que a prestação devida não foi realizada, seja pelo próprio devedor ou por terceiro em seu benefício. Ela trata da falta da prestação devida, seja qual for seu objeto, incluindo as obrigações de dar, fazer ou não fazer. Marco Rossetti identifica o inadimplemento, em geral, como qualquer desvio de conduta das partes com relação ao programa contratual, podendo estar relacionado à forma (dar ou fazer menos); ao modo (dar ou fazer pior); ou ao tempo (dar ou fazer tardiamente)[488].

Inadimplemento, descumprimento e não cumprimento devem ser tomados como expressões sinônimas, conforme Almeida Costa[489]. Nesse ponto, porém, ainda não se leva em consideração a imputabilidade, extensão ou o caráter definitivo desse descumprimento.

[487] FARIA, Werter R. *Mora do devedor*. Porto Alegre: Sergio Antonio Fabris Editor, 1981, p. 15.

[488] "Costituisce inadempimento qualsiasi deviazione nella condotta delle parti del contratto rispetto al programma in questo prestabilito. Tale deviazione può riguardare l'entità della prestazione (dare o fare meno); il modo (dare o fare peggio); il tempo (dare o fare dopo)" (ROSSETTI, Marco. Op. cit., p. 99-100).

[489] "Verifica-se o não cumprimento, incumprimento ou inadimplemento de uma obrigação sempre que a respectiva prestação debitória deixa de ser efetuada nos termos adequados" (ALMEIDA COSTA, Mario de Júlio. *Direito das obrigações*. 8. ed. Coimbra: Editora Coimbra, 2000, p. 955).

Conforme aponta Ruy Rosado de Aguiar Júnior, o fato objetivo do inadimplemento cria para o credor dois inconvenientes. Em primeiro lugar, o credor fica privado de receber a prestação esperada, experimentando os prejuízos daí decorrentes. Em segundo lugar, ele se expõe ainda ao risco de perder a contraprestação por ele já antecipada, caso ele já o tenha feito. Há, portanto, "diminuição imediata de seu patrimônio e a frustração da vantagem que adviria com o cumprimento pelo devedor, o que significa sofrer dupla perda"[490].

Diante disso, é possível já adiantar que a exceção de insegurança, ao se projetar como um remédio contra o risco do inadimplemento, serve, de um ponto de vista geral, como uma tutela, sobretudo, ao segundo inconveniente mencionado acima na passagem de Aguiar Júnior. Ela autoriza a suspensão da prestação, impedindo que o excipiente perca a contraprestação por ele antecipada.

É necessário apontar que o sistema brasileiro não conceitua o inadimplemento. Ele não cogita do inadimplemento em si, mas sim de suas consequências, isto é, o que acontecerá caso ele ocorra. É o que se vê em nossa estrutura normativa, especialmente no art. 389 do Código Civil[491].

Em rápida comparação, essa estrutura é agora bem identificada no atual art. 1.217 do Código Civil francês[492], com redação dada pela *Ordonnance* nº 2016-131 e também pela *Loi* n. 2018-287, que determina quais são as "sanções" diante da inexecução contratual, inspiradas nas codificações internacionais e com o objetivo de dar clareza e consistência ao sistema[493].

[490] AGUIAR JÚNIOR, Ruy Rosado de. *Extinção dos contratos por incumprimento do devedor*: resolução. cit., p. 93.

[491] Art. 389. Não cumprida a obrigação, responde o devedor por perdas e danos, mais juros e atualização monetária segundo índices oficiais regularmente estabelecidos, e honorários de advogado.

[492] Art. 1217: La partie envers laquelle l'engagement n'a pas été exécuté, ou l'a été imparfaitement, peut:
- refuser d'exécuter ou suspendre l'exécution de sa propre obligation;
- poursuivre l'exécution forcée en nature de l'obligation;
- obtenir une réduction du prix;
- provoquer la résolution du contrat;
- demander réparation des conséquences de l'inexécution.

Les sanctions qui ne sont pas incompatibles peuvent être cumulées; des dommages et intérêts peuvent toujours s'y ajouter.

[493] Cf. CHANTEPIE, Gaël; LATINA, Mathias. Op. cit., p. 559.

O modelo agora adotado na França advém do "avant-projet Terré", coordenado pelo Prof. François Terré[494], especificamente seu art. 97[495].

Dessa forma, é possível dizer que o ordenamento jurídico confere ao credor, diante do inadimplemento ou da verificação de seu risco, uma série de instrumentos jurídicos tendentes, *grosso modo*, a restabelecer o equilíbrio quebrado, exigir a prestação ou até mesmo se defender. As exceções substanciais se enquadram, sobretudo, nessa última categoria.

O inadimplemento pode ser classificado de algumas formas, cada uma delas com relevância para se determinar o regime jurídico aplicável, sendo que os diferentes critérios de classificação não se afastam mutuamente, podendo haver – e há muito comumente – sobreposição entre eles. Trataremos abaixo, de modo sucinto e naquilo que é necessário para aclarar as considerações sobre a exceção de insegurança, das seguintes classificações: a) quanto à imputabilidade ao devedor, podendo ser imputável ou inimputável; b) quanto à transitoriedade da impossibilidade da prestação, podendo ser absoluto/definitivo ou relativo/temporário; e c) quanto à integralidade da prestação, em total ou parcial[496].

4.4.1.2. Classificação do inadimplemento quanto à imputabilidade ao devedor

O inadimplemento pode ser imputável ou inimputável ao devedor. Ao se avaliar a ocorrência do inadimplemento, é necessário verificar se ele ocorreu em razão de ação ou omissão atribuível ao devedor ou se, ao contrário, o inadimplemento ocorreu em razão de fatos que não podem

[494] O denominado "avant-projet Terré" é dividido em três obras, sendo que a primeira é a que trata, especificamente, da necessidade de reforma da "exception d'inexécution", com a necessidade de uma formulação que também contemplasse a *exception pour risque d´inexécution*: TERRÉ, François (Coord.). *Pour une réforme du droit des contrats*. Paris: Dalloz, 2008; TERRÉ, François (Coord.). *Pour une réforme du droit de la responsabilité civile*. Paris: Dalloz, 2011; TERRÉ, François (Coord.). *Pour une réforme du régime général des obligations*. Paris: Dalloz, 2013.

[495] "La partie envers laquelle l'engagement n'a pas été execute, ou l'a été imparfeaitement, a le choix, selon les circonstances, de poursuivre contre l'autre l'exécution forcée em nature de l´engagement, de supendre l'exécution de as propre obligation, de réduire le prix, de résoudre le contrat, ou de réclamer des dommages et intérêts" (CHANTEPIE, Gaël; LATINA, Mathias. Op. cit., p. 59).

[496] Em sentido semelhante, além de apresentar outras possibilidades de classificação, ver AGUIAR JÚNIOR, Ruy Rosado de. *Extinção dos contratos por incumprimento do devedor*: resolução, cit., p. 94-95.

a ele ser imputados. Trata-se de uma classificação de grande importância em razão dos efeitos que dela decorrem. Almeida Costa aponta ser essa uma distinção com relação à causa do inadimplemento[497]. Há ainda quem classifique o inadimplemento entre objetivo ou subjetivo[498], ou, ainda, como inadimplemento culposo ou fortuito, como Orlando Gomes[499].

Entretanto, é necessário apontar que a nossa legislação, ao tratar do inadimplemento, aderiu ao critério da imputabilidade, e não da culpa, para se atribuir responsabilidade ao devedor. É o que se depreende dos arts. 393[500] e 396[501], ambos do Código Civil, sendo que este último trata dos efeitos da mora do devedor. Como veremos abaixo, a mora é aquele estado atribuível ao devedor ou ao credor naqueles casos em que o adimplemento ainda é possível materialmente e juridicamente. O tema, todavia, é bastante controverso, havendo muitas posições que defendem que a impossibilidade imputável é a culpável[502].

Pontes de Miranda ressalta que o nosso sistema adotou o princípio da imputabilidade. Ao comentar sobre o art. 963[503] do Código Civil de 1916, idêntico ao art. 396 do atual Código Civil, assinala o autor que o dispositivo foi redigido de modo que o direito brasileiro tomasse uma posição entre exigir ou não o elemento da culpa: "Adotou-se a segunda atitude, que é a do princípio da imputabilidade, ou da causação (*Veranlassungsprinzip*), em

[497] ALMEIDA COSTA, Mario de Júlio. *Direito das obrigações*. 8. ed., cit., p. 729.

[498] SILVA, Jorge Cesa Ferreira da. *Inadimplemento das obrigações*: comentários aos arts. 389 a 420 do Código Civil. São Paulo: RT, 2007, p. 33-34.

[499] GOMES, Orlando. *Obrigações*. Atualização por Edvaldo Brito. 16. ed. Rio de Janeiro: Forense, 2004, p. 169.

[500] Art. 393. O devedor não responde pelos prejuízos resultantes de caso fortuito ou força maior, se expressamente não se houver por eles responsabilizado.
Parágrafo único. O caso fortuito ou de força maior verifica-se no fato necessário, cujos efeitos não era possível evitar ou impedir.

[501] Art. 396. Não havendo fato ou omissão imputável ao devedor, não incorre este em mora.

[502] "A impossibilidade imputável é a culpável. A culpa contratual, em sentido amplo, consiste em o devedor infringir, dolosa ou culposamente, os deveres que o contrato lhe impõe". AGUIAR JÚNIOR, Ruy Rosado de. *Extinção dos contratos por incumprimento do devedor*: resolução, cit., p. 104. Cf. ainda os seguintes autores: CHAVES, Antônio. *Tratado de direito civil*. 3. ed. São Paulo: RT, 1984, v. 2, t. 2., p. 1.670; ALVIM, Agostinho. *Da inexecução das obrigações e suas consequências*, cit., p. 7 e ss.; BEVILAQUA, Clóvis. *Direito das obrigações*. Ed. histórica. Rio de Janeiro: Editora Rio, 1977, p. 110.

[503] Art. 963. Não havendo fato ou omissão imputável ao devedor, não incorre este em mora.

vez do princípio da culpa (*Verschuldensprinzip*), atendendo-se, com toda a razão, a que pode ocorrer mora sem culpa"[504]. Aponta também que só o fato de haver *mora ex re*, que não exige a culpa do devedor, seria o bastante para que não se pudesse falar em culpa como elemento da mora[505].

Na Itália, merecem destaque as posições de Angelo Belfiore, que aponta que a mora não está fundada contemporaneamente na ideia de sanção[506], fazendo com que a culpa perca importância no tema, assim como a de Michele Giorgianni[507], que ressalta estado objetivo de insatisfação do credor. Este, aliás, no verbete "inadempimento (dir. priv.)", da *Enciclopedia del Diritto*[508], enfatiza que o inadimplemento pode ser enxergado sob dois aspectos. O primeiro, o aspecto objetivo, que diz respeito à circunstância de que não houve a satisfação do credor. Trata-se da a acepção mais geral do inadimplemento, conforme abordamos acima. Em segundo lugar, inadimplemento também pode ser enxergado em seu aspecto subjetivo, com enfoque na imputabilidade ou culpa do devedor em relação a esse inadimplemento. Porém, o aspecto subjetivo nem sempre está presente como pressuposto da sanção de ressarcimento do dano, conforme art. 1.218 do Código Civil italiano[509], ou de outros meios de tutela atribuídos ao credor em razão da sua não satisfação[510].

Ademais, como bem sumariza Werter Faria: "o juízo de imputação tem caráter meramente atributivo (...) estabelecer autoria não significa considerar o agente culpado"[511]. Deve-se ter em mente que a imputabilidade pode abranger a culpa, embora não se restrinja a ela. A imputação

[504] PONTES DE MIRANDA, Francisco Cavalcanti. *Tratado de direito privado*: parte especial. São Paulo: RT, 2012, t. XXIII, p. 209.

[505] Idem, p. 207.

[506] BELFIORE, Angelo. Risoluzione per inadempimento. *ED*, Milano: Giuffrè, 1989, v. 40, p. 1316.

[507] GIORGIANNI, Michele. *L'inadempimento*. Milano: Giuffrè, 1959, p. 29 e 861.

[508] GIORGIANNI, Michele. *Inadempimento (dir. priv.)*. Milano: Giuffrè, 1970, v. 20.

[509] Art. 1218 Responsabilità del debitore. Il debitore che non esegue esattamente (1307, 1453) la prestazione dovuta è tenuto al risarcimento del danno (2740), se non prova (1673, 1681, 1693, 1784, 1787, 1805-2, 1821) che l'inadempimento o il ritardo è stato determinato da impossibilità della prestazione derivante da causa a lui non imputabile (1256; att. 160).

[510] Sobre essas duas formas de enxergar o inadimplemento no Brasil, ver FARIA, Werter R. Op. cit, p. 19; LOTUFO, Renan. *Comentários ao Código Civil*: obrigações (arts. 233 a 420). São Paulo: Saraiva, 2003, v. 2, p. 425.

[511] FARIA, Werter R. Op. cit., p. 39.

subjetiva, regida pelo princípio da inculpação, tem a culpa, em sentido amplo, como critério para atribuir consequências jurídicas ao devedor em caso de inadimplemento. A imputação objetiva, por sua vez, não requer culpa, atribuindo consequências jurídicas a determinadas pessoas por outros critérios, como o risco, dever de segurança, garantia ou confiança[512].

Assim, como síntese, imputável, em nosso sistema, é aquele inadimplemento em que o ordenamento imputa consequências jurídicas ao devedor da obrigação, podendo ela ocorrer em razão da culpa, em sentido amplo, ou por imposição normativa. O inadimplemento imputável, dessa forma, é usualmente visto como inadimplemento em seu conceito estrito, conforme Almeida Costa[513], aquele inadimplemento indicado, justamente, no art. 389 do Código Civil. Sua principal consequência, embora não seja a única, é a atribuição ao devedor do dever de indenizar[514].

Nos casos de inadimplemento em sentido estrito, caso a prestação torne-se inútil ao credor, este poderá escolher entre manter o vínculo, exigindo do devedor a prestação pelo equivalente pecuniário, acrescido de perdas e danos, conforme art. 947 do Código Civil[515], ou resolver a obrigação, obtendo a restituição daquilo que prestara, além das perdas e danos, conforme art. 475 do Código Civil[516].

A culpa, todavia, ganha relevância em alguns casos. Veja-se, por exemplo, o art. 399 do Código Civil[517]. Via de regra, quando o inadimplemento tornou impossível ou inútil a prestação e, no momento deste evento, o devedor já estava em mora, ele responderá perante o credor, a menos que

[512] Cf. MARTINS-COSTA, Judith. *Comentários ao novo Código Civil.* Rio de Janeiro: Forense, 2004, v. V, t. II, p. 88.

[513] ALMEIDA COSTA, Mário Julio. *Direito das obrigações.* 12. ed. Coimbra: Almedina, 2016, p. 1034.

[514] ROCHA, Silvio Luis Ferreira da. *Direito civil 6 – Contratos.* São Paulo: Malheiros, p. 96.

[515] Art. 947. Se o devedor não puder cumprir a prestação na espécie ajustada, substituir-se-á pelo seu valor, em moeda corrente.

[516] Art. 475. A parte lesada pelo inadimplemento pode pedir a resolução do contrato, se não preferir exigir-lhe o cumprimento, cabendo, em qualquer dos casos, indenização por perdas e danos.

[517] Art. 399. O devedor em mora responde pela impossibilidade da prestação, embora essa impossibilidade resulte de caso fortuito ou de força maior, se estes ocorrerem durante o atraso; salvo se provar isenção de culpa, ou que o dano sobreviria ainda quando a obrigação fosse oportunamente desempenhada.

prove isenção de culpa, ou que o dano sobreviria ainda quando a obrigação fosse oportunamente desempenhada.

Por sua vez, exemplo de inadimplemento imputável, em que a avaliação de culpa do devedor é irrelevante, é o caso do inadimplemento em razão de caso fortuito ou força maior nas hipóteses em que o devedor expressamente se responsabiliza por elas, em razão da convenção celebrada com credor, nos termos do já mencionado art. 393, *caput*, do Código Civil.

O inadimplemento não imputável ao devedor, por sua vez, é aquele decorrente de fato alheio ao devedor. Assim, de modo mais apropriado, o inadimplemento não imputável é aquele que não decorreu de culpa do devedor ou naquelas hipóteses em que o sistema não atribui as consequências ao devedor, usualmente diante de situações que sejam, da perspectiva do devedor, irresistíveis.

Ele pode ocorrer em razão de determinados eventos, como diante das circunstâncias legalmente definidas como caso fortuito e força maior, por fato imputável ao credor, por fato relativo ao credor, mas sem que ele concorra para a sua verificação, ou até mesmo pelo atingimento do fim da prestação por outra via, que não o cumprimento da prestação pelo devedor ou por terceiro em seu nome[518].

Um efeito comum a todas as modalidades de impossibilidade da prestação não imputável ao devedor é a extinção da prestação e a impossibilidade de o credor exigir a prestação e ser indenizado pelos danos decorrentes do descumprimento. Nos casos de impossibilidade decorrente de ato do credor ou a ele ligado, não perde o devedor, todavia, o direito à contraprestação. Na situação de atingimento do fim da prestação por outras vias, apesar da dificuldade do tema, admite-se que o devedor seja indenizado pelo credor por despesas e prejuízos a que tenha incorrido, segundo Antunes Varela[519].

Com relação à importância dessa classificação para o objeto de nosso estudo, a exceção de insegurança, é necessário assinalar que essa exceção substancial, assim como a exceção de contrato não cumprido, não exige, propriamente, uma avaliação de imputabilidade ou culpa nos sentidos acima descritos para que haja a legitimação à oposição da

[518] ROCHA, Silvio Luis Ferreira da. *Direito civil 6 – Contratos*, cit., p. 94.

[519] ANTUNES VARELA, João de Matos. *Das obrigações em geral*. 2. ed. Coimbra: Almedina, 1973, v. 2, p. 82.

exceção. Conforme preclara afimação de Pietro Trimarchi, "L'eccezione d'inadempimento è opponibile indipendentemente dall'imputabilità dell'inadempimento stesso"[520].

Com relação à exceção de insegurança, ela não pode ser vista como uma sanção ou punição, mas sim como uma reação do ordenamento jurídico diante de uma circunstância objetiva que desequilibra o sinalagma contratual. Essa circunstância é representada por um risco objetivo de inadimplemento, conforme trataremos em mais detalhe abaixo e, posteriormente, quando abordarmos neste trabalho de modo mais detido sobre os pressupostos da figura. Assim, é-lhe estranha a inclusão de um elemento subjetivo.

A exceção de insegurança é remédio que tem como objetivo tutelar o interesse do excipiente diante de uma situação de risco objetivo, que pode advir ou não de conduta voluntária por parte do excepto. Assim, deve-se refutar completamente aquela perspectiva de que todos os remédios postos à disposição do credor se fundam sobre a culpa do devedor. Isso fica bem evidente na linguagem precisa do novo art. 1.217 do Código Civil francês, conforme vimos acima, mas é igualmente aplicável ao sistema brasileiro. Especialmente nos contratos sinalagmáticos, o interesse do credor se mostra merecedor de tutela, inclusive nas hipóteses em que o inadimplemento – ou o risco do inadimplemento – ocorre por causas estranhas à imputabilidade do devedor.

Conforme lições de João Calvão da Silva, em linha com o que defendemos anteriormente neste trabalho, na base da exceção de contrato não cumprido (e o mesmo vale para a exceção de insegurança) está a ideia de relação sinalagmática, que justifica seu campo de aplicação. Assim, ainda segundo o autor, "pouco importa, por conseguinte, que o devedor não cumpra a sua obrigação por não querer e estar de má-fé ou por não poder em virtude, por exemplo, de se encontrar em estado de impotência económica"[521]. O que legitima a exceção é, destarte, a ausência de correspondência ou de reciprocidade nas prestações.

[520] TRIMARCHI, Pietro. Op. cit., p. 58.

[521] CALVÃO DA SILVA, João. *Cumprimento e sanção pecuniária* compulsória. 4. ed. Coimbra: Almedina, 2002, p. 330.

4.4.1.3. Classificação do inadimplemento quanto à viabilidade da prestação. Nossa proposta sobre a mora na exceção de insegurança

Quanto à viabilidade da prestação, o inadimplemento pode ser classificado em absoluto (ou definitivo) ou relativo (ou temporário). Essa classificação tem como critério identificar se a prestação ainda é possível e útil ao credor. Somente isso. Do que apontamos acima neste trabalho, vale ressaltar que o inadimplemento é um fato. Descreve a situação de que a prestação não foi efetuada em favor do credor no tempo, lugar e forma devidos. Caso esse fato impossibilite ou inutilize a prestação devida ao credor, ele será absoluto (ou definitivo). Por outro lado, caso a prestação ainda seja possível e útil, de modo que a situação de insatisfação seja reversível, o inadimplemento será considerado relativo (ou temporário).

A importância nuclear dessa distinção está na circunstância de que, caso a obrigação de fazer, não fazer ou dar coisa distinta de dinheiro ainda seja possível e útil, poderá o credor exigir do devedor seu cumprimento específico, nos termos do art. 475 do Código Civil[522] e art. 497 do Código de Processo Civil[523]. A obrigação somente será convertida em perdas e danos caso o credor assim deseje ou caso sejam impossíveis a tutela específica ou a sua obtenção pelo resultado prático equivalente, nos termos do art. 499 do Código de Processo Civil[524].

O caráter definitivo do descumprimento deve ser enxergado sob dois prismas. O primeiro é a possibilidade jurídica e material da pretensão e o segundo é a utilidade da prestação para o credor. Assim, o inadimplemento será absoluto caso a prestação tenha se tornado materialmente ou juridicamente impossível, ou porque ela se tornou inútil para o credor[525].

[522] Art. 475. A parte lesada pelo inadimplemento pode pedir a resolução do contrato, se não preferir exigir-lhe o cumprimento, cabendo, em qualquer dos casos, indenização por perdas e danos.

[523] Art. 497. Na ação que tenha por objeto a prestação de fazer ou de não fazer, o juiz, se procedente o pedido, concederá a tutela específica ou determinará providências que assegurem a obtenção de tutela pelo resultado prático equivalente.

[524] Art. 499. A obrigação somente será convertida em perdas e danos se o autor o requerer ou se impossível a tutela específica ou a obtenção de tutela pelo resultado prático equivalente.

[525] É importante, neste ponto, consignar a existência de relevantes posições doutrinárias que entendem que o critério de distinção entre inadimplemento absoluto e relativo deve centrar-se exclusivamente no critério da utilidade da prestação, e não de sua possibilidade. Sobre o tema, Giovanni Ettore Nanni assim assevera: "Ainda que a doutrina por vezes aluda

Nas lições de Agostinho Alvim, novamente aqui lembrado, caracteriza-se o inadimplemento absoluto "quando a obrigação não foi cumprida, nem poderá sê-lo, como no caso de perecimento do objeto (...). Mais precisamente: quando não mais subsiste para o credor a possibilidade de receber"[526].

Destaca-se, nessa caracterização, a ausência de remissão isolada à possibilidade de prestação pelo devedor. Ainda que seja possível ao devedor prestar a obrigação, o inadimplemento absoluto será caracterizado caso a prestação não seja mais do interesse do credor ou não lhe seja útil[527]. Conforme sintetiza João Calvão da Silva, no interesse do credor reside o "alfa e o ômega da obrigação"[528].

Dessa forma, em primeiro lugar, o inadimplemento absoluto se distingue totalmente da simples dificuldade de prestar. Ademais, um inadimplemento relativo poderá, rapidamente, transformar-se em um inadimplemento absoluto diante de um evento que impossibilite o credor, ainda que por inutilidade, de receber a prestação[529]. Dessa forma, o devedor moroso, isto é, aquele a quem são atribuídas as consequências do inadimplemento relativo, poderá se transformar em um devedor inadimplente, em seu sentido absoluto.

à *impossibilidade* de cumprimento por parte do devedor como diretriz a ser analisada no tema em debate, tal não é o padrão eleito pela lei pátria, que se refere à *inutilidade* da prestação para fins de caracterização do inadimplemento absoluto. A prestação é o comportamento ou a omissão a ser satisfeita pelo obrigado, conforme pactuado entre as partes. Se é apta a produzir efeitos, ingressa no plano da validade do ajuste, sendo abstratamente passível de realização. É possível, portanto. Na contextualização do inadimplemento absoluto não é cabível discutir se a prestação é possível de ser executada ou não. Aqui, o Direito atua em outro segmento, voltado para o atendimento do interesse do credor, não com a vocação dela à consecução de seu fim próprio, para a qual foi constituída. Impõem-se evitar que se confundam, pois são institutos diversos" (NANNI, Giovanni Ettore. *Inadimplemento absoluto e resolução contratual – requisitos e efeitos*. São Paulo: RT, 2021, p. 100). Carolina Monteiro Pires, cuja posição também é mencionada por Nanni, defende que o incumprimento definitivo pressupõe justamente a possibilidade da prestação, de modo que a inexistência de impossibilidade é condição para o inadimplemento (PIRES, Carolina Monteiro. *Contrato I*: perturbações na execução. Coimbra: Almedina, 2019, p. 72).

526 ALVIM, Agostinho. *Da inexecução das obrigações e suas consequências*, cit., p. 7.

527 LOTUFO, Renan. *Comentários ao Código Civil*: obrigações (arts. 233 a 420). cit., p. 427.

528 CALVÃO DA SILVA, João. *Cumprimento e sanção pecuniária compulsória*, cit., n. 14.

529 LOTUFO, Renan. *Comentários ao Código Civil*: obrigações (arts. 233 a 420). cit., p. 428.

Conforme lembra Antunes Varela, o inadimplemento absoluto torna o vínculo obrigacional objetivamente inútil e desinteressante ao credor[530].

Com relação à exceção de insegurança, surge a importante questão de se indagar ser possível ao excipiente recusar a sua prestação, caso essa recusa torne a prestação por ele devida impossível ou inútil ao credor excepto.

Vimos neste trabalho que exceção de insegurança é contradireito que tem por fim balancear o sinalagma, sem, todavia, negar o vínculo obrigacional. O excipiente opõe a exceção de insegurança, paralisando a pretensão do excepto, sendo que este pode, para eliminar os efeitos da exceção contra ele oposta, apresentar garantia ou adiantar sua prestação, de modo que sua pretensão seja restabelecida. Dessa forma, avulta a primeira nota que impossibilitaria a oposição da exceção de insegurança caso o não cumprimento da prestação pelo excipiente seja causa de inadimplemento absoluto[531]. O inadimplemento absoluto teria como efeito a impossibilidade da prestação e, destarte, não haveria como existir a continuação do vínculo.

O assunto, todavia, comporta questionamentos ulteriores. Pense-se, por exemplo, na situação do excipiente que, diante do risco objetivo de não cumprimento pelo excepto, deixa de cumprir sua prestação, surgindo a situação de a prestação não ser mais possível ou útil ao credor, e depois sofre demanda judicial por parte do credor exigindo o cumprimento da obrigação (específico ou pelo equivalente), caso o credor ainda não tenha conhecimento da inutilidade da prestação, ou, ainda, demanda propriamente resolutória.

Nesse caso, embora a continuidade do vínculo tenha se tornado impossível, é de ponderar se, todavia, as hipóteses que admitem a exceção de insegurança poderiam ser alegadas pelo devedor como legitimadoras da ausência de prestação diante de demanda de cumprimento ou resolutória movida pelo credor.

Giovanni Persico afirma que "l'eccezione è opponibile di fronte all'azione giudiziale promossa per ottenere l'adempimento ed anche

[530] ANTUNES VARELA, João de Matos. *Das obrigações em geral*, cit., v. 2, p. 63.

[531] Em sentido semelhante, porém relacionado especificamente à exceção de contrato não cumprido, ver ABRANTES, José João. *A excepção de não cumprimento do contrato*: conceito e fundamento. 3. ed. Coimbra: Almedina, 2018, p. 79.

in presenza della domanda di risoluzione"[532], respondendo, portanto, positivamente, no sentido ser oponível a exceção em ambos os casos. O autor destaca que, no caso, o princípio *inadimplenti inadimplendum* é também aplicado nos casos em que não houve o pedido de cumprimento da prestação[533].

No Brasil, em capítulo sobre "contra qual pretensão se opõe a exceção" de seu *Tratado de direito privado*, Pontes de Miranda admite a oposição da exceção em relação a demandas de cumprimento e também resolutórias, desde que ligadas ao fato do inadimplemento. O mesmo seria aplicado àquela exceção que nascia do então art. 1.092, al. 2ª, do Código Civil de 1916[534], a exceção de insegurança[535].

Propõe-se, portanto, que a negativa de prestação por parte do devedor com base nos pressupostos indicados no art. 477 do Código Civil é possível tanto em demandas resolutórias como em demandas de cumprimento específico ajuizadas pelo credor. Entretanto, sem que exista a possibilidade de manutenção do vínculo obrigacional, não se estará propriamente diante de uma exceção substancial. Por outro lado, é de se reconhecer que se estará diante de uma situação que afasta do devedor os efeitos do inadimplemento ou da mora, não sendo a ele imputáveis.

Defendemos que nas situações acima especificadas será lícito ao devedor apontar que o seu inadimplemento não lhe é imputável e que lhe era autorizado a não prestar diante do risco objetivo de que a prestação devida pelo credor (que também é devedor) não seria cumprida, nos termos do art. 477 do Código Civil. Não será o caso, propriamente, da invocação da exceção de insegurança, mas sim de fato justificador do não cumprimento[536].

[532] PERSICO, Giovanni. *L'eccezione d'inadempimento*. Milano: Giuffrè, 1955, p. 104.

[533] Idem.

[534] Art. 1.092. Nos contratos bilaterais, nenhum dos contraentes, antes de cumprida a sua obrigação, pode exigir o implemento da do outro.
Se, depois de concluído o contrato, sobreviver a uma das partes contratantes diminuição em seu patrimônio, capaz de comprometer ou tornar duvidosa a prestação pela qual se obrigou, pode a parte, a quem incumbe fazer prestação em primeiro lugar, recusar-se a esta, até que a outra satisfaça a que lhe compete ou dê garantia bastante de satisfazê-la.

[535] PONTES DE MIRANDA, Francisco Cavalcanti. *Tratado de direito privado*: parte especial. 3. ed. Rio de Janeiro: Borsoi, 1971, t. XXVI, p. 94.

[536] Raciocínio semelhante, porém em relação à exceção de contrato não cumprido, é perfilhado por Rafael Alexandria (Cf. OLIVEIRA, Rafael Alexandria de. Op. cit, p. 208-211).

A título de exemplo, é possível afirmar que esse raciocínio estaria de acordo com o sistema processual italiano, que admite que a suspensão da execução nos termos do art. 1.461 do *Codice* fundamente não só a medida cautelar e preventiva como instrumento de autotutela, mas também como modo de paralisação de pretensão de cumprimento ou de resolução contratual, conforme indica Marco Rossetti[537].

Ainda sobre a classificação do inadimplemento quanto à viabilidade da prestação, é necessário delimitar o que seria o inadimplemento relativo. Essa modalidade de inadimplemento seria aquela em que, apesar do incumprimento da prestação, ela ainda é possível e útil ao credor. A prestação, assim, deverá ser materialmente e juridicamente possível de ser executada, além de preservar a utilidade ao credor.

O critério de diferenciação entre inadimplemento absoluto e relativo, portanto, é a possibilidade de satisfação de interesse útil do credor, conforme se depreende do art. 395, parágrafo único, do Código Civil[538-539].

É bastante comum na literatura jurídica a identificação do inadimplemento relativo à mora[540], como se fossem sinônimos.

[537] Cf. ROSSETTI, Marco. Op. cit., p. 553.

[538] Art. 395. Responde o devedor pelos prejuízos a que sua mora der causa, mais juros, atualização dos valores monetários segundo índices oficiais regularmente estabelecidos, e honorários de advogado.
Parágrafo único. Se a prestação, devido à mora, se tornar inútil ao credor, este poderá enjeitá-la, e exigir a satisfação das perdas e danos.

[539] Com base nas noções de Agostinho Alvim, Giovanni Ettore Nanni sumarizou a questão nos seguintes termos: "O critério principal que diferencia a mora do inadimplemento do devedor é a possibilidade ou a impossibilidade de o credor receber utilmente a prestação (art. 395, § único, CC)" (Cf. NANNI, Giovanni Ettore. Mora. In: LOTUFO, Renan; NANNI, Giovanni Ettore (Coord.). *Obrigações*. São Paulo: Atlas, 2011, p. 358). Adiante, na mesma obra, o autor observa ainda que "sob outro ângulo de visão, se há emenda possível e útil ao credor, está-se diante de mora, em caso contrário se cuida de inadimplemento" (idem). Porém, vale consignar novamente que em obra mais recente Nanni enxerga que o critério de diferenciação entre inadimplemento relativo e absoluto deve centrar-se exclusivamente na utilidade da prestação ao credor (Cf. NANNI, Giovanni Ettore. *Inadimplemento absoluto e resolução contratual – requisitos e efeitos*, cit., p. 100).

[540] Ver, sem pretensão de exaustão, ALVIM, Agostinho. *Da inexecução das obrigações e suas consequências*, cit., p. 7; ASSIS, Araken de. *Resolução do contrato por inadimplemento*. 2. ed. São Paulo: RT, 1994, p. 92; AGUIAR JÚNIOR, Ruy Rosado de. *Extinção dos contratos por incumprimento do devedor*: resolução, cit, p. 118 e ss.

Devemos ter em mente que o direito brasileiro não conceitua a mora diretamente. No art. 394 do Código Civil[541] há a indicação do que seria o estado de mora do devedor. Todavia, conforme assertiva precisa de Pontes de Miranda, "mora é efeito, não é fato"[542]. Assim, o inadimplemento relativo seria o fato; a mora seria o efeito atribuído ao devedor que, por causa a ele imputável, não efetuar o pagamento e ao credor que não quiser recebê-lo no tempo, lugar e forma que a lei ou convenção estabelecer.

A mora, no conceito dos antigos práticos, conforme aponta Agostinho Alvim[543], é o retardamento, o atraso no pagar o que se deve ou o de receber o que lhe é devido. Essa limitação conceitual ligada somente ao tempo levou a doutrina a desenvolver novas figuras para lidar com o descumprimento de deveres anexos à obrigação e outras modalidades de danos experimentadas pelo não cumprimento na forma e lugares devidos, que, a rigor, estariam fora do conceito restrito da mora. A mais proeminente é a teoria da violação positiva do crédito desenvolvida na Alemanha, de acordo com os trabalhos de Hermann Staub[544], elaborada no começo do século XX, portanto antes da reforma do direito das obrigações em 2002[545].

No sistema brasileiro, porém, a mora admite uma noção particular e mais ampla. Ela é compreendida como o não pagamento pelo devedor, bem como a recusa de receber pelo credor, no tempo, lugar e forma devidos. Não se trata, portanto, de uma noção fundada exclusivamente no aspecto da demora no ato prestacional. Assim, diferentemente de outros sistemas, entende-se que o ordenamento jurídico brasileiro consegue reconduzir grande parte das modalidades de adimplemento ruim ou

541 Art. 394. Considera-se em mora o devedor que não efetuar o pagamento e o credor que não quiser recebê-lo no tempo, lugar e forma que a lei ou a convenção estabelecer.

542 PONTES DE MIRANDA, Francisco Cavalcanti. *Tratado de direito privado*: parte especial. São Paulo: RT, 2012, t. XXIII, p. 206.

543 ALVIM, Agostinho. *Da inexecução das obrigações e suas consequências*, cit., p. 10.

544 Cf. STAUB, Hermann. *Le violazioni positive del contratto (Die positiven vertragsverletzungen)*. Trad. Giovanni Varanese. Napoli: Edizioni Sientifiche Italiane, 2001.

545 Tal reforma absorveu a teorização de Staub em seus fundamentos principais, estabilizada em torno da figura da "quebra de deveres", ainda que não a tenha nomeado conforme a terminologia adotada pelo autor (cf. STEINER, Renata Carlos. *Complexidade intraobrigacional e descumprimento de obrigação*: da violação positiva do contrato. Dissertação (Mestrado em Direito) – Faculdade de Direito, Universidade Federal do Paraná, Curitiba, 2009, p. 173 e ss.

violação positiva do contrato a casos de mora, inadimplemento definitivo, ou mesmo mediante a aplicação da responsabilidade extracontratual ou do regime dos vícios redibitórios.

Deve-se fazer a ressalva, porém, de que nosso sistema também admite a mora do devedor sem culpa. É o caso da situação prevista no art. 393 do Código Civil, em que o devedor poderá ser responsabilizado por sua mora mesmo diante de caso fortuito ou força maior. Aqui voltamos ao polêmico tema, tratado acima, da existência ou não do pressuposto da culpa no inadimplemento em geral, e na mora do devedor especificamente. Apesar da divergência, entendemos que a culpa não é pressuposto da mora do devedor, uma vez que a nossa legislação elegeu o princípio da imputabilidade, nos termos do art. 396 do Código Civil.

Com relação à mora especificamente no tema da exceção de insegurança, o primeiro ponto que merece ser destacado é o fato de que, do ângulo do excipiente, devedor da prestação, a invocação da exceção de insegurança impede a sua qualificação como devedor moroso.

Trata-se de uma suspensão legítima da prestação, evitando sua categorização como ato ilícito. Assim, deixam de incidir os efeitos da mora do devedor, como a possibilidade de exigência de indenização por parte do credor[546] determinada no art. 395, *caput*, do Código Civil[547]. Fica o credor-excepto também impedido de buscar a resolução do contrato por inadimplemento, fundado no incumprimento ilícito e imputável ao devedor, conforme apontamentos de Francesco Realmonte[548].

Como consequência eficacial da suspensão da execução da prestação, entendemos que o excipiente na exceção de insegurança se coloca na mesma posição de um devedor a termo, até que o autor cumpra a sua prestação[549].

546 Cf. NANNI, Giovanni Ettore. Mora, cit., p. 585. No direito português, ver comentário de Ana Fonseca nesse sentido: FONSECA, Ana Taveira da. *Da recusa de cumprimento da obrigação para a tutela do crédito*: em especial na excepção de não cumprimento, no direito de retenção e na compensação, cit., p. 243.

547 Art. 395. Responde o devedor pelos prejuízos a que sua mora der causa, mais juros, atualização dos valores monetários segundo índices oficiais regularmente estabelecidos, e honorários de advogado.

548 Cf. REALMONTE, Francesco. Op. cit., p. 235.

549 Cf. SERPA LOPES, Miguel Maria de. Op. cit., p. 312.

Serpa Lopes indaga sobre a especial circunstância de a prestação do excipiente ser a de entrega de coisa certa. Nesse caso, a suspensão da execução faz com que a coisa fique em poder do excipiente enquanto durar a suspensão da pretensão do excepto. A posição do excepto nesses casos, no ordenamento jurídico, deve ter o mesmo regramento daquela da mora do credor, atualmente disciplinada no art. 400 do Código Civil[550-551].

O excipiente só será responsável pela conservação da coisa caso incorra em dolo, ficando o excepto obrigado a ressarcir o excipiente das empresas empregadas na conservação da coisa. Porém, o regime do art. 400 do Código Civil não deverá ser aplicado completamente, uma vez que não estará o excepto obrigado a aceitar a coisa pela estimação mais favorável ao excipiente, se o seu valor oscilar entre o dia estabelecido para o pagamento (ou seja, o termo original da prestação do excipiente) e o da sua efetivação (ou seja, o momento em que a pretensão do excepto voltar a ser exigível). Nesse caso, deve ser observada a formulação do preço originalmente pactuado.

Dessa forma, merece crítica solução conferida pelo TJ do Rio Grande do Sul[552] ao julgar um caso em que o excipiente, após ter sido beneficiado pela tutela de urgência que o permitia suspender a entrega de sacas de soja até que houvesse o pagamento integral antecipado pelo excepto ou lhe fosse apresentada garantia, acabou alienando o produto a terceiro. Em sede de apelação cível, a corte em questão apenas inverteu os ônus sucumbenciais em desfavor do excipiente-autor diante da impossibilidade de cumprimento da prestação, sem avaliar sua responsabilidade por tal impossibilidade. Isso porque a exceção de insegurança é medida de manutenção do sinalagma e, destarte, de reequilíbrio da relação contratual.

Assim, defendemos, que enquanto durar a suspensão da prestação em razão da invocação da exceção de insegurança, deve o excipiente agir de

[550] Art. 400. A mora do credor subtrai o devedor isento de dolo à responsabilidade pela conservação da coisa, obriga o credor a ressarcir as despesas empregadas em conservá-la, e sujeita-o a recebê-la pela estimação mais favorável ao devedor, se o seu valor oscilar entre o dia estabelecido para o pagamento e o da sua efetivação.

[551] Cf. SERPA LOPES, Miguel Maria de. Op. cit., p. 313-314. Opinião no mesmo sentido é manifestada por Gastaldi e Centanaro em comentários acerca do ordenamento jurídico argentino GASTALDI, José María; CENTANARO, Esteban. Op. cit., p. 119.

[552] TJ do Rio Grande do Sul, 11ª Câmara Cível, AC 70074492570, Rel. Des. Antônio Maria Rodrigues de Freitas Iserhard, v.u., d.j. 29-11-2017.

modo a adimplir tão logo o excepto adiante sua prestação ou apresente garantia bastante. Não pode o excipiente se utilizar da legítima suspensão da prestação para agir de modo a tornar o cumprimento impossível posteriormente.

4.4.1.4. Classificação do inadimplemento quanto à integralidade da prestação

Ainda sobre as possibilidades classificatórias do inadimplemento, este pode ser dividido em inadimplemento total e inadimplemento parcial.

O inadimplemento será total quando a prestação for completamente descumprida, isto é, quando não houver o cumprimento pelo devedor ou por terceiro nem de mínima parcela daquele que era o objeto prestacional.

O inadimplemento será parcial quando a prestação tiver por objeto várias prestações e, perecida uma ou algumas delas, as demais ainda poderão ser entregues ao credor de modo útil.

É relevante assinalar que, dentro dessa classificação, há uma questão relevante para a exceção de contrato não cumprido que, todavia, como veremos, não pode ser facilmente transplantada para o regime da exceção de insegurança.

Embora existam posições, como a de Serpa Lopes[553], que defendem que exceção de contrato não cumprido é cabível diante de qualquer espécie de inadimplemento, seja ele relativo, absoluto, total ou parcial, existem vozes doutrinárias que entendem ser incabível a recusa total da prestação pelo excipiente, na hipótese de o inadimplemento do excepto ser parcial.

É o caso, por exemplo, do inadimplemento parcial que ainda assim tenha proporcionado um conteúdo útil ao excipiente, não lhe sendo permitido suspender totalmente a sua prestação.

Nesse caso, conforme aponta Giovanni Persico, o juiz poderia excluir a exceção de contrato não cumprido ou declará-la parcialmente infundada: "Può verificarsi, pertanto, che l'inadempimento sia di cosà lieve entità, da consentire soltanto una sospensione parziale o proporzionata della controprestazione"[554].

[553] SERPA LOPES, Miguel Maria de. Op. cit., p. 284.

[554] PERSICO, Giovanni. *L'eccezione d'inadempimento*. Milano: Giuffrè, 1955, p. 145. Na mesma página o autor ainda indica precedente da Corte di Cassazione de 1954 nesse sentido, argumentando no sentido de não se tratar de posição nova na experiência jurisprudencial italiana.

Ademais, há ainda a possibilidade de que o inadimplemento parcial seja efetivamente mínimo, aplicando-se a regra do adimplemento substancial, construção teórica baseada na figura contratual anglo-saxã da *substancial performance*, mudando, assim, a regra do inadimplemento. Conforme bem aponta Carlos Augusto de Carvalho Filho, em recente tese sobre o tema, a figura do inadimplemento parcial aparenta-se com o adimplemento substancial, mas seus efeitos são diversos, por consideração ao equilíbrio contratual e à justiça na relação contratual[555].

No Brasil, o tema do adimplemento substancial ganhou relevo sobretudo após a publicação, em 1980, de conferência proferida por Clóvis do Couto e Silva durante a 1ª Jornada Luso-Brasileira de Direito Civil[556]. Para Clóvis, haveria o adimplemento substancial quando o cumprimento seja "tão próximo do resultado final, que, tendo-se em vista a conduta das partes, exclui-se o direito de resolução, permitindo-se tão-somente o pedido de indenização"[557].

Muito embora o autor diga respeito somente ao direito de resolução, há posições doutrinárias e jurisprudenciais que estendem tal consequência também à exceção de contrato não cumprido. Nesses casos, a suspensão da prestação por parte do excipiente não seria admitida, restando ao credor somente o direito de exigir a parcela ínfima ainda não prestada, mas sem poder fazer uso da exceção ou mesmo do direito de resolução.

O assunto, que ganha relevo na cultura jurídica nacional, acaba gerando debates sobre a proporção do inadimplemento do excipiente *vis-à-vis* o inadimplemento do excepto, qual o resultado útil proporcionado ao credor em razão do adimplemento substancial e até mesmo até que ponto o remédio sinalagmático da exceção de contrato não cumprido será adequado para proteger tais interesses[558].

[555] CARVALHO FILHO, Carlos Augusto. *O adimplemento substancial na execução do contrato*. Tese (Doutorado em Direito) – Faculdade de Direito, Universidade de São Paulo, São Paulo, 2019, p. 329.

[556] Sobre a publicação e republicações dos trabalhos dessa conferência, cf. BUTRUCE, Vitor Augusto José. Op. cit., p. 204.

[557] COUTO E SILVA, Clóvis do. O princípio da boa-fé no direito brasileiro e português. In: DE FRADERA, Véra Maria Jacob (Coord.). *O direito privado brasileiro na visão de Clóvis do Couto e Silva*. Porto Alegre: Livraria do Advogado, 1997, p. 45.

[558] Cf. BUTRUCE, Vitor Augusto José. Op. cit., p. 206.

Entendemos, porém, que essas discussões e critérios aplicáveis para os efeitos da *substancial performance* na exceção de contrato não cumprido, todavia, não são adequados à compreensão da figura da exceção de insegurança.

Com efeito, na exceção de insegurança ainda não se cogita propriamente de inadimplemento ou adimplemento (total ou substancial) por parte do excepto, mas sim um risco futuro de descumprimento da prestação, em razão de fatores objetivos previstos em norma. Nas hipóteses de cabimento da exceção de insegurança, por haver um contrato com execução futura com ordem nas prestações, o interesse útil do excipiente, como credor, em razão do próprio programa contratual, ainda não foi satisfeito, nem sequer parcialmente. Dessa forma, as discussões devem se centrar na ocorrência ou não desse risco objetivo e na relação de correspectividade entre a prestação suspensa pelo excipiente e a prestação devida pelo excepto, que deverá ser garantida ou adiantada.

Também não é possível se cogitar em um paralelo argumentativo entre adimplemento substancial, para a exceção de contrato não cumprido, e um eventual risco objetivo parcial, para a exceção de insegurança. Como veremos adiante neste trabalho, a prestação do excipiente que será suspensa deverá estar em relação sinalagmática com a prestação do excepto que se encontra em risco objetivo de não cumprimento. O juízo de parcialidade com relação a esse risco não estaria de acordo com a própria função de garantia indireta e com a dinâmica da exceção de insegurança.

Assim, é mais conforme o princípio *inadimplenti non est adimplendum*, especialmente na dinâmica própria da exceção de insegurança, um juízo sobre a existência ou não do risco objetivo em relação às prestações que estão em relação correspectiva, do que um juízo de proporcionalidade. Trataremos dos contornos específicos do risco de inadimplemento abaixo neste capítulo.

4.4.1.5. Inadimplemento antecipado. Comentários gerais

Conforme indicamos acima, a regra, no nosso sistema, é a de que o devedor não poderá ser considerado inadimplente antes do termo da prestação, seja ele determinado por convenção, por lei ou pela natureza da obrigação. Entretanto, em hipóteses excepcionais, o sistema jurídico pode determinar que uma dada prestação se encontra inadimplida antes da ocorrência do seu termo. A configuração do inadimplemento anterior ao termo é algo que merece sempre ser enxergado de modo excepcional no direito contratual brasileiro, uma vez que o prazo contratual deve ser presumido em proveito do devedor, conforme art. 133 do Código Civil[559].

Diferentemente das causas de vencimento antecipado da dívida, relacionadas ao adiantamento da exigibilidade da prestação, o inadimplemento antecipado da obrigação diz respeito à própria configuração de descumprimento, que será reconhecido em momento anterior ao prazo originalmente estipulado.

No inadimplemento antecipado, a finalidade contratual é frustrada de modo antecipado, quer pela perda de confiança ocasionada pela conduta do parceiro, quer pela prospectiva impossibilidade em um juízo de alta probabilidade de descumprimento da prestação em seu termo[560]. Conforme lembra Fabio Addis, a orientação jurisprudencial italiana é no sentido de se reconhecer a possibilidade de resolução contratual e indenização por danos a título de responsabilidade contratual quando "il debitore abbia manifestato, con atti o fatti univoci, la propria intenzione di non eseguire alla scadenza la prestazione dovuta"[561]. Essa qualificação, na Itália, também tem permitido reconhecer a possibilidade de invocação da exceção substancial prevista no art. 1.460 do Código Civil italiano[562].

A aproximação do tema do inadimplemento antecipado com a figura da exceção de insegurança é bastante recorrente na experiência estrangeira. Como assinala Dominique Fenouillet, em trabalho coordenado pelo Prof. François Terré e que fundamentou o texto proposto e utilizado pela *Ordonnance* n. 2016-131, as discussões sobre sanções relacionadas ao risco de inexecução "est évidemment à rapprocher de la résolution anticipée, encore qu'il soit possible de traiter différemment les deux questions"[563]. Porém, neste momento faremos apenas considerações gerais sobre o inadimplemento antecipado dentro do quadro geral da classificação do inadimplemento. Adiante neste trabalho, quando confrontarmos a exceção de insegurança com figuras afins, deduziremos em detalhe todas

[559] Art. 133. Nos testamentos, presume-se o prazo em favor do herdeiro, e, nos contratos, em proveito do devedor, salvo, quanto a esses, se do teor do instrumento, ou das circunstâncias, resultar que se estabeleceu a benefício do credor, ou de ambos os contratantes.

[560] Cf. BUTRUCE, Vitor Augusto José. Op. cit., p. 140.

[561] ADDIS, Fabio. Le eccezione dilatorie, cit., p. 427.

[562] Idem.

[563] FENOUILLET, Dominique. *L'exception d'inexécution*, cit., p. 262

as relevantes distinções entre o inadimplemento antecipado e a exceção de inseguridade, tema bastante controverso e de compreensão confusa em nossos tribunais. Porém, já neste momento é possível demonstrar os pontos nodais de diferenciação do campo operativo das duas figuras.

De um ponto de vista geral, indaga-se qual deveria ser a resposta do ordenamento jurídico naquelas situações em que o devedor de uma prestação se manifesta expressamente no sentido de que não irá cumprir a prestação ou naquelas situações em que, independentemente da manifestação do devedor, ele se comporta de maneira tal a impossibilitar, em um grau próximo da certeza, o cumprimento da prestação.

Serpa Lopes entende que a declaração de vontade do devedor no sentido de que não irá cumprir sua prestação antes do termo configura um verdadeiro inadimplemento[564]. O autor reconhece que, embora não exista um dispositivo expresso no sistema brasileiro, tampouco há vedação expressa. Esse entendimento também é esposado por Araken de Assis[565]. Entretanto, a categorização jurídica das declarações de não cumprir não é algo trivial na prática. Na Itália, há manifestações jurisprudenciais que compreendem as declarações de não querer cumprir não pelo filtro do inadimplemento antecipado, mas sim como uma manifestação de risco de descumprimento, sendo cabível, portanto, o remédio do art. 1.461 do *Codice*, a exceção de insegurança[566].

Sobre a adesão à teoria do inadimplemento antecipado em nosso sistema, argumenta-se, todavia, que há pelo menos quatro grandes objeções[567]. A primeira seria justamente a ausência de fundamentação legal. A segunda seria o risco de haver um mal-entendimento do credor com relação à realidade prestacional e à verdadeira impossibilidade, próxima da certeza, acerca do inadimplemento futuro do devedor. A terceira seria a existência da regra prevista no art. 133 do Código Civil, que determina que, nos contratos, o prazo se presume em favor do devedor. Por fim, a última objeção seria encontrada em dispositivos específicos no sistema jurídico que proíbem a cobrança da dívida antes do tempo, sendo vedada

[564] SERPA LOPES, Miguel Maria de. Op. cit., p. 291.

[565] ASSIS, Araken de. *Resolução do contrato por inadimplemento*, cit., p. 96 e s.

[566] Sobre o tema cf. ROSSETTI, Marco. Op. cit., p. 545, em referência ao julgado em Cass. 19.4.1996, n. 3713.

[567] Cf. GAGLIARDI, Rafael Villar. *Exceção de contrato não cumprido*, cit., p. 112.

a cobrança anterior, sob pena de aplicação das sanções descritas no art. 939 do Código Civil[568].

Entretanto, nenhum dos argumentos é totalmente impeditivo da admissão da figura. Em primeiro lugar, com relação à ausência de previsão legal expressa, há, por outro lado, a ausência de repulsa expressa e contundente do ordenamento jurídico nesse sentido[569], sendo esse um primeiro sinal de que o sistema não rejeita, em termos expressos, a existência da figura na sistemática relacionada ao inadimplemento.

Com relação ao segundo argumento, deve-se ter em mente que não seria qualquer atitude ou manifestação do devedor que conduziria ao inadimplemento antecipado. Propõe-se, com razoável estabilidade na doutrina, uma série de requisitos que devem ser observados para que o inadimplemento antecipado seja configurado.

Em síntese, para que haja a incidência da figura do inadimplemento antecipado, é necessária a coexistência de três pressupostos cumulativamente. O primeiro pressuposto é a iminência de descumprimento grave do contrato, de modo a ser caracterizado como inadimplemento definitivo. Em segundo lugar, a certeza, em sentido jurídico, de que o cumprimento não se dará até o vencimento. Por fim, o agir culposo do devedor, que declara que não irá cumprir ou que se mantém inerte de modo que não exista algo, de acordo com seu comportamento, que revele a disposição para a execução do avençado[570]. Havendo a coexistência desses três pressupostos, a solução jurídica seria a configuração do inadimplemento antecipado a ensejar a possibilidade de resolução contratual.

Com relação ao terceiro argumento, centrado na força do art. 113 do Código Civil, é necessário ter em mente que, apesar da existência da regra de que os prazos são presumidos em favor do devedor, nada impede que ele renuncie a esse prazo, expressamente ou mediante comportamento

[568] Art. 939. O credor que demandar o devedor antes de vencida a dívida, fora dos casos em que a lei o permita, ficará obrigado a esperar o tempo que faltava para o vencimento, a descontar os juros correspondentes, embora estipulados, e a pagar as custas em dobro.

[569] GAGLIARDI, Rafael Villar. *Exceção de contrato não cumprido*, cit., p. 112.

[570] Nesse sentido, ver MARTINS-COSTA, Judith. A recepção do incumprimento antecipado do contrato no direito brasileiro: configuração e limites. *RT*, São Paulo, v. 885, jul. 2009, p. 41.

claramente contraditório em relação ao ato prestacional, observados os parâmetros indicados acima.

Por fim, não é possível encontrar barreira ao reconhecimento do inadimplemento antecipado em razão da regra do art. 939 do Código Civil, uma vez que ele tem como pressuposto a existência de uma demanda de cumprimento do credor contra o devedor antes do termo da obrigação. O inadimplemento antecipado, porém, seria fundamentado, sobretudo na perspectiva dos contratos bilaterais, como medida defensiva pelo devedor, que poderia negar sua prestação ao credor em razão de seu inadimplemento anterior ao termo. A regra do art. 939 do Código Civil, dessa forma, seria aplicável justamente às situações fora das hipóteses de inadimplemento antecipado, enquanto o devedor ainda pode se beneficiar do prazo que corre em seu favor.

Sem prejuízo de tratarmos do assunto com mais profundidade posteriormente, aqui já é possível apontar a incompatibilidade da exceção de insegurança com o inadimplemento antecipado. O inadimplemento antecipado, por suas características, é considerado inadimplemento absoluto, de modo que sua configuração determina a impossibilidade da prestação de modo útil ao credor. O remédio defensivo por parte do devedor, portanto, seria a suspensão de sua prestação em razão do art. 476 do Código Civil, uma vez que não pode o demandante exigir sua prestação antes de cumprida a sua e, em razão do inadimplemento antecipado, esse cumprimento ficou inviabilizado. Nesse caso, a suspensão da prestação seria seguida do surgimento do direito de resolução do contrato por parte do devedor, a rigor do que dispõe o art. 475 do Código Civil.

A exceção de insegurança, nos termos do art. 477 do Código Civil, não é cabível em casos de inadimplemento antecipado, mas sim quando existe risco de inadimplemento, risco esse que poderá ser reversível. A reversibilidade do risco é nota essencial da exceção de insegurança, de modo que é lícito ao excepto apresentar garantia ao excipiente justamente para eliminar o *jus exceptionis*.

4.4.2. O risco de inadimplemento e a exceção de insegurança. Nossa visão e proposta

A exceção de insegurança tem como função conferir tutela, não diante do inadimplemento em si, imputável ao devedor, mas sim diante do risco do inadimplemento. Conforme pontua Marco Rossetti, com base em Bigliazzi-Geri, ela não pressupõe uma realidade certa e passada (como a exceção de contrato não cumprido), mas sim uma realidade eventual e futura[571].

Trata-se, portanto, de figura de grande relevância contemporânea, sobretudo no contexto de "*une économie d'endettement*", conforme avaliação de Andrea Pinna[572]. Em França, a figura é usualmente denominada *exception pour risque d'inexécution* ou então *exceptio timoris*[573], que coloca claramente a ênfase no risco de inadimplemento e no temor relacionado ao não cumprimento da prestação.

Conforme vimos anteriormente neste trabalho, na tradição jurídica francesa, até a *Ordonnance* n. 2016-131, o reconhecimento da exceção de insegurança era dificultado, embora não totalmente impossibilitado, pela ausência da previsão expressa legal e pela circunstância de ser, de certa forma, eclipsada pela própria exceção de contrato não cumprido.

Porém, com a alteração, influenciada pelas tentativas de uniformização do direito privado, e, em destaque, novamente, pelas propostas do "*avant-projet Terré*", coordenado pelo Prof. François Terré[574], o direito positivo francês passou a contar com uma expressão positivada da *exception pour risque d'inexécution*[575], conferindo proteção não contra o inadimplemento consumado, mas sim contra o risco de inadimplemento, admitindo a recusa pelo *excipiens* em casos em que a prestação da outra parte ainda não é devida.

A exceção de insegurança, porém, não pode ser confundida como uma proteção a qualquer risco de inadimplemento, um risco de inadimplemento abstrato ou a um risco de inadimplemento subjetivamente considerado.

Dominique Fenouillet, ao analisar o panorama francês e dar o contributo legislativo no "avant-projet Terré", que inspirou a redação final da *Ordonnance* n. 2016-131, faz crítica à formulação dos *Principles of European*

571 ROSSETTI, Marco. Op. cit., p. 536.

572 PINNA, Andrea. L'exception pour risque d'inexécution, cit., p. 32.

573 Cf. CHANTEPIE, Gaël; LATINA, Mathias. Op. cit., p. 578-580.

574 Ver nota 494 neste texto sobre os trabalhos que compreendem o denominado "avant-projet Terré".

575 Cf. CHANTEPIE, Gaël; LATINA, Mathias. Op. cit., p. 578.

Contract Law (art. 9:201 (2)[576]) justamente por terem como pressuposto a circunstância de que seja "manifesto que haverá inadimplemento", o que seria algo muito vago[577]. A formulação, dessa forma, demandaria maior objetivação por parte do legislador[578].

Não serviria a exceção de insegurança, assim, conforme sintetização proposta por Fabio Addis, como defesa daquele que alega mero "*timore di non conseguire l'adempimento*"[579].

Embora seja uma tutela conferida pelo ordenamento contra uma modalidade de risco de inadimplemento, ela tem como objetivo tutelar um risco de inadimplemento objetivamente considerado e com um fundamento específico. Conforme recorte feito por Alberto Serioli, a exceção de insegurança assume uma característica determinada dentre as tutelas previstas para o "*pericolo di inadempimento*"[580], e o mesmo é verdade para a formulação da figura no sistema brasileiro.

Isso pode ser enxergado na própria formulação do art. 477 do Código Civil que, da mesma forma que o art. 1.461 do Código Civil italiano, não menciona que a exceção de insegurança seria genericamente cabível em caso de um "risco de descumprimento" qualquer, mas, antes, estabelece

[576] Article 9:201: Right to Withhold Performance
(1) A party who is to perform simultaneously with or after the other party may withhold performance until the other has tendered performance or has performed. The first party may withhold the whole of its performance or a part of it as may be reasonable in the circumstances.
(2) A party may similarly withhold performance for as long as it is clear that there will be a non-performance by the other party when the other party's performance becomes due.

[577] "Les Principes Lando du contrat, qui se contentent d'exiger qu'il soit 'manifeste qu'il y aura inexécution' ont été jugés trop souples" (FENOUILLET, Dominique. *L'exception d'inexécution*, cit., p. 262).

[578] Deve-se fazer a ressalva, todavia, que, ao contrário de outras formulações sobre a exceção de insegurança, a objetivação proposta na França ressalta a necessidade de que o incumprimento da prestação por parte do excepto seja suficientemente grave para o excipiente. Não se faz, assim, referência textual ao patrimônio, comportamento ou capacidade prestacional do excepto. Tal circunstância faz com que, em França, surjam opiniões no sentido de que a Ordonnance abrirá um período de incerteza (cf. CHANTEPIE, Gaël; LATINA, Mathias. Op. cit., p. 580).

[579] Cf. ADDIS, Fabio. *Il "mutamento" nelle condizioni patrimoniali dei contraenti*, cit., p. 99.

[580] Cf. SERIOLI, Alessandro. Le "sorti magnifiche e progressive" della eccezione d'insicurezza. Saggio di diritto giurisprudenziale. In: ADDIS, Fabio (Coord.). *Ricerche sull'eccezione di insicurezza*. Milano: Giuffrè, 2006, p. 23. Cf. também ADDIS, Fabio. *Il "mutamento" nelle condizioni patrimoniali dei contraenti*, cit., p. 94.

um pressuposto articulado no nexo causal entre a mudança patrimonial do excepto, isto é, o *status mutatio in deterius*, e o perigo na inexecução da prestação[581].

A exceção de insegurança é, destarte, uma das reações possíveis conferidas pelo direito positivo ao comprometimento da confiança na capacidade prestacional de uma das partes. No ambiente da "economia de dívida", mencionada acima, a confiança é a base do crédito, e ela exerce papel central nas obrigações sinalagmáticas com ordem nas prestações[582].

Na medida em que a confiança na possibilidade de adimplemento da parte beneficiada pelo escalonamento cronológico do programa contratual – o excepto – é reduzida a ponto de comprometer ou dificultar sua prestação, o direito confere uma reação para reequilibrar a estrutura de interesses que se tornou desequilibrada e, portanto, injusta[583]. Ao enxergarmos que a exceção de insegurança tem como fundamento a proteção ao risco de descumprimento objetivamente considerado, também podemos nos afastar, de vez, de eventuais confusões da figura com a disciplina do erro, o que, como vimos anteriormente neste trabalho, foi enfrentada pela doutrina alemã, conforme é sintetizado por Werner Flume[584].

[581] "Perché la parte possa legittimamente sospendere l'esecuzione della prestazione dovuta, l'art. 1461 e.e. richiede due presupposti fondamentali: a) che si verifichi un mutamento nelle condizioni patrimoniali della controparte; b) che tale mutamento sia tale da porre in pericolo il conseguimento della controprestazione" (ROSSETTI, Marco. Op. cit., p. 539).

[582] Chama-se atenção, novamente, à precisa sintentização de Andrea Pinna sobre a exceção de insegurança e a tutela da confiança e do crédito: "Comme nous l'avons vu plus haut, la confiance est àla base du crédit, de l'économie d'endettement, et donc de la non-simultanéité des obligations des parties à un contrat synallagmatique. L'exception pour risque d'inexécution constitue une étape ultérieure. La confiance n'est plus simplement un présupposé factuel du crédit, mais en devient un élément constitutif". Cf. PINNA, Andrea. L'exception pour risque d'inexécution, cit., p. 46.

[583] Cf. ADDIS, Fabio. *Il "mutamento" nelle condizioni patrimoniali dei contraenti*, cit., p. 29.

[584] "Ahora bien, el § 321 establece que si, en un contrato, alguien está obligado a la prestación anticipada, en caso de un empeoramiento considerable de la situación económica de la otra parte, que ponga en peligro el derecho a la contraprestación, puede negar la prestación a la que él está obligado hasta que la contraprestación se realice o sea garantizada. Parece adecuado aplicar analógicamente esta disposición a los casos de error relevante sobre la solvencia y, por ello, excluir la impugnación conforme al § 119.II" (FLUME, Werner. *El negocio jurídico*: parte general del derecho civil. Versão em espanhol por José Maria Miguel Gonzáles e Esther Gómez Calle. Madrid: Fundación Cultural del Notariado, 1998, t. 2, p. 575).

Conforme bem aponta Fabio Addis, a situação patrimonial periclitante do excepto faz surgir "*una contrapposizione di interessi relativa all'adempimento*"[585], de modo que não podemos esquecer que o fundamento da regra da exceção de insegurança consiste em assegurar justamente um remédio contra "*un pericolo di inadempimento e non contro vizio del consenso*"[586].

A figura faz com que seja avaliada justamente a estabilidade da relação sinalagmática existente entre as prestações e, se ainda for possível, mediante a apresentação de garantia ou adiantamento da prestação pelo excepto, preservá-la até a sua extinção não patológica.

Ao avaliarmos o risco objetivo de inexecução que a exceção de insegurança vem a tutelar, devemos ter em mente que ela não merece ser enxergada em termos exageradamente restritos, como uma defesa diante da mudança patrimonial do excepto. Antes, ela pode ser enxergada como uma tutela diante da manifestação da instabilidade financeira do excepto que coloca em risco, objetivamente, o cumprimento da prestação[587]. Essa instabilidade gera a perda da confiança na capacidade prestacional do excepto, legitimando a suspensão da prestação pelo excipiente, como aplicação do princípio *inadimplenti non est adimplendum*.

Também por meio da análise do conteúdo do risco do inadimplemento que a exceção vem a tutelar se torna possível distinguir seu âmbito operativo daquelas situações que têm como consequência jurídica o vencimento antecipado da obrigação e até mesmo o inadimplemento antecipado. Trata-se de um assunto não desprezível em relação à figura, e, como veremos posteriormente, está no cerne das discussões jurisprudenciais brasileiras sobre sua aplicação.

A exceção de insegurança é um instrumento de tutela de um risco causado pela instabilidade patrimonial do excepto, mas uma instabilidade de características transitórias. As situações de vencimento antecipado e de inadimplemento antecipado estão ligadas a situações mais permanentes e irreversíveis de quebra da confiança havida entre as partes, inclusive por violações atuais das garantias a serem oferecidas pelo excepto (como é o

[585] Cf. ADDIS, Fabio. La sospensione dell'esecuzione: dalla vendita con dilazione di pagamento alla unsicherheitseinrede, cit., p. 21.

[586] Idem.

[587] Cf. ADDIS, Fabio. *Il "mutamento" nelle condizioni patrimoniali dei contraenti*, cit., p. 14.

caso do art. 333, III, do Código Civil), justificando a exigência antecipada ou, até mesmo, a categorização jurídica de inadimplemento antecipado.

Em seu caminho evolutivo, ademais, foi necessário que sua formulação positiva e aplicação jurisprudencial fossem paulatinamente se afastando de figuras caracterizadas por um "*elevato margine d'irreversibilità*"[588], tais como a insolvência e a falência, que, necessariamente, conduziriam à conclusão de que não haveria margem para a melhora subsequente da situação do excepto a permitir o cumprimento da prestação. Dessa forma, mister concluir que a exceção de insegurança tem pouco sentido em casos de insolvência ou falência porque estão muito afastados das situações em que uma melhora é possível, sendo mais justificáveis outros remédios jurídicos que não a suspensão da prestação. Porém, *a fortiori*, a suspensão da prestação de acordo com os pressupostos da exceção de insegurança poderá ser admitida também em caso de falência.

O risco de inadimplemento que dá ensejo à exceção de insegurança é aquele real, e não apenas aparente, não podendo ser vinculado à percepção subjetiva do excipiente em relação ao patrimônio do excepto ou à sua capacidade de cumprir. Não pode tampouco servir de evidência do risco de descumprimento um mero exercício probabilístico levado a cabo, subjetivamente, pelo excipiente, ainda que de boa-fé.

Dessa forma, devem ser enxergadas com cautela propostas no âmbito doutrinário e soluções jurisprudenciais que sacrificam a exigência de uma mudança no patrimônio ou de uma avaliação objetiva sobre a capacidade de prestar do excepto, pois isso significa, em grande medida, abrir caminho para soluções de natureza eminentemente subjetiva[589].

A importância de se evitar a subjetivação extrema do remédio ocorre justamente pelo seu caráter excepcional. Os sistemas de direito privado, como princípio, privilegiam a confiança dada ao excepto na sua capacidade de prestar dentro do prazo combinado, não sendo legítimo ao excipiente suspender sua prestação fora de parâmetros objetivos e extraordinários.

Novamente vale trazer à baila as noções de Andrea Pinna, destacando o papel da confiança no vínculo obrigacional: "*En effet, la partie au contrat*

[588] ADDIS, Fabio. *Il "mutamento" nelle condizioni patrimoniali dei contraenti*, cit., p. 89.

[589] A crítica também é verdadeira no panorama italiano e europeu (cf. ADDIS, Fabio. *Il "mutamento" nelle condizioni patrimoniali dei contraenti*, cit., p. 98).

qui, en concédant au cocontractant un terme pour l'exécution de son obligation, a démontré avoir confiance en lui, ne peut pas justifier la suspension de l'exécution de sa propre prestation avant l'échéance du terme convenu"[590].

A exceção de insegurança, porém, vem a socorrer o contratante de boa-fé que, diante da alteração da capacidade prestacional do cocontratante, objetivamente considerada, acaba justamente por perder, em caráter não permanente, essa confiança. A perda da confiança em caráter permanente daria ensejo a outras soluções jurídicas, como dissemos acima, tais como o vencimento antecipado ou inadimplemento antecipado, conforme trataremos em detalhe mais adiante neste trabalho[591].

A formulação brasileira da exceção de insegurança pode ser confrontada com os movimentos nacionais de atualização do direito privado, bem como as tentativas de uniformização do direito privado. Tendo em vista a estruturação paradigmática do direito de suspensão das prestações na CISG, especificamente em seu art. 71(1)[592], conforme já tratamos neste trabalho, é possível enxergar que sua formulação, inspiração para a reforma do BGB de 2002, para a *Ordonnance* n. 2016-131 e até mesmo para o novo Código Civil e Comercial argentino, afasta-se da mera redução patrimonial do excepto para adotar um critério mais amplo, embora ainda assim objetivo, fundado na grave insuficiência na capacidade de cumprimento do excepto, ou em sua solvência.

Em seu texto é possível notar que as condições financeiras da contraparte ou seu comportamento durante a execução contratual assumem apenas valor indicativo para autorizar a suspensão da prestação pelo excipiente.

A CISG foi promulgada no Brasil por meio do Decreto n. 8.327/2014, de modo que seria possível afirmar, pelo menos do ponto vista estritamente formal, que, hoje, o nosso sistema conta com duas formulações

590 PINNA, Andrea. L'exception pour risque d'inexécution, cit., p. 31.

591 Nesse ponto, também é possível mencionar a conclusão de Andrea Pinna: "L'exception pour risque d'inexécution se distingue de l'inexécution par anticipation. Dans le premier cas, la non-exécution de l'obligation à terme est simplement probable, alors que dans le second, elle est certaine" (PINNA, Andrea. L'exception pour risque d'inexécution, cit., p. 33).

592 Artigo 71 (1) Uma parte poderá suspender o cumprimento de suas obrigações se, após a conclusão do contrato, tornar-se evidente que a outra parte não cumprirá parcela substancial de suas obrigações, devido: (a) a grave insuficiência em sua capacidade de cumpri-las, ou em sua solvência; ou (b) à maneira como se dispõe a cumprir ou como cumpre o contrato.

para a exceção de insegurança. A primeira seria a do art. 477 do Código Civil, ainda vinculada textualmente à tradição histórica advinda do século XIX com referência à redução patrimonial como pressuposto do remédio, e outra seria o art. 71 da CISG, fundada na insuficiência da capacidade de cumprimento do excepto, restrito, é verdade, aos contratos a ela submetidas.

Essa circunstância, até então ignorada pela doutrina e pela jurisprudência com a profundidade merecida, deve ser devidamente enfrentada, de modo a evitar incoerências sistêmicas no direito brasileiro. Cabe, dessa forma, indagar qual é a posição atual da exceção de insegurança em nosso ordenamento jurídico e propor um caminho de harmonização, dentro das balizas legais e interpretativas possíveis.

Em primeiro lugar, é necessário ter em mente que o art. 71 da CISG apresenta uma estruturação única de tutela suspensiva, cabível tanto ao risco de inadimplemento em razão de circunstâncias não necessariamente imputáveis ao devedor (al. a) quanto ao descumprimento efetivo imputável ao devedor (al. b)[593]. Por isso o dispositivo sequer declara elementos sobre a ordem nas prestações, uma vez que é aplicável tanto nas hipóteses de descumprimento já verificado quanto naquelas em que ainda não se operou o inadimplemento. O sistema brasileiro, assim como o alemão e o italiano, apresenta formulações dúplices relacionadas às exceções substanciais, o que aqui se verifica nos dispositivos 476 e 477 do Código Civil. Dessa forma, tentativas de compatibilização do art. 71(1) com o art. 477 do Código Civil deverão levar em conta essa circunstância, sob pena de se anunciar ou propor alargamentos interpretativos além do que é sistematicamente possível.

Diante da influência das reformas nos sistemas nacionais estrangeiros e das codificações internacionais, no Brasil surgiram vozes a propor uma leitura não literal do art. 477 do Código Civil, de modo a alargar seus pressupostos para alcançar outras circunstâncias além da mera redução patrimonial do excepto. Talvez a mais relevante e com impacto direto na jurisprudência tenha sido o Enunciado n. 437 da V Jornada de Direito Civil do CJF, que propôs que "a exceção de inseguridade, prevista no art. 477, também pode ser oposta à parte cuja conduta põe manifestamente em risco a execução do programa contratual". Em sua fundamentação, a

[593] Cf. ADDIS, Fabio. *Il "mutamento" nelle condizioni patrimoniali dei contraenti*, cit., p. 135.

proposta se diz apoiar na interpretação analógica e em uma decorrência da boa-fé[594].

Adiante neste trabalho trataremos com mais detalhes sobre as dificuldades que enxergamos na possibilidade de interpretação analógica e na aplicação do princípio da boa-fé como fundamentos da extensão do âmbito do art. 477 do Código Civil para a avaliação de condutas imputadas ao excepto. Porém, neste momento, cabem já algumas considerações sobre o tema.

A primeira delas é no sentido de que, embora seja possível discutir se a proposta realmente está conforme o espírito do art. 71 da CISG, a quem ela se diz inspirar[595], é de reconhecer que a doutrina, nesse ponto, cumpre sua função de fazer avançar os institutos de direito privado e sinalizar que o art. 477 do Código Civil não merece uma leitura completamente literal. Basta lembrar que a leitura não literal feita pela doutrina e jurisprudência italianas com relação ao então art. 1.469 do Código Civil italiano de 1865 possibilitou livrar o âmbito operativo da exceção de insegurança das amarras rígidas temporais relativas à piora patrimonial após a celebração do contrato, que, inclusive, posteriormente, deu base à redação do art. 1.461 do Código Civil italiano de 1942, conforme aponta Auletta[596], e, em última análise, à própria redação da CISG e da reforma do BGB, conforme tese defendida por Fabio Addis[597]. Assim, foi por meio da leitura não literal dos dispositivos que previam a exceção de insegurança que, hoje, se reconhece ser possível a invocação do remédio para situações de piora patrimonial que se manifesta após a celebração do contrato e não, estritamente, criadas após a celebração do contrato.

Muito embora tenha sido objetivo declarado do CJF alinhar a formulação brasileira aos modelos internacionais sobre a exceção de insegurança, a jurisprudência pátria, todavia, acaba tomando caminhos tortuosos, mesmo quando diz aplicar a orientação do Enunciado n. 437.

594 AGUIAR JÚNIOR, Ruy Rosado de (Coord.). *V Jornada de direito civil*. Brasília: CJF, 2012, p. 158-159.

595 Idem, p. 159.

596 Cf. AULETTA, Giuseppe. Op. cit., p. 299 e ss.

597 Cf. ADDIS, Fabio. *Il "mutamento" nelle condizioni patrimoniali dei contraenti*, cit., p. 70 e ss.; ADDIS, Fabio. La sospensione dell'esecuzione: dalla vendita con dilazione di pagamento alla unsicherheitseinrede, cit., p. 14.

O exemplo mais paradigmático é o REsp 1.279.188/SP[598], que, com base em tal enunciado, argumentou pela existência de uma "principiologia" da exceção de insegurança para legitimar a diminuição do fornecimento de bens e das condições de crédito empregados por um fornecedor a um comprador, diante do inadimplemento contratual deste. Ou seja, trata-se de uma decisão que não lida sequer com risco de inadimplemento, mas sim de inadimplemento efetivo, o que determina reações diversas do ordenamento jurídico, conforme vimos acima ao tratarmos da classificação do inadimplemento.

Porém, é necessário observar que outros países, tais como Alemanha, França e Argentina, resolveram as suas dificuldades em relação à abrangência da exceção de inseguridade em seus direitos nacionais via reforma legislativa. A exceção, porém, fica a cargo da Itália, embora existam posições que enxergam, por lá, a desnecessidade de mudança legislativa, desde que seja realizada a coordenação sistemática entre o art. 1.461 do Código Civil italiano e a formulação da CISG[599]. Para tanto, Fabio Addis propõe a seguinte saída: "La questione va invece risolta in termini più radicali. Ad una lettura coerente dell'ordinamento, l'art. 71 CISG si sovrappone all'art. 1461 c.c., consentendo di operarne una riformulazione"[600].

No sistema brasileiro, seria o caso de indagarmos qual seria o conteúdo e consequência de uma eventual alteração legislativa no art. 477 do Código Civil que permita ao nosso sistema estar alinhado com a formulação da CISG, sem, todavia, trair os fundamentos da exceção de insegurança ou confundir seu âmbito operativo com o da exceção de contrato não cumprido.

Entendemos não ser adequado o recurso textual à conduta do excepto que põe manifestamente em risco a execução do programa contratual, conforme proposta do CJF. Trata-se de uma representação pouco precisa do que seria o risco de inadimplemento objetivo a que a exceção de insegurança vem a tutelar. A análise das condutas do excepto e o conteúdo do que seria a conduta que "põe manifestamente em risco" certamente seriam um empecilho à estabilização da interpretação da exceção de insegurança na jurisprudência.

598 STJ, 4ª Turma, REsp 1.279.188/SP, Rel. Min. Luis Felipe Salomão, v.u., d.j. 16-04-2015.

599 Cf. ADDIS, Fabio. *Il "mutamento" nelle condizioni patrimoniali dei contraenti*. cit., p. 262-265.

600 Idem, p. 265.

Conforme vimos acima, o núcleo da exceção de insegurança é a tutela diante de um risco objetivo de descumprimento. Não deve ela ser vista como uma sanção ao excepto, mas, antes, como uma tutela do excipiente diante da quebra de confiança relacionada à capacidade do excepto em adimplir o que foi prometido.

Dessa forma, seguindo inclusive o modelo adotado pelo Código Civil e Comercial argentino, pelo BGB pós-reforma e diante da própria redação da CISG, eventual reforma do art. 477 do Código Civil deveria fazer referência direta à capacidade de cumprimento pelo excepto, além da referência usual à piora patrimonial, bem traduzida no aspecto da solvência. Não há razão para se tentar alcançar o mesmo resultado por meio de um recurso textual em referência ao comportamento do excepto e eventual risco manifesto ao programa contratual.

Propõe-se, assim, *de lege ferenda*, uma redação no seguinte sentido:

> *Art. 477. Se, depois de concluído o contrato, sobrevier a uma das partes grave insuficiência em sua capacidade de cumprir, ou em sua solvência, capaz de comprometer ou tornar duvidosa a prestação pela qual se obrigou, pode a outra recusar-se à prestação que lhe incumbe, até que aquela satisfaça a que lhe compete ou dê garantia bastante de satisfazê-la.*

A redação acima proposta, que substitui a expressão "diminuição em seu patrimônio" por "grave insuficiência em sua capacidade de cumprir, ou em sua solvência", além de não romper com a construção geral da formulação da exceção de insegurança no direito brasileiro, presente desde o Código Civil de 1916, mantém o fundamento próprio da exceção de insegurança, com enfoque no risco objetivo de inadimplemento. Não se cogita, assim, com relevância jurídica direta, de eventual culpa, quebra de deveres de conduta, comportamento contraditório ou avaliação subjetiva do excipiente em relação à conduta ou patrimônio do excepto. A exceção de insegurança é remédio objetivo.

Assim, a exceção de insegurança poderia ser aplicada mesmo em casos não estritamente vinculados à diminuição patrimonial (conforme texto vigente) ou mediante avaliação de conduta ou violação presente do contrato, ainda que deveres anexos (interpretação possível do Enunciado do CJF), e consagraria, efetivamente, o risco de descumprimento objetivamente considerado como causa justificadora necessária e suficiente para legitimar a suspensão da prestação, até que o excepto demonstre disposição de cumprir e restabelecer o equilíbrio sinalagmático do contrato.

É bem verdade, porém, que a reestruturação da exceção de insegurança não foi objeto de recentes modificações jurídicas brasileiras no direito privado, nomeadamente a Lei n. 13.874/2019 (Lei de Liberdade Econômica) ou a Lei n. 14.010/2020 (Regime Jurídico Emergencial e Transitório das relações jurídicas de Direito Privado no período da pandemia do coronavírus). Entretanto, nada impede que o assunto seja rediscutido e reavaliado no âmbito legislativo, sobretudo com o avanço das discussões sobre o perfil jurídico da figura e o desenvolvimento do comércio nacional e internacional.

Ainda que uma reforma legislativa não seja feita, veremos, em capítulo próprio neste trabalho, que os limites interpretativos atuais do art. 477 do Código Civil devem ser enxergados sempre dentro da perspectiva do risco objetivo ao inadimplemento em razão da capacidade prestacional do excepto.

4.5. Pressupostos

Nesta parte do trabalho analisaremos os pressupostos da exceção de insegurança[601]. Os pressupostos, aqui, devem ser entendidos como

[601] Não se ignora que os termos "pressupostos", "requisitos" e até mesmo "condições", na análise de direitos subjetivos, estão sujeitos a interpolações ou utilização como sinônimos (ver, *e.g.*, o uso de tais expressões tomadas de forma intercambiante e como sinônimos em obras que tratam da exceção de contrato não cumprido, como em SERPA LOPES, Miguel de Maria de. Op. cit., p. 227 e ss.; BIAZI, João Pedro de Oliveira de. *A exceção de contrato não cumprido no direito privado brasileiro*, cit., p. 147; e GAGLIARDI, Rafael Villar. *Exceção de contrato não cumprido*, cit., p. 60 e ss. Especificamente sobre a utilização interpolada de tais termos, embora não seja um trabalho especificamente dentro do direito privado, ver o estudo crítico de VILHENA, Paulo Emílio Ribeiro de. O "pressuposto", o "requisito" e a "condição" na Teoria Geral do Direito e no Direito Público. *RFDUFMG*, Belo Horizonte: UFMG, v. 21, n. 13, p. 185-202, out., 1973). Utilizaremos, neste trabalho, preferencialmente o termo "pressuposto" para indicar aquelas circunstâncias que autorizam a existência do direito em um sentido mais próximo ao empregado por Calmon de Passos, para quem pressuposto é tudo o que precede ao ato e é juridicamente relevante para a sua existência; requisito é tudo quanto integra a estrutura do ato e é importante para sua validade; e condição é tudo quanto a ele se segue e é exigido para a produção de seus efeitos específicos (ver PASSOS, José Joaquim Calmon de. *Esboço de uma teoria das nulidades aplicadas às nulidades processuais*. Rio de Janeiro: Forense, 2002, p. 36).

aquele conjunto de circunstâncias condicionantes[602] que determinam a existência concreta de um direito subjetivo, ou seja, aquelas circunstâncias juridicamente relevantes, segundo o ordenamento jurídico em vigor, para que a exceção de insegurança exista juridicamente como contradireito inserido na esfera jurídica do excipiente, legitimando a sua oposição.

4.5.1. Contrato bilateral. Existência do sinalagma entre as prestações

A redação do art. 477 do Código Civil deixa evidente que a exceção de insegurança é instrumento relacionado aos contratos bilaterais, *i.e.*, àqueles negócios jurídicos bilaterais em que há reciprocidade e interdependência entre as prestações das partes. Muito embora a noção de bilateralidade seja indispensável à compreensão da exceção de insegurança, o tema traz consigo as dificuldades relacionadas à classificação dos contratos e à noção de sinalagma. Conforme precisamente aponta Menezes Cordeiro, a própria *exceptio* "surge, dogmaticamente, num cruzamento entre a figura das exceções e dos contratos sinalagmáticos"[603]. Trataremos abaixo dos pontos nodais que se revelam úteis ao estabelecimento do alcance da figura.

Em primeiro lugar, é necessário apontar a existência de uma pequena diferença redacional entre o art. 476 do Código Civil, que trata da exceção de contrato não cumprido, e do art. 477 do mesmo Código, que trata da exceção de insegurança. O art. 476 faz referência expressa, em seu suposto fático, a contratos bilaterais, enquanto o art. 477 menciona somente o termo "contrato" para essa mesma finalidade, sem apontar expressamente uma determinada classe ou tipo contratual. Pontuamos anteriormente que as figuras são distintas, não havendo relação de gênero-espécie entre exceção de contrato não cumprido e exceção de insegurança. Porém, nesse particular, não devemos enxergar diferença entre os supostos fáticos das duas modalidades de exceção. O art. 477 do Código Civil certamente seria mais preciso se tivesse feito referência expressa ao contrato bilateral,

[602] Sobre a utilização do termo e a ligação entre circunstâncias condicionantes e consequências condicionadas como técnica de apresentação jurídica, ver ROSS, Alf. *On guilt, responsibility and punishment*, Los Angeles: University of California Press, 1975, p. 22-23 e ROSS, Alf. Tû-tû. Trad. Edson Bini. São Paulo: Quartier Latin, 2004, *passim*).

[603] MENEZES CORDEIRO, António Manuel da Rocha e. *Tratado de direito civil*, cit., t. 9, p. 274.

mas, conforme elucidaremos abaixo, pela própria estrutura da exceção de insegurança, a menção pode ser subentendida.

Assim, o primeiro pressuposto para o exercício da exceção de insegurança é a existência de um contrato bilateral[604]. Como ela é um instrumento de tutela do sinalagma existente em contrato, seu âmbito de operação depende de que se esteja diante de uma relação em que as prestações estejam ligadas entre si por um vínculo de interdependência. Aprofundaremos o tema a seguir.

O direito brasileiro não apresenta definição legal de contrato bilateral, o que já era a realidade da codificação de 1916. O art. 476 do atual Código menciona o termo, sem defini-lo. A ausência de definição não impediu que a doutrina[605] e jurisprudência nacionais[606], com elevado grau de estabilidade, tratasse o contrato bilateral entre nós como sinônimo de contrato sinalagmático[607], isto é, aquele contrato que estabelece prestações para ambas as partes envolvidas, e essas prestações estão unidas por

[604] PONTES DE MIRANDA, Francisco Cavalcanti. *Tratado de Direito Privado*, cit., t. XXVI, p. 110. Embora sem aprofundar o tema, o seguinte precedente também reconhece expressamente essa característica à exceção de insegurança: TJ de São Paulo, 15ª Câmara de Direito Privado, AC 0016051-10.2010.8.26.0011, Rel. Des. Vicentini Barroso, v.u., d.j. 16-04-2013.

[605] Sem pretensão de exaustão, ver GOMES, Orlando. *Contratos*. 26 ed. Rio de Janeiro: Forense, 2009, p. 84; ROCHA, Silvio Luis Ferreira da. *Direito civil 6*. Contratos. São Paulo: Malheiros, 2015, p. 45; GAGLIANO, Pablo Stolze; PAMPLONA FILHO, Rodolfo. *Novo curso de direito civil*: contratos. 4. ed. São Paulo: Saraiva, 2008, v. IV, t. I, p. 113.

[606] Veja-se, sem pretensão de exaustão, trecho do seguinte voto de julgado do TJ do Rio de Janeiro: "Ressalta-se que nestes contratos os contraentes se obrigam reciprocamente uns diante dos outros, pois a prestação de um corresponde à contraprestação do outro, havendo um nexo ou sinalagma que liga as obrigações das duas partes, mantendo-as numa relação de correspectividade e interdependência. Nessa relação bilateral e interdependente, nenhum dos contratantes, antes de cumprida a sua obrigação, pode exigir o implemento da do outro" (TJ do Rio de Janeiro, 16ª Câm. Cív., AC 2001.001.20911, Rel. Des. Nagib Slaibi Filho, v.u., d.j. 11-02-2003).

[607] A equiparação do contrato bilateral a contrato sinalagmático, todavia, não era algo totalmente sem contexto. Vale lembrar que o art. 1.102 do Código Civil francês, em sua redação anterior à *Ordonnance* n. 2016-131, definia o sinalagma e o colocava como sinônimo de contrato bilateral. A expressão, inclusive, também já era referenciada nos trabalhos que antecederam à elaboração do Código Civil francês (cf. POTHIER, Robert Joseph. *Tratado das obrigações*. Trad. Adrian Sotero de Witt Batista e Douglas Dias Ferreira. Campinas: Servanda, 2001, p. 38; conforme também apontado em BIAZI, João Pedro de Oliveira de. *A exceção de contrato não cumprido no direito privado brasileiro*. cit., p. 151).

um vínculo de reciprocidade[608]. Conforme sintetiza Araken de Assis, nos contratos bilaterais "toda prestação é contraprestação, e, por força dessa circunstância, o figurante assume o duplo e simultâneo papel de credor e de devedor no mesmo negócio jurídico"[609].

Vale apontar que, dentre as classificações dos contratos, eles podem ser bilaterais com relação à quantidade de partes (interesses contratuais) envolvidas e bilaterais quanto aos seus efeitos, nomeadamente a criação de prestações a cargo das partes e a relação entre elas. O requisito da exceção de insegurança que apontamos se refere à bilateralidade com relação aos efeitos.

Além de gerar obrigações para ambas as partes, a doutrina contemporânea compreende a bilateralidade como sinônimo de sinalagmaticidade, ou seja, aquela situação em que as prestações das partes envolvidas na relação são interdependentes entre si. Ou seja, não basta somente que uma pessoa seja credora de seu credor; é necessário que haja um nexo de interdependência entre as prestações.

Para melhor identificação do fenômeno jurídico da sinalagmaticidade e como ele é amalgamado com o conceito de contrato bilateral contemporaneamente, é útil o recurso ao que seria um contrato bilateral sem sinalagmaticidade (isto é, em uma concepção não mais vigente). Nessa classe de contrato, a cada uma das partes seria cabível efetuar uma prestação, mas a prestação de uma parte não estaria vinculada à prestação da outra parte, de modo que seu adimplemento ou inadimplemento ocorreria sem qualquer relação com eventual adimplemento ou inadimplemento da outra parte. Teríamos só o caso de duas prestações recíprocas, mas totalmente paralelas e desvinculadas uma da outra. Seria um cenário em que o contrato configuraria só um conjunto de elementos separados, sem organicidade, causalidade mútua ou nexo comum. Nessas situações contratuais as obrigações não estão ligadas por qualquer sinalagma[610].

[608] Ver MARINO, Francisco Paulo de Crescenzo. Classificação dos contratos. In: JABUR, Gilberto Haddad; PEREIRA JÚNIOR, Antonio Jorge Pereira (Coord.). *Direito dos* contratos. São Paulo: Quartier Latin, 2006, p. 36; ASSIS, Araken de. *Resolução do contrato por inadimplemento*. 2. ed. São Paulo: RT, 1994, p. 24-25.

[609] ASSIS, Araken de. Comentários aos arts. 421 a 488, cit., p. 663. Adiante, o autor ainda complementa: "No contrato bilateral, há interdependência de prestações: o credor também deve, e somente é credor porque deve ao outro figurante" (p. 696).

[610] Cf. ROPPO, Vincenzo. Op. cit., p. 418.

Assim, o sinalagma representa aquela circunstância em que as prestações devidas estão em um nexo de interdependência, porquanto um dos contratantes só aceitou se comprometer a um sacrifício obrigacional em favor da outra parte porque a contraparte também se submeteu a um sacrifício próprio[611]. É nesse sentido que hoje é visto o sentido de contrato bilateral[612].

Ao se versar sobre a classificação legal dos contratos bilaterais é usual que se recorra à expressão "contrato com prestações correspectivas" ou meramente a característica da "correspectividade" entre as prestações para fornecer descrições do fenômeno. Também é comum o recurso ao direito italiano e a comparação entre os termos empregados no Código Civil de 1865 e o Código Civil de 1942 daquele país.

O Código Civil italiano de 1865 definia o contrato bilateral em seu art. 1.099 como aquele em que os contratantes "se obrigam reciprocamente um perante o outro"[613]. O Código Civil italiano de 1942, por sua vez, deixou de apresentar uma definição legal de contrato bilateral e passou a usar a expressão *contratti con prestazioni corrispettive*, como pode ser visto nos arts. 1.406, 1.453 e 1.460.

Ao contrário da experiência legislativa italiana de 1865 com o contrato bilateral, o Código Civil italiano de 1942 não apresentou definição legal para o termo *contratti con prestazioni corrispettive*. A orientação legal expressa animou a doutrina italiana a debater a eventual identidade de sentido entre os contratos bilaterais e os *contratti con prestazioni corrispettive*[614]. O debate, que possui muitos matizes, parece encontrar na noção de sinalagma a chave para o entendimento do termo "contratos correspectivos". Assim, conforme aponta Alberto Trabucchi, os contratos correspectivos devem ser enxergados como aqueles que apresentam o

611 NOVA, Giorgio de; SACCO, Rodolfo. *Il contratto*. 3.ed. In: SACCO, Rodolfo (Coord.). *Trattato di diritto civile italiano*. Torino: UTET, 2004, p. 454.

612 ALMEIDA COSTA, Mário Julio. *Direito das obrigações*. 12. ed. Coimbra: Almedina: 2016, p. 361.

613 *"1.099. Il contratto è bilaterale, quando I contraenti si obbligano reciprocamente gli uni verso gli altre."* Em seguida, o Código do Reino da Itália conceitua que o contrato unilateral ocorre quando uma ou mais pessoas se comprometem perante uma ou mais pessoas, sem que estas encontrem alguma obrigação (*art. 1100. Il contratto è unilaterale, quando uma o più persone, senza che queste ultime incontrino alcuna obbligazione).*

614 Ver, por todos, PERSICO, Giovanni. Op. cit., p. 37 e ss.

sinalagma, liame recíproco entre prestação e contraprestação (*obligatio ultra citroque*)[615-616]. Por meio do sinalagma é possível equiparar os sentidos de contrato bilateral (ou correspectivo) na doutrina italiana à atual percepção da doutrina brasileira sobre essa classificação, que encontra seu sinônimo no contrato sinalagmático ou de prestações recíprocas[617] ou correlatas[618].

Vale apontar que o termo *prestazioni corrispettive* influenciou também textos em língua portuguesa, sendo possível encontrar autores que passaram a empregar termos como prestações "correspectivas" ou "correspectividade"[619], que seriam o equivalente aos termos "corrispettivo" e "corrispettività" utilizados pela doutrina italiana. Embora os termos possam ser utilizados corretamente para descrever o fenômeno jurídico do contrato sinalagmático[620], o uso merece alguma atenção. O primeiro deles, o adjetivo correspectivo, é admitido na língua portuguesa, enquanto o segundo, "correspectividade", não o é[621]. De toda forma, entende-se que o desenvolvimento normativo no Brasil dispensa o recurso a tais termos, uma vez que nossa legislação acabou por manter a nomenclatura de contrato bilateral.

Dessa forma, além da reciprocidade, ou seja, aquela situação em que as partes são credoras e devedoras de prestações reciprocamente no momento da formação do contrato, destaca-se a necessidade da interdependência

[615] TRABUCCHI, Alberto. *Istituzioni di diritto civile*. 39. ed. Padova: CEDAM, 1999. Entendimento no mesmo sentido é apresentado por Massimo Bianca (in BIANCA, C. Massimo. *Diritto civile*: il contratto. v. 3, Milano: Giuffrè, 1998, p. 462-463.

[616] Voltaremos ao significado e contexto da frase *obligatio ultra citroque* quando tratarmos, adiante, da noção de sinalagma.

[617] Cf. GAGLIARDI, Rafael Villar. *Exceção de contrato não cumprido*, cit., p. 69.

[618] Cf. ROCHA, Silvio Luis Ferreira da. *Curso avançado de direito civil*: contratos. Coord. Everaldo Cambler. São Paulo: RT, 2002, p. 62.

[619] Ver, por exemplo, FONSECA, Ana Taveira da. *Da recusa de cumprimento da obrigação para a tutela do crédito*: em especial na excepção de não cumprimento, no direito de retenção e na compensação, *passim;* LOPES, Miguel de Maria de Serpa. Op. cit., p. 249.

[620] Como o faz, *e.g.*, ANTUNES VARELA, João de Matos. Op. cit., p. 404-405.

[621] Cf. *Vocabulário ortográfico da língua portuguesa da Academia Brasileira de Letras*, disponível em: http://www.academia.org.br/nossa-lingua/busca-no-vocabulario [acesso em 13 de fevereiro de 2020]. Sobre o uso do termo "correspectividade" em português, ver STANICIA, Sergio Tuthill. *Liberalidade e gratuidade no âmbito da doação*. Tese (Doutorado em Direito) – Faculdade de Direito, Universidade de São Paulo, São Paulo, 2016, p. 111, nota 426.

entre essas prestações, fazendo com que exista um nexo funcional que evidencia a programação de uma troca em sentido jurídico[622].

Deve-se apontar, por fim, que o sinalagma é um nexo que ocorre entre as prestações principais, uma vez não existe a necessidade de haver a interdependência entre a totalidade das prestações ou deveres advindos da relação contratual. Aprofundaremos o tema abaixo quando tratarmos da abrangência do sinalagma, mas, por ora, é importante apontar que uma relação contratual usualmente não compreende exclusivamente uma única prestação devida por cada uma das partes – a prestação principal – havendo toda uma gama de deveres anexos que devem ser observados pelas partes. Para a finalidade de classificação de um contrato como bilateral, esses deveres anexos devem ser enxergados como elementos secundários ou contingenciais. Essa noção nos ajudará a compreender o alcance da exceção de insegurança com relação ao descumprimento de deveres anexos e, também, sua não aplicação aos contratos bilaterais imperfeitos.

4.5.1.1. Noção de sinalagma

Como vimos anteriormente neste trabalho, a ideia de que o conteúdo do vínculo obrigacional pudesse ser formado por prestações recíprocas acordadas pelas partes não se desenvolveu no direito romano clássico. Embora a reciprocidade não fosse totalmente desconhecida nesse período[623], as obrigações recíprocas eram, como regra, enxergadas de forma independente. O sistema romano foi avesso à ideia do *solus consensus obligat*[624], de modo que "as obrigações recíprocas não nasciam de um acordo formal entre as partes, mas de duas autônomas estipulações, cada qual respectivamente tendo como objeto uma das duas prestações", como lembra Serpa Lopes[625]. Nessa situação, um contrato bilateral é concebido como o complexo de dois contratos distintos.

[622] Cf. PERLINGIERI, Pietro. *Autonomia negoziale e autonomia contrattuale*. 2. ed. Napoli: Edizioni Scientifiche Italiane, 2000, p. 453.

[623] A reciprocidade era excepcional, aparecendo somente em algumas formas de contrato de forma tênue e mais como consequência do princípio da boa-fé (cf. SERPA LOPES, Miguel Maria de. Op. cit., p. 232).

[624] GAGLIARDI, Rafael Villar. *Exceção de contrato não cumprido*, cit., p. 79-80.

[625] SERPA LOPES, Miguel de Maria de. Op. cit., p. 228.

Essa concepção gerava muitos inconvenientes relacionados sobretudo à tutela jurídica do descumprimento de uma das prestações. O sistema não era propício à ideia de um remédio resolutório expresso ou tácito do contrato[626] e, menos ainda, a remédios como a exceção de contrato não cumprido ou a exceção de insegurança. Soluções foram sendo criadas por obra pretoriana, com a introdução, por exemplo, da *exceptio mercis non traditae*, conforme narrada por Gaio[627]. Como vimos anteriormente, tal exceção, que fazia parte das *exceptiones argentariae*, dizia respeito a uma defesa possível diante da exigência do preço da transação antes que o bem fosse entregue ao comprador. A *exceptio mercis non traditae*, inicialmente com âmbito operativo restrito, foi gradativamente estendida a todos os contratos bilaterais[628].

O termo sinalagma tem origem na palavra grega *synallagma*. Ulpiano, no Digesto, aponta que Labeão foi quem traduziu *synallagma* como *contractum* pela primeira vez, tendo como significado "a obrigação de uma parte e de outra parte, o que os gregos denominam de sinalagma, como a compra, venda, locação, arrendamento e sociedade"[629]. Porém, da passagem não é possível extrair um sentido genérico à palavra *contractum*, uma vez que, no contexto, ela designava uma categoria particular de convenções, nomeadamente os contratos consensuais e de boa-fé[630]. De toda forma, ainda que de modo restrito, o termo significou, inicialmente, reciprocidade de consentimento para a formação do vínculo, e não a reciprocidade das obrigações decorrentes dessa manifestação de vontade.

[626] Cf. ROSSETTI, Marco. Op. cit., p. 14.

[627] Gai. 4, 126a "Também se, ao argentário que reclamar o preço da coisa que vendeu em leilão, for interposta a exceção, de modo que o comprador seja certamente condenado, se lhe fizer a tradição da coisa comprada, a exceção é justa. Se no leilão, porém, se combinou a não entregar a coisa ao comprador, antes que ele pagasse com o preço, o argentário é protegido pela referida réplica. Ou, se se combinou a entrega da coisa ao comprador, somente mediante o pagamento do preço" (*Institutas do Jurisconsulto Gaio*, cit., p. 215)

[628] SERPA LOPES, Miguel Maria de. Op. cit., p. 228.

[629] D. 50, 16, 19: "Labeão define no livro Primeiro do Pretor urbano, que umas coisas se fazem, outras se gestionam e outras se contratam. E certamente que a palavra 'ato' é geral, quer seja realmente como na estipulação, ou na entrega por quantidade: porém 'contrato' significa obrigação de uma e outra parte, o que os gregos denominam de sinalagma, como a compra, venda, locação, arrendamento e sociedade, 'gestionado' significa coisa feita com palavras". A passagem é lembrada e traduzida por SERPA LOPES, Miguel Maria de. Op. cit., p. 228-229.

[630] SERPA LOPES, Miguel Maria de. Op. cit., p. 230.

No Digesto também é possível encontrar outra referência ao sinalagma. Ulpiano[631] narra que Ariston, em diálogo com Celso, defendeu que havia uma operação de sinalagma – e desse sinalagma advinha uma ação civil – quando uma pessoa dá uma coisa para que a outra dê outra coisa ou faça alguma coisa. Ariston estaria a aplicar ao contrato inominado a teoria grega do sinalagma, aplicável quando há a execução da prestação por uma das partes (portanto, não se perfazia *solo consenso*).

É possível apontar que tanto em Labeão quanto em Ariston a palavra sinalagma foi empregada em seu sentido genuinamente grego, isto é, a reciprocidade de vontades produtiva de obrigações, e não a reciprocidade de obrigações propriamente.

Foi somente no período pós-clássico, no Baixo Império, em consequência de longa evolução, que a ideia de reciprocidade foi inserida no texto de Labeão, por meio de interpolação dos compiladores[632]. É na passagem acima mencionada que está contida a frase *ultra citroque obligationem,* isto é, a obrigação de uma e outra parte[633], à qual justamente se "acusa" ser objeto de interpolação[634]. Nesse período a ideia de reciprocidade passou a se desenvolver em um sentido de unir à ideia de acordo de vontades a de reciprocidade entre as obrigações produzidas por esse acordo.

Foi no período dos canonistas que a noção nuclear de sinalagma adquiriu sua concepção atual[635] em que os conceitos de reciprocidade e interdependência foram unidos em um mesmo conceito em razão de

[631] D. 2, 14, 7, § 2: "Mesmo se o negócio não se ajustar a um outro contrato nominado, nem por isso deixa de existir uma causa: Ariston respondeu elegantemente a Celso que existia uma obrigação quando por exemplo eu te dou uma coisa para que tu me dês uma outra ou para que tu faças alguma coisa; esta operação é um sinalagma e dela nasce uma ação civil; também eu creio que Mauriciano teve razão em censurar isto a Juliano: eu te dei Estico para que tu libertasses Panfilo; tu o libertaste, depois foste evicto da propriedade de Estico; Julião disse que uma ação in factum deve ser concedida pelo pretor; Mauriciano diz que a ação civil 'in certi' é bastante, isto é, a ação 'praescriptis verbis': existe com efeito um contrato que Ariston denomina sinalagma do qual nasce esta ação" (traduzido por SERPA LOPES, Miguel Maria de. Op. cit., p. 231).

[632] SERPA LOPES, Miguel Maria de. Op. cit., p. 232-233.

[633] OLIVEIRA, Rafael Alexandria de. Op. cit., p. 99, e SERPA LOPES, Miguel Maria de. Op. cit., p. 229.

[634] Argumenta Serpa Lopes com base em Houin, Ihering e Monnier (SERPA LOPES, Miguel de Maria de. Op. cit., p. 232).

[635] GAGLIARDI, Rafael Villar. *Exceção de contrato não cumprido*, cit., p. 81.

um desenvolvimento histórico, e não necessariamente em razão de uma necessidade lógica[636]. Os canonistas prestigiaram o valor da confiança recíproca, que era corroborada por um juramento solene, a par de ter fundamento na equidade. Essa é origem da regra consagrada por Bartolo: *non servant fidem, non est fides servanda*[637].

4.5.1.2. Compreensão contemporânea do sinalagma

O termo "sinalagma" teve consagração positivada na redação original do Código Civil francês de 1804. Seu art. 1.102 dizia o seguinte: "O contrato é sinalagmático ou bilateral quando os contratantes se obrigam reciprocamente um perante o outro"[638]. Nota-se claramente que a própria redação original da codificação francesa já equiparava a bilateralidade à sinalagmaticidade[639], algo que, como vimos, teve reflexos perenes na construção e equivalência dos conceitos pela doutrina, sobretudo no Brasil, em que bilateralidade é sinônimo de sinalagma. O dispositivo do Código Civil francês só foi modificado por ocasião da *Ordonnance* nº 2016-131. A reforma legislativa fez com que o dispositivo adquirisse correspondência com o novo art. 1.106, que excluiu a referência ao termo bilateral, mantendo somente a referência ao sinalagma, nos seguintes termos: "O contrato é sinalagmático quando os contratantes se obrigam reciprocamente um perante o outro"[640]. Para Latina e Chantepie, a definição de contrato sinalagmático não sofreu qualquer alteração, salvo a supressão da referência aos contratos bilaterais, que era redundante e caiu em desuso, uma vez que, desde Pothier, os termos eram tidos como sinônimos[641].

Essa concepção do Código Civil francês era bastante parecida com a conceituação de contrato bilateral do Código Civil italiano de 1865,

[636] ABRANTES, José João. Op. cit., p. 40.

[637] LOTUFO, Renan. *Comentários ao Código Civil*: contratos em geral até doação (arts. 421 a 564), cit., p. 139.

[638] Tradução livre de "Art. 1.102. Le contrat est synallagmatique ou bilatéral lorsque les contractants s'obligent réciproquement les uns envers les autres".

[639] "Os sinalagmáticos ou bilaterais são aqueles [contratos] pelos quais cada uma das partes contratantes se compromete para com a outra. Tais são os contratos de venda, de aluguel, etc". POTHIER, Robert Joseph. *Tratado das obrigações*, cit., p. 38.

[640] Tradução livre de: "Art. 1.106. Le contrat est synallagmatique lorsque les contractants s'obligent réciproquement les uns envers les autres".

[641] CHANTEPIE, Gaël; LATINA, Mathias. Op. cit., p. 113.

tratado anteriormente neste trabalho, tendo sido abandonado na estrutura do Código Civil italiano de 1942. O BGB, por sua vez, não apresenta definição legal relacionada ao sinalagma ou bilateralidade, mas a utilização do termo *gegenseitiger* como título que engloba os §§ 320 a 325, inclusive em sua formulação original, anterior à reforma do direito das obrigações de 2002, coloca a questão da reciprocidade no centro da análise normativa.

Ainda sobre a concepção francesa do sinalagma, é relevante anotar que foi por meio de uma concepção mais ampla da reciprocidade que a doutrina desenvolveu a aplicação da exceção de contrato não cumprido, notadamente por obra de autores como Cassin[642], Capitant[643] e Saleilles[644], sem embargo da ausência de previsão normativa expressa. Pothier, inspirador do Código Civil de 1804, não prestigiou a figura no texto normativo por se filiar à doutrina que entendia que no sinalagma as obrigações deveriam ser concomitantes[645]. Saleilles assim fundamenta: "no contrato sinalagmático, as duas prestações não são somente dívidas conexas, como são igualmente dívidas das quais uma é a causa da outra"[646]. Nessa passagem vê-se a introdução na noção da causa recíproca entre as prestações, o que, em decorrência desse fato, faz com que o autor conclua: "(...) assim, não só por motivo de favor ou sob forma de equidade, é que se permite ao devedor de não a realizar se o pagamento da outra não lhe for efetuado, como ainda em virtude de um direito resultante do próprio contrato"[647].

Essa noção informa a compreensão contemporânea do sinalagma: ele forma um complexo que acorrenta as prestações, criando entre elas um nexo muito particular[648], um nexo de interdependência[649].

642 Ver CASSIN, René. Op. cit., *passim*.

643 Ver CAPITANT, Henri. Op. cit., p. 283-294.

644 Ver SALEILLES, Raymond. *Étude sur la théorie générale de l'obligation*. Paris: LGDJ, 1925, p. 187.

645 LOTUFO, Renan. *Comentários ao Código Civil*: contratos em geral até doação (arts. 421 a 564). São Paulo: Saraiva, 2016, v. 3, t. 1, p. 139.

646 SALEILLES, Raymond. Op. cit., p. 187. Sobre o tema, ver também LOTUFO, Renan. *Comentários ao Código Civil*: contratos em geral até doação (arts. 421 a 564), cit., p. 139.

647 Idem.

648 REZZÓNICO, Juan Carlos. *Principios fundamentales de los contratos*. Buenos Aires: Astrea, 1999, p. 325.

649 CAMILLETTI, Francesco. *Profili del problema dell'equilibrio contrattuale*. Milano: Giuffrè, 2004, p. 21.

Conforme lição de Antônio Junqueira de Azevedo, o sinalagma é uma estrutura imanente ao contrato que liga prestação e contraprestação, estabelecendo um programa para as partes, que é tanto mais evidente quanto mais prolongada no tempo for sua execução[650]. Voltaremos ao tema a seguir, mas o sinalagma representa um nexo genético e funcional[651] entre prestações, presente também na fase de execução das prestações. Não são efetivamente fenômenos distintos (ou seja, não existe um sinalagma genético e um sinalagma formal), mas, antes, facetas de um mesmo fenômeno.

Algumas posições defendem que a boa-fé em seu sentido objetivo seria um elemento necessário para a caracterização do sinalagma. Entre nós, Serpa Lopes é um defensor ilustre dessa posição[652]. Trata-se de corrente muito inspirada na doutrina francesa que, como vimos acima, até a *Ordonnance* nº 2016-131 teve de lidar com a ausência de previsão expressa para certos remédios sinalagmáticos, como é o caso tanto da exceção de insegurança quanto da exceção de contrato não cumprido. Nesses esforços, a doutrina apontava para a aplicação do inc. 3º do art. 1.134 do Código Civil francês[653] que, em sua redação original, dispunha que a todas as convenções devem ser executadas de boa-fé, o que permitiria a proteção do vínculo contratual e do correto funcionamento da relação contratual mediante a reciprocidade das obrigações e interdependência das prestações pactuadas[654]. Todavia, apesar de a boa-fé exercer influência sobre o sinalagma, ela não se apresenta propriamente como um pressuposto,

650 AZEVEDO, Antônio Junqueira de. Interpretação do contrato pelo exame da vontade contratual. O comportamento das partes posterior à celebração. Interpretação conforme o princípio da boa-fé objetiva. Impossibilidade de *venire contra factum proprium* e de utilização de dois pesos e duas medidas (*tu quoque*). Efeitos do contrato e sinalagma. A assunção pelos contratantes de riscos específicos e a impossibilidade de fugir do "programa contratual" estabelecido. In: *Estudos e pareceres de direito privado*. São Paulo: Saraiva, 2004, p. 170.

651 OLIVEIRA, Rafael Alexandria de. Op. cit., p. 99.

652 SERPA LOPES, Miguel Maria de. Op. cit., p. 244.

653 Article 1134. Les conventions légalement formées tiennent lieu de loi à ceux qui les ont faites.
Elles ne peuvent être révoquées que de leur consentement mutuel, ou pour les causes que la loi autorise.
Elles doivent être exécutées de bonne foi.

654 IMBETT, Carlos Alberto Chinchilla. *La excepción de incumplimiento contractual*: estructura, función y límites, cit., p. 7.

mas sim como um critério para a identificação da reciprocidade entre as obrigações e para a distinção entre obrigações principais e acessórias na relação contratual[655]. Voltaremos ao tema da boa-fé e o sinalagma abaixo.

O sinalagma representa uma situação em que uma prestação é contrapartida ou contrapeso da outra prestação[656]. Essas prestações não precisam ser equivalentes em um sentido objetivo[657]. Elas devem ser equivalentes no sentido do juízo subjetivo das partes envolvidas do negócio, de modo que um contraente recebe pela sua própria prestação o valor correspondente ao da contraprestação contrária[658]. Ao versar sobre o tema, Enneccerus aponta para jurisprudência alemã no sentido de que, lá, tampouco é necessário que a contraprestação seja um equivalente, mas sim que tenha sido prometida como equivalente, que deva ser isso segundo a intenção declarada[659].

Dessa forma, o sinalagma deve ser devidamente enxergado como manifestação da autonomia privada. Ao se afirmar que o sinalagma representa aquela situação obrigacional em que uma prestação de uma parte tem sua causa na contraprestação da outra parte, dois aspectos do mesmo fenômeno jurídico podem ser percebidos. O primeiro deles é a própria causa da vinculação, ou seja, o "para que" da obrigação. O outro aspecto é a restrição que o sinalagma traz, isto é, o "como", representado pela restrição de que eu somente me vinculo enquanto a contraprestação é devida[660].

Interessante apontar a conclusão de Lurdes Pereira e Pedro Múrias que enxergam que esses dois aspectos são complementares e podem ser conciliados. Segundo os autores, o sinalagma é uma determinação de

655 GAGLIARDI, Rafael Villar. *Exceção de contrato não cumprido*, cit., p. 82.

656 ABRANTES, José João. Op. cit., p. 40-41.

657 Idem, p. 41; LARENZ, Karl. *Derecho de obligaciones*. Trad. Jaime Santos Briz. Madrid: Editorial RDP, 1958, t. 1, p. 247.

658 Idem, p. 266.

659 ENNECCERUS, Ludwig. *Derecho de obligaciones*. Revisão de Heinrich Lehmann. Tradução da 35. ed. alemã por Blas Pérez González e José Alguer. Barcelona: Bosch, I, 1933, p. 161, nota 1.

660 Cf. GIANNOTTI, Luca D'Arce. *A exceção de inseguridade e seus fundamentos no Código Civil de* 2002. Trabalho apresentado à Fundação de Amparo à Pesquisa do Estado de São Paulo como relatório final do processo n. 2018/00561-6 – Faculdade de Direito, Universidade de São Paulo, São Paulo, 2019, p. 68.

três elementos. Em primeiro lugar, tem-se o aspecto de que cada parte se vincula perante a outra parte, ficando com o direito à concretização da atribuição. Em segundo lugar, essa vinculação encontra limitação na vinculação da outra parte, no sentido de que uma das partes se vincula se e tão somente a outra vinculação se concretizar. Finalmente, em terceiro lugar, cada uma das vinculações é estabelecida para que a outra vinculação se concretize, *i.e.*, esta é a sua finalidade[661].

Em razão de seu desenvolvimento histórico e posição normativa, é necessário situar o sinalagma dentro do quadro da autonomia privada. É dentro desse quadro que reside o seu "porquê". O estabelecimento do sinalagma contratual, destarte, é algo reservado às relações contratuais, uma vez que deve ser fruto da autonomia privada[662]. Igualmente, salvo disposição legal expressa, os remédios sinalagmáticos só são cabíveis dentro de relações contratuais. Essa afirmação é feita conscientemente diante da existência de correntes[663], normalmente influenciadas pelo pensamento de René Cassin[664], embora não exclusivamente, de que o sinalagma e, consequentemente, os remédios sinalagmáticos também seriam cabíveis em relações jurídicas obrigacionais advindas de fontes não contratuais. Para essas linhas de pensamento, usualmente basta que de uma mesma relação jurídica nasçam obrigações recíprocas, subentendendo-se na reciprocidade a interdependência e equivalência, ainda que não absoluta, das prestações[665].

As posições que defendem ser necessário alargar o conceito de sinalagma para abranger também relações jurídicas obrigacionais que não

[661] LURDES PEREIRA, Maria de; MÚRIAS, Pedro. Sobre o conceito e extensão do sinalagma. In: *Estudos em honra do Prof. Doutor Oliveira Ascensão*. Lisboa: Almedina, 2008, v. 1. p. 24-25.

[662] FONSECA, Ana Taveira da. *Da recusa de cumprimento da obrigação para a tutela do crédito*: em especial na excepção de não cumprimento, no direito de retenção e na compensação, cit., p. 134.

[663] Ver, por exemplo, MORENO, María Cruz. Op. cit., p. 53; OLIVEIRA, Rafael Alexandria de. Op. cit., p. 101; SERPA LOPES, Miguel Maria de. Op. cit., *passim*; GIANNOTTI, Luca D'Arce. Op. cit., p. 68-84.

[664] É de René Cassin a célebre leitura alargada do conceito de sinalagma, para quem os elementos essenciais do vínculo sinalagmático são: (i) a existência de obrigações recíprocas; e (ii) que tais obrigações recíprocas tenham origem comum, ou seja, ligadas uma a outra por um laço de conexidade intelectual, jurídico, natural ou querido especialmente pela lei ou pelas partes (CASSIN, René. Op. cit., p. 471).

[665] OLIVEIRA. Rafael Alexandria de. Op. cit., p. 104.

sejam oriundas de contratos argumentam que existem vínculos sinalagmáticos impostos pela lei, e não pela manifestação de vontade, como é o caso dos deveres advindos da boa-fé ou nas prestações recíprocas advindas da anulação ou declaração de nulidade de negócios jurídicos[666].

O argumento com relação à sinalagmaticidade imposta pela boa-fé deve ser observado com cautela. Embora a existência de deveres secundários, acessórios ou laterais impostos pela boa-fé tenham efetivamente assento legal (notadamente na previsão normativa do art. 422 do Código Civil[667]), a existência desses deveres decorre da autonomia privada, isto é, da criação de efeitos da autonomia privada de acordo com os ordenamentos jurídicos vigentes. Reconhece-se que a boa-fé objetiva impõe a existência de deveres que não demandam manifestação negocial expressa, decorrentes de sua função integrativa. São "avoluntarísticos" nesse sentido[668]. Todavia, eles não são concebidos fora do quadro da autonomia privada em sua configuração no direito privado contemporâneo.

A essa circunstância deve ser adicionada uma característica dos vínculos sinalagmáticos, no sentido de que o sinalagma se estabelece entre as prestações principais do vínculo obrigacional, e não entre prestações e deveres secundários. Vale apontar que uma relação obrigacional é formada por um grande número de deveres e prestações recíprocos, mas não é em relação à totalidade deles que se estabelece o sinalagma. A boa-fé, assim, servirá como fator para a criação de deveres secundários e também como critério interpretativo para o estabelecimento de quais são as prestações secundárias e principais de um vínculo contratual. Porém, não é possível concluir que ela é uma fonte autônoma do vínculo sinalagmático, isto é, autônoma em relação à manifestação das partes.

Outra situação utilizada como exemplo de possíveis vínculos sinalagmáticos fora das relações contratuais são as prestações de restituir oriundas da invalidação do negócio jurídico, conforme art. 182 do Código Civil[669], ou então por efeito da resolução contratual, gerando obrigações

[666] Idem, *passim*.

[667] Art. 422. Os contratantes são obrigados a guardar, assim na conclusão do contrato, como em sua execução, os princípios de probidade e boa-fé.

[668] MARTINS-COSTA, Judith. *A boa-fé no direito privado*: critérios para a sua aplicação. 2. ed. São Paulo: Saraiva, 2018, p. 242.

[669] Art. 182. Anulado o negócio jurídico, restituir-se-ão as partes ao estado em que antes dele se achavam, e, não sendo possível restituí-las, serão indenizadas com o equivalente.

recíprocas de restituição[670]. A esse fenômeno também seria dado o nome de "sinalagma invertido"[671]. Cabe uma breve explicação sobre o tema.

A sinalagmaticidade, nessas hipóteses, teria fonte no vínculo comum das obrigações recíprocas, qual seja, a invalidação do negócio jurídico[672] ou a resolução contratual. Normalmente esse argumento advém de um caráter eminentemente prático: a possibilidade de aplicação ou não dos remédios sinalagmáticos às prestações de restituição exigíveis entre as partes[673].

O exemplo da exceção de contrato não cumprido é o mais recorrente: questiona-se se uma parte pode recusar o cumprimento da sua prestação de restituir até que a outra parte cumpra com a sua. Não existe resposta clara para a questão em nosso ordenamento jurídico, ao contrário de outros ordenamentos jurídicos.

Pela experiência alemã, nos casos de invalidação do negócio jurídico, aplica-se o remédio do direito de retenção previsto no § 273 do BGB, que, ademais, permite que a prestação seja garantida por parte da pessoa que requer a entrega do bem[674]. Há, destarte, previsão de remédio específico para essa situação, não havendo necessidade de se recorrer aos remédios previstos nos §§ 320 e 322 do BGB, onde estão previstas a exceção de contrato não cumprido e a exceção de insegurança. Com relação à resolução contratual, por outro lado, o § 348 do BGB determina expressamente que as obrigações devem ser executadas reciprocamente e simultaneamente, sendo a elas aplicáveis os remédios previstos nos §§ 320 e 322. Ou seja, por determinação legal expressa, às obrigações recíprocas nascidas da resolução contratual poderão ser aplicados os remédios sinalagmáticos.

No direito português, por outro lado, por expressa determinação legal, a exceção de contrato não cumprido é aplicável tanto à resolução

[670] Vale lembrar que a obrigação de restituir decorrente da invalidação independe de condenação expressa. Estão na chamada eficácia anexa da decisão desconstitutiva do negócio cf. DIDIER JÚNIOR, Fredie. Sentença constitutiva e execução forçada. *RePro*, São Paulo: RT, ano 33, n. 159, maio 2008, p. 65-76.

[671] MENEZES CORDEIRO, António Manuel da Rocha e. *Tratado de direito civil*, cit., t. IX, p. 283.

[672] OLIVEIRA, Rafael Alexandria de. Op. cit., p. 107.

[673] Cf. BUNAZAR, Maurício Baptistella. *A invalidade do negócio jurídico*. São Paulo: RT, 2020, p. 232.

[674] MORENO, María Cruz. Op. cit., p. 51.

quanto a casos de invalidação, conforme arts. 290º e 433º. A previsão legal expressa é louvada pela doutrina portuguesa, uma vez que a ausência de regramento expresso dificultaria a aplicação de tal remédio às situações indicadas[675]. O direito brasileiro, assim como o direito francês e o direito italiano, não apresenta solução legislativa expressa. A ausência de dado normativo gera instabilidade em todos esses ordenamentos, e a solução normalmente é alcançada com recurso à analogia ou mediante a noção do sinalagma[676].

As discussões sobre esse tema ficam mais restritas à aplicação da exceção de contrato não cumprido dada a simultaneidade dos deveres que surgem da resolução ou invalidade dos contratos. Porém, deve-se apontar que a aplicação da exceção de contrato não cumprido e da exceção de insegurança também já foi objeto de avaliação pelo Poder Judiciário brasileiro em caso de deveres recíprocos surgidos de ação de reintegração de posse, tendo sido admitida a primeira para impedir que o exequente exigisse a reintegração em seu benefício enquanto não se desincumbisse do dever de entregar a posse que também lhe foi imposto[677-678].

Como veremos adiante, além do pressuposto da existência de um contrato bilateral, a exceção de insegurança só pode ser invocada em situações em que há ordem nas prestações. De toda forma, as discussões sobre o sinalagma invertido colocam em relevo a dificuldade em se aplicar remédios sinalagmáticos a obrigações recíprocas que não sejam de origem contratual, sem que haja disposição expressa nesse sentido. A origem em comum das obrigações recíprocas parece suficiente para fundamentar a

675 Cf. FONSECA, Ana Taveira da. *Da recusa de cumprimento da obrigação para a tutela do crédito*: em especial na excepção de não cumprimento, no direito de retenção e na compensação, cit., p. 165.

676 Cf. FAGES, Bernard. Op. cit., p. 283.

677 TJ do Distrito Federal, 1ª Turma Cível, AC 0707516-47.2017.8.07.0007, Rel. Des. Rômulo de Araújo Mendes, v.u., d.j. 21-11-2018.

678 Nesse mesmo julgado foi avaliada a oposição da exceção de insegurança. O TJ do Distrito Federal entendeu pela impossibilidade de invocação do remédio em razão da ausência do pressuposto da diminuição patrimonial do excepto capaz de tornar duvidoso o cumprimento da prestação. Todavia, o mesmo resultado prático poderia ter sido obtido caso se entendesse que as prestações nascidas da sentença da ação de reintegração de posse não tinham ordem de cumprimento específica.

aplicação do remédio por analogia, diante do reconhecimento da lacuna, mas não parece ser suficiente para suprir a necessidade de estabelecimento do vínculo sinalagmático por vontade das partes.

4.5.1.3. Sinalagma genético e sinalagma funcional

O sinalagma comporta contemporaneamente duas perspectivas[679]. A primeira é a do sinalagma genético, que é aquele estabelecido na formação do contrato bilateral, no momento em que as partes assumem a titularidade das respectivas situações jurídicas subjetivas ativas e passivas. A segunda é a do sinalagma funcional, que é aquele aspecto que diz respeito à sua observância durante toda a execução contratual, de modo a assegurar que seja preservado o equilíbrio pactuado na origem[680].

Logo de início cabe a advertência de que não se trata de conceber duas modalidades de sinalagma. Antes, são duas perspectivas de um mesmo fenômeno jurídico[681]. A mesma causa que informa a formação do contrato deve inspirar toda a sua execução, conforme assinala Camilletti[682]. "Sinalagma genético e sinalagma funcional não são duas realidades diferentes: são uma e a mesma realidade, vista em momentos diversos: no momento inicial da constituição (gênese) da obrigação e na fase subsequente durante a qual ela vive e subsiste (funcional)", lembra também Inocêncio Telles[683]. A redação antiga do art. 1.102 do Código Civil francês, já mencionado neste trabalho, enfatiza o aspecto genético do sinalagma. Caso não esteja presente o sinalagma genético em uma relação contratual válida, o contrato deverá ser considerado unilateral.

Vale lembrar, embora não seja o foco deste trabalho, que a ausência de sinalagma genético também fundamenta a sanção jurídica da invalidade de alguns negócios jurídicos. É o caso, por exemplo, do vício de nulidade

[679] Deve-se a René Cassin a disseminação da concepção do sinalagma genético e do funcional (cf. SERPA LOPES, Miguel de Maria de. Op. cit., p. 245).

[680] ANTUNES VARELA, João de Matos. *Das obrigações em geral.* 9. ed. Coimbra: Almedina, 1998, v. 1, p. 407.

[681] GAGLIARDI, Rafael Villar. *Exceção de contrato não cumprido*, cit., p. 83.

[682] ABRANTES, José João. Op. cit., p. 46. Ver também CAMILLETTI, Francesco. Op. cit., p. 22.

[683] TELLES, Inocêncio Galvão. *Direito das obrigações.* 7. ed. Coimbra, 1997, p. 96.

da obrigação decorrente da impossibilidade absoluta da prestação, conforme art. 166, II, do Código Civil[684]. Essa impossibilidade gera uma ruptura no equilíbrio da relação[685], sendo, efetivamente, uma ruptura genética. Assim, a situação não afeta somente a prestação impossível, mas também a contraprestação correspectiva[686].

O sinalagma funcional, por sua vez, é aquele aspecto do sinalagma relacionado à execução do programa contratual que exige a persistência de ambas as obrigações, que vão se desenvolver ligadas entre si pelo mesmo vínculo de interdependência[687]. Rafael Gagliardi resume a questão chave do sinalagma funcional: "qualquer que seja o motivo, a falta da contraprestação após a celebração do contrato bilateral desonera o outro contratante. Isso ocorre por força do aspecto funcional do sinalagma, que assegura o equilíbrio do contrato durante a sua vigência"[688].

Conforme lembra Marco Rossetti, por meio da concepção contemporânea de sinalagma, que comporta uma faceta funcional, referente à fase de execução, o sistema jurídico admite que o não cumprimento do contrato altera o sinalagma, gerando o direito de resolução para a parte não inadimplente[689].

Na perspectiva da exceção de insegurança, é o risco do inadimplemento que fundamenta a invocação do remédio, de modo garantir o equilíbrio sinalagmático em sua perspectiva funcional.

Para garantir o equilíbrio das obrigações até o seu desfecho, a regra amplamente difundida no direito civil continental é a da execução simultânea das obrigações recíprocas já exigíveis: é o *Zug um Zug* para os alemães (conforme § 322 do BGB) e o "*trait pour trait*"[690] ou "*donnant*

[684] Art. 166. É nulo o negócio jurídico quando:

(...)

II – for ilícito, impossível ou indeterminável o seu objeto.

[685] OLIVEIRA, Rafael Alexandria de. Op. cit., p. 117.

[686] A mesma questão é analisada no direito português em ABRANTES, José João. Op. cit., p. 46.

[687] Idem.

[688] GAGLIARDI, Rafael Villar. *Exceção de contrato não cumprido*, cit., p. 86.

[689] ROSSETTI, Marco. Op. cit., p. 14.

[690] CASSIN, René. Op. cit., p. IV e ss.; 124 e ss.

donnant"[691] para os franceses, a chamada "regra dos correlativos"[692]. No Brasil a regra também é designada como "toma-lá-dá-cá"[693] e está prevista no art. 476 do Código Civil brasileiro, que consagra a exceção de contrato não cumprido. Essa regra, porém, é excepcionada em dispositivos legais esparsos e também pode ser modificada pela manifestação de vontade das partes ao desenhar o programa contratual. A exceção de insegurança, como trataremos também abaixo, tem seu âmbito de aplicação restrito às situações obrigacionais em que existe uma ordem entre as prestações, é dizer, situações que não estão na regra da simultaneidade das prestações.

As necessidades de tutela jurídica relacionadas ao sinalagma dão base a uma série de figuras que têm como objetivo equacionar ou solucionar situações que representem perturbações no equilíbrio na execução das prestações recíprocas e interdependentes. É o caso, por exemplo, da cláusula resolutória tácita, resolução por caso fortuito e força maior, da resolução por onerosidade excessiva e da exceção de contrato não cumprido[694]. Também é o caso da impossibilidade superveniente que não possa ser imputada ao devedor, situação que extingue tanto a prestação que se tornou impossível quanto a obrigação que lhe era correspectiva, ainda que esta ainda seja possível[695].

A exceção de insegurança deve também ser posicionada como uma figura que age sob o aspecto funcional do sinalagma, no sentido de equalizar uma situação de equilíbrio perturbada pelo risco de descumprimento. Ela não age para solucionar ou reequilibrar a relação jurídica em caso de descumprimento efetivo, mas sim como ferramenta de equalização diante desse risco. O equilíbrio é mantido justamente pela autorização legal de que uma das partes (a que deve prestar primeiro) recuse a prestação que lhe cabe. A solução de proteção ao sinalagma reside na ausência de sacrifício patrimonial do primeiro obrigado enquanto não seja prestada garantida suficiente ou, *a fortiori*, mediante a execução da contraprestação que lhe é devida.

[691] SALEILLES, Raymond. Op. cit., p. 185.

[692] Cf. AZEVEDO, Álvaro Villaça. Exceptio non adimpleti contractus (direito romano e direito civil). In: *ESD*, São Paulo: Saraiva, 1977, v. 34, p. 408.

[693] PONTES DE MIRANDA, Francisco Cavalcanti. *Tratado de direito privado*, cit., t. XXVI, p. 111.

[694] ABRANTES, José João. Op. cit., p. 48-49.

[695] OLIVEIRA, Rafael Alexandria de. Op. cit., p. 118.

4.5.1.4. Não aplicação da exceção de insegurança aos contratos unilaterais e aos contratos bilaterais imperfeitos

Nos tópicos acima apontamos que a noção contemporânea de contratos unilaterais – em contraposição à noção contemporânea de contratos bilaterais – representa aquela situação contratual em que a somente uma das partes incumbe uma obrigação de realizar uma prestação principal. Nessas situações, ante a ausência de uma contraprestação, não há sinalagma contratual. São exemplos clássicos dessa modalidade de relação contratual, via de regra, o mútuo, o depósito e o mandato.

Dessa forma, por ser um remédio destinado aos contratos bilaterais, a exceção de insegurança não seria aplicável aos contratos unilaterais. A própria estrutura dessa exceção deixa evidente essa impossibilidade: não haveria sentido na retenção da prestação do primeiro obrigado caso não seja esperada uma contraprestação da contraparte a ser efetuada ou garantida.

Porém, a questão não é pacífica com relação a todos os remédios sinalagmáticos, principalmente com a exceção de contrato não cumprido. A aplicação desta aos contratos sinalagmáticos é fonte de controvérsia. Existem autores que estendem a aplicação da exceção de contrato não cumprido aos contratos unilaterais, principalmente de acordo com o argumento, difundido por Cassin[696] e ainda presente na doutrina francesa[697], de que a conexão jurídica entre prestações recíprocas fundamentaria o sinalagma.

Conforme já abordamos neste trabalho, é necessário destacar que o direito brasileiro, nesse particular, traçou caminho distinto em relação ao direito francês, sobretudo considerando as correntes desenvolvidas anteriormente à *Ordonnance* n. 2016-131. Conforme pontua Pontes de Miranda, o Código Civil de 1916 desde logo optou por positivar a exceção de contrato não cumprido e seu campo de atuação aos contratos bilaterais, colocando fim na discussão que havia em França sobre seu âmbito de aplicação[698]. O mesmo ocorre com o direito italiano que reservou o

[696] CASSIN, René. Op. cit., p. 161.

[697] MALECKI, Catherine. Op. cit., p. 248. A posição também é vista em opiniões sobre o sistema espanhol (cf. MORENO, María Cruz. Op. cit., p. 44-46).

[698] Cf. PONTES DE MIRANDA, Francisco Cavalcanti. *Tratado de direito privado*, cit., t. XXVI, p. 99.

âmbito de atuação da exceção de contrato não cumprido às prestações correspectivas[699]. A mesma conclusão merece ser aplicada à configuração da exceção de insegurança entre nós.

O fato de a exceção de insegurança, no direito brasileiro, ser reservada aos contratos bilaterais, não exclui a possibilidade de o sistema normativo dar proteção aos contratantes dos contratos unilaterais de forma similar à exceção de insegurança, porém, por meio de outras figuras jurídicas. É o caso do art. 590 do Código Civil brasileiro, já analisado neste trabalho, que autoriza o mutuante (credor no contrato unilateral) a exigir garantia da restituição, se antes do vencimento o mutuário (devedor no contrato unilateral) sofrer notória mudança em sua situação econômica. Vemos aqui um remédio jurídico plenamente adequado à realidade unilateral do contrato de mútuo, que, embora não tome a forma de uma exceção substancial, adquire função prática bastante similar.

Também merece análise detalhada a situação em que, durante a execução do contrato unilateral, surgem certos deveres que devem ser cumpridos pela parte que não estava inicialmente obrigada em benefício da parte que estava unicamente na posição jurídica de devedora de uma prestação principal[700]. Dá-se a essa circunstância o nome de "contrato bilateral imperfeito"[701], "contratos sinalagmáticos *ex post facto*"[702], ou ainda "contratos não rigorosamente unilaterais"[703]. Esses contratos seriam um possível *tertium genus* entre os contratos bilaterais e os contratos unilaterais.

[699] PÉRSICO, Giovanni. *L'eccezione d'inadempimento*. Milano: Giuffrè, 1955, p. 55-57; REALMONTE, Francesco. Eccezione di inadempimento. *ED*. Milano: Giuffrè, 1965, v. 15, p. 225-226. Importante mencionar que Massimo Bianca apresenta entendimento contrário, retomando os argumentos de Cassin para ampliar o escopo de atuação da exceção de contrato não cumprido aos contratos unilaterais: BIANCA, Cesare Massimo. Op. cit., p. 332.

[700] São aqueles contratos "nos quais inicialmente só há obrigações para uma das partes, intervindo, porém, a possibilidade de surgirem, mais tarde, em dados termos e por virtude do descumprimento daquelas obrigações para a outra parte" (ANDRADE, Manuel de. *Teoria geral da relação jurídica*. Coimbra: Almedina, 1958, v. I, p. 43).

[701] ABRANTES, José João. Op. cit., p. 44; GOMES, Orlando. *Contratos*. 26. ed., cit., p. 85; ANTUNES VARELA, João de Matos. *Das obrigações em geral*, 9. ed. cit., p. 408.

[702] MORENO, María Cruz. Op. cit., p. 49.

[703] ENNECCERUS, Ludwig. *Derecho de obligaciones*, cit., v. I, p. 163.

A classificação tem origem da doutrina francesa[704] e também se faz presente em debates entre autores italianos[705] e alemães[706]. Os contratos bilaterais imperfeitos seriam aquela categoria de contratos geneticamente unilaterais, mas que, durante sua execução, ganharam características de bilateralidade. Os que argumentam pela existência de sinalagma nessas situações apontam que "são imperfeitamente sinalagmáticos no sentido de que somente parcialmente estão submetidos ao regime dos contratos sinalagmáticos (perfeitos)", como defendem Marty e Raynaud[707].

Exemplos de possíveis contratos bilaterais imperfeitos são o contrato de depósito gratuito, ou seja, unilateral, em o que depositante se vê obrigado a indenizar o depositário pelos custos de manutenção da coisa depositada[708], um contrato de comodato em que o comodatário incorre em despesas que devem ser indenizadas pelo comodante[709], ou, então, o mandatário que incorre em gastos no cumprimento da obrigação que devem ser antecipados ou ressarcidos pelo mandante[710].

A classificação é duramente criticada mesmo por autores que analisam codificações em que a categoria de contrato bilateral pode apresentar características mais amplas, como é o caso italiano, visto acima, em que o conceito de correspectividade pode abarcar a mera reciprocidade. Lodovico Barassi rejeita a classificação intermediária sob o fundamento de que o aparente elemento bilateral deve ser enxergado somente como um dever acessório surgido na execução do contrato, não sendo fator suficiente para afastar a natureza de unilateralidade[711]. Alberto Trabucchi

[704] Cf. MONTEIRO, Washington de Barros. *Curso de direito civil*: direito das obrigações. 2ª Parte. 35. ed., São Paulo: Saraiva, 2007, p. 27. Washington de Barros Monteiro atribui a Pothier a tentativa de identificação de duas espécies de bilateralidade: a perfeita e a imperfeita. No mesmo sentido, GAGLIARDI, Rafael Villar. Op. cit., p. 73.

[705] Ver BARASSI, Lodovico. *Teoria generale delLe obbligazioni.* Milano: Giuffrè, 1984, v. 3; RUGGIERO, Roberto de. *Instituições de direito civil.* Trad. Ary dos Santos. São Paulo: Saraiva, 1958, v. 3; TRABUCCHI, Alberto. *Istituzioni di diritto civile.* 39. ed. Padova: CEDAM, 1999.

[706] Ver, por todos, ENNECCERUS, Ludwig. *Derecho de obligaciones*, cit., v. I, p. 161-162.

[707] MARTY, Gabriel; RAYNAUD, Pierre. *Droit civil*: les obligations. Paris: Sirey, 1962, t. 2, v. 1, p. 53-54. Tradução livre.

[708] O exemplo é de Roberto de Ruggiero (RUGGIERO, Roberto de. Op. cit., p. 253-254).

[709] O exemplo é de Serpa Lopes (SERPA LOPES, Miguel Maria de. Op. cit., p. 253).

[710] O exemplo é de Karl Larenz (LARENZ. Karl. *Derecho de obligaciones*, cit., p. 106).

[711] Cf. BARASSI, Lodovico. Op. cit., p. 257-258.

também defende posição nesse sentido, sendo que apenas aparentemente há obrigação contraposta no contrato de mútuo oneroso[712].

As críticas são pertinentes uma vez que um dever eventual, surgido no curso do cumprimento obrigação e sem correspondência com uma prestação da outra parte, não poderia logicamente alterar a natureza do contrato previamente estabelecido. A obrigação posterior nasce de um fato ocorrido durante a execução do contrato e não do contrato em si. Os fatos usualmente mencionados como exemplos dos contratos bilaterais imperfeitos teriam a possibilidade, inclusive, de gerar o dever independentemente da existência do contrato, além de serem totalmente contingenciais, podendo não surgir durante a execução do contrato unilateral[713].

Para reforçar o argumento de que meros fatos contingenciais não são suficientes para alterar a natureza da relação contratual, é possível apontar que o descumprimento de uma obrigação não transforma um contrato bilateral em unilateral, embora o inadimplemento estabeleça a situação de fato em que somente uma das partes prestou[714].

Vale menção à experiência da codificação civil libanesa que, para suprimir a dúvida, indicou, em seu art. 1.947, que será considerado unilateral aquele contrato em que, incialmente, só havia obrigações em relação a uma das partes, mas que, posteriormente, devido a circunstâncias particulares e por ocasião da execução do contrato, surgiram obrigações para a outra parte, nos seguintes termos: "*si l'une des parties seulement est obligée à l'origine et que l'autre soit exposée à assumer par la suite certaines obligations à raison de circonstances particulières et à l'occasion de l'exécution du contrat, l'opération n'en conserve pas moins son caractère unilateral*".[715]

O raciocínio acima é também aplicável ao direito brasileiro, sendo possível concluir que a categoria de contrato bilateral imperfeito não parece ter utilidade entre nós. Em primeiro lugar, a ausência de um dispositivo legal que a mencione afeta a possibilidade de uma construção dogmática com base legal sobre a modalidade de classificação. Isso, em si, não seria uma questão incontornável, caso a categoria ainda assim pudesse

[712] TRABUCCHI, Alberto. Op. cit., p. 685.

[713] Cf. GAGLIARDI, Rafael Villar. Op. cit., p. 73-74.

[714] Idem, p. 74.

[715] Sobre o tema, cf. CHANTEPIE, Gaël; LATINA, Mathias. Op. cit., p. 114.

ser utilizada para contornar a insatisfação de categorias construídas legalmente. Todavia, não parece ser esse o caso. Os contratos bilaterais imperfeitos parecem ter seu regime jurídico bem traduzido no direito brasileiro dentro da classificação de contrato unilateral, uma vez que representam situações em que não há interdependência genética entre os deveres, sendo essa a posição mais consolidada[716]. Não se está diante de um novo regime jurídico somente pelo fato de deveres e prestações secundárias terem entrado no âmbito da esfera jurídica da parte que, inicialmente, não estava incumbida de uma prestação principal.

No ângulo que interessa ao presente trabalho, as discussões sobre a classificação dos contratos bilaterais imperfeitos também acabam desembocando na questão prática de identificar se se aplicam a essas situações os remédios sinalagmáticos, notadamente a exceção de contrato não cumprido e, de modo mais relevante para este estudo, a exceção de insegurança. Ou seja, caberia a exceção de insegurança em um contrato geneticamente unilateral, mas que, durante a sua execução, acabaram sendo criados deveres para a parte que inicialmente não estava obrigada?

Para responder a essa questão, devemos ter em mente a existência daquelas correntes que defendem que a interdependência entre as prestações não é o fator relevante para a categorização dos contratos bilaterais, bastando tão somente a reciprocidade, ou então aquelas posições que enxergam a existência do sinalagma na origem comum entre as prestações recíprocas, conforme já abordamos acima.

Os irmãos Mazeaud, por exemplo, admitiam que bastava a reciprocidade para que os contratos bilaterais imperfeitos fossem sujeitos às regras dos contratos sinalagmáticos, sendo a eles aplicável a exceção de contrato não cumprido[717]. Todavia, os autores defendiam que a exceção de contrato não cumprido é cabível na forma de direito de retenção quando, por exemplo, o depositário se recusa a entregar a coisa enquanto não

[716] BEVILÁQUA, Clóvis. *Código Civil dos Estados Unidos do Brasil comentado.* Rio de Janeiro: Livraria Francisco Alves, 1958, v. IV, p. 207; AGUIAR JÚNIOR, Ruy Rosado de. *Extinção dos contratos por incumprimento do devedor*: resolução. 2. ed., cit., p. 84; VENOSA. Sílvio de Salvo. *Direito civil*: teoria geral das obrigações e teoria geral dos contratos. 3. ed. São Paulo: Atlas, 2003, v. 3; p. 393; MONTEIRO, Washington de Barros. Op. cit., p. 25.

[717] MAZEAUD, Henri; MAZEAUD, León; MAZEAUD, Jean. *Leçons de droit civil.* Paris: Montchrestien, 1972, v. 1, t. 2, p. 377-378.

seja reembolsado por suas despesas. Pietro Perlingieri também concluiu que os remédios sinalagmáticos, entre eles a exceção de contrato não cumprido, seriam cabíveis aos contratos bilaterais imperfeitos. Porém, o autor defende que os contratos bilaterais imperfeitos seriam enquadrados como contratos bilaterais, devendo seguir o mesmo regime jurídico[718].

O exemplo dos irmãos Mazeaud mostra as dificuldades das correntes que adotam um conceito de bilateralidade baseado unicamente na reciprocidade em dar soluções totalmente coerentes[719]. Direito de retenção e exceção de contrato não cumprido são figuras distintas, não sendo admissível a hipótese de exceção de contrato não cumprido na forma de oposição de direito de retenção. Essa circunstância é ainda mais nítida no ordenamento jurídico francês vigente, aplicando-se o mesmo ao sistema normativo brasileiro.

Há ainda autores que entendem que embora efetivamente exista diferença de natureza entre os contratos bilaterais e os bilaterais imperfeitos em razão de que nestes não há a interdependência entre as prestações, é possível admitir a eles o alargamento das hipóteses da exceção de contrato não cumprido especificamente. É o caso de René Cassin[720] e de Serpa Lopes[721], que, em referência ao autor francês, dizem que a conexão entre o fato superveniente e a obrigação originária é suficiente para fundamentar a aplicabilidade da exceção de contrato não cumprido aos contratos bilaterais imperfeitos. Serpa Lopes dá ainda o exemplo de que, com base nesse entendimento, o mandatário, acionado pelo mandante para lhe entregar as importâncias que tenha recebido por força do mandato, poderia opor a exceção de contrato não cumprido em relação ao seu crédito fundado em despesas feitas no exercício do mandato[722].

[718] PERLINGIERI, Pietro. Op. cit., p. 453.

[719] É necessário pontuar, entretanto, que a utilização de tais recursos argumentativos deve ser observada em seu momento histórico e representa uma avaliação das soluções possíveis dentro do ordenamento jurídico então vigente. As opiniões dos Mazeaud foram realizadas em um momento em que, em França, a doutrina lidava com um ordenamento que não continha previsão expressa da exceção de contrato não cumprido e a exceção de insegurança, que sofreram positivação geral como remédios aplicáveis aos contratos bilaterais somente após a *Ordonnance* n. 2016-131.

[720] CASSIN, René. Op. cit., p. 453-454.

[721] LOPES, Miguel Maria de Serpa. Op. cit., p. 254.

[722] SERPA LOPES, Miguel Maria de. Op. cit., p. 254.

Em que pese a respeitabilidade das opiniões, não parece acertado conferir a aplicação de remédios sinalagmáticos – como é o caso da exceção de contrato não cumprido e da exceção de insegurança – a situações em que justamente o equilíbrio do sinalagma não está em jogo. Os deveres surgidos posteriormente e contingencialmente, embora tenham conexão com a obrigação original, não formam exatamente o conteúdo do sinalagma.

Evidentemente que tais deveres podem ser protegidos por outros instrumentos de defesa de seu direito subjetivo, como é o caso do direito de retenção, mas não estão sujeitos a defesas sinalagmáticas[723]. O exemplo do contrato de mandato é adequado a explicar essas características do nosso sistema, uma vez que a lei brasileira assegura aos mandatários instrumentos jurídicos específicos para proteger sua posição jurídica, como é o caso dos arts. 668, 681 e 664 do Código Civil.

Dessa forma, com relação especificamente à exceção de insegurança, é possível apontar que essa espécie de contradireito não é cabível nas situações que se enquadram nos chamados contratos bilaterais imperfeitos que, como vimos acima, são contratos geneticamente unilaterais. Sua aplicabilidade está juridicamente formatada para aquelas situações em que as prestações entabuladas são recíprocas e interdependentes.

4.5.1.5. A exceção de insegurança e os deveres secundários

Dentro do pressuposto da existência da relação sinalagmática, necessário à invocação da exceção de insegurança, é importante anotar a efetiva abrangência da reciprocidade e interdependência das obrigações, i.e., determinar quais deveres jurídicos estão envolvidos nesse nexo. Indaga-se, assim, se deve esse vínculo envolver todos os deveres e direitos existentes em uma relação contratual. Especificamente com relação à exceção de insegurança, a pergunta se direciona a estabelecer quais são as prestações que podem efetivamente ser suspensas pelo excipiente e quais prestações devem ser garantidas ou prestadas pelo excepto.

Didaticamente, é possível classificar em três categorias os deveres que surgem em um vínculo contratual: a) os deveres principais (também chamados de essenciais ou primários); b) os deveres secundários

[723] Cf. TEPEDINO, Gustavo; BARBOSA, Heloisa Helena; MORAES, Maria Celina Bodin. Op. cit., p. 125.

(ou acidentais); e c) os deveres acessórios, laterais ou instrumentais de conduta[724].

Os deveres principais que, em oposição ao direito subjetivo de crédito que os correspondem, formam as obrigações principais, constituem o núcleo da relação contratual. No âmbito contratual, e de acordo com o nosso sistema, as obrigações principais definem sua configuração típica[725], quando o contrato é típico. O adimplemento da obrigação principal no contrato constitui o escopo do processo obrigacional deflagrado pelo acordo de vontades. São exemplos comuns de obrigações principais: a entrega da coisa e o pagamento do preço no contrato de compra e venda e a prestação do serviço e a sua remuneração no contrato de prestação de serviço.

Os deveres secundários, por sua vez, representam aquelas prestações que, não sendo a principal, podem servir como sucedâneos ou substitutos da prestação principal. São exemplos de deveres secundários a obrigação de prestar o equivalente pecuniário em caso de inadimplemento absoluto imputável ao devedor (conforme art. 947 do Código Civil) ou de indenizar os lucros cessantes decorrentes do inadimplemento (conforme art. 389 do Código Civil)[726].

Os deveres acessórios, laterais ou instrumentais de conduta, por fim, são aqueles deveres meramente acessórios em relação à obrigação principal, que têm por finalidade preparar o cumprimento ou assegurar a prestação principal. Exemplo de dever acessório é o dever de acondicionar adequadamente a coisa até o momento da tradição em um contrato de compra e venda. As partes, pela autonomia da vontade, podem estipular deveres acessórios ao estabelecerem o programa contratual, sem que isso retire suas respectivas naturezas acessórias. Porém, os deveres acessórios também podem ser deduzidos do princípio da boa-fé objetiva, existindo independentemente de convenção entre as partes.

[724] Alguns autores preferem sintetizar a classificação em duas categorias: (i) a dos deveres principais; e (ii) a dos deveres anexos, subdivididos em deveres de prestação e deveres de cooperação. Cf. COUTO E SILVA. Clóvis V. do. *A obrigação como processo*. São Paulo: Bushatsky, 1976, p. 117.

[725] LOTUFO, Renan. *Comentários ao Código Civil*: contratos em geral até doação (arts. 421 a 564), cit., p. 154.

[726] Cf. OLIVEIRA, Rafael Alexandria de. Op. cit., p. 121.

Com relação à análise dos vínculos sinalagmáticos, a identificação da natureza das obrigações de um determinado vínculo contratual e, sobretudo, qual é a obrigação principal do contrato é de suma importância. É o vínculo de reciprocidade e interdependência entre obrigações principais que estabelece o sinalagma. José João Abrantes assim assinala: "Dir-se-á, em síntese, que é, pois, a relação sinalagmática produzida entre as obrigações típicas de um contrato (as que definem a sua estrutura legal) que nos leva a identificá-lo como bilateral"[727]. Nesse sentido também são as posições de Karl Larenz[728], Pontes de Miranda[729] e Antunes Varela[730]. Varela lembra ainda que o sinalagma liga entre si as prestações essenciais de cada contrato, mas não todos os deveres de prestação nele encartados[731].

É importante apontar, como faz Rafael Alexandria de Oliveira, que essa posição é influenciada pela denominada teoria da causa, uma vez que o vínculo sinalagmático se estabeleceria somente entre obrigações principais porque elas constituem o escopo da contratação entre as partes[732]. É possível apontar que essa linha de pensamento não é incompatível com a perspectiva processual da obrigação, *i.e.*, aquela abordagem que enxerga a obrigação como processo[733], corrente que no Brasil é muito influenciada pela obra de Couto e Silva[734]. Não se nega que relação contratual estabelece uma miríade de atos que devem ser observados pelas partes envolvidas para

[727] ABRANTES, José João. Op. cit., p. 43.

[728] KARL, Larenz. *Derecho de obligaciones*, cit., p. 267.

[729] PONTES DE MIRANDA, Francisco Cavalcanti. *Tratado de direito privado*, cit., t. XXVI, p. 97.

[730] ANTUNES VARELA, João de Matos. *Das obrigações em geral*, 9. ed., cit., p. 407-408.

[731] Idem.

[732] OLIVEIRA, Rafael Alexandria de. Op. cit., p.122. Apesar da constatação levada a cabo pelo autor, é importante apontar que ele não se coloca como um defensor da chamada teoria da causa.

[733] Sobre o tema, sem pretensão de exaustão, ver especialmente: MARTINS-COSTA, Judith. *A boa-fé no direito privado (sistema e tópica no processo obrigacional)*. São Paulo: RT, 1999; COUTO E SILVA, Clóvis do. *A obrigação como processo*, cit.; ANTUNES VARELA, João de Matos. *Das obrigações em geral*. 9. ed. cit.; FRADA, Manuel Antônio Carneiro. *Contratos e deveres de proteção*. Coimbra: Editora da Faculdade de Coimbra, 1994; COSTA, Mario Julio Almeida. *Direito das obrigações*. 6. ed. Coimbra: Almedina, 1994; FARIA, Jorge Leite Areias Ribeiro de. *Direito das obrigações*. Coimbra: Almedina, 1987, v. 1; MEDICUS, Dieter. *Tratado de las relaciones obligacionales*. Barcelona: Bosch, 1995, v. 1.

[734] COUTO E SILVA. Clóvis V. do. *A obrigação como processo*, cit., *passim*.

alcançar uma finalidade[735], que é o adimplemento obrigacional. Porém, o núcleo da relação obrigacional pode ser devidamente identificado na prestação principal. No estabelecimento do vínculo sinalagmático, que advém necessariamente da vontade das partes, cabe às partes determinar quais serão as obrigações recíprocas e interdependentes, podendo isso ocorrer expressamente ou não.

É verdade que a realidade das transações econômicas contemporaneamente pode tomar formas bastante complexas, de modo que nem sempre é tarefa simples identificar quais são as prestações principais e quais são meramente acessórias. Ademais, além do papel interpretativo, a boa-fé também exerce força criadora de deveres que têm por fim assegurar o adimplemento da obrigação. Em feliz sintetização, Manuel Frada lembra que esses deveres são "por natureza rebeldes a qualquer enumeração ou descrição definitivas"[736]. Porém, o sinalagma deve sempre ser visto concretamente, conforme estipulado contratualmente, ou seja, "não é uma estipulação legal a partir do nada"[737], nas palavras de Maria Lurdes Pereira e Pedro Múrias.

É a autonomia das partes que estabelece quais prestações estão em relação sinalagmática. A boa-fé, evidentemente, terá papel decisivo na apreciação da relação sinalagmática.

Em hipóteses em que inexiste manifestação expressa das partes sobre quais deveres estão em relação sinalagmática, a boa-fé terá papel fundamental como parâmetro de interpretação para se identificar a existência de tal nexo. É por meio da boa-fé que o intérprete, notadamente o magistrado[738] ou juiz arbitral, poderá admitir a legalidade da invocação de remédios sinalagmáticos diante do descumprimento ou risco de descumprimento de certas prestações.

Há interessante julgado do STJ que ilustra como o vínculo sinalagmático entre certas prestações pode surgir sem manifestação expressa das partes[739]. Trata-se de um caso em que o lojista adquirente de loja em

[735] Menezes Cordeiro fala em "complexidade intra obrigacional" para descrever esse fenômeno. Ver MENEZES CORDEIRO, António Manuel da Rocha e. *A boa fé no direito civil.* Coimbra: Almedina, 2011, p 586.

[736] FRADA, Manuel Antônio Carneiro. Op. cit., p. 40.

[737] LURDES PEREIRA, Maria de; MÚRIAS, Pedro. Op. cit., p. 22.

[738] Cf. SERPA LOPES, Miguel Maria de. Op. cit., p. 245.

[739] STJ, 3ª Turma, REsp 764.901/RJ, Rel. Min. Nancy Andrighi, v.u., d.j. 30-10-2006.

shopping center, mediante contrato de compra e venda, se nega a pagar o preço em razão do descumprimento, por parte do vendedor, de cláusula de exclusividade. O STJ julgou cabível a invocação da exceção de contrato não cumprido pelo comprador ao interpretar que a obrigação de garantir a exclusividade do lojista, no contexto contratual, também estava em relação sinalagmática com a contraprestação pelo pagamento do preço do imóvel. Ou seja, "a exclusividade que compunha o preço de alienação" demonstrou que, nessa relação, não havia tão somente relação de sinalagma entre pagamento do preço e entrega do bem, mas também em relação à exclusividade.

Com relação ao descumprimento dos deveres anexos advindos da boa-fé objetiva e a possibilidade de invocação das exceções sinalagmáticas, vale um aclaramento. Tais deveres surgem do modelo prescritivo da boa-fé quando esta é utilizada como ferramenta de integração do conteúdo contratual[740]. Como sua origem não está na dedução expressa de seus termos pelas partes, não há como apontar que as partes estabeleceram o nexo de sinalagmaticidade entre deveres anexos. Porém isso não significa que o descumprimento de tais deveres, usualmente mais ligados ao "como" prestar do que ao "que" prestar[741], causem abalo na relação sinalagmática ocupada por outros deveres de prestar.

Os autores que trataram do tema sob o enfoque da aplicabilidade da exceção de contrato não cumprido ao descumprimento de deveres anexos dessa natureza respondem positivamente à questão, desde que tais deveres estejam imediatamente vinculados ao interesse de prestação[742]. Dito de outra forma, se o descumprimento de um dever anexo gerar inadimplemento de dever inserido em relação sinalagmática, haveria espaço para a invocação da exceção de contrato não cumprido.

A exceção de insegurança, por sua vez, tem abrangência operacional distinta da exceção de contrato não cumprido: ela não diz respeito ao inadimplemento, mas sim ao risco de inadimplemento da prestação em razão de diminuição patrimonial do excepto. Todavia, é possível traçar

740 ALMEIDA COSTA, Mário Julio. *Direito das obrigações*, 12. ed., cit., p. 77.

741 MARTINS-COSTA, Judith. *A boa-fé no direito privado*: critérios para a sua aplicação, cit., p. 241.

742 HAICAL, Gustavo. O inadimplemento pelo descumprimento exclusivo do dever lateral. *RT*, 900/45, 2010, p. 62-63.

um paralelo respeitando essa configuração da exceção de insegurança. Dessa forma, só seria possível a invocação da exceção da insegurança caso a diminuição patrimonial comprometesse a prestação de dever acessório que necessariamente abale a possibilidade de adimplemento satisfatório da prestação principal a ser recebida pelo excipiente. Na exceção de insegurança também existe a necessidade de que esse dever anexo esteja em relação de vinculação imediata com a prestação principal.

A invocação da exceção de insegurança nesses moldes também reduzirá o ônus a cargo do excepto para suspender os efeitos da exceção invocada contra ele. Dessa forma, caso a exceção de insegurança diga respeito ao risco de descumprimento de dever acessório que possa comprometer a prestação principal, consequentemente deverá o excepto apresentar garantia ou adiantar a prestação referente somente ao dever acessório que fundamentou a oposição da exceção.

4.5.1.6. A exceção de insegurança e os contratos coligados

O sentido de contrato bilateral entre nós deve ser entendido como aquele contrato em que há um nexo de interdependência entre as prestações principais devidas pelas partes que estão nos diferentes polos da relação jurídica.

Assim, em primeiro lugar, a bilateralidade contratual não é atributo que deve sempre ser enxergado de modo restrito, como se fosse aplicada a uma exclusiva relação contratual, sendo necessário fazer a avaliação da relação jurídica contratual de forma ampla, abarcando, assim, contratos coligados.

O contrato coligado, conforme Francisco Marino, é aquele que, por disposição legal, pela natureza acessória de um deles ou por seu conteúdo (expresso ou implícito), encontra-se em relação de dependência unilateral ou recíproca[743]. Pode haver sinalagma entre prestações de diferentes contratos[744], e isso deve ser levado em conta na aplicação das exceções sinalagmáticas[745], incluindo a exceção de insegurança.

[743] MARINO, Francisco Paulo de Crescenzo. *Contratos coligados no direito brasileiro*. São Paulo: Saraiva, 2010, p. 99.

[744] MARINO, Francisco Paulo de Crescenzo. *Contratos coligados no direito brasileiro*, cit., p. 200.

[745] Sobre a aplicação da exceção de contrato não cumprido a contratos coligados, ver BIAZI, João Pedro de Oliveira de. *A exceção de contrato não cumprido no direito privado brasileiro*, cit.,

Dessa forma, o que importa na análise de aplicação da exceção de insegurança é a circunstância de a prestação do excipiente estar em relação sinalagmática com a prestação do excepto, isto é, aquela prestação que deverá ser garantida ou adiantada. Esse também é o panorama doutrinário e jurisprudencial italianos com relação à exceção de insegurança e os contratos coligados[746].

Há interessante julgado do TJ do Rio Grande do Sul que demonstra como pode ocorrer o funcionamento da exceção de insegurança no âmbito de contratos coligados[747]. Trata-se de um caso em que entre uma pessoa física (que denominaremos vendedor) e uma pessoa jurídica (que denominaremos comprador) foi firmado um contrato de compra e venda de ações em que o vendedor transferiria ao comprador as ações representativas do controle acionário de uma outra pessoa jurídica, e, em contraprestação, expressamente, o comprador pagaria uma quantia em dinheiro ao vendedor, o que efetivamente ocorreu. Na mesma ocasião, entre comprador e vendedor foi firmado um "protocolo" pelo qual as partes avençaram que, em conjunto, mas mediante iniciativa do comprador, construiriam um grande empreendimento, sem que houvesse prazo assinalado para tanto.

Após a celebração do protocolo e diante do atraso de mais de um ano do início das obras pelo comprador, o vendedor se recusou a transferir as ações vendidas ao comprador em livro próprio, sob o argumento de que os negócios estabelecidos no contrato de compra e venda de ações e no protocolo não eram autônomos e independentes. Assim, moveu ação de resolução contratual contra o comprador. O comprador, por seu turno, moveu ação de obrigação de fazer contra o vendedor, alegando já ter pago o preço pelas ações e argumentando que a compra e venda era independente e autônoma em relação ao protocolo e que, ademais, não conseguiria

p. 176. Vale apontar também que o STJ reconhece a aplicação da exceção de contrato não cumprido em situações que podem ser enquadradas como coligação contratual. Ver STJ, 4ª Turma, REsp 419.362/MS, Rel. Min. Cesar Asfor Rocha, Rel. para o acórdão Min. Ruy Rosado de Aguiar, v.u., 17-06-2003; STJ, 3ª Turma, REsp 985.531/SP, Rel. Min. Vasco Della Giustina, v.u., d.j. 01-09-2009.

[746] Cf. ROSSETTI, Marco. Op. cit., p. 539 e Cass. 27.6.1992, n. 8064, mencionado pelo autor na mesma obra e página.

[747] TJ do Rio Grande do Sul, 4ª Câm. Cív., AC :500406772, Rel. Des. Edson Alves de Souza, v.u., d.j. 27-10-1982.

cumprir o protocolo enquanto as ações não lhe fossem transferidas. Os processos foram reunidos em primeiro grau, sendo julgada improcedente a ação do vendedor e procedente em partes a ação do comprador.

Em razão de apelação interposta pelo vendedor, o TJ do Rio Grande do Sul reavaliou a questão, sendo que o voto do Relator estabelece que o contexto fático não foi corretamente apreciado em suas premissas pelo juízo de primeiro grau e que entre os negócios havia, realmente, uma relação de dependência. Em resumo, entendeu-se que compra e venda de ações e protocolo conformariam um mesmo negócio em que haveria ordem nas prestações estabelecidas entre as partes.

A primeira prestação seria aquela a cargo do vendedor, devendo este transferir as ações ao comprador. O comprador, embora sem prazo assinalado expressamente, deveria, em seguida à transferência das ações, iniciar a construção da obra avençada no protocolo. Assim, o pagamento da quantia em dinheiro pelas ações não representava a totalidade do preço da transferência das ações, uma vez que esse preço seria complementado pela construção futura da obra. Todavia, a corte considerou que havia efetivamente nos autos provas de que o comprador passava por momentos financeiramente dificultosos, colocando em dúvida sua capacidade de cumprir com o avençado no protocolo. Dessa forma, a negativa da transferência das ações pelo vendedor foi considerada um exercício legítimo da exceção de insegurança[748]. Por se estar diante de uma exceção substancial, um instrumento de defesa, e não de uma pretensão à resolução, não poderia o vendedor mover ação resolutória contra o comprador[749].

[748] Eis importante trecho do voto do Relator: "Deveria [o vendedor] cumprir desde logo e integralmente sua obrigação, transferindo as ações e o controle acionário da empresa para a Maguefa e correndo o grave risco de não obter a contraprestação de parte dela? Não. Ele não estava obrigado a isso, em face dos veementes indícios de que a cessionária não se dispunha a empreender a construção pactuada ou não tinha condições econômico-financeiras para fazê-lo. Em tal conjuntura, portanto, podia ele socorrer-se da segunda parte do art. 1.092 [do Código Civil de 1916], abroquelando-se na denominada exceção de inseguridade. É como preleciona Pontes de Miranda: 'Esse, que tem de prestar primeiro, somente corre o risco de não ter meios o outro devedor de satisfazê-lo. Daí a concepção da alínea 2ª, do art. 1.092, em proximidade expressiva com a alínea 1ª. Na alínea 2ª, cogita-se do interesse de quem não pode invocar a alínea 1ª'".

[749] Novamente trecho do voto do Relator: "Todavia, exceção não é pretensão, é instrumento de defesa. Assim, não podia ele, cedente, arrimado na insegurança quanto à contraprestação da cessionária, pretender a rescisão do contrato. Podia somente reter a sua prestação, recusando

O TJ do Rio Grande do Sul, com base nesse raciocínio, reformou a sentença para julgar o vendedor carecedor da ação e julgar procedente em parte a ação do comprador, objetivando a transferência das ações vendidas, sendo que no prazo de 15 dias do trânsito em julgado do acórdão deveria o vendedor efetivar a transferência das ações ao comprador mediante – e aqui entre o ponto interessante no acórdão – a apresentação, pelo comprador, de "caução assecuratória do início da construção prevista no protocolo dentro dos 30 dias subsequentes, com garantia de prosseguimento regular até à ultimação".

Embora o tribunal em questão não trabalhe precisamente o conceito de contratos coligados, na prática ele enxergou que havia relação de dependência entre os contratos e, de modo mais relevante, entendeu haver relação sinalagmática entre as prestações do contrato de compra e venda de ações e aquelas previstas no protocolo. Diante da identificação de que entre tais prestações em diferentes instrumentos havia uma ordem específica, considerou legítima a invocação da exceção de inseguridade no caso, aplicando a sua consequência jurídica, qual seja, a paralisação da eficácia da prestação do excepto (no caso, o comprador) até que este apresentasse garantia de que cumpriria sua prestação.

É interessante notar que a medida adotada pelo tribunal gaúcho, no sentido de conceder uma tutela condicional (i.e., determinar a condenação à transferência das ações pelo réu mediante a apresentação de garantia pela parte autora), é solução rara, que, inclusive, desperta indagações doutrinárias sobre sua possibilidade na doutrina estrangeira. Marco Rossetti, por exemplo, afirma não há pronunciamento sobre essa possibilidade na jurisprudência italiana, e, diante do silêncio, parte da doutrina opina pela sua negativa[750].

É digno de menção, ainda, o fato de que o comprador do caso acima mencionado, posteriormente, moveu ação rescisória para desconstituir o acórdão que condicionou o cumprimento da prestação do vendedor à apresentação de garantia por parte do comprador. O comprador sustentou

a transferência, como vinha fazendo, até que a outra parte lhe desse caução ou se dispusesse a contraprestar simultaneamente com a prestação dele. Se estava obrigado a prestar primeiro, como já se viu, a pretensão rescisória que deduziu, afronta a primeira parte do art. 1.092 [do Código Civil de 1916]".

750 Cf. ROSSETTI, Marco. Op. cit., p. 554.

que a imposição dessa condição importou julgamento *ultra* e *extra petita*, além de incidir em contradição, pois, se o réu foi julgado carecedor da ação, não lhe podia reconhecer o direito à medida cautelar de caução. O TJ do Rio Grande do Sul julgou improcedente a ação rescisória[751] sob o fundamento de que, por mais que houvesse complexidade nas ações ajuizadas, o vendedor efetivamente alegou tanto em sua defesa como na apelação o direito à retenção de sua prestação com base na exceção de inseguridade. Segundo a corte, o que importa é a efetiva arguição da exceção de inseguridade como exceção, e não a exigência de caução na inicial da ação resolutória inicialmente movida pelo vendedor. Assim, entendeu-se que "a caução imposta pelo acórdão à autora não possui natureza cautelar, mas constitui garantia de direito material nos termos expressos do referido dispositivo do Código Civil, invocado pelo réu"[752].

4.5.1.7. A exceção de insegurança e os contratos plurilaterais

Ainda sobre o pressuposto da bilateralidade, necessário à invocação da exceção de insegurança, é necessário distinguir os contratos bilaterais dos plurilaterais. Nos contratos plurilaterais há coincidência de vontades que convergem para um fim comum[753]. É o caso, por exemplo, de um contrato de sociedade, convenção de condomínio ou de um acordo de acionistas[754].

O contrato bilateral, por seu turno, requer a existência de duas vontades contrapostas, isto é, em direções contrárias, que se encontram para formar o vínculo. A diferença, portanto, não é exatamente o número de partes necessárias para a formação do vínculo contratual, mas sim a circunstância de que o objetivo das partes contratantes, nos contratos plurilaterais, não é imediatamente a satisfação das obrigações assumidas. Antes, elas são um meio para se chegar em um fim comum querido pelas

[751] TJ do Rio Grande do Sul, 2º Grupo de Câmara Cíveis, AR 586007197, Rel. Des. Galeno Lacerda, v.u., d.j. 20-11-1987.

[752] Trecho do voto do Relator na AR acima mencionada.

[753] Cf. ASCARELLI, Tullio. *Problemas das sociedades anônimas e direito* comparado. 2. ed. São Paulo: Saraiva, 1969; MELLO, Marcos Bernardes de. *Teoria do fato jurídico*: plano da existência. 12. ed. São Paulo: Saraiva, 2003, p. 200; CARVALHO DE MENDONÇA, José Xavier. *Tratado de direito comercial brasileiro*. 5. ed. Rio de Janeiro: Freitas Bastos, 1955, v. 3, p. 16.

[754] Ver PEREIRA, Rafael Setoguti Julio. *A extinção do acordo de acionistas*. São Paulo: Quartier Latin, 2019, p. 49 e ss.

partes. Na feliz sumarização de Messineo, nos contratos bilaterais os interesses são contrapostos, enquanto nos plurilaterais ou interesses são compostos[755].

É dificultoso o enquadramento dos contratos plurilaterais como contratos sinalagmáticos. Em primeiro lugar, em um contrato plurilateral não existe o esquema de prestação e contraprestação, de modo que as partes não são reciprocamente credores e devedores entre si[756]. No contrato de sociedade, por exemplo, a obrigação do sócio existe perante a sociedade, então seria o caso de se estabelecer uma relação de prestação e contraprestação entre essas duas partes, o que não parece ser o caso. Por isso o art. 1.004 do Código Civil[757] determina que o sócio remisso responde por sua inadimplência perante a sociedade, e não perante os demais sócios. Também é necessário considerar que os deveres de prestar oriundos desse contrato – mesmo que dentro da relação entre sócio e sociedade – têm como objetivo a obtenção de finalidade comum[758].

Diante dessas características, parece descabida a possibilidade de invocação de remédios sinalagmáticos nessas situações[759], apesar das opiniões em sentido contrário[760]. Por exemplo, tendo em vista que o contrato de sociedade estabelece uma relação obrigacional entre sócio e sociedade, não entre os sócios reciprocamente, não parece ser cabível a exceção de contrato não cumprido por um sócio para recusar a sua obrigação de

[755] MESSINEO, Francesco. *Dottrina generale del contratto*. 3. ed. Milano: Giuffrè, 1952, p. 46.

[756] Serpa Lopes entende que não há sinalagmaticidade nos contratos plurilaterais. Todavia, excepcionalmente, entende o autor ser possível surgir uma obrigação sinalagmática no âmbito do contrato de sociedade, precipuamente nas sociedades compostas pura e simplesmente de dois sócios (SERPA LOPES, Miguel Maria de. Op. cit., p. 260).

[757] Art. 1.004. Os sócios são obrigados, na forma e prazo previstos, às contribuições estabelecidas no contrato social, e aquele que deixar de fazê-lo, nos trinta dias seguintes ao da notificação pela sociedade, responderá perante esta pelo dano emergente da mora.
Parágrafo único. Verificada a mora, poderá a maioria dos demais sócios preferir, à indenização, a exclusão do sócio remisso, ou reduzir-lhe a quota ao montante já realizado, aplicando-se, em ambos os casos, o disposto no § 1º do art. 1.031.

[758] Cf. ASCARELLI, Tullio. Op. cit., p. 308.

[759] PEREIRA, Rafael Setoguti Julio. Op. cit., p. 50.

[760] AGUIAR JÚNIOR, Ruy Rosado de. Da extinção do contrato. Comentários aos arts. 472 a 480. In: TEIXEIRA, Sálvio Figueiredo (Coord.). *Comentários ao novo Código Civil*. Rio de Janeiro: Forense, 2011, v. 6., t. 2, p. 739-740; ABRANTES, José João. Op. cit., p. 53 e ss.; PERSICO, Giovanni. Op. cit., p. 63.

formação do capital social até que os demais sócios também efetuem suas próprias obrigações.

Sem que seja necessário fazer referência aos demais pressupostos da exceção de insegurança, dos quais trataremos abaixo, a ausência de sinalagmaticidade nos contratos plurilaterais já seria suficiente para apontar a sua impossibilidade de aplicação a tais relações jurídicas.

4.5.2. Contrato com execução futura

Além da bilateralidade contratual, outro pressuposto para a invocação da exceção de insegurança é a existência de um lapso temporal entre a conclusão do contrato e o momento do cumprimento das prestações estabelecidas[761].

A conclusão do contrato é aquele momento em que todos os pressupostos normativos para a formação do contrato são preenchidos, passando, destarte, a criar os direitos e deveres conforme determinado pela vontade das partes no limite do quanto é legalmente admitido. O cumprimento, por sua vez, é o momento em que os comportamentos estabelecidos são exercidos pelas partes de acordo com o programa contratual. É o momento da execução da prestação obrigacional.

Um contrato pode ter os momentos de sua conclusão e execução coincidentes, situação em que será considerado um contrato instantâneo. Trata-se de situações em que a conclusão do contrato e a exigibilidade das prestações coincidem. Essas situações, entretanto, não são tuteladas pela disciplina da exceção de insegurança, porquanto a instantaneidade elimina justamente o risco de que uma das prestações seja cumprida e a outra não.

A exceção de insegurança, assim, exige que se esteja diante de uma situação em que exista um lapso temporal suficiente para que haja o risco de que uma das partes não cumpra sua prestação, isto é, que haja a existência do risco do descumprimento.

Um ponto relevante para a delimitação dos pressupostos da exceção de insegurança em nosso direito positivo é a divisão classificatória entre

[761] "É óbvio que a exceção de inseguridade somente se aplicará aos contratos bilaterais. E seu caráter dilatório – retarda a prestação, gerando uma situação provisória – parece fora de dúvida" (ASSIS, Araken de. Comentários aos arts. 421 a 488, cit., p. 698-699).

contratos de execução diferida e os contratos de duração[762]. Em comum, ambos apresentam a diferença entre o momento da conclusão do contrato e o momento de sua execução até o adimplemento.

Contudo, no contrato de execução diferida, a prestação se dará pela realização de um ou mais comportamentos no futuro que podem ser bem recortados temporalmente em seu aspecto conclusivo. É o caso de uma prestação de serviço ou de uma prestação que envolva a entrega de um determinado bem ou o pagamento de uma determinada quantia. É possível recortar no tempo o momento exato em que um serviço foi considerado entregue e em que um pagamento foi feito. Por mais, que o pagamento seja feito em forma de parcelas, ainda assim é possível identificar exatamente a ocorrência ou não do adimplemento das parcelas.

Por outro lado, nos contratos de duração, o comportamento de uma das partes se prolonga no tempo, sem que haja uma solução de continuidade na própria atividade prestacional, tendo em vista a natureza da prestação avençada, de modo que um recorte temporal se torna impossível pela própria continuidade da prestação. Os contratos de duração podem ainda ser subdivididos em dois grupos: os contratos de execução sucessiva e os contratos de execução continuada. Como exemplo de execução sucessiva temos a prestação do locatário em um contrato de locação; como exemplo de execução continuada temos a prestação do depositário em um contrato de depósito[763], as prestações do empreiteiro no contrato de empreitada e a prestação da seguradora em um contrato de seguro.

As duas modalidades de contrato de duração trazem especial desafio na caracterização dos pressupostos para a oposição da exceção de insegurança conforme nosso ordenamento vigente, embora, no caso de seguro, tomando como exemplos as experiências jurisprudenciais belga e italiana, é possível verificar a invocação de tal exceção de insegurança para justificar a suspensão do pagamento de prêmios pelos segurados[764].

[762] Cf. MARINO, Francisco Paulo de Crescenzo. Classificação dos contratos, cit., p. 31-33.

[763] ZANETTI, Cristiano de Sousa. Art. 478. In: NANNI, Giovanni Ettore (Coord.). *Comentários ao Código Civil*. São Paulo: Saraiva, 2019, p. 775-776.

[764] Sobre a aplicação da exceção de insegurança aos contratos de seguro, é interessante mencionar a experiência belga, narrada por Andrea Pinna. A situação se colocou na prática, perante os tribunais belgas, por ocasião de ação de administrador contra os segurados que, em virtude da falência, não haviam pago os prêmios na data de vencimento. Eles pleitearam a legitimidade da suspensão da prestação diante do risco de inadimplência da seguradora.

Nota-se que a literatura disponível não abordou a questão da aplicação da exceção de insegurança nos contratos de duração de modo abrangente até então, talvez por conta da redação do art. 1.092, alínea segunda, do Código Civil de 1916 a que o art. 477 do Código Civil de 2002 faz equivalência quase que idêntica.

Aponta-se que o dispositivo do Código Civil de 1916 utiliza claramente a expressão "prestação em primeiro lugar", deixando precisa a ideia de sucessão entre as prestações, cujo sentido se encaixa de modo mais confortável nas situações de contrato de prestação diferida. O art. 477 do Código Civil de 2002, diversamente, utiliza expressão cujo sentido é mais aberto semanticamente ("prestação a que lhe [a parte] incumbe"), deixando de lado a precisão da expressão "prestação em primeiro lugar" encontrada no dispositivo do Código Civil de 1916. Trataremos em seguida sobre o alcance dessa alteração.

De toda forma, no ponto que nos interessa agora, é necessário apontar que a literatura que analisou a questão dos pressupostos da exceção de insegurança sob a égide do Código Civil de 1916 não se aprofundou em tratar das hipóteses de contrato de duração. Tampouco a literatura pós-Código Civil de 2002 tratou de modo abrangente o tema, embora seja possível anotar algumas opiniões latentes sobre a admissibilidade da exceção de insegurança para tais casos[765].

Um ponto comparativo interessante a ser observado é o silêncio do art. 477 do Código Civil em relação à modalidade de contrato diferido no tempo a que se refere. Note-se que o art. 476 do Código Civil, que confere o suporte positivado da exceção de contrato não cumprido ou não cumprido satisfatoriamente, também é silente quanto à modalidade

Os juízes do caso não entenderam da mesma forma. Alguns rejeitaram o argumento e condenaram os segurados a pagar prêmios anuais com o fundamento de que esta obrigação precede a da seguradora ou que o medo de uma inadimplência futura não era suficiente e que é necessário provar o não cumprimento atual. Outros, por outro lado, aceitaram a exceção dos segurados. Cf. PINNA, Andrea. L'exception pour risque d'inexécution cit., p. 32-33. Na experiência jurisprudencial italiana também é possível identificar a invocação da exceção de insegurança para justificar a suspensão do pagamento de prêmios pelos segurados: Cass. 21.6.1974, n. 1856; Cass. 29.11.1973, n. 3296; Cass. 29.8.1973, n. 2383; Cass. 16.10.1972, n. 3096; Cass. 19.6. 1972, n. 1935; Cass. 14.4.1972, n. 1189; Cass. 18.5. 1971, n. 1462; todos mencionados em ROSSETTI, Marco. Op. cit., p. 538.

[765] GAGLIARDI, Rafael Villar. *Exceção de contrato não cumprido*, cit., p. 127.

de diferimento a que ele se refere, mas entende-se pela aplicabilidade de tais exceções tanto na hipótese de contrato diferido como de contrato de duração, desde que as prestações sejam exigíveis no momento da oposição da exceção.

Mas nem sempre a legislação se omite em relação ao assunto, como é possível notar no texto do artigo imediatamente subsequente, o art. 478 do Código Civil[766], que aponta expressamente que o instituto da resolução por onerosidade excessiva é aplicável aos contratos de execução continuada ou diferida. Pergunta-se, então, como deve ser interpretado o silêncio do art. 477 do Código Civil.

Como instrumento jurídico que pretende conferir um remédio específico para um dos contratantes – isto é, a suspensão da sua prestação – para uma espécie de risco também especificado pela norma, qual seja, o risco de não recebimento da contraprestação em razão da diminuição do patrimônio do outro contratante, a interpretação do dispositivo deverá levar em conta se o contrato em questão, por ser de duração, comporta, do ponto de vista instrumental, tanto o remédio quanto a caracterização do risco, sem que a exceção de inseguridade seja transfigurada.

A incompatibilidade da exceção de insegurança diante de certos contratos de duração parece ficar evidente caso haja a coetaneidade entre as prestações[767], de modo que seria o caso de aplicação da exceção de contrato não cumprido ou não cumprido satisfatoriamente, que contém como pressupostos a coetaneidade. Coetaneidade deve ser entendida como aquela situação em que as prestações do contrato possam, em algum momento, ser exigidas ao mesmo tempo, embora não sejam originalmente simultâneas.

Dessa forma, nos contratos de duração em que o cumprimento das obrigações deva ocorrer de forma simultânea, poderá a parte demandada lançar mão da exceção de contrato não cumprido ou não cumprido satisfatoriamente[768], uma vez que preenchidos os pressupostos do art. 476 do Código Civil, e não do art. 477 do Código Civil.

[766] Art. 478. Nos contratos de execução continuada ou diferida, se a prestação de uma das partes se tornar excessivamente onerosa, com extrema vantagem para a outra, em virtude de acontecimentos extraordinários e imprevisíveis, poderá o devedor pedir a resolução do contrato. Os efeitos da sentença que a decretar retroagirão à data da citação.

[767] LOPES, Miguel Maria de Serpa. Op. cit., p. 270-281; GAGLIARDI, Rafael Villar. *Exceção de contrato não cumprido*, cit., p. 92.

[768] Cf. ALVES, João Luiz. Op. cit., p. 737.

Porém, caso se esteja diante de um contrato de duração (seja da modalidade de execução sucessiva ou execução continuada) em que não haja a coetaneidade entre as prestações devidas, não há óbice para que a parte demandada lance mão da exceção de insegurança caso os demais pressupostos normativos estejam preenchidos, como, por exemplo, a existência de ordem nas prestações, como veremos a seguir.

4.5.2.1. A questão da ordem das prestações à luz do direito positivo. Nossa proposta de abordage

Como já abordado neste trabalho, vimos que a redação do art. 477 do Código Civil apresentou uma pequena modificação textual em relação ao art. 1.092 do Código Civil de 1916, em um ponto aparentemente relacionado ao pressuposto da execução futura do contrato, mais especificamente a alusão da existência de ordem nas prestações. A codificação de 1916 admitia que a exceção poderia ser oposta por aquele que irá "prestar em primeiro lugar", enquanto a formulação de 2002 exclui tal referência, fazendo menção somente à "outra" parte, ou seja, à parte devedora que opõe a exceção. Assim, cabe a indagação sobre as consequências jurídicas dessa alteração.

A questão tem seu sentido porquanto um contrato com execução futura não é, necessariamente, um contrato em que entre as prestações futuras das partes há uma ordem específica. É o caso, por exemplo, de um contrato em que a prestação de ambas as partes deverá ser executada no futuro, porém, de forma concomitante. O exemplo dessa situação pode ser tirado da ilustração fornecida nos UPICC para fundamentar a sua formulação sobre o *adequate assurance of due performance* (artigo 7.3.4), já mencionado e criticado acima neste trabalho:

> *A, um construtor de barcos com apenas um cais, promete construir um iate para B a ser entregue em 1º de maio, o mais tardar. Logo depois, B descobre com C que A prometeu construir um iate para C durante o mesmo período. B tem o direito de pedir a A uma garantia adequada de que o iate será entregue no prazo e A terá então que dar a B uma explicação satisfatória de como pretende cumprir seu contrato com B*[769].

[769] Tradução livre de: "A, a boatbuilder with only one berth, promises to build a yacht for B to be delivered on 1 May, and no later. Soon afterwards, B learns from C that A has promised to build a yacht for C during the same period. B is entitled to ask A for an adequate assurance that

No exemplo acima, caso a obrigação de pagamento de "B" também seja em 1º de maio, teríamos o vencimento concomitante das obrigações de A e B, ou seja, não haveria uma ordem entre as prestações. Seria o caso, portanto, de se questionar como seria a aplicação da exceção de insegurança tal como prevista no direito positivo ao exemplo, e não exatamente a formulação da UPICC, que contém estrutura normativa diferente.

Inicialmente, com relação ao estabelecimento de ordem nas prestações, é necessário apontar que ela pode se dar de forma legal ou convencional, quer a ordem seja prevista em norma abstrata ou pela convenção das partes, respectivamente. Alguns autores ainda afirmam que, ao lado da ordem legal ou convencional, existe ainda a ordem das prestações estabelecidas de modo "circunstancial"[770], isto é, diante das circunstâncias negociais. São aquelas situações em que o comportamento contratual das partes, em razão das circunstâncias que cercam a conclusão do negócio, determina um conteúdo contratual em que as prestações serão cumpridas em ordem pelas partes, e não concomitantemente. Entendemos que embora a classificação descreva corretamente um modo pelo qual pode ser estabelecida a ordem das prestações, ela pode ser vista como uma subespécie da ordem estabelecida de modo convencional. A diferença, nesse caso, reside no fato de que o conteúdo do contrato não está totalmente estabelecido no instrumento que documenta a relação contratual, mas sim no comportamento das partes, o que não deixa de ser um modo convencional de estabelecimento de deveres contratuais.

Com relação à existência do pressuposto da ordem das prestações para a aplicação da exceção de insegurança, vale a pena mencionar a experiência italiana no sentido de que por mais que o art. 1.461 do *Codice* não tenha previsto expressamente esse requisito, ainda assim ele seria vigente no sistema italiano[771]. O panorama alemão também apresenta essa característica, porém com formulação positivada expressa, tanto na versão original do BGB quanto após a reforma do direito das obrigações em 2002.

Em nosso sentir, o cerne da questão está em compreender quais são os efeitos da exceção de insegurança, como exceção dilatória substancial.

the yacht will be delivered on time and A will then have to give B a satisfactory explanation of how it intends to perform its contract with B".

[770] GAGLIARDI, Rafael Villar. *Exceção de contrato não cumprido*, cit., p. 126.

[771] Cf. ADDIS, Fabio. *Il "mutamento" nelle condizioni patrimoniali dei contraenti*, cit., p. 104-116.

Trataremos adiante neste trabalho especificamente sobre os efeitos da exceção de insegurança, todavia, para explicar a questão da existência de um pressuposto relacionado à ordem das prestações, devemos chamar à atenção para o seu principal efeito: trata-se de um contradireito que tem como efeito a paralisação da pretensão do excepto com fundamento no risco de inadimplemento objetivamente considerado.

Um contradireito com essa característica e fundamento parece só ter sentido em uma situação de contrato com execução futura e com ordem das prestações, caso contrário ele perderia seus traços característicos.

Na situação do exemplo mencionado (*i.e.*, contrato com prestação futura e com prestações concomitantes no futuro), caso o contradireito fosse oposto ao devedor antes do termo da prestação, ele teria como efeito postular uma pretensão à prestação antecipada ou, então, uma pretensão à apresentação da garantia. E é justamente nesse sentido, inclusive, que parece ser a construção da formulação da UPICC. A exceção de insegurança, por outro turno, não admite tal pretensão.

Em outro ângulo, se o contradireito fosse oposto no termo da prestação futura, nesse caso ele seria a própria exceção de contrato não cumprido, e não a exceção de insegurança, uma vez que haverá a chamada coetaneidade entre as prestações do excipiente e do excepto.

Dessa forma, é possível concluir que a exceção de insegurança, tal como prevista no art. 477 do Código Civil, e apesar da alteração textual em relação ao art. 1.092 do Código Civil de 1916, apresenta como um de seus pressupostos a ordem nas prestações, seja ela legal ou convencional. Isso também fica evidente diante da circunstância – tal qual na Alemanha e na Itália – de que a previsão normativa a exceção de insegurança é complementada pela exceção de contrato não cumprido.

4.5.2.2. Análise e exemplificação do âmbito de atuação da exceção de insegurança: o contrato de compra e venda

Dentre os exemplos clássicos de contratos que possuem ordem legalmente instituída para as prestações está o de compra e venda. Como tivemos a oportunidade de apontar neste trabalho, foi a partir da tutela dilatória específica do contrato de compra e venda que houve a evolução legislativa que culminou na criação da exceção de insegurança como tutela dilatória aplicável aos contratos bilaterais em geral. Utilizaremos o exemplo da compra e venda neste subcapítulo para demonstrar o âmbito de atuação da exceção de insegurança, pela conveniência do exemplo, sendo que o mesmo raciocínio deve ser aplicado aos demais contratos que sejam da classe bilateral, por força do art. 477 do Código Civil.

O art. 491 do Código Civil prevê que o vendedor não é obrigado a entregar a coisa antes de receber o preço, não sendo a venda a crédito. Esse mesmo dispositivo prevê a possibilidade de que seja estabelecida a ordem das prestações por escolha contratual a ser feita entre as partes, uma vez que na denominada compra e venda a crédito a ordem se inverte, devendo o vendedor entregar o bem em primeiro lugar e, em segundo lugar, deverá o comprador efetuar o pagamento.

Nas denominadas compra e venda a crédito há um forte elemento da confiança depositada na pessoa do segundo prestador. Nesses casos, o vendedor concorda em prestar em primeiro lugar porque confia que o comprador irá cumprir a sua prestação em um momento futuro.

Assim, é a possibilidade de execução futura da prestação e a existência na ordem das prestações, que têm por base a confiança conferida pelo primeiro prestador ao segundo prestador, que justifica essencialmente a proteção jurídica, via tutela dilatória, que é assegurada pelo sistema normativo àquele que prestará em primeiro lugar, tendo em vista o modo como o risco contratual é distribuído ao longo do tempo de execução contratual. Vimos que, na compra e venda, essa tutela está prevista no art. 495 do Código Civil.

Ou seja, tanto na tutela dilatória da compra e venda quanto na exceção de insegurança, prevista no art. 477 do Código Civil, que também confere uma modalidade de tutela dilatória, estamos diante de um remédio jurídico que tem como objetivo proteger a pessoa que irá prestar em primeiro lugar, não sendo oponível por quem deverá prestar em segundo lugar[772].

Veja-se o exemplo de um contrato de compra e venda a crédito concluído em "D+0"[773] sendo convencionado que a entrega do bem pelo vendedor ocorrerá em D+60 e a data do pagamento pelo comprador

[772] GAGLIARDI, Rafael Villar. *Exceção de contrato não cumprido*, cit., p. 126.

[773] Neste exemplo utilizaremos a expressão "D+número" para demonstrar o lapso temporal entre os eventos. Assim, no caso, D+0 significa o dia exato do evento descrito, tal como a data da celebração de um contrato. Por outro lado, em D+ "número diferente de zero", esse número diferente de zero será a quantidade de dias corridos após a data do evento. Se, por exemplo, D+0 for dia 14/09/2019, D+1 será dia 15/09/2019 e D+10 será dia 24/09/2019.

em D+90. Até o momento da conclusão do contrato, em D+0, as partes possuem meios de analisar a exposição do risco contratual pela avaliação das informações disponíveis. Essas informações podem envolver tanto questões conjunturais de um determinado setor da economia como pessoais de cada um dos contratantes.

Em um seguimento natural do programa contratual, entre o momento em que o primeiro contratante presta em D+60 até o período esperado em que o outro contratante preste em D+90, a posição do primeiro contratante torna-se o foco do risco contratual. É ele quem irá sofrer primeiro o ônus patrimonial estabelecido pelo programa contratual ao prestar em primeiro lugar. Segundo essa configuração contratual hipotética, trata-se de um risco previamente assumido pelo contratante no momento da conclusão em D+0.

Uma vez que ocorra a prestação pelo vendedor em D+60, o risco no período compreendido entre D+60 e D+90 recai totalmente sobre ele uma vez que ele já adimpliu sua prestação, ou seja, já experimentou sua carga econômica decorrente do tráfego jurídico, com dispêndio de parcela de seu patrimônio, ficando em uma situação de expectativa de prestação em seu devedor.

Noutro giro, no período entre D+0 e D+60, aquele contratante que deverá prestar primeiro possui a incerteza sobre o seu próprio ato de prestar como fator de equilíbrio do risco dividido entre em partes. Em uma situação de normalidade na execução do programa contratual, aquele que deverá prestar em primeiro lugar não poderá ser demandado previamente por aquele que deverá prestar em segundo lugar e ainda deixa aquele que deverá prestar em segundo lugar na expectativa de ser beneficiado pelo tráfego jurídico a ocorrer no momento de sua prestação.

Dessa análise, é possível verificar que a exceção de insegurança é um remédio jurídico concebido justamente para evitar que um dos participantes da relação contratual fique, após o seu adimplemento, em uma situação mais arriscada do que aquela antevista e assumida na formação do contrato. Nesse sentido, ele permite a manutenção do equilíbrio do sinalagma. É, portanto, uma exceção que deverá ser manejada para evitar a insegurança extraordinária com relação ao recebimento da contraprestação.

É possível colher da experiência jurisprudencial brasileira um interessante caso que demonstra exatamente a inserção da exceção de insegurança em um contrato com ordens nas prestações. Trata-se de um julgado do TJ de Mato Grosso, referente à exceção de insegurança oposta no âmbito de um contrato de compra e venda de soja[774].

Eis o caso: as partes firmaram contrato de compra e venda de sacas de soja em 30-07-2010 em razão do qual o vendedor entregaria ao comprador 1.500.000 sacas de soja até o dia 10-02-2011 e o comprador pagaria pelas sacas de soja o valor de R$ 707.551,20 em 28-02-2011. Temos, assim, perfeitamente delineada a ordem nas prestações após a celebração do contrato.

Todavia, entre a celebração do contrato e a entrega das sacas de soja, o vendedor tomou conhecimento de que o comprador foi citado em várias execuções baseadas em confissões de dívidas em razão de produtos recebidos e não pagos, além de haver pedido de decretação de falência distribuído contra ele. O vendedor também verificou as anotações do comprador em órgãos de proteção ao crédito e encontrou positivações no nome do comprador também no período entre a celebração do contrato e a entrega das sacas de soja prometidas.

Diante disso, antes da entrega das sacas de soja, o vendedor notificou extrajudicialmente o comprador para que, em razão do risco de não recebimento da contraprestação em razão de grave dificuldade patrimonial, ele lhe adiantasse a prestação ou apresentasse garantia. O vendedor, tendo recebido a notificação, contranotificou o comprador, informando que as razões expostas eram infundadas e desprovidas de qualquer fundamentação, reafirmando o compromisso firmado. Além disso, não se dispôs a satisfazer a obrigação que lhe competia ou dar garantia de satisfazê-la.

Após a controvérsia, e com a suspensão da prestação e atingimento dos prazos contratuais em razão do impasse sem que houvesse o adimplemento, o vendedor moveu ação resolutória contra o comprador, sendo que tanto em primeiro grau quanto em segundo grau o Poder Judiciário legitimou uso da exceção de insegurança pelo vendedor ao entender pela procedência da ação.

Há, no caso, outro detalhe interessante. Segundo a descrição fática, o preço da saca de soja no momento da celebração do contrato, em 30-07-2010, era de US$ 16,11 e, na data da entrega das sacas de soja,

[774] TJ de Mato Grosso, 1ª Câm. Cív., AC 11878/2016, Rel. Des. João Ferreira Filho, v.u., d.j. 19-07-2016.

em 10-02-2011, esse preço havia subido para US$ 40,80. Dessa forma, a suspensão da prestação, não entrega das sacas de soja e resolução do contrato seriam situações bastante lucrativas para o vendedor que, então, poderia vender a soja no mercado pelo valor maior. Essa circunstância foi devidamente explorada pelo comprador em sua defesa, alegando que se "fez crescer aos olhos do apelado a possibilidade de desfazer-se do compromisso para vender o produto a terceiro".

De toda forma, o TJ de Mato Grosso avaliou que a crise financeira do comprador estava satisfatoriamente demonstrada nos autos mediante a demonstração de que sofria várias execuções e negativações com dívidas expressivas, encerramento de atividade de filiais e ausência de bens imóveis em seu nome. Dessa forma, diante da ausência de resposta à exceção de insegurança por meio de notificação extrajudicial, a suspensão do adimplemento, em razão do art. 477 do Código Civil, foi considerada legítima.

4.5.3. Diminuição patrimonial do excepto capaz de comprometer ou tornar duvidosa a prestação por ele devida

Um dos pressupostos jurídicos para a oposição da exceção de insegurança mais distintos no vigente ordenamento jurídico é a piora patrimonial daquele que deve prestar em segundo lugar, isto é, o *status mutatio in deterius*, que coloca em risco o adimplemento da prestação, prevista no art. 477 do Código Civil. A redução patrimonial daquele que deverá prestar em segundo lugar de modo a comprometer a sua possibilidade prestacional é um dos pressupostos expressamente determinados pela norma[775]. Esse é um aspecto bastante controverso sobre a figura e gera grande debate doutrinário e jurisprudencial, sendo necessária uma avaliação detalhada.

Vale desde já mencionar que o Código Civil de 2002 ainda se filia, do ponto de vista textual, àquele conjunto de codificações que prevê a diminuição patrimonial como núcleo dos pressupostos da exceção de insegurança, aplicável aos contratos bilaterais. Em uma rápida contextualização sobre esse tema, essa linha legislativa, inaugurada pelo BGB em sua redação original, foi revista na reforma do direito das obrigações de

[775] AGUIAR JÚNIOR, Ruy Rosado de. Da extinção do contrato. Comentários aos arts. 472 a 480, cit., p. 833.

2002 que retirou a referência à situação patrimonial do excepto do § 321. No direito francês, em que não havia previsão de exceção dilatória geral aplicável aos contratos bilaterais originalmente, introduziu-se a figura por meio da *Ordonnance* nº 2016-131, sendo que o novo art. 1.220, que autoriza a tutela suspensiva em caso de risco de descumprimento, tampouco faz referência à situação patrimonial do excepto como pressuposto para a existência do contradireito. O Código Civil italiano, que ainda faz referência às condições patrimoniais no art. 1.461, vem, conforme informa Fabio Addis[776], sendo compreendido em um sentido cada vez menos estrito, aproximando-o, via interpretação, da orientação impulsionada pelo art. 71 da CISG, que influenciou a reforma nas codificações alemã e francesa[777].

Essa primeira constatação sobre a formulação atual da exceção de insegurança no direito positivo brasileiro, ou seja, precisamente a circunstância de que se trata de uma norma que não passou, ainda, por uma reforma similar àquela experimentada por outros países, e aqui podemos incluir também a comparação com a situação argentina, é relevante para entendermos, inicialmente, qual é a direção que as pressões advindas de sistemas estrangeiros exercem na nossa doutrina e jurisprudência.

Com isso em mente, faremos uma análise da formulação positiva do direito nacional. Neste momento, analisaremos o material normativo vigente na codificação brasileira, suas atuais características, limites e assimilação em nossa jurisprudência. No capítulo seguinte, continuaremos a argumentação iniciada anteriormente nesta tese, quando tratamos especificamente sobre o risco de inadimplemento, em que analisaremos criticamente julgados e posições doutrinárias que formulam propostas

[776] Deve-se apontar, para que não haja interpretações equivocadas sobre o pensamento do autor, que ele não enxerga que a jurisprudência italiana faz, efetivamente, uma interpretação *contra legem*. O que o autor alega é que a jurisprudência italiana, na interpretação do Código Civil de 1942, executa relevante tarefa de dar consistência ao sistema italiano com as tentativas de uniformização do direito comum europeu. Não se trata, portanto, via interpretação, de se abandonar totalmente o pressuposto normativo indicado no art. 1.461, mas, antes, fazer uma leitura não literal do momento em que a diminuição do patrimônio do contratante deve ser considerada. Ver ADDIS, Fabio. *Il "mutamento" nelle condizioni patrimoniali dei contraenti*, cit., p. 72 e ss.; e ADDIS, Fabio. Presentazione, *passim*).

[777] Sobre o tema, ver o capítulo sobre o histórico das fontes que influenciaram a exceção de insegurança neste trabalho.

interpretativas em relação ao art. 477 do Código Civil. Nessa oportunidade, indicaremos nossa proposta de coordenação entre o art. 477 do Código Civil e o art. 71 da CISG.

É possível, assim, em primeiro lugar, indicar que a exceção de insegurança pode ser invocada diante de uma redução patrimonial *qualificada*, oferecendo, objetivamente, risco ao cumprimento da prestação. Não é, dessa forma, uma proteção contra qualquer redução patrimonial e, tampouco, contra qualquer risco de inadimplemento. Assim, evita-se que as hipóteses de cabimento da exceção de insegurança sejam diminuídas ou alargadas além do feixe de proteção jurídica ao excipiente autorizada pelo ordenamento jurídico.

Nota-se, de início, que não é qualquer redução patrimonial daquele que deve prestar em segundo lugar que autorizará o outro figurante da relação contratual a sobrestar o adimplemento no termo inicialmente acordado na formação do vínculo contratual. A mera oscilação negativa de patrimônio – algo comum na realidade civil e empresarial – por si só não fundamenta o manejo da exceção. Essa diminuição deve ser suficiente em grau e natureza para colocar em risco a prestação prometida[778].

O art. 1.461 do Código Civil italiano, já mencionado, alude a *evidente pericolo* nesse mesmo sentido. Giovanni Persico aponta que a piora da situação patrimonial do excepto cria a razoável e segura suposição de que o excipiente não concederia o crédito ao parceiro nas condições atuais. A lei, assim, confere a exceção para tutelar a fidúcia havida na formação do contrato, que será restabelecida por meio da suspensão da prestação do excipiente até a apresentação da garantia pelo excepto[779].

É necessário levar em conta que o texto legal não apresenta a necessidade de análise de qualquer elemento subjetivo para a perda patrimonial do devedor[780]. A descrição somente faz referência à consequência da perda, no sentido de que ela deverá ser suficiente para "comprometer ou tornar duvidosa a prestação pela qual [o excepto] se obrigou". Não há, assim, oportunidade para avaliações de perda patrimonial culposa, ou seja, por meio da atribuição ao devedor acerca do não cumprimento de

[778] Cf. ASSIS, Araken de. Comentários aos arts. 421 a 488, cit., p. 697.

[779] PERSICO, Giovanni. Op. cit., p. 88.

[780] Cf. GAGLIARDI, Rafael Villar. *Exceção de contrato não cumprido*, cit., p.127.

uma miríade de deveres de conduta na relação obrigacional, muitas vezes indeterminável e sujeita a atividades minuciosas de concreção[781].

A perda patrimonial é um suporte fático objetivo do risco de descumprimento e deverá, destarte, ser analisada sob um aspecto objetivo[782], afastando-se de qualquer ideia de sanção civil ao devedor que se vê em situação patrimonial dificultosa. A função da exceção não é punir o excepto, mas sim minimizar o risco de descumprimento contratual, protegendo seu equilíbrio[783]. Tendo em vista que a exceção de insegurança é um remédio jurídico apto a assegurar o equilíbrio do sinalagma na relação contratual, deve ser afastada sua compreensão como sanção em sentido estrito[784].

A objetividade ressalta que a essência do instituto da exceção de insegurança é a de servir como instrumento ao reequilíbrio contratual diante do risco de que a diminuição do patrimônio interfira efetivamente na capacidade de o devedor cumprir a prestação conforme inicialmente avençado.

Dessa assertiva decorrem outras considerações, conforme a disciplina normativa da exceção de insegurança. Inicialmente, deve-se apontar que a redução patrimonial qualificada até pode ser decorrente de ato do devedor que seria considerado culposo caso a disciplina jurídica da exceção de inseguridade determinasse que o elemento subjetivo devesse ser levado em conta, como seria um caso de uma pessoa que, por falha grave de inabilidade comercial, visse seu patrimônio ser reduzido a ponto de comprometer sua habilidade de cumprir o contrato. Entretanto, esse

[781] Em outro momento tivemos a oportunidade de pormenorizar o conceito de culpa no ordenamento jurídico brasileiro. Neste momento, entendemos ser suficiente a indicação sintética de que a culpa está ligada ao não cumprimento de deveres indetermináveis abstratamente. Os caminhos para tal conclusão podem ser consultados em BANDEIRA, Luiz Octávio Villela de Viana. *Cláusulas de não indenizar no direito brasileiro*. São Paulo: Almedina, 2016, p. 54-69.

[782] GAGLIARDI, Rafael Villar. *Exceção de contrato não cumprido*, cit., p. 127. Análise no mesmo sentido é feita no ordenamento jurídico italiano (cf. SACCO, Rodolfo. *I rimedi sinallagmatici*, cit., p. 620; e ROPPO, Vincenzo. Op. cit., p. 991.

[783] TERRA, Aline de Miranda Valverde. *Inadimplemento anterior ao termo*. Rio de Janeiro: Renovar, 2009, p. 186.

[784] Com o mesmo raciocínio relacionado à resolução dos contratos, ver: GOGLIANO, Daisy. *A exceção civil como instrumento de tutela na resolução dos contratos sinalagmáticos*, cit., p. 65.

ato sequer será analisado sob o prisma da culpabilidade, bastando a configuração dos elementos objetivos descritos no dispositivo.

A objetividade com a qual deve ser enxergada a redução patrimonial autoriza que a exceção de inseguridade seja oposta em caso de crise econômica setorial ou de pluralidade de setores de um determinado mercado local, regional, nacional ou até internacional. A crise pode até chegar a afetar ambas as partes contratuais[785]. Exemplo contemporâneo de situação que potencialmente afeta ambas partes contratuais é a pandemia da Covid-19, iniciada no Brasil em março de 2020[786], assim como em outros países da América do Sul nesse mesmo período[787]. Entretanto, por ser um instituto tencionado a proteger o interesse contratual daquele que prestará em primeiro lugar, somente ele poderá se beneficiar da exceção[788]. Conforme sintetiza Pontes de Miranda, no âmbito da exceção de insegurança não teria ensejo o "mal de todos consolo é"[789].

É importante observar que a diminuição do patrimônio a que se refere o art. 477 do Código Civil deve ser levada em conta em um sentido jurídico, mediante a comprovação de indícios juridicamente relevantes de

[785] PONTES DE MIRANDA, Francisco Cavalcanti, *Tratado de direito privado*, cit., t. XXVI, p. 110.

[786] Sobre a potencialidade da exceção de insegurança e os reflexos da Covid-19, ver também breve artigo de Bernardo Moraes e Luca Giannotti em: MORAES, Bernardo B. Queiroz de Moraes; GIANNOTTI, Luca D'Arce. *A exceção de inseguridade e a tutela do devedor em tempos de Covid-19*. Coluna "Direito Civil Atual" (da "Rede de Pesquisa de Direito Civil Contemporâneo") do jornal "Consultor Jurídico" (https://www.conjur.com.br/secoes/colunas/direito-civil-atual), 2020. Disponível [on-line] em: https://www.conjur.com.br/2020-abr-29/direito-civil-atual-excecao-inseguridade-tutela-devedor-tempos-covid-19 [22-07-2020].

[787] Ver, por exemplo, sobre os reflexos da Covid-19 no ordenamento jurídico colombiano no contexto das exceções substanciais, especialmente a exceção de inadimplemento: IMBETT, Carlos Alberto Chinchilla. El rol de la excepción de incumplimiento contractual en los tiempos de pandemia. Del "remedio de autotutela" que suspende el contrato a los límites en su ejercicio basados en la solidaridad contractual. In: CELLURALE, Mariaterese (Coord.). *Vulnerabilidad, solidaridad y pandemia*: algunas reflexiones desde el derecho civil. Bogotá: Universidad Externado de Colombia, 2020, p. 183-204.

[788] "(...) nada justifica que se obste ao nascimento da exceção a um porque ao outro também nasceria" (PONTES DE MIRANDA, Francisco Cavalcanti. *Tratado de direito privado*, cit., t. XXVI, p. 110).

[789] Idem.

insuficiência patrimonial[790]. Embora os conceitos de outras ciências, tais como as ciências econômica e contábil, possam auxiliar na atividade de identificação de quais situações, efetivamente, representam uma diminuição patrimonial, contudo, tais ciências não poderão ter prevalência conceitual na atividade de interpretação do pressuposto a que o dispositivo se refere.

De modo a delimitar o conceito jurídico, o termo patrimônio expressa a totalidade de direitos e deveres atribuíveis a uma determinada pessoa natural ou jurídica suscetíveis de avaliação econômica[791]. Em uma análise jurídica basilar, a diminuição patrimonial, portanto, pode ser entendida como um crescimento das dívidas ante os créditos, o que pode ocorrer pela diminuição destes e o aumento daquelas, separadamente ou concomitantemente.

O patrimônio do devedor é a garantia genérica maior do cumprimento da prestação esperado pelo credor. A regra geral está claramente prevista no art. 391 do Código Civil[792] e no art. 789 do Código de Processo Civil de 2015, que determina que "o devedor responde com todos os seus bens presentes e futuros para o cumprimento de suas obrigações, salvo as restrições estabelecidas em lei"[793]. A perspectiva de garantia geral para

[790] MATIELLO, Fabrício Zamprogna. Op. cit., p. 315: "Indicativos seguros e suficientes para revelar a existência de risco são, por exemplo, a alienação de todos os bens pelo devedor, a ocorrência de protestos de títulos, a inscrição do devedor em cadastros de inadimplentes, o pedido de concordata, o processo de insolvência civil, a moratória etc.". Todavia, a assertiva deve ser vista com reservas. Veremos a seguir que protestos e inscrições em cadastros de inadimplentes podem servir como elementos indicativos da situação de piora patrimonial, mas não podem ser enxergados como elementos suficientes.

[791] Cf. GOMES, Orlando. *Introdução ao direito civil.* 10. ed. Rio de Janeiro: Forense, 1993, p. 209 e ss. Conforme exposição de José Eduardo da Costa, a própria codificação civil brasileira não apresenta um tratamento totalmente uniforme sobre a conceituação de patrimônio. Assim, os arts. 538, 978, 988, 1.276, 1.672 e 1.796 do Código Civil utilizam o termo patrimônio conforme a primeira acepção, no sentido de uma universalidade de direito. Por outro lado, nos arts. 46, VI, 61 § 2º, 69, 1.390 e 1.663, patrimônio tem o sentido de ativo constituído de bens e direitos, não de dívidas, encargos e obrigações. O mesmo ocorre em relação aos arts. 477, 1.665, 1.673, 1.711 e 1.745, parágrafo único (COSTA, José Eduardo. Dos bens. In: LOTUFO, Renan; NANNI, Giovanni Ettore (Coord.). *Teoria geral do direito civil.* São Paulo: Atlas, 2008, p. 377-378).

[792] Art. 391. Pelo inadimplemento das obrigações respondem todos os bens do devedor.

[793] Redação idêntica ao art. 591 do Código de Processo Civil de 1973.

o cumprimento de dívidas é útil para determinar a amplitude semântica da redução patrimonial que age como pressuposto para a oposição da exceção de inseguridade. A visão de garantia unida à perspectiva de que a exceção de insegurança é um instrumento de balanceamento do risco contratual contra flutuações patrimoniais que possam interferir negativamente na solvência autoriza a conclusão de que tal diminuição pode ser também entendida como um problema relacionado à alienabilidade do patrimônio.

É possível observar em comentários aos contornos jurídicos da exceção de insegurança que a mera circunstância de que o ativo (ou seja, juridicamente, o conjunto de direitos com expressão em valor econômico) seja maior que o passivo (ou seja, juridicamente, o conjunto de deveres com expressão em valor econômico) não será necessariamente uma situação impeditiva da invocação do remédio. É o caso da baixa liquidez dos bens componentes do patrimônio do devedor[794], ou seja, da dificuldade na transformação desses bens nos meios juridicamente viáveis para a satisfação da dívida contraída perante o credor. A conclusão diante do panorama legislativo parece estar correta, mas é merecedora de ulteriores indagações.

A dificuldade do tráfego econômico-jurídico dos bens do patrimônio do devedor para o do credor poderá ensejar o escrutínio detalhado do aspecto qualitativo das dívidas e direitos do bem do devedor. O que deverá ser relevante, juridicamente, é uma análise que permita identificar que uma certa mudança do patrimônio de uma pessoa pode comprometer o adimplemento da obrigação.

No caso da exceção de insegurança, a metodologia de análise patrimonial deverá ainda levar em conta o momento em que o excipiente deverá cumprir a prestação, ou seja, em que momento ocorrerá a prestação que deve ser cumprida em segundo lugar. A análise, portanto, terá como foco a dificuldade futura, mas o futuro devidamente identificado no contrato como termo para o cumprimento da obrigação.

É importante apontar que essa avaliação de declínio patrimonial pode até apontar para a insolvência em um momento a ocorrer após o cumprimento da primeira prestação a cargo do excepto de modo a autorizar a exceção de insegurança. Esse cenário, todavia, não pode ser confundido

794 GAGLIARDI, Rafael Villar. *Exceção de contrato não cumprido*, cit., p. 127.

com a insolvência juridicamente considerada do devedor em momento anterior ao cumprimento da prestação. Assim, elas não podem ser consideradas situações iguais, quer por possuírem qualificações jurídicas distintas (uma é insolvência e a outra redução patrimonial capaz de comprometer o cumprimento da prestação), quer pelo momento (a insolvência se realizaria antes da primeira prestação, e a redução patrimonial capaz de comprometer a prestação é qualificada por uma avaliação que comprova a factibilidade da insolvência após o cumprimento da primeira prestação). Assim, as consequências jurídicas determinadas pelo sistema normativo são distintas. Na hipótese de insolvência efetiva, ocorrerá o vencimento antecipado do contrato e, em caso de redução patrimonial qualificada, ensejará a oposição da exceção de insegurança.

A análise da redução patrimonial, ainda que em escrutínio das dimensões qualitativas e quantitativas do patrimônio do excepto, deve ter como objetivo a verificação de que ela realmente cria uma situação de perigo com relação ao cumprimento da prestação, conforme aponta Ugo Carnevali[795]. A jurisprudência italiana caminha nesse sentido, havendo precedente da Corte de Cassação que conclui que a exceção de insegurança não é cabível em caso de mero temor subjetivo de que a contraparte não irá executar a sua contraprestação[796], ou então em situação em que o excepto somente tenha dívidas com terceiros não satisfeitas no momento da prestação do excipiente[797], ou ainda protestos cambiais e de execução[798], realçando a

[795] "Se proprio si vuole proporre un criterio di carattere generale e astratto, da valere in linea di massima, pare condivisibile quella tesi – accolta anche da due sentenze di legittimità – che richiama il sopravvenire di circostanze incidenti sulla consistenza sia quantitativa, sia qualitativa del patrimonio dell'altro contraente, tali da creare una situazione di pericolo avente punti di contatto con quell'eventus damni che consente il ricorso alle azioni conservative della garanzia patrimoniale di cui all'art. 2740 c.c. È superfluo precisare che tale mutamento delle condizioni patrimoniali rileva nella sua oggettività, senza necessità che sia dovuto ad una colpa del contraente che lo subisce" (CARNEVALI, Ugo. Le eccezioni dilatorie. In: CARNEVALI, Ugo; GABRIELLI, Enrico; TAMPONI, Michele. *La risoluzione*. Torino: Giappichelli, 2011, pp. 255-261, Coleção *Trattato di diritto privato*, XIII, Il contratto in generale, 8, organizada por Mario Bessone, p. 257).

[796] Cass. 3 *dicembre* 1993, n. 12011, caso mencionado em GABRIELLI, Enrico. Il contratto e i rimedi: la sospensione dell'esecuzione, cit., p. 27.

[797] Cass. 4 *agosto* 1988, n. 4835, caso mencionado em GABRIELLI, Enrico. Idem.

[798] Cass. 15 *maggio* 2002, n. 7060, caso mencionado em GABRIELLI, Enrico. Idem.

necessidade de que seja demonstrado que a redução patrimonial deve efetivamente comprometer a habilidade de prestação pelo excepto.

Ainda com relação à experiência jurisprudencial italiana, vale menção ao estudo de Alessandro Serioli que identificou a situação criada por um julgado, especificamente em sua motivação, que diz aplicar a linha jurisprudencial italiana consolidada, no sentido de ser a exceção de insegurança também cabível nas hipóteses em que a causa da piora patrimonial é anterior à conclusão do contrato, mas que, na prática, acaba por dar uma orientação que tensiona em direção à sua inutilização[799].

Trata-se dos julgados do caso denominado Calcinardi c. Turrini[800] em que se decide que a existência de protestos contra o contratante é suficiente para mostrar a situação patrimonial periclitante no momento da contratação, de modo que não caberia a oposição da exceção de insegurança, justamente porque o *excipiens* já conhecia esse estado. Essa linha interpretativa, ao contrário do que sua fundamentação sugere, limitaria significativamente a usabilidade da exceção de insegurança. O cerne da questão seria a verdadeira relevância dos protestos prévios. Não seria adequado que eles, por si só, fundamentassem totalmente a usabilidade da exceção de insegurança, ou, por outro lado, a impedissem.

Na experiência jurisprudencial brasileira, há interessante precedente do TJ de Minas Gerais[801] que determina que cabe ao excipiente demonstrar, do ponto de vista causal, que a diminuição patrimonial efetivamente compromete ou torna duvidosa a prestação. Assim, não seriam motivos suficientes, por si só, a constituição de hipotecas pelo excepto, a entrada de novo sócio em seu quadro social nem mesmo a desvalorização das ações da empresa-excepta[802].

[799] Cf. SERIOLI, Alessandro. Le "sorti magnifiche e progressive" della eccezione d'insicurezza. *Saggio di diritto giurisprudenziale*, cit., p. 79-102.

[800] Íntegra dos julgados pode ser vista em ADDIS, Fabio (Coord.). *Ricerche sull'eccezione di insicurezza*. Milano: Giuffrè, 2006, p. 187-204.

[801] TJ de Minas Gerais, 13ª Turma Cível, AC 1.0024.12.287342-5/003, Rel. Des. Cláudia Maia, v.u., d.j. 20-11-2014.

[802] Veja-se trecho do voto da Relatora: "Na espécie, a autora não cuidou de demonstrar diminuição no patrimônio da ré capaz de comprometer ou tornar duvidosa a prestação pela qual se obrigou. Os dados de prova coligidos aos autos – conforme citado – são insuficientes a tal desiderato. A constituição de hipoteca evidencia, ao contrário, de que capital financiado foi investido na obra. A entrada de um novo sócio nos quadros da sociedade, especialmente no

Por outro lado, há precedente do TJ de Mato Grosso, já mencionado neste trabalho, em que se considerou válida a oposição da exceção de inseguridade diante da circunstância de que o excepto, após a celebração do contrato, tenha sofrido vários protestos e execuções de confissões de dívida relacionadas ao não pagamento de mercadorias; foi alvo de positivações em cadastros de proteção de crédito; encerrou a atividade de algumas de suas filiais; sofreu distribuição de pedido de falência; por fim, foi demonstrado que o excepto não possuía bens imóveis, tudo isso a permitir a conclusão de que havia o risco de que a prestação não fosse adimplida[803].

Neste ponto vale notar que, embora o pressuposto da exceção de insegurança seja a alteração das condições patrimoniais capaz de comprometer ou tornar duvidosa a prestação, a suspensão da prestação pelo excipiente

caso concreto, teve o condão de trazer à empresa injeção de capital, aumentando a liquidez da companhia. Por fim, a desvalorização das ações não significa, de per si, direto e imediato comprometimento da consecução da obrigação constituída".

[803] Veja-se, exatamente, a descrição feita no voto do Relator: "No caso, embora a apelante negue veementemente que esteja em crise financeira, está satisfatoriamente demonstrado nos autos que ela encerrou as atividades de pelo menos cinco filiais (cf. fls. 322/326); há comprovação da existência de mais de 70 (setenta) negativações em desfavor da apelante, entre as quais se destacam dívidas de R$ 493 mil; R$ 813 mil; R$ 745 mil; R$ 400 mil; R$ 198 mil etc. (cf. fls. 341/343); os documentos de fls. 344/352 mostram que não existem imóveis em nome da apelante na 1ª, 2ª e 3ª Circunscrições Imobiliárias desta Capital, nem nas Comarcas de Alvorada/TO, Balsas/MA, Paranaguá/PR e Barreiras/BA. O documento de fls. 353/354 revela a existência de pelo menos cinco protestos de duplicata por falta de pagamento, isso sem falar nos depoimentos de quatro testemunhas que informam terem ajuizado ações de execução contra a apelante... Ademais, a apelante não desconstitui a conclusão de que atravessa grave crise financeira com aptidão para comprometer o cumprimento da obrigação de pagar pela soja na data de 28/02/2011; não traz quaisquer documentos aptos a rebater as alegações autorais acolhidas pela sentença; embora diga que o autor/apelado apresentou certidões negativas de apenas alguns cartórios selecionados, não prova – sequer alega – que seja proprietária de imóveis em qualquer outra Comarca, e não nega a existência de vultosas dívidas inadimplidas. O conjunto probatório é suficiente para respaldar a tese autoral de que, após a celebração do contrato, houve considerável diminuição patrimonial da apelante que, se não compromete definitivamente a possibilidade de quitação da obrigação contratual de pagamento pelo (*sic*) soja, certamente torna "duvidosa a prestação pela qual se obrigou", pelo que o pedido de rescisão contratual pautado no art. 477 do Código Civil deve ser julgado procedente (TJ de Mato Grosso, 1ª Câm. Cív., AC 11878/2016, Rel. Des. João Ferreira Filho, v.u., d.j. 19-07-2016).

é, *a fortiori*, também cabível em caso de insolvência, recuperação judicial ou falência do excepto[804].

Ainda, no TJ do Rio Grande do Sul[805] há julgado que decidiu que a situação de o excepto, após o pedido de recuperação judicial, ter ainda sido alvo de registros em órgãos de proteção ao crédito e protestos, seria situação legitimadora da exceção de insegurança. Nesse caso especificamente, a corte reformou decisão de primeiro grau para conceder a tutela de urgência postulada pelo excipiente, no sentido de suspender a entrega do objeto do contrato (sacas de soja), evitar as penalidades relacionadas à mora e inadimplemento por parte do excipiente e vedar que o excepto realizasse a cessão do contrato a terceiros.

Manifestações jurisprudenciais como as acima servem como advertência sobre o ônus que recai sobre o excipiente ao invocar a exceção de insegurança. Vale aqui relembrar o paradoxo apontado por Malecki de que, embora a exceção substancial esteja inserida no âmbito da justiça privada, muito comumente, na prática, ela é logo em seguida submetida à apreciação judicial[806]. A exceção só será considerada legítima se efetivamente for possível verificar que a redução patrimonial do excepto de fato colocou sua prestação em dúvida. Eventuais dívidas com terceiros, processos executivos e protestos podem ser importantes sinais de debilidade financeira[807], mas esses fatos, por si só, não são suficientes para fundamentar o risco de descumprimento. A hipótese para a exceção de insegurança, assim, não pode ser confundida com o "simples perigo de inadimplemento", nas palavras de Massimo Bianca[808].

A invocação da exceção pelo excipiente fora de seus parâmetros legais poderá ser traduzida como mero temor de descumprimento,

[804] Essa também é a situação na doutrina e jurisprudência italianas, cf., v.g., ROSSETTI, Marco. Op. cit., p. 540 e Cass. 18.5.1972, n. 3072, mencionado pelo autor na mesma obra e página.

[805] TJ do Rio Grande do Sul, 12ª Câm. Cív., AI 70068840297, Des. Rel. Pedro Luiz Pozza, v.u., d.j. 16-06-2016. Em sentido semelhante, ver também TJ do Rio Grande do Sul, 19ª Câm. Cív., AC 70079531513, Rel. Des. Mylene Maria Michel, v.u., d.j. 21-02-2019; TJ do Rio Grande do Sul, 17ª Câm. Cív., AC 70083105288, Des. Rel. Liége Puricelli Pires, v.u., d.j. 19-11-2019.

[806] MALECKI, Catherine. Op. cit., p. 133.

[807] Cf. AGUIAR JÚNIOR, Ruy Rosado de. Da extinção do contrato. Comentários aos arts. 472 a 480, cit., p. 835-836; GAGLIARDI, Rafael Villar. *Exceção de contrato não cumprido*, cit., p. 127; LATGÉ, Bernardo da Silveira. Op. cit., p.; ROPPO, Vincenzo. Op. cit., p. 990; ZANETTI, Cristiano de Sousa. Exceção de contrato não cumprido, cit., p. 162.

[808] BIANCA, Cesare Massimo. Op. cit., p. 35.

respondendo o excipiente perante o credor pelos efeitos da sua não prestação[809]. Retornaremos ao tema quando tratarmos dos efeitos da exceção de insegurança.

Sobre o tema da impossibilidade de transformação da exceção de insegurança em uma exceção de insegurança subjetiva há também, no Brasil, interessante julgado que demonstra tanto a importância do requisito da redução patrimonial do excepto quanto a necessidade de que a exceção de insegurança seja efetivamente utilizada como uma figura de reequilíbrio do sinalagma, e não tão somente como uma proteção geral contra o descumprimento contratual.

Em sede de apelação cível, o TJ do Distrito Federal[810] julgou ser incabível a oposição de exceção de insegurança e a exigência de caução[811] para legitimar a suspensão dos pagamentos em contratos de cessão de direitos sobre imóveis[812-813] quando os riscos referentes à entrega de tais

[809] Há interessante precedente do Tribunal de Justiça do Rio de Janeiro que ilustra a necessidade de se alegar propriamente a ligação entre redução patrimonial do excepto e o risco de descumprimento. O tribunal negou pedido de suspensão de pagamentos por adquirente de imóvel diante do receio de não entrega na obra no tempo acordado. Para negar o pedido de suspensão, baseando-se na perícia realizada em primeiro grau, a corte constatou que não havia marcos específicos no curso da execução da obra ligados a cada parcela do pagamento (o que o tribunal chamou de ausência "correlação" entre as prestações das partes) e que não ficou provado que a obra não estava sendo realizada a contento (TJ do Rio de Janeiro, 2ª Câm. Cív., AC º1988.001.03945, Rel. Des. Pecegueiro do Amaral, d.j. 12-2-1989).

[810] TJ do Distrito Federal, 3ª Turma Cível, AC 2003011022050-8, Rel. Des. Lécio Resende, v.u., 03-10-2005.

[811] O excipiente-autor, no caso, havia movido ação cautelar contra o réu-excepto a fim de obter "a condenação da ré na prestação da garantia prevista no artigo 477 do Código Civil". Trataremos também neste trabalho sobre a impossibilidade de se enxergar na exceção de insegurança a pretensão ao recebimento de caução.

[812] Veja-se o trecho do relatório do acórdão que resume a pretensão do excipiente-autor, então apelante: "Aduz o apelante que a ação cautelar foi ajuizada a fim de obter a condenação da ré na prestação da garantia prevista no artigo 477 do Código Civil, sob a alegação de que o contrato celebrado entre as partes previa a outorga de escritura pública de compra e venda do imóvel 60 (sessenta) dias após o pagamento da totalidade do preço, o que não se tornará possível, segundo entende, em razão de a Justiça Federal, em liminar deferida em ação civil pública, ter suspendido os efeitos de matrículas de registros imobiliários de áreas localizadas no Condomínio Rural RK, retirando da ré a possibilidade de cumprir com a obrigação de outorgar a escritura".

[813] Vale mencionar que há outro julgado do TJ do Distrito Federal que trata de litígio envolvendo a venda dos direitos relacionados a área desse condomínio, em que também se entendeu

direitos sobre os imóveis já eram conhecidos pelo excipiente quando da celebração do contrato e que eventual risco de descumprimento não estaria relacionado à redução patrimonial do excepto.

O acórdão afirma que a invocação da exceção de insegurança exige necessariamente que haja a diminuição patrimonial de uma das partes após a celebração do contrato, sendo que o caso, a rigor, demonstra somente que o lote alienado estava localizado em condomínio irregular, e que tal circunstância já era do conhecimento do excipiente. Em voto de vogal, arrematou-se que "a pretensão do recorrente é, na verdade, que o Poder Judiciário ponha a salvo o negócio firmado com a requerida, ora apelada, impondo a prestação de caução sem que a lei ou o contrato a tanto autorize".

Nessa linha, ainda vale mencionar julgado do TJ do Rio Grande do Sul[814], que considera ilegítima a invocação de exceção de insegurança no caso em que eventuais gravames incidentes sobre o imóvel já eram de conhecimento do comprador no momento da celebração da avença.

Dessa forma, deve ficar claro que a proteção por meio da exceção de insegurança deve ser excluída na situação de o excipiente ter pleno conhecimento da precária situação financeira do excepto no momento da celebração do contrato[815].

Também vem da jurisprudência brasileira outra reflexão importante sobre os limites interpretativos do art. 477 do Código Civil no nosso sistema jurídico. A exceção de insegurança tem sido utilizada para legitimar a suspensão do pagamento em compromissos de compra e venda quando, após a celebração do contrato, o bem a ser vendido é objeto de constrições judiciais em razão de demandas de terceiros, colocando em risco a entrega do bem livre e desembaraçado.

Diferentemente de outras codificações, o Código Civil brasileiro não possui norma específica acerca do regime jurídico da compra e venda que tutela a suspensão nessa hipótese específica. No Código Civil francês há a

pela ilegitimidade da exigência de caução para a hipótese. Ver TJ do Distrito Federal, 5ª Turma Cível, AC 2003 01 1 021583-4, Rel. Des. Asdrubal Nascimento Lima, v.u., d.j., 26-09-2005.

[814] TJ do Rio Grande do Sul, 19ª Câm. Cív., AC 70079934220, Des. Rel. Mylene Maria Michel, v.u., d.j. 21-02-2019.

[815] Essa também é a solução proposta pela doutrina e jurisprudência italianas, cf. ROSSETTI, Marco. Op. cit., p. 545, mencionando os seguintes julgados: Cass. 4-8-1988, n. 4835; Cass. 19-6-1972, n. 1935; Cass. 11-7-1969, n. 2556; Cass. 19-10-1965, n. 2130.

regra do art. 1.653[816], expressa para a compra e venda, não alterado pela *Ordonnance* n. 2016-131, que autoriza a suspensão do pagamento pelo comprador quando haja perturbações relacionadas à venda em razão de demandas reivindicatórias de terceiros até que o vendedor ponha fim à perturbação por meio do oferecimento de garantia ou, então, caso o vendedor assegure ao comprador que adimplirá apesar dessas perturbações.

O Código Civil italiano dispõe em seu art. 1.481[817] regra no mesmo sentido, com a determinação expressa de que a suspensão não será possível pelo comprador caso ele tenha conhecimento das circunstâncias periclitantes que fundamentam as demandas reivindicatórias no momento da celebração do contrato. Regra semelhante já era identificada no Código Civil italiano de 1865, especificamente em seu art. 1.510[818].

O TJ de Goiás[819] aplicou o art. 477 para legitimar a suspensão do pagamento de prestações relativas a imóvel que, após a celebração do compromisso de compra e venda entre promitente-comprador e promitente-vendedor, passou a ser alvo de sucessivas constrições judiciais, sem que houvesse garantia de que os alienantes conseguiriam cumprir a obrigação de entregar o bem livre e desembaraçado de quaisquer ônus[820].

[816] Article 1.653. Si l'acheteur est troublé ou a juste sujet de craindre d'être troublé par une action, soit hypothécaire, soit en revendication, il peut suspendre le paiement du prix jusqu'à ce que le vendeur ait fait cesser le trouble, si mieux n'aime celui-ci donner caution, ou à moins qu'il n'ait été stipulé que, nonobstant le trouble, l'acheteur paiera.

[817] Art. 1.481 Pericolo di rivendica. Il compratore può sospendere il pagamento del prezzo, quando ha ragione di temere che la cosa o una parte di essa possa essere rivendicata da terzi (948), salvo che il venditore presti idonea garanzia (1119). Il pagamento non può essere sospeso se il pericolo era noto al compratore al tempo della vendita.

[818] Art. 1.510. Il compratore, se è o ha ragione di temere di essere molestato com un'azione ipotecaria o rivendicatoria, può sospendere il pagamento del prezzo fino a che il venditore abbia fatto cessare le molestie, semprechè questi non prescelga di dar cauzione, o non siasi convenuto che il compratore pagherà non ostante qualunque molestia.

[819] TJ de Goiás, 2ª Câm. Cív., AC 26603-75.2009.8.09.0000 (200900266036), Rel. Juiz de Direito Substituto em 2º Grau Wilson Safatle Faiad, v.u., d.j. 27-09-2011. A mesma solução foi dada na AC que julgou a ação cominatória movida pelos mesmos apelados: TJ de Goiás, 2ª Câm. Cív., AC 511395-28.2008.8.09.0000 (200805113953), Rel. Juiz de Direito Substituto em 2º Grau Wilson Safatle Faiad, v.u., d.j. 27-09-2011.

[820] Ver trecho do voto do Relator: "Por tal razão, ao contrário do entendimento esposado no *decisum* fustigado, não vejo, por parte dos adquirentes (2ª e 3º apelantes), conduta culposa que desse ensejo à rescisão do contrato, na medida em que a suspensão do pagamento decorreu da alteração da situação fática vislumbrada ao tempo da realização da avença (como visto, após

Nota-se que a circunstância que coloca em risco o adimplemento no caso não pode ser automaticamente atribuível ao vendedor, como se as constrições judiciais representassem um descumprimento do programa contratual ou violação de deveres laterais, circunstâncias que usualmente motivam a doutrina atual a advogar por uma interpretação extensiva do art. 477 do Código Civil, como veremos a seguir neste trabalho.

Por outro lado, o julgado em questão parece ser uma interpretação consequente do princípio *inadimplenti non est adimplendum*, uma vez que as constrições judiciais efetivamente minam, objetivamente, a confiança do comprador em receber a contraprestação de modo objetivo.

Embora as codificações civis francesa e italiana tratem do tema em disposições específicas sobre a compra e venda, ou seja, antes do movimento de abstração que levou a exceção de insegurança a ser alçada como um remédio aplicável aos contratos bilaterais em geral, no Brasil, ante a ausência de norma específica sobre a compra e venda, o remédio geral do art. 477 do Código Civil é utilizado para legitimar a suspensão, embora seus pressupostos não digam respeito exatamente ao risco de reinvidicação de terceiros[821]. É importante, nesse tema, lembrar as lições de Pietro Trimarchi, que coloca as disposições dos arts. 1.460, 1.461 e 1.481 do *Codice*, como vinculadas por meio de um mesmo princípio subjacente[822].

o dito negócio jurídico, o imóvel adquirido foi alvo de sucessivas constrições judiciais, não tendo os alienantes, por outro lado, dado garantia de que teriam condições de cumprir com a obrigação contratual de entregar o imóvel livre e desembaraçado de quaisquer ônus, e, bem assim, escriturá-lo em nome dos adquirentes)".

[821] Vale assinalar que há também precedente do TJ de São Paulo que alude à possibilidade de invocação da exceção de insegurança em hipóteses semelhantes a essa. Todavia, no caso em questão, a penhora sobre o imóvel havia sido levantada antes do ajuizamento da ação e a pretensão postulada era a de anulação por erro, impossibilitando que o julgado adentrasse com mais profundidade sobre o tema da exceção de insegurança. Ver TJ de São Paulo, 1ª Câmara de Direito Privado, AC 0013483-14.2011.8.26.0002, Des. Rel. Cláudio Godoy, v.u., d.j. 24-05-2016.

[822] La parte che è contrattualmente impegnata ad eseguire per prima fa sostanzialmente credito alla controparte. Ma se le condizioni patrimoniali di quest'ultima sono divenute tali da porre in evidente pericolo il conseguimento di quanto essa deve prestare, l'altra parte può sospendere l'esecuzione della propria prestazione,
salvo che sia prestata idonea garanzia (art. 1461 cod. civ.). Il principio che sta alla base di questa disposizione di legge consente di concludere, più in generale, che l'eccezione d'inadempimento è opponibile anche alla parte che debba adempiere entro un termine successivo, quando

Nesses casos, a suspensão seria legítima até que as constrições judiciais efetuadas por terceiros fossem levantadas ou de qualquer forma extintas, momento em que o risco deixa de existir, em linha, inclusive, com o que é entendido pela Corte de Cassação em França, conforme aponta Adrea Pinna[823].

Outra caraterística própria da redução patrimonial a que se refere o art. 477 do Código Civil é o momento de sua ocorrência. Assim, não há dúvidas de que a redução patrimonial que ocorre entre a conclusão do contrato até o momento da prestação a cargo do excipiente dá ensejo à invocação da exceção de insegurança. Esse, inclusive, é o âmbito de atuação mais antigo e claro da figura, previsto inclusive na formulação original de Pothier, como tivemos a oportunidade de abordar anteriormente neste trabalho.

Inicialmente, sobre o momento da oposição da exceção de insegurança, importante apontar que não haveria sentido sua invocação caso a primeira prestação tenha sido efetivamente cumprida pelo devedor, uma vez que o mecanismo jurídico conferido pelo instituto de se sustar tal prestação restaria, evidentemente, prejudicado. Caso nenhum outro mecanismo contratual tenha sido avençado entre as partes para tutelar a hipótese de redução significativa do patrimônio após a ocorrência da prestação daquele que deverá cumprir em primeiro lugar, caberá somente ao credor esperar a materialização do risco do inadimplemento caso o devedor não cumpra a obrigação no termo ajustado, momento em que poderá lançar mão das medidas cabíveis em tais situações.

Por outro lado, a ocorrência de redução patrimonial anterior à conclusão do contrato que, todavia, se manifesta somente durante o período de execução contratual, enseja considerações mais detalhadas. Esse assunto, de fato, pode ser identificado como um dos temas mais importantes sobre a evolução da exceção de insegurança, sobretudo sua experiência europeia.

sussista un evidente pericolo che questa non adempia (e dunque, tra l'altro, nel caso che questa abbia dichiarato di non voler adempiere). Si può ricordare qui, in particolare, la disposizione, secondo la quale il compratore può sospendere il pagamento del prezzo, quando ha ragione di ritenere che la cosa o una parte di essa possa essere rivendicata da terzi, salvo che il venditore presti idonea garanzia e salvo che il pericolo gli fosse noto al tempo della vendita (art. 1481 cod. civ.)" (TRIMARCHI, Pietro. Op. cit., p. 55-56).

823 Cf. PINNA, Andrea. L'exception pour risque d´inexécution, cit., p. 35.

No Brasil, existem manifestações doutrinárias no sentido de que essa hipótese também merece ser encarada como um dos pressupostos da exceção de insegurança[824]. É possível encontrar posições jurisprudenciais em outros países, como a Itália, que fornece precedentes pela aplicação do mesmo do regime jurídico às situações de dificuldade patrimonial originária com a superveniente[825]. Fabio Addis afirma que a jurisprudência italiana posterior ao Código Civil de 1942 é estável com relação à aplicação da exceção, caso a alteração do patrimônio seja anterior à conclusão do contrato, desde que o excipiente a ignorava sem culpa[826].

O texto do art. 477 do Código Civil brasileiro ainda apresenta redação mais próxima às primeiras formulações da exceção de insegurança no início do século XX com relação ao momento da diminuição que deverá ser levado em conta pelo intérprete, ao dar destaque à marcação "depois de concluído o contrato". Não tivemos a reformulação positiva verificada, por exemplo, no art. 1.461 do Código Civil italiano de 1942, no BGB após a reforma do direito das obrigações e no Código Civil francês após a *Ordonnance* n. 2016-131.

Para avaliar de modo coerente como deve ser encarado o momento da manifestação da redução patrimonial para a aplicação da exceção da insegurança no Brasil, devemos ter em vista a sua função e a coexistência com outros mecanismos jurídicos que disciplinam o conhecimento ou desconhecimento da situação patrimonial da outra parte contratante.

Diz-se que a exceção de insegurança deve ser enxergada como um instrumento jurídico apto a evitar acréscimo extraordinário do risco durante

[824] Cf. PONTES DE MIRANDA, Francisco Cavalcanti. *Tratado de direito privado*, cit., t. XXVI, p. 111.

[825] Em leitura crítica a esses precedentes, ver NOVA, Giogio de; SACCO, Rodolfo. Op. cit., p. 682-683. Cf. também ROSSETTI, Marco. Op. cit., p. 514-542.

[826] "La giurisprudenza italiana formatasi sul codice del 42 ammette ormai senza incertezze che I 'insorgenza del mutamento possa anche essere precedente alla conclusione del contratto, a condizione che essa sia ignorata senza colpa dalta parte *in bonis*" (ADDIS, Fabio. Le eccezione dilatorie, cit. p. 471. A opinião é manifestada pelo autor em outras obras, em que destaca, inclusive que esse movimento jurisprudencial já era presente sob a égide do Código Civil de 1865, como em ADDIS, Fabio. Presentazione, cit., p. x; xiii-xiv; ADDIS, Fabio. *Il "mutamento" nelle condizioni patrimoniali dei contraenti*, cit., p. 14)

a execução do contrato[827], e não a evitar o risco que fora devidamente assumido pelas partes contratantes. Nessa assertiva está implícita a ideia de que os contratantes em uma situação paritária juridicamente considerada têm o ônus de se informar sobre a situação patrimonial da outra parte contratante, sob pena de, não o fazendo, se responsabilizarem pela assunção do risco. Em outras palavras, havendo conhecimento acerca da má situação patrimonial do devedor e, ainda assim, foi tomada a decisão pela contratação, o credor "deve imputar a si mesmo as consequências da sua negligência", como lembra Vaz Serra[828].

Porém, a ocultação da situação patrimonial do devedor no momento da contratação também está sujeita à disciplina sobre anulabilidade dos negócios jurídicos por erro[829] ou por dolo[830-831]. Dessa forma, caso a conclusão do contrato seja marcada pela falha na manifestação de vontade de uma das partes que não seja a ela imputável (conforme situações devidamente qualificadas nos termos da legislação[832]) relacionada à real situação patrimonial do outro contratante, a parte prejudicada, por não ter podido manifestar sua vontade sem defeitos, poderá se valer da pretensão de anulação do negócio.

A mera possibilidade de que a parte promova ação para a anulação do negócio jurídico, entretanto, não faz com que a oposição da exceção de insegurança seja descabida na situação em que a piora patrimonial somente se manifestou após a contratação, desde que o desconhecimento não seja decorrente de negligência da parte interessada.[833]. Ou seja, trata-

[827] ZANETTI, Cristiano de Sousa. Exceção de contrato não cumprido, cit., 232.

[828] VAZ SERRA, Adriano Paes da Silva. Op. cit., p. 55.

[829] PONTES DE MIRANDA, Francisco Cavalcanti. *Tratado de direito privado*, cit., t. XXVI, p.111. No mesmo sentido ROPPO, Vincenzo. Op. cit., p. 991.

[830] Cf. ASSIS, Araken de. Comentários aos arts. 421 a 488, cit., p. 699.

[831] Essa também é lógica da aplicação do art. 429 do Código Civil português, conforme ABRANTES, José João. Op. cit., p. 75: "No caso do art. 429º, não há erro. Os contraentes, no momento da formação do acordo, assentam numa determinada base negocial, que corresponde efetivamente à realidade dos fatos. Só depois é que essa base vai alterar a ponto de fazer perigar o direito à contraprestação por parte do contraente que se obrigara a cumprir previamente".

[832] Aqui se faz referência à possibilidade de anulação do negócio jurídico por erro, dolo, coação, estado de perigo, lesão.

[833] AGUIAR JÚNIOR, Ruy Rosado de. Da extinção do contrato. Comentários aos arts. 472 a 480, cit., p. 835.

-se de exceção somente cabível ao excipiente *in bonis* que ignorou, sem culpa, a real situação patrimonial da contraparte[834].

Nesse ponto, é pertinente seguirmos, no Brasil, orientação atualmente verificada na jurisprudência italiana, no sentido de se admitir a exceção de insegurança, conforme aludimos acima. Isso porque, salvo interesse de terceiro, o negócio jurídico anulável, no direito brasileiro, pode ser confirmado pelas partes (art. 172 do Código Civil[835]), estando em uma área em que a estabilidade dos negócios jurídicos, apesar de defeituosa, é privilegiada pelo ordenamento jurídico.

A exceção de insegurança, nesses casos, em um nítido efeito de manutenção do sinalagma, faz com que seja evitada tanto a resolução por inadimplemento quanto a invalidação por vício do negócio jurídico, demonstrando ser uma proteção mais acessível e eficaz[836].

Assim, conforme boa síntese de Fabio Addis, o início da manifestação da alteração patrimonial do excepto deve ser entendido como "*il momento dal quale il divenire della situazione patrimoniale di un contraente acquista rilievo al fine di stabilire la legittimità della sospensione dell' esecuzione della prestazione ad opera della controparte*"[837]. Ademais, ainda segundo o autor, o que se torna relevante, no âmbito operativo da exceção, não é exatamente a alteração patrimonial posterior à celebração do contrato, mas sim a manifestação dessa alteração patrimonial, em um nexo causal com o perigo do inadimplemento. Assim, "*il 'mutamento' non è più necessariamente un quid navi della realtà fenomenica: qualche cosa che predica la sua esistenza da un certo momento in poi*"[838]. Trata-se de uma mudança gnoseológica e não ontológica.

[834] A solução também é proposta por Fábio Addis e Marco Rossetti no âmbito do sistema italiano. Cf ADDIS, Fabio. *Il "mutamento" nelle condizioni patrimoniali dei contraenti*, cit., p. 14; ROSSETTI, Marco. Op. cit., p. 536.

[835] Art. 172. O negócio anulável pode ser confirmado pelas partes, salvo direito de terceiro.

[836] Cf. AGUIAR JÚNIOR, Ruy Rosado de. Da extinção do contrato. Comentários aos arts. 472 a 480, cit., p. 834. Carvalho Santos, mesmo sob a égide do Código Civil de 1916, também manifestou posição em sentido similar: "mesmo quando da celebração do contrato, já não havia garantia absoluta de cumprimento, terá cabimento a regra se, no momento da execução, tornar-se mais acentuada a perda patrimonial do obrigado, uma vez que 'sobreveio alteração no patrimônio capaz de comprometer ou tornar mais duvidosa a prestação devida" (CARVALHO SANTOS, João Manuel de. *Código Civil brasileiro interpretado*: direito das obrigações. 2. ed., cit., p. 242).

[837] ADDIS, Fabio. *Il "mutamento" nelle condizioni patrimoniali dei contraenti*, cit., p. 199.

[838] Idem, p. 260.

Do ponto de vista da prática contratual, e de modo a evitar dúvidas sobre a extensão do conhecimento da saúde patrimonial das partes envolvidas no arranjo contratual, é importante apontar que o controle e a segurança sobre o conhecimento da situação patrimonial das partes contratantes pode ser objeto de declarações na confecção da documentação contratual[839]. A utilização de tais declarações pode inclusive servir de instrumento auxiliar no processo de determinação sobre qual foi o risco efetivamente assumido pelas partes em uma relação contratual.

Ainda é importante apontar que o pressuposto da redução patrimonial deve ser apreciado em relação ao momento em que teria que dar o adimplemento pelo excipiente. Dessa forma, caso a exceção tenha sido oposta e, posteriormente, ocorra a melhora na situação patrimonial do excepto, ainda assim a exceção será eficaz[840].

4.5.4. Conduta contrária ao programa contratual e a grave insuficiência da capacidade de cumprir ou na solvência do excepto. Nossa crítica e proposta

Como apontado acima, a ocorrência da redução patrimonial qualificada ainda é uma das características centrais da formulação da exceção de insegurança em nosso ordenamento jurídico. A redução patrimonial que ensejará a oposição da exceção deverá ser aquela suficiente para comprometer ou tornar duvidosa a prestação daquele que se comprometeu em prestar em segundo lugar, e por isso merece ser designada como qualificada e objetiva.

A figura jurídica extraída do disposto no art. 477 do Código Civil, porém, não representa uma mera norma sobre as consequências da redução patrimonial de uma parte, mas, de modo mais marcante, ela fornece um instrumento de proteção contra o desbalanceamento do sinalagma diante do risco de descumprimento objetivo. A redução patrimonial apresenta-se

[839] Na prática contratual, essas declarações também são designadas pelo termo inglês *representations*, pois, *grosso modo*, de modo similar ao direito de tradição anglo-saxã, trata-se de uma declaração de uma parte a outra sobre um aspecto fático relacionado temporalmente ao passado até o momento da celebração do contrato. A declaração, assim, terá como efeito atribuir e, de certa forma, limitar a responsabilidade por circunstâncias relacionadas a tais declarações.

[840] Nesse sentido PONTES DE MIRANDA, Francisco Cavalcanti. *Tratado de direito privado*, cit., t. XXVI, p. 111.

como uma espécie de indício juridicamente relevante que animou o legislador a desenvolver o mecanismo da exceção de insegurança. Mas seria ela o único indício juridicamente relevante que poderia dar ensejo à oposição da exceção de insegurança em nosso ordenamento jurídico? Nesse ponto retomaremos, com mais detalhe, a discussão iniciada em capítulo anterior neste trabalho, quando tratamos do risco de inadimplemento tutelado pela exceção de insegurança.

Argumenta-se que o fato de o Código Civil apresentar como única causa geradora do risco de descumprimento a deterioração patrimonial do excepto é decorrência de uma tradição patrimonialista que acompanha a disciplina do direito das obrigações brasileiro[841]. Não há dúvidas, contudo, que, na ampla gama de atividades que uma pessoa pode realizar e situações em que pode se encontrar durante a fase de execução contratual, muitos outros fatores poderiam colocar em dúvida a possibilidade de cumprimento da prestação pelo devedor. É o caso do descumprimento de deveres preparatórios relacionados à prestação principal ou omissões ou perdas de certas habilidades ou bens e direitos necessários para o cumprimento perfeito da prestação[842]. A redução patrimonial, destarte, é somente um dos elementos possíveis.

O art. 477 do Código Civil é dispositivo com muitos termos que podem ser objeto de aprofundamento e delimitação semântica. Isso não quer dizer, porém, que ele não tenha delimitado com precisão quais são os elementos que figuram como pressupostos condicionantes e suas consequências. Dessa forma, é o caso de se perguntar se o mecanismo jurídico da exceção de insegurança poderá ser utilizado caso haja uma situação que coloque em risco o cumprimento da prestação daquele que deverá prestar em segundo lugar, mas que, entretanto, não seja aferível por meio da mera redução patrimonial.

A experiência estrangeira mostra uma tendência ao alargamento dos pressupostos da exceção de insegurança (ou remédios equivalentes), afastando-se da mera referência à redução patrimonial para alcançar outras métricas relacionadas ao risco de descumprimento.

Em primeiro lugar, é necessário lembrar o paradigmático art. 71(1) da CISG, que elenca como pressupostos da suspensão da prestação a

[841] Cf. TERRA, Aline de Miranda Valverde. Op. cit., p. 187.

[842] Idem.

circunstância de que, após a conclusão do contrato, tornou-se evidente que a outra parte não cumprirá parcela substancial de suas obrigações devido (a) à grave insuficiência em sua capacidade de cumprimento, ou em sua solvência, ou (b) à maneira como a parte se dispõe a cumprir ou como cumpre o contrato. Assim, nos contratos submetidos à CISG, o credor está autorizado a suspender o cumprimento de suas obrigações se o cumprimento de parcela essencial dos deveres é incerto[843], sendo que tal suspensão depende da comprovação de uma deficiência séria na habilidade de o devedor cumprir a sua obrigação ou no seu comportamento rumo ao descumprimento[844].

Em profundo estudo sobre os reflexos do art. 71 da CISG e sua influência na evolução do direito europeu sobre a exceção de insegurança, Fabio Addis atribuiu a tal dispositivo a capacidade de ter influenciado não só a doutrina e jurisprudência italiana sobre a extensão da aplicação do art. 1.461 do Código Civil, mas também a reformulação do § 321 do BGB na reforma do direito das obrigações na Alemanha em 2002. Em resumo, a CISG é um marco positivo na concepção europeia da exceção de insegurança, pois efetivamente impulsiona o afastamento da figura do estrito pressuposto da alteração patrimonial (presente, por exemplo, na redação original do § 321 do BGB e ainda verificado no art. 1.461 do Código Civil italiano), projetando-a em direção a uma tutela dilatória relacionada ao risco próprio do inadimplemento mesmo que relativamente indiferente à situação patrimonial[845].

A comparação do art. 477 do Código Civil com a formulação da CISG mostra que o sistema brasileiro ainda está, no nível na positivação, mais em linha com a codificação italiana do que com as tentativas contemporâneas de uniformização do direito privado ou até mesmo outras codificações civis (e aqui entre elas também é possível incluir o Código Civil francês posterior à *Ordonnance* n. 2016-131), uma vez que elegemos o critério de redução patrimonial do excepto como única hipótese expressa da exceção

843 Cf. SCHLECHTRIEM, Peter; SCHWENZER, Ingeborg. *Comentários à Convenção das Nações Unidas sobre contratos de compra e venda internacional de mercadorias*, cit., p. 1058.

844 VILUS, Jelena. Provisions common to the obligations of the seller and the buyer. In: SARCEVIC, Petar; VOLKEN, Paul (Coord.). *International Sale of Goods*: Dubrovnik Lectures. Bristol: Oceana Publications, 1986, p. 241.

845 Cf. ADDIS, Fabio. Presentazione, cit., p. xi; ADDIS, Fabio. *Il "mutamento" nelle condizioni patrimoniali dei contraenti*, cit., p. 55.

de insegurança[846]. Não há referência, na nossa norma, a outros parâmetros ou comportamentos do excepto que coloquem em risco o cumprimento da prestação.

A maior ou menor abrangência textual da norma se torna relevante em relações contratuais diferidas no tempo e com prestações em ordens sucessivas e previamente definidas em que a parte que deverá prestar em segundo lugar manifesta comportamentos que comprometem o seu adimplemento no termo previamente combinado. Caso esse comportamento tenha como efeito a redução patrimonial após a celebração do contrato, a subsunção dessa circunstância à hipótese do art. 477 não parece merecer mais indagações, respondendo-se, desde logo, afirmativamente. É que ocorreu, por exemplo, em precedente do TJ de Minas Gerais[847] ao julgar, em sede de agravo de instrumento, a legitimidade da suspensão da entrega de insumo a uma destilaria de álcool cujo comportamento em geral, afinal, possibilitava a verificação do estado de dilapidação patrimonial capaz de comprometer ou tornar duvidosa a prestação[848].

[846] Há posições que efetivamente criticam essa opção legislativa, no sentido de que o sistema brasileiro ainda estaria apegado a um "ranço patrimonialista". Ana Terra analisa a questão da seguinte forma: "Conclui-se que o legislador de 2002 perdeu, uma vez mais, a oportunidade de se despir do ranço patrimonialista típico das codificações do século XVIII, para imprimir ao direito das obrigações feição dinâmica e funcionalizada, mais condizente com o atual desenvolvimento das relações privadas, na esteira da orientação do UCC e da *Convention on Contracts for International Sales of Goods*" (TERRA, Aline de Miranda Valverde. Op. cit., p. 194).

[847] TJ de Minas Gerais, 18ª Câm. Cív., AI 1.0443.14.003382-2/001, Rel. Des. Mota e Silva, v.u., d.j. 13-07-2016.

[848] Veja-se a descrição da situação fática no voto do Relator: "Inicialmente, insta salientar a delicada situação financeira da Agravante e a sua postura vil diante das obrigações firmadas, percebidas através das noticias de fls. 278/294, onde se observa, inclusive, que a Destilaria Alcana encontra-se fechada, acarretando o prejuízo de aproximadamente 300 (trezentos) produtores rurais que recorreram à justiça para ver seus direitos assegurados e seus prejuízos diminuídos. Tem-se, ainda, as certidões de fls. 214v e 215v – TJ, que informam não haver ninguém na destilaria Agravante, com a exceção do porteiro, que noticiou o encerramento das atividades e o corte da energia elétrica no local. Outrossim, as declarações da Prefeitura de Nanuque (fl. 262 TJ), da Associação dos Produtores de Cana do Vale do Mucuri e Vales Vizinhos (fls. 263/264 TJ) e do Sindicato dos Trabalhadores Rurais de Nanuque (fl. 265 TJ) que confirmam a inadimplência e o encerramento das atividades da Ré. As notícias também mostram vultosos repasses de verbas, para custeio de campanhas eleitorais de diversos candidatos em detrimento ao pagamento das obrigações contratuais (fls. 255/260 TJ). Na presença de tais provas, tornam-se incontroversas as alegações que versam sobre a falta de

Porém, caso esse comportamento não acarrete redução patrimonial, mas, ainda assim, coloque em risco o cumprimento da prestação, seria o caso de se perguntar se a resposta afirmativa conseguiria vencer seu devido ônus argumentativo. No Brasil há uma tendência doutrinária e, em menor grau, jurisprudencial, que, por meio da aplicação da boa-fé objetiva, defende que as hipóteses de exceção devem ser alargadas para alcançar outros comportamentos do excepto como hipótese fundamentadora da exceção. Analisaremos a questão a seguir.

Em primeiro lugar, não se pode argumentar que se trata de uma corrente totalmente nova, uma vez que Pontes de Miranda, embora sem dar mais explicações acerca da extensão, já afirmava que "a conduta desleal do figurante perante o outro somente basta para se aplicar o art. 1.092, alínea 2ª, do Código Civil [atual art. 477 do Código Civil], se põe em risco o adimplemento"[849].

Aponta-se que a exceção de insegurança é um instrumento jurídico direcionado a regular exatamente o desbalanceamento do risco contratual durante a fase de execução. Temos, assim, duas normas jurídicas que deverão incidir sobre uma mesma situação jurídica (execução contratual), sendo que a extraída do art. 477 do Código Civil tem o aspecto de regra formada por termos indefinidos, enquanto a do art. 422 do Código Civil possui o aspecto de cláusula geral, que, por seu funcionamento jurídico, possui justamente o atributo de abertura sobre as consequências jurídicas a serem determinadas pela sua aplicação[850].

condições financeiras e a indisposição da Ré em saldar os contratos firmados, vez que cessou o seu funcionamento e praticou doações desnecessárias, agindo em desacordo com a boa-fé contratual. Traçando um paralelo entre o Código Civil e o caso em análise, encontra-se nos arts. 476 e 477 a previsão que impede a uma parte exigir o cumprimento da obrigação da outra, enquanto não satisfizer a sua (art. 476 CC), bem como o poder de se recusar a satisfazer o que lhe incumbe, até que a outra parte satisfaça a obrigação que lhe compete (art. 477)".

[849] PONTES DE MIRANDA, Francisco Cavalcanti. *Tratado de direito privado*, cit., t. XXVI, p.111.

[850] Cf. MARTINS-COSTA, Judith. *A boa-fé no direito privado sistema e tópica no processo obrigacional*. São Paulo: RT, 1999, p. 273-277. Também da mesma autora, sobre o tema da diferenciação entre cláusulas gerais e conceitos indeterminados: MARTINS-COSTA, Judith. O direito privado como um sistema em construção: as cláusulas gerais no Projeto do Código Civil brasileiro. *RIL*, Brasília, n. 139, p. 5-22, 1998.

Assim, a questão que se põe é como o princípio da boa-fé objetiva se manifesta em situações que parecem merecer a tutela da exceção de insegurança, mas marcadas pela ausência dos pressupostos determinados pela legislação (a da redução patrimonial qualificada). Cogita-se que a boa-fé objetiva, nesse caso, deveria exercer uma função de admitir uma situação fática diferente como pressuposto da exceção de insegurança (no caso, o comportamento que comprometa o cumprimento contratual fará as vezes da redução patrimonial que compromete o cumprimento contratual). Dessa forma, a questão que se abre é se determinar o princípio da boa-fé objetiva no ordenamento jurídico brasileiro teria carga normativa suficiente para autorizar uma interpretação nesse sentido.

Como primeiro dado relevante, aponta-se que o Conselho de Justiça Federal aprovou enunciado na V Jornada de Direito Civil respondendo positivamente à questão, embora sem mencionar expressamente que a conclusão se dá por aplicação do princípio da boa-fé objetiva: "(Enunciado 437) Art. 477. A exceção de inseguridade, prevista no art. 477, também pode ser oposta à parte cuja conduta põe manifestamente em risco a execução do programa contratual".

É importante notar que além do enunciado acima mencionado, é possível encontrar posições doutrinárias que defendem a abertura semântica do art. 477 do Código Civil para alcançar situações que fogem especificamente da diminuição patrimonial capaz de comprometer o adimplemento daquele que deverá prestar em segundo lugar. Em leituras feitas sobre a aplicação do dispositivo em linha com outros influxos normativos do ordenamento jurídico brasileiro, essa abertura semântica seria possibilitada pela incidência do princípio da boa-fé objetiva em razão de uma interpretação analógica[851],

[851] Veja-se a íntegra da justificativa do enunciado 437, aprovado na V Jornada de Direito Civil do CJF, que faz menção expressa à interpretação analógica, aplicação analógica e analogia na leitura do art. 477 do Código Civil: "Caso a conduta de uma das partes submeta a risco a execução do avençado, o contratante inocente pode desde logo suspender o cumprimento da respectiva prestação, com arrimo na interpretação analógica do art. 477 do Código Civil. Trata-se de uma decorrência da boa-fé, pois não é dado a quem põe em perigo o pactuado ignorar a repercussão da própria conduta, para exigir o adimplemento alheio. O direito privado não confere espaço para que os contratantes adotem critérios distintos para julgar e julgar-se. Para evitar a caracterização do *tu quoque*, vedado pelo art. 187 do Código Civil, a parte honesta

fundamentação que encontra respaldo em recentes manifestações jurisprudenciais[852].

Conforme já mencionamos anteriormente, é possível apontar a existência de uma tendência jurisprudencial de se alargar as possibilidades interpretativas do art. 477 do Código Civil, diluindo seus requisitos em uma visão principiológica do instituto. Vale relembrar que o STJ[853] demonstrou que a interpretação jurisprudencial pode ir além da mera aplicação das regras e pressupostos próprios da exceção de inseguridade, enxergando nele uma norma de caráter principiológico.

Trata-se de uma posição que impõe grandes desafios interpretativos, restando a dúvida, neste momento, se o ônus argumentativo inerente a tal tomada de decisão foi devidamente vencido pelo tribunal em questão. Cabe, dessa forma, analisar o caso em detalhe.

O caso acima referido, julgado pelo STJ, versa sobre um contrato de fornecimento verbal firmado entre Basf S.A., como fornecedora, e Bluequímica Industrial Ltda., como compradora, em que aquela forneceria determinados insumos necessários para a atividade produtiva da compradora, mediante pagamento. Porém, diante do inadimplemento da compradora, a fornecedora passou a diminuir a quantidade de produtos fornecidos para a compradora e alterou suas condições de crédito e de pagamento. A compradora moveu então ação cominatória de obrigação de fazer contra a compradora, tendo sido julgada improcedente em primeiro grau.

pode sustar a execução da própria prestação, até que o outro contratante cumpra aquilo a que se obrigou ou, ao menos, ofereça garantia de que irá fazê-lo no momento aprazado. Dada a identidade de fundamentos, tem lugar o recurso à analogia, destinada, em última análise, a evitar que situações essencialmente idênticas sejam julgadas de modo diverso. A aplicação analógica do art. 477 fomenta, ademais, a comunicação e cooperação entre as partes, do que decorre o aumento das chances de que o contrato venha ser integralmente cumprido. Trata-se de orientação recentemente defendida pela doutrina brasileira e que encontra respaldo no art. 71 da *Convenção de Viena das Nações Unidas sobre Contratos de Compra e Venda de Mercadorias*, no art. III – 3:401 do *Draft Common of Reference e no art. 7.3.4* dos Princípios Unidroit" (AGUIAR JÚNIOR, Ruy Rosado de (Coord.). *V Jornada de direito civil*. Brasília: CJF, 2012, p. 158-159).

[852] TJ de Minas Gerais, 13ª Câmara Civil, AC 1.0024.12.287342-5/003 (2873425-64.2012.8.13.0024), Rel. Des. Cláudia Maia, v.u., d.j. 20-11-2014.

[853] STJ, 4ª Turma, REsp 1.279.188/SP, Rel. Min. Luis Felipe Salomão, v.u., d.j. 16-04-2015.

O julgamento em segundo grau foi pelo provimento do apelo da compradora, que, considerando prejudicado o pleito de obrigação de fazer, concedeu a indenização pelos danos experimentados pela compradora, a serem apurados em liquidação por arbitramento, devendo representar a diferença do lucro que a compradora teria se a vendedora tivesse mantido as condições iniciais estabelecidas em contrato. O STJ julgou o caso em razão de REsp interposto pela vendedora.

Pela descrição do caso, nota-se, desde logo, que o enquadramento das circunstâncias concretas da relação contratual entre fornecedora e compradora naqueles pressupostos descritos no art. 477 do Código Civil não é uma conclusão óbvia ou automática. Destaca-se que a fornecedora não se negou a cumprir sua prestação até que lhe fosse oferecida garantia ou efetivo pagamento (ao contrário, ela continuou a fornecer, mas em condições mais desfavoráveis para a compradora) e a compradora, por sua vez, inadimpliu efetivamente os pagamentos (assim, não houve propriamente análise da existência de um risco de descumprimento diante da redução patrimonial da compradora). É interessante notar que existem precedentes em tribunais estaduais brasileiros que, ao julgarem casos com circunstâncias fáticas semelhantes, enxergaram que o inadimplemento da compradora em contrato de fornecimento justifica a invocação da exceção de contrato não cumprido[854], e não a exceção de insegurança ou seu "princípio".

Todavia, com base na "principiologia" da exceção de insegurança e no Enunciado 437 da V Jornada de Direito Civil do CJF[855], entendeu o STJ que o comportamento da vendedora-recorrente foi lícito, arrematando-se a conclusão sobre a aplicação dessa principiologia no seguinte sentido:

> *"Assim, no caso de inadimplemento do contratante – circunstância que sugere, realmente, alteração de solvabilidade de uma das partes –, se era lícito ao outro reter sua prestação, era-lhe igualmente lícito reduzir o volume dos produtos vendidos, na esteira do adágio de que quem pode o mais pode o menos".*

[854] É o caso, por exemplo, do seguinte julgado: TJ de Mato Grosso do Sul, 1ª Turma Cível, AC 2002.007293-1/0000-00, Rel. Des. Joenildo de Sousa Chaves, v.u., d.j. 05-09-2006.

[855] "Enunciado 437: Art. 477. A exceção de inseguridade, prevista no art. 477, também pode ser oposta à parte cuja conduta põe manifestamente em risco a execução do programa contratual".

O acórdão[856], dessa forma, em uma atividade interpretativa, identificou a existência de uma carga principiológica no instituto da exceção de insegurança, indo além da clara formatação de regra jurídica estampada no art. 477 do Código Civil. O STJ, portanto, não avaliou a possibilidade de aplicação da exceção de contrato não cumprido ou, então, da *exceptio non rite adimpleti contractus* ao caso, já que a suspensão da prestação não foi total, e sim parcial.

Diante desse fato, o julgado coloca o estudioso da exceção de insegurança em um estado de atenção para determinar os limites de extensão interpretativa da figura. Pode ela ser identificada como norma principiológica ou será que o trabalho interpretativo normativamente autorizado deve se reduzir à identificação dos pressupostos predefinidos na norma? A utilização do argumento da principiologia da exceção de insegurança foi necessária para se alcançar o resultado do julgado, ou o ordenamento jurídico fornece outros mecanismos para tanto? Outros mecanismos conduziriam a resultado diferente? A interpretação do mencionado Enunciado 437 do CJF pelo acórdão do STJ foi adequada? Todos esses questionamentos somente poderão ser resolvidos mediante a fixação de critérios seguros para a aplicação normativa[857].

É importante mencionar que, embora o julgado do STJ possa ser criticado por ter aplicado a exceção de insegurança (ou a denominada "principiologia" da exceção de insegurança) a um caso em que o inadimplemento contratual foi reconhecido, é interessante notar que a influência do julgado na jurisprudência nacional efetivamente demonstra seu potencial de autoridade, alterando o resultado de demandas em que, de fato, somente havia o risco do descumprimento da prestação.

[856] O RE interposto pela Bluequímica Industrial Ltda. para atacar o acórdão em questão foi indeferido liminarmente pelo STJ (STJ, 4ª Turma, RE nos EDcl no REsp 1.279.188 / SP, Rel. Min. Laurita Vaz, d.j. 8-10-2015).

[857] Vale lembrar a lição de Judith Martins-Costa, com base em Emilio Betti, apontando para o fato de que é impróprio entender a interpretação como uma explicação subjetiva do mundo, de modo que a hermenêutica apresenta sua relevância para o sistema jurídico ao fornecer critérios seguros para aplicação normativa. "A interpretação jurídica não é um livre compreender. Há técnicas, métodos e cânones aos quais o jurista está adstrito, revestidos por especificidades" (MARTINS-COSTA, Judith. Normas de interpretação dos contratos: a perspectiva do direito civil brasileiro. In: CONGRESSO INTERNACIONAL DE DIREITO PRIVADO DO INSTITUTO DE DIREITO PRIVADO, 1, 2014, São Paulo).

Nesse sentido, há interessante e recente julgado do TJ do Paraná[858] que, inclusive, menciona o REsp 1.279.188/SP e o Enunciado 437 da V Jornada de Direito Civil do CJF para legitimar a exceção de insegurança oposta por uma das partes. O caso versa sobre uma ação de obrigação de fazer movida por uma indústria de alimentos animais contra produtora de cereais em razão de contrato verbal de compra e venda estabelecido entre os representantes das empresas.

Conforme descrições fáticas perfilhadas no voto da Relatora, o contrato de compra e venda verbal foi estabelecido em 27-10-2010, sendo que a entrega de três mil toneladas de milho pelo produtor-vendedor seria realizada entre 01-07-2011 e 31-08-2011. O preço de R$ 900.000,00 seria pago pela indústria-compradora após o embarque da carga pelo produtor-vendedor.

Em paralelo a esse contrato de compra e venda, as mesmas empresas mantinham um contrato de arrendamento comercial por meio da qual o produtor-vendedor arrendava à indústria-compradora um lote de terras com barracão em alvenaria, dois silos, um secador, duas máquinas de pré-limpeza, cinco elevadores de produção, uma balança de superfície e 1,2 mil metros quadrados de área coberta. Em razão do contrato de arrendamento, a indústria-compradora, então arrendatária, pagava ao produtor-comprador, então arrendante, uma anuidade de R$ 80.000,00 a ser paga em parcelas, sendo que, no de 2011, uma das parcelas vencia em 02-01-2011.

Diante do inadimplemento dessa parcela referente ao arrendamento, o produtor-vendedor notificou a indústria-compradora em 07-07-2011, e, em 30-08-2011, ajuizou ação de despejo contra ela. Em paralelo, o produtor-vendedor também se recusou a entregar os grãos à indústria-compradora no prazo estabelecido no contrato verbal de compra e venda, alegando sequer reconhecer a existência do contrato de compra e venda entre as partes.

A indústria-compradora, então, ajuizou ação de obrigação de fazer contra o produtor-vendedor, sendo que, em primeiro grau, a sentença julgou procedente a demanda. Contudo, diante do decurso do tempo e superveniente recuperação judicial da autora, entendeu prejudicado o pedido de obrigação de fazer e o converteu em perdas e danos.

[858] TJ do Paraná, 6ª Câm. Cív., AC 0030781-50.2011.8.16.0017, Rel. Des. Lilian Romero, v.u., d.j. 19-05-2020.

Em grau de apelação, o TJ do Paraná julgou improcedente a alegação de inexistência e invalidade do negócio apresentada pelo produtor-vendedor, então apelante, porém – e o que é mais relevante para este trabalho – entendeu que sua recusa de entrega de grãos foi legítima por ter sido expressão da exceção de insegurança. Dessa forma, julgou-se pelo provimento do apelo do produtor-vendedor.

A corte em questão entendeu que o inadimplemento da indústria-compradora no âmbito do contrato de arrendamento legitimou o produtor-vendedor a suspender a sua prestação no contrato de compra e venda, uma vez que tal inadimplemento fez com que fosse alterada a "relação de confiabilidade entre as partes". Ressalta-se o seguinte trecho do voto da Relatora, uma vez que resume com precisão o cerne da argumentação:

> *A despeito da distinção entre os negócios (arrendamento do imóvel e compra e venda de grão), o comportamento da Gonçalves & Tortola (arrendatária inadimplente) tornou duvidosa a expectativa da apelante de receber pelos grãos vendidos. Diante deste fato concreto, não era razoável esperar e exigir que a Herbioeste entregasse 900 mil reais em mercadoria à apelada Gonçalves & Tortola, sem qualquer garantia de adimplemento do preço. Portanto, foi justa a recusa da apelante Herbioeste à prestação que lhe incumbia (entrega dos grãos), porque, pela exceção de inseguridade, impossível a manutenção das condições avençadas no termo de "fechamento de negócio" quando, no interstício entre a celebração do contrato e sua execução, a relação de confiabilidade entre as partes se alterou e sobreveio legítima dúvida quanto à liquidez da compradora para o pagamento do preço.*

Diante do resultado desse julgado, pelo menos dois pontos chamam a atenção. Em primeiro lugar, não houve argumentações em torno de eventual coligação entre o contrato de compra e venda e o contrato de arrendamento. Caso eventual coligação fosse percebida – e aqui não estamos defendendo que houve coligação, pois, realmente, não está nítido o nexo de interdependência entre as relações contratuais – seria possível afirmar que seria legítima a oposição da exceção de contrato não cumprido diante do efetivo inadimplemento, ainda que no contrato de arrendamento, e não no contrato de compra e venda.

Em segundo lugar, e de modo mais importante, nota-se que o Poder Judiciário não efetuou uma análise sobre a situação patrimonial da indústria-compradora ou de sua capacidade de prestação e se tal situação de algum modo colocava em risco o adimplemento da prestação por ela devida em razão do contrato de compra e venda, de acordo com o texto do art. 477 do Código Civil. Porém, julgou-se que o inadimplemento de outro contrato firmado entre as partes minava a relação de confiança estabelecida entre elas, justificando a oposição da exceção de insegurança, de acordo, inclusive, com o precedente do STJ acima mencionado.

O acórdão, porém, não traz detalhes sobre como ocorreu a oposição da exceção de insegurança pelo produtor-vendedor e se, por exemplo, houve notificação prévia oferecendo a oportunidade para que a indústria--compradora adiantasse sua prestação ou apresentasse garantia. Ele informa, porém, que a dívida do arrendamento ainda não havia sido paga pela indústria-compradora e ela, tampouco, havia disponibilizado o preço ao produtor-vendedor em razão da compra e venda dos grãos.

Na experiência jurisprudencial brasileira é possível encontrar casos ainda mais drásticos de ampliações das possibilidades de aplicação da exceção de insegurança, que passa a ser defesa contra o simples risco de inadimplemento, diante da ocorrência de "acontecimento imprevisível que gerou inseguridade e risco grave para os consumidores". Estamos a nos referir a um caso julgado pelo TRF da 3ª Região que, dentre outros argumentos, entendeu que a exceção de insegurança fundamentaria a legítima suspensão do pagamento de financiamento feito por consumidores em razão da desapropriação do bem adquirido em razão do financiamento[859].

Vemos, assim, que existe nítida tendência ao alargamento interpretativo das hipóteses de oposição da exceção de insegurança, o que demonstra a necessidade de desenvolvimento das reflexões doutrinárias sobre o tema e até a necessidade de discussão legislativa sobre a adequação da positivação da exceção de insegurança entre nós.

Todavia, defende-se neste trabalho a impossibilidade de substituição do atual pressuposto da diminuição do patrimônio que comprometa ou torne duvidoso o cumprimento da prestação pelo descumprimento efetivo ou diante do comportamento da parte, ainda que com base na

[859] TRF da 3ª Região, 1ª Turma, AC 5001052-53.2016.4.03.6114, Des. Federal Rel. Helio Egydio de Matos Nogueira, v.u., d.j. 19-12-2019 e TRF da 3ª Região, 1ª Turma, EDcl na AC 5001052-53.2016.4.03.6114, Des. Federal Rel. Helio Egydio De Matos Nogueira, v.u., d.j. 25-06-2020.

boa-fé objetiva ou então com base no verdadeiro fundamento da exceção de insegurança – a manutenção da confiança entre as partes – fora dos limites legais em que tal fundamento foi efetivamente positivado. E isso se dá de forma consciente, tendo em vista que a legislação brasileira, de fato, ainda não sofreu a alteração legislativa na sua previsão da exceção de insegurança, tal como ocorrera na Alemanha e na França.

Há, certamente, espaço para progressos e refinamentos com relação à extensão dos pressupostos hoje presentes sob influência dessas inovações legislativas com relação ao tema, sobretudo à luz da CISG, à semelhança do ocorre no sistema italiano.

Entendemos que, hoje, é possível que a redução patrimonial do excepto seja enxergada como manifestação de sua insuficiente capacidade de cumprir ou em sua solvência, uma expressão que não se refere diretamente ao comportamento ou quebra de deveres por parte do excepto, mantendo-se fiel ao fundamento preciso da exceção de insegurança.

Conforme já abordamos anteriormente neste trabalho, a coordenação entre o art. 477 do Código Civil e o art. 71 da CISG é necessária para que exista coerência sistêmica entre as duas formulações positivas da exceção de insegurança hoje existentes em nosso ordenamento jurídico, o que, quiçá, somente será efetivamente alcançado, de modo a conferir segurança jurídica, por via de reforma legislativa[860], conforme exemplos da Alemanha, França e Argentina. Porém, uma interpretação do art. 477 do Código Civil que enxergue a redução patrimonial como manifestação da insuficiência da capacidade de cumprir ou na solvência já é plenamente possível e, inclusive, conforme vimos no capítulo anterior, consonante com a percepção jurisprudencial sobre o tema.

Porém, devemos apontar que o dado normativo atual não está em uma contradição tal com o sistema jurídico, de modo a merecer ser superado por vias principiológicas ou ter seus pressupostos alargados via interpretação analógica para abarcar certos comportamentos ou quebra de deveres por parte do excepto.

[860] Aqui vale reproduzir o contributo, *de lege ferenda*, que perfilhamos em capítulo anterior neste trabalho, quando tratamos do risco do inadimplemento: "Art. 477. Se, depois de concluído o contrato, sobrevier a uma das partes grave insuficiência em sua capacidade de cumprir, ou em sua solvência, capaz de comprometer ou tornar duvidosa a prestação pela qual se obrigou, pode a outra recusar-se à prestação que lhe incumbe, até que aquela satisfaça a que lhe compete ou dê garantia bastante de satisfazê-la".

Sobre a analogia, é necessário colocá-la como meio especial de aplicação da lei (em sentido amplo), sendo cabível somente nos casos em que há efetivamente uma lacuna, ou seja, conforme lembra Limongi França, a situação de o caso não estar absolutamente previsto em lei[861]. Por meio da analogia, lacunas são superadas pela adoção das soluções legais a casos afins. Há dificuldades em identificar uma lacuna na formulação do art. 477 do Código Civil, porquanto caso não seja aplicável o remédio excepcional da exceção de insegurança, o programa contratual deve seguir os prazos estabelecidos no negócio jurídico, respeitando-se as pretensões criadas pelo vínculo contratual. Ou seja, não se trata de uma situação "necessitada" de regulação jurídica, conforme noções de Larenz[862].

Tampouco parece ser o caso de se admitir uma interpretação analógica para a situação que, neste trabalho, tomamos somente como uma manifestação possível de uma interpretação extensiva. Novamente lembrando Limongi França, com base em Ferrara, a interpretação extensiva é aquela que "não faz senão reconstruir a vontade legislativa *existente* para a relação jurídica que só por inexata formulação parece à primeira vista excluída" (grifo no original)[863-864]. Dessa forma, seria o caso de se perguntar se o não alargamento dos atuais pressupostos da exceção de insegurança seria uma manifestação de inexata formulação legal, ou, ao contrário, representa a própria característica da figura no ordenamento jurídico brasileiro.

Entende-se que, como a exceção de insegurança é uma exceção material que tem como função a manutenção do sinalagma contratual, seus pressupostos devem ser interpretados dentro das possibilidades

[861] FRANÇA, Rubens Limongi. *Hermenêutica jurídica*. 13. ed. São Paulo: RT, 2015, p. 52.

[862] "Só se pode falar de 'lacunas' de uma lei quando esta aspira a uma regulação completa em certa medida, para um determinado sector. (...) Mas mesmo quando se parte da ideia de uma ordem jurídica totalmente codificada, esta só contém 'lacunas' enquanto a questão de que se trata é em absoluto susceptível e está necessitada de regulação jurídica" (LARENZ, Karl. *Metodologia da ciência do direito*. Trad. José de Souza e Brito e José Antonio Veloso. 2. ed. Lisboa: Fundação Calouste Gulbenkian, 1978, p. 448-449).

[863] FRANÇA, Rubens Limongi. *Hermenêutica jurídica*, cit., p. 51.

[864] Também nesse sentido ver as lições de José de Oliveira Ascensão: "A interpretação extensiva pressupõe que dada hipótese, não estando compreendida na letra da lei, o está todavia no seu espírito: há ainda regra, visto que o espírito é que é o decisivo. Quando há lacuna, porém, a hipótese não está compreendida nem na letra nem no espírito de nenhum dos preceitos vigentes" (ASCENSÃO, José de Oliveira. A integração das lacunas do sistema normativo. *RT*, v. 489, jul., São Paulo, 1976, p. 15).

semântico-jurídicas dadas pelo próprio art. 477 do Código Civil. Não se trata de uma proposta de interpretação restritiva do dispositivo, mas sim de uma interpretação alinhada com seu fundamento. Por se tratar de um remédio relacionado ao risco objetivo de descumprimento, pertinente à autotutela do direito privado e que suspende os efeitos de uma pretensão, é imperioso que a aplicação analógica seja excepcional[865].

Essa exceção, de natureza dilatória, coloca o excipiente em uma posição ativa e o excepto em uma posição defensiva, sendo que a caracterização do direito ativo do excipiente deve ser cingida aos termos propostos pela própria legislação. O fundamento da exceção de insegurança é a permissão legal para que o fato opere de maneira dilatória na pretensão do credor excepto[866].

O alargamento das hipóteses de oposição da exceção de insegurança, a pretexto da aplicação do princípio da boa-fé objetiva, acabaria por desnaturar os limites técnico-jurídicos do instituto conforme previsto no ordenamento jurídico brasileiro em vigor. A abertura descontrolada das hipóteses da exceção comprometeria a segurança jurídica no programa contratual: o excipiente não precisaria fundamentar a exceção nos pressupostos do art. 477 do Código Civil, dispensando-o de perquirir sua efetiva capacidade prestacional; o excepto veria os efeitos de seu direito material comprometido fora das circunstâncias legais; eventual julgamento de conformidade posterior sobre a oposição de exceção poderia ser feito em completa alienação aos termos da norma; e assim por diante.

Evidentemente que o princípio da boa-fé objetiva tem a sua posição e importância no ordenamento jurídico brasileiro como norma de natureza supletiva, meramente auxiliar[867], mas a sua utilização para o alargamento dos limites da exceção de contrato não cumprido parece estar conforme sua utilização técnica.

A aplicação do princípio da boa-fé não pode ser um substituto técnico para uma questão que diz respeito à política legislativa de direito privado

[865] Sobre essa calibragem da aplicação analógica na dinâmica da relação sinalagmática, ver ADDIS, Fabio. *Il "mutamento" nelle condizioni patrimoniali dei contraenti*, cit., p. 68-69.

[866] Nesse mesmo sentido, embora com argumentação voltada para o direito processual, ver ESCOBEDO, Felicia. Op. cit., *passim*.

[867] Cf. GOGLIANO, Daisy. *As tratativas contratuais (bases de uma teoria)*. São Paulo: Quartier Latin, 2013, p. 131.

que, dessa forma, deveria ser resolvida por meio de alteração legal. Inclusive o princípio da boa-fé também pode ser utilizado como argumento para impedir o alargamento das hipóteses de cabimento inscritas no art. 477 do Código Civil. É o caso de precedente do TJ de São Paulo em que o voto do Relator aponta o seguinte comentário sobre a aplicação do princípio da boa-fé objetiva como norteador do comportamento de ambas as partes: "Não atende a esse princípio o inadimplemento do contrato ao argumento de que a parte não cumprirá a sua obrigação, cujo momento ainda não foi atingido, sem a presença dos requisitos do art. 477 do Código Civil"[868].

Com relação especificamente à exceção de insegurança, a aplicação da boa-fé, nesse tema, parece estar mais associada à contradição do excepto em exigir o cumprimento pelo *excipiens* sem estar disposto ou sem ter capacidade de cumprir o contrato, havendo menos espaço para se perquirir sobre eventuais violações de conduta por parte do excepto[869].

Conforme vimos nos exemplos estrangeiros e nas tentativas normativas de uniformização do direito privado, não existe um impedimento lógico para que as codificações prevejam outras hipóteses que não a redução patrimonial para fundamentar a invocação da exceção de insegurança. No contexto brasileiro, normas recentes trataram de elaborar pequenas reformas em nosso direito privado, como é o caso da Lei n. 13.874/2019 (Lei de Liberdade Econômica) ou da Lei n. 14.010/2020 (Regime Jurídico Emergencial e Transitório das relações jurídicas de Direito Privado no período da pandemia do coronavírus). Contudo, a configuração atual do art. 477 não foi objeto de alteração legislativa em tais oportunidades. O próprio Código Civil de 2002 consagrou a opção do Código Civil de 1916, mesmo já havendo, à época, muitos exemplos de outras configurações possíveis para a exceção de insegurança, sobretudo o art. 71 da CISG.

Deve-se, todavia, extrair da doutrina que enxerga a necessidade de adaptação dos pressupostos da exceção de insegurança um importante recado, qual seja, o de que o sistema brasileiro encontra-se defasado historicamente no que diz respeito ao desenvolvimento da figura, sobretudo se levarmos em conta a experiência legislativa alemã, francesa e a tendência geral das tentativas de uniformização tratadas acima. No sistema italiano,

[868] TJ de São Paulo, 10ª Câm. Cív., AC 1004950-13.2015.8.26.0292, Rel. Des. Ronnie Herbert Barros Soares, v.u., d.j. 15-03-2016.

[869] Cf. ADDIS, Fabio. Le eccezione dilatorie, cit., p. 431.

segundo Addis, a jurisprudência teve papel criativo fundamental para encaminhar a interpretação do art. 1.461 do Código Civil italiano em uma direção mais segura e constante em que, apesar da redação positiva ainda baseada na piora patrimonial, foi possível dar respostas jurisprudenciais dentro do quadro geral de evolução europeu[870]. Todavia, conforme tivemos a oportunidade de mencionar neste trabalho, a jurisprudência brasileira não se encontra nesse compasso vanguardista, sendo usual encontrar julgados que extrapolam em muito os limites interpretativos possíveis do art. 477 do Código Civil.

Assim, o que tem feição de aplicação da boa-fé objetiva, amanhã transforma-se em "principiologia", e no dia seguinte o instituto já se encontra completamente desfigurado juridicamente, sem que a alteração tenha sido embasada em efetiva mudança da lei abstrata. Como o direito contratual tem como função precípua a garantia da segurança jurídica, esse recurso interpretativo deve ser descartado.

4.5.5. Recusa da prestação pelo excipiente e preenchimento dos pressupostos da exceção de insegurança antes de sua mora ou inadimplemento

A invocação da exceção de insegurança, por ser uma exceção substancial ligada ao exercício da autotutela, demanda um comportamento ativo do excipiente. Deverá ele, de fato, invocar a exceção de insegurança perante o excepto, informando a recusa da sua prestação de acordo com o programa contratual aplicável legalmente ou estabelecido entre as partes, até que lhe seja apresentada garantia de prestação ou, *a fortiori*, que a prestação do excepto seja adiantada.

Essa oposição pode ser realizada sem que entre as partes tenha se estabelecido uma relação jurídica processual, ou seja, mediante notificação extrajudicial. Esse entendimento, inclusive, é referendado em julgados nacionais[871]. Porém, é possível que o reconhecimento judicial de oposição de exceção também seja provocado por meio de ação própria do excipiente, em sentido processual, com o objetivo de declarar a existência

[870] Cf. ADDIS, Fabio. *Il "mutamento" nelle condizioni patrimoniali dei contraenti*, cit., p. 4-10.

[871] Ver, por exemplo, TJ de Mato Grosso, 1ª Câm. Cív., AC 11878/2016, Rel. Des. João Ferreira Filho, v.u., d.j. 19-07-2016; TJ do Rio Grande do Sul, 12ª Câm. Cív., AC 70080592439, Rel. Des. Pedro Luiz Pozza, v.u., d.j. 18-07-2019.

da situação jurídica definida no art. 477 do Código Civil[872]. Essa situação teria utilidade prática caso o titular do crédito não promova a ação de adimplemento e a contraparte, tendo oposto a exceção de insegurança, queira se antecipar e mover a ação judicial para ver reconhecido o seu contradireito[873]. Conforme aponta Puente y Lavalle, essa modalidade de medida judicial por parte do excipiente também o ajuda a se proteger de uma eventual constituição em mora por parte do excepto[874].

Porém, a invocação da exceção de insegurança por parte do excipiente em caso de ação de cobrança movida pelo excepto contra ele merece considerações mais detalhadas. Caso a ação de cobrança seja efetuada antes do termo da prestação do excipiente, poderá ele se valer de defesa que alega que o direito do excepto ainda não existe, uma vez que não existe a pretensão de crédito enquanto a prestação não seja devida. Vale lembrar que a exceção de insegurança é contradireito que não nega a pretensão do excepto. Nesse caso, a pretensão seria negada em razão do não vencimento da prestação do excipiente. Todavia, pode o excipiente, além de negar a pretensão do réu, aproveitar a oportunidade de defesa na ação processual para apresentar exceção de insegurança, desde que preenchidas as hipóteses do art. 477 do Código Civil. Se o excipiente fosse legitimado a invocar a exceção extrajudicialmente, nada impede que ele o faça judicialmente na oportunidade de sua defesa.

[872] Importante notar que a ação declaratória pode ser enxergada, no caso concreto, como um modo de simular uma pretensão constitutiva. Vale menção a um julgado do TJ do Rio Grande do Sul em que o Relator entendeu que as ações declaratórias movidas pelo autor-excipiente, na verdade, representavam pretensões à caução em face do excepto, ainda que o pedido fosse de declaração de "direito das Autoras de somente adimplirem com suas obrigações contratuais após a apresentação pelos Réus de garantias suficientes para suportar o ônus das ações judiciais em curso" (ver TJ do Rio Grande do Sul, 6ª Câm. Cív., AC 597221753, Rel. Des. Antônio Janyr Dall'Agnol Junior, v.u., d.j. 04-03-1998).

[873] Nesse sentido ver AGUIAR JÚNIOR, Ruy Rosado de. Da extinção do contrato. Comentários aos arts. 472 a 480, cit., p. 838; LATGÉ, Bernardo da Silveira. Op. cit.,, p. 34.

[874] "Por último se señala que dicha suspensión puede plantearse extrajudicialmente o judicialmente que le ayudaría también a protegerse de una eventual constitución en mora, en la cual la parte perjudicada que plantea la suspensión de la prestación a su cargo le corresponde acreditar la existencia de ese riesgo de incumplimiento, situación externa al contrato recíproco" (PUENTE Y LAVALLE, Manuel de la. El contrato en general. In: *Comentarios a la Sección Primera del Libro VII del Código Civil*. 2. ed. Lima: Palestra Editores, 2011, t. 2, p. 363).

De toda forma, não há óbice para que a exceção de insegurança, efetivamente, seja invocada após o termo da prestação do excipiente. Utilizando novamente o exemplo de uma pretensão deduzida por meio de uma demanda judicial, caso a ação de cobrança fosse ajuizada quando já vencida a obrigação do excipiente e ainda não vencida a prestação do excepto (que deverá prestar em segundo lugar), o excipiente poderia lançar mão da exceção de insegurança, também caso estejam preenchidos os pressupostos do art. 477 do Código Civil[875], embora o tema seja polêmico e encontre relativa resistência na jurisprudência brasileira, como apontaremos abaixo. De toda forma, caso a exceção seja efetuada no âmbito de uma relação processual, ela também será uma exceção do ponto de vista material, porquanto suspende a exigibilidade da pretensão do autor da cobrança.

A questão, nesse ponto, tem como núcleo saber se a exceção de insegurança só é efetivamente invocável caso a prestação do excipiente já tenha vencido seu termo. Porém, ainda que a exceção de insegurança somente tenha efeitos a partir do vencimento da dívida do excipiente – qual seja, admitir a recusa legítima da prestação pelo excipiente com a paralisação da pretensão do excepto – ela poderá ser invocada pelo excipiente antes desse termo. Essa atitude, inclusive, seria favorável ao excepto, que poderá se programar para apresentar a garantia ou adiantar sua prestação, de modo a assegurar que sua pretensão seja eficaz no momento em que a dívida do excipiente se torne exigível.

Interessante apontar que a legislação brasileira não traz nenhuma norma expressa sobre a forma ou anterioridade que a notificação direcionada ao excepto deve observar. A relevância de um regramento sobre a anterioridade da notificação foi percebida pelo projeto *Draft Common Frame of Reference* que, em seu III. – 3:401(3), estabelece expressamente que a parte que suspende sua performance tem o dever de notificar tal fato à contraparte tão logo seja razoavelmente viável e que responderá perante a contraparte por descumprimento de tal dever.

O BGB, por seu turno, possui um detalhe em sua redação sobre a exceção de insegurança que merece ser apontado dentro desse tema. O § 321(2) do BGB, que trata de uma das inovações da reforma no

[875] AGUIAR JÚNIOR, Ruy Rosado de. Da extinção do contrato. Comentários aos arts. 472 a 480, cit., p. 831.

direito das obrigações de 2002, especifica que o excipiente deve dar ao excepto prazo razoável para a apresentação de garantia ou performance contratual, sob pena de, expirando tal prazo, poder o excipiente resolver o contrato. Nota-se, todavia, que esse dispositivo não diz respeito ao prazo em que o excipiente deve opor a exceção, mas, na verdade, ao prazo que o excipiente deve conferir ao excepto para apresentar garantia ou adiantar sua prestação. A atenção da norma alemã a esse prazo está relacionada à consequência da admissão da resolução contratual caso ele expire sem que o excepto tenha tomado as medidas adequadas.

O art. 1.461 do Código Civil italiano tampouco faz referência expressa à anterioridade em que o excipiente deve comunicar o excepto acerca da oposição da exceção. A doutrina italiana, porém, é estável com relação à aplicação do princípio da boa-fé ao caso, de modo que o exercício da exceção deve ser precedido de aviso prévio razoável para que o excepto possa adiantar sua prestação ou apresentar garantia[876]. Conforme aponta Enrico Gabrielli, aplica-se a *regole della correttezza* (art. 1.175 do Código Civil italiano[877]) à situação, porquanto é necessário também ter em conta o interesse do contratante excepto, sobretudo diante da perspectiva de que não há o dever de o excipiente opor a exceção de insegurança[878]. O excepto deve saber quais são as determinações do excipiente de modo que possa se preparar adequadamente caso não queira que o programa contratual seja negativamente afetado. Ele deverá se preparar para apresentar garantias apropriadas em favor do excipiente ou até organizar seus demais interesses negociais com relação a terceiros tendo em vista a perspectiva de suspensão da prestação pelo excipiente.

Ainda segundo o autor, a falta de informação prévia não tornará ilegítima a exceção do contratante, mas poderá ter consequências de natureza compensatória[879].

Essa última linha interpretativa, todavia, demonstra ser difícil de aplicação concreta e parece não ser acolhida na experiência judiciária

[876] Ver ROPPO, Vincenzo. Op. cit., p. 991.

[877] Art. 1.175. Comportamento secondo correttezza. Il debitore e il creditore devono comportarsi secondo le regole della correttezza (Cod. Civ. 1337, 1358).

[878] GABRIELLI, Enrico. Il contratto e i rimedi: la sospensione dell'esecuzione, cit., p. 28.

[879] Idem.

brasileira. Há interessante precedente do TJ de Minas Gerais[880] que ressalta expressamente que, para que haja a legítima invocação da exceção de insegurança, é necessário que o excipiente comprove ter notificado expressamente o excepto sobre seu estado de dúvida com relação à prestação[881]. Dessa forma, a suspensão do pagamento sem qualquer notificação ao excepto é considerada conduta ilícita, incidindo todos os efeitos da mora. O TJ do Rio Grande do Sul[882] também apresenta precedente que aponta não ser possível a invocação da exceção de insegurança quando já se passou o termo da prestação do excipiente, que, assim, deve ser considerado devedor moroso e não legitimado a opor tal exceção.

De toda forma, apesar da rigidez do referido julgado e de eventuais dificuldades concretas da interpretação de Enrico Gabrielli, não é possível dizer que o direito brasileiro, a rigor, não admite interpretação que sustente a eficácia da exceção de inseguridade mesmo sem a notificação prévia, sendo tal falha, todavia, indenizável.

Via de regra, não existe prazo prefixado em relação ao termo da prestação devida pelo excipiente para a oposição da exceção. Porém, a boa-fé objetiva impõe ao excipiente o dever de cientificar o excepto o quanto antes da oposição da exceção de insegurança, uma vez que estejam preenchidos os requisitos do art. 477 do Código Civil, tendo em vista as circunstâncias, a complexidade e o volume da relação negocial estabelecida pelas partes.

A falha nesse dever pode ser enxergada como uma falha de dever acessório que enseja indenização, caso a notificação sem anterioridade razoável tenha causado danos ao excepto. Porém, essa falha não é suficiente para tornar sem efeitos a própria exceção de insegurança, que

[880] TJ de Minas Gerais, 13ª Turma Cível, AC 1.0024.12.287342-5/003, Rel. Des. Cláudia Maia, v.u., d.j. 20-11-2014.

[881] Veja-se trecho do voto da Relatora: "A autora não comprovou ter notificado a ré a respeito de sua insegurança, interrompendo o pagamento das prestações em período bastante anterior ao prazo final, de forma unilateral, sem que houvesse no feito (por outro lado) demonstração do estágio em que a construção se encontrava. A autora não se desincumbiu, destarte, do ônus probatório que sobre ela pendia (art. 333, inc. I, do CPC)".

[882] TJ do Rio Grande do Sul, 3ª Turma Recursal Cível, RI 71006223390, Rel. Luis Francisco Franco, v.u., d.j. 09-03-2017. Em sentido semelhante, ver também TJ de São Paulo, 11ª Câmara de Direito Privado, AC 9120143-55.2006.8.26.0000, Des. Rel. Walter Fonseca, v.u., d.j. 01-12-2011.

deverá persistir até que seja apresentada garantia suficiente ou caso a prestação do excepto seja adiantada.

Ainda sobre o momento da oposição da exceção de insegurança, afigura-se como pressuposto da invocação do instituto a circunstância de que a configuração dos seus pressupostos, nomeadamente a diminuição patrimonial capaz de comprometer ou tornar duvidosa a prestação, não pode ocorrer quando o excipiente já esteja em mora ou inadimplente em relação ao seu dever de prestar. Ou seja, a exceção de insegurança, em decorrência lógica de sua estrutura, deve ter seus pressupostos preenchidos antes da configuração da mora do excipiente.

O contratante que irá opor a exceção não pode ser beneficiado pela sua própria torpeza, o que necessariamente ocorreria caso os pressupostos da exceção só fossem preenchidos quando o excipiente já estivesse em mora[883]. Segue-se, nesse caso, a mesma lógica da norma do art. 399 do Código Civil[884] relacionada à responsabilidade do devedor em mora pela impossibilidade da prestação nas situações de caso fortuito e força maior.

4.6. O abuso de direito e a exceção de insegurança

Conforme explicações acima, é possível afirmar que presentes os pressupostos normativos para a invocação da exceção de insegurança, surge, em tese, o direito subjetivo ao excipiente que o autoriza a exercer esse contradireito. A invocação dessa modalidade de exceção substancial tem por objetivo permitir o reequilíbrio sinalagmático da relação contratual, mantendo vivo o vínculo jurídico, ao autorizar que, de um lado, o excipiente suspenda sua prestação e, de outro, o excepto apresente garantia ou adiante sua prestação.

Os sistemas de direito privado contemporâneos, porém, estabelecem limitações relacionadas ao exercício anormal de direitos próprios, de modo que não é possível afirmar que existem direitos absolutos abstratamente. Contemporaneamente, no Brasil, além de limitações de ordem constitucional, há, no plano infraconstitucional, um conjunto de regras

[883] GAGLIARDI, Rafael Villar. *Exceção de contrato não cumprido*, cit., p. 129.

[884] Art. 399. O devedor em mora responde pela impossibilidade da prestação, embora essa impossibilidade resulte de caso fortuito ou de força maior, se estes ocorrerem durante o atraso; salvo se provar isenção de culpa, ou que o dano sobreviria ainda quando a obrigação fosse oportunamente desempenhada.

e princípios limitadores do exercício do direito, devendo ser destacados, sem pretensão de exaustão, a vedação ao exercício abusivo de posições jurídico-subjetivas (art. 187 do Código Civil[885]); a boa-fé objetiva em sua feição limitadora (arts 187 e 422 do Código Civil); a função social do contrato (art. 421, *caput*[886])[887]; as regras protetivas ao direito do consumidor, dentre outros.

O exercício da exceção de insegurança, como contradireito, não está livre, portanto, de tais limitações que, por sua natureza, deverão sempre ser avaliadas concretamente. Dentro do tema, merece especial importância a limitação imposta à vedação do exercício abusivo de direitos subjetivos.

Conforme vimos anteriormente, a exceção de insegurança é um remédio inserido no âmbito da autotutela do crédito, podendo ser exercido diretamente pelo excipiente contra o excepto, de modo que é relevante estabelecermos os contornos que devem ser observados para que esse exercício não seja considerado abusivo. Conforme lembra Jacques Ghestin, por seu caráter de justiça privada e em razão da coação que ela exerce, a exceção de contrato não cumprido – e o mesmo é válido para a exceção de insegurança – pode levar a abusos por parte do excipiente[888], sendo que o sistema, sobretudo por meio das regras relacionadas à boa-fé, determina sanções, de um ponto de vista jurídico, a tais atitudes.

Embora o número e qualidade de julgados que enfrentem o tema do abuso de direito na exceção de insegurança, no Brasil, não seja abundante, é possível, entretanto, traçar as coordenadas gerais de intersecção entre as figuras.

O Código Civil brasileiro, em seu art. 187, determina que também comete ato ilícito aquele "titular de um direito que, ao exercê-lo, excede

[885] Art. 187. Também comete ato ilícito o titular de um direito que, ao exercê-lo, excede manifestamente os limites impostos pelo seu fim econômico ou social, pela boa-fé ou pelos bons costumes.

[886] Art. 421. A liberdade contratual será exercida nos limites da função social do contrato.

[887] Especificamente sobre o art. 421 do Código Civil e a função social do contrato como limitação da liberdade contratual, ver o esclarecedor texto de Daisy Gogliano, a apontar, de modo contundente, os riscos de que a figura caia no vazio, no subjetivismo, capaz de conduzir a arbitrariedades dada a sua relatividade (GOGLIANO, Daisy. A função social do contrato (causa ou motivo). RFDUSP, 99, 153-198, 2004).

[888] GHESTIN, Jacques. *Traité de droit civil*: les obligations: les effets du contrat. Paris: LGDJ, 1992, p. 362.

manifestamente os limites impostos pelo seu fim econômico ou social, pela boa-fé ou pelos bons costumes". Não podemos, neste espaço, perfilhar de modo pormenorizado uma avaliação crítica geral ao regime jurídico do abuso de direito em nosso sistema, trabalho que fugiria do nosso objetivo[889]. É necessário apontar, porém, que tal dispositivo é uma relevante ferramenta de controle substancial da atividade privada[890], aplicável às exceções substanciais, conforme aponta Fernando Araújo[891]. Como o dispositivo em questão está inserido na Parte Geral do Código Civil, trata-se de norma que pode ser aplicada a qualquer direito subjetivo previsto na Parte Especial, assim como às liberdades, expectativas, faculdades ou qualquer situação jurídica subjetiva[892].

Como noção geral sobre abuso de direito, é relevante trazer à baila a definição de Limongi França, ainda que cunhada antes do advento do Código Civil de 2002, porém ainda útil para a compreensão do fenômeno: trata-se de "um ato jurídico de objeto lícito mas cujo exercício, levado a efeito sem a devida regularidade, acarreta um resultado que se considera ilícito"[893]. Dessa forma, do ponto de vista da sua categorização, o exercício abusivo ocorre mesmo quando preenchidos todos os pressupostos

[889] Em uma brevíssima recapitulação histórica e contextual, cabe a referência ao estudo de Lotufo, que aponta que o autor belga Laurent, ao estudar decisões judiciais francesas no início da vigência do Código Civil, concluiu que o fundamento das condenações era o abuso do direito, apesar de ausência de previsão expressa no texto do Código napoleônico. A figura não era, tampouco, diretamente referida no direito romano, mas, naquele período, era possível identificar o embrião do abuso de direito nas figuras da *aemulatio*, na *exceptio doli* e nas regras sobre relação de vizinhança. O BGB, em seu § 226, foi o primeiro Código a dispor sobre o tema de modo expresso. Na Itália, porém, além de não haver positivação expressa, a resistência da doutrina à recepção do instituto é dado marcante, tendo Scialoja como grande contestador da utilidade do abuso de direito. Até o Código Civil de 2002 não havia previsão expressa do abuso de direito em nossa codificação, embora a figura fosse reconhecida pela doutrina e jurisprudência (LOTUFO, Renan. *Comentários ao Código Civil*: parte geral (arts. 1º a 232). 2. ed. São Paulo: Saraiva, 2003, v. 1, p. 499 e ss.). Ainda sobre o tema, cf. os aspectos históricos e comparativos da figura em BOULOS, Daniel M. *Abuso do direito no novo Código Civil*. São Paulo: Editora Método, 2006, p. 49 e ss.).

[890] BUTRUCE, Vitor Augusto José. Op. cit., p. 180.

[891] Cf. ARAÚJO, Fernando. Apresentação. In: BIAZI, João Pedro de Oliveira de. *A exceção de contrato não cumprido no direito privado brasileiro*. São Paulo: Editora GZ, 2019, p. VIII.

[892] BOULOS, Daniel M. Op. cit., p. 192

[893] FRANÇA, Limongi. Abuso de direito. In: *ESD*. São Paulo: Saraiva, 1977.

formais do art. 477 do Código Civil, mas, no caso concreto, o exercício do contradireito pelo excipiente se torna abusivo.

Assim, o abuso de direito é um filtro substancial, funcional e teleológico relacionado aos efeitos do exercício do direito. A figura envolve o exercício anormal de direito próprio e não, diretamente, a violação de um direito alheio ou a violação de uma norma tuteladora de um determinado interesse. É colocado em nosso sistema como uma modalidade de ato ilícito *lato sensu*, autônomo e inconfundível com o ato ilícito *stricto sensu*, previsto no art. 186 do Código Civil[894], dissociado de seus requisitos, especialmente com relação à necessidade de existência de comportamento culposo por parte daquele que exerce o direito[895].

É necessário, do ponto de vista metodológico, apontar que a extrapolação das finalidades econômico-sociais, violação dos limites impostos pela boa-fé e contrariedade aos bons costumes, conforme indicados no art. 187 do Código Civil, não são categorias que se confundem e tampouco são livremente intercambiáveis ao se perquirir se um determinado comportamento é abusivo ou não. Ao contrário, cada uma dessas categorias tem, dogmaticamente, feição própria, devendo o intérprete respeitar as diferentes categorias para aplicar as consequências jurídicas relacionadas à abusividade[896].

Como primeira exemplificação de situação que dá ensejo à abusividade no exercício da exceção de insegurança, temos a extrapolação das finalidades econômicas e sociais do direito subjetivo em questão. A exceção de insegurança, dessa forma, seria exercida fora de seus limites sociais e econômicos caso ela extrapole sua função de proteção do sinalagma, de garantia indireta do crédito ou como meio de pressão legítimo ao excepto, com vistas a manter o vínculo contratual.

[894] Art. 186. Aquele que, por ação ou omissão voluntária, negligência ou imprudência, violar direito e causar dano a outrem, ainda que exclusivamente moral, comete ato ilícito.

[895] Cf. MELO, Diogo Leonardo Machado de. Art. 187. In: NANNI, Giovanni Ettore (Coord.). *Comentários ao Código Civil*. São Paulo: Saraiva, 2019, p. 305.

[896] Sobre o tema, ver a seguinte impressão de Eduardo Tomasevicius Filho: "Por meio de interpretações equivocadas, houve quem tenha afirmado que o conceito de abuso de direito fora substituído pela boa-fé. Concorreu para isso o fato de que, em diversos países, o abuso do direito foi relacionado com aquele princípio, tal como ocorre no Brasil por meio do art. 187 do Código Civil" (TOMASEVICIUS FILHO, Eduardo. *O princípio da boa-fé no direito civil*. São Paulo: Almedina, 2020, p. 204).

Vimos anteriormente neste trabalho que a exceção de insegurança, como exceção substancial, não é cabível caso o descumprimento pelo excipiente acabe por configurar inadimplemento absoluto da prestação por ele devida, tornando seu recebimento posterior inútil ao credor-excepto, uma vez que a exceção deve manter o vínculo contratual vivo e passível de ser concluído via adimplemento, embora a recusa, em si, seja legitimada pelo art. 477 do Código Civil. Em um passo além desse exemplo, caso essa recusa esteja fora da finalidade econômica e social, sendo somente um pretexto para o descumprimento do excipiente, esse poderia ser tido como um exercício abusivo do direito.

Caio Mário da Silva Pereira lembra que a exceção de cumprimento insatisfatório não pode ser levada ao extremo de acobertar o descumprimento que tenha por base descumprimento mínimo por parte do excepto[897-898]. A mesma lógica pode ser aplicada à exceção de insegurança quando o risco de descumprimento for ínfimo. Vale apontar que a formulação da exceção de insegurança na França, conforme art. 1.220 do *Code*, prevê expressamente que uma parte somente poderá suspender o cumprimento da sua obrigação caso as consequências do eventual descumprimento por parte do excepto seja suficientemente grave. Piero Trimarchi, porém, com enfoque na boa-fé, aponta que a reação de autodefesa não pode ser desproporcional[899].

Aqui, como se pode notar, os limites entre abuso de direito e ausência dos pressupostos da invocação da figura ficam, todavia, sobremaneira turvados. Trataremos abaixo sobre essa relevante questão.

Com relação à contrariedade à boa-fé objetiva, devemos destacar que ela também tem um caráter limitativo. É o que se denomina função

[897] PEREIRA, Caio Mário da Silva. *Instituições de direito civil*: contratos. 12. ed. Rio de Janeiro: Forense, 2006, v. 3, p. 160.

[898] Miguel Reale, embora trate da exceção de contrato não cumprido, manifesta entendimento em sentido semelhante. cf. REALE, Miguel. *Questões de direito privado*. São Paulo: Saraiva, 1997, p. 25.

[899] "La legge precisa che l'eccezione d'inadempimento non è opponibile, e pertanto non può rifiutarsi l'esecuzione, se avuto riguardo alle circostanze il rifiuto è contrario alla buona fede (art. 1460 cod. civ.). Ciò significa soprattutto che, nel caso d'inadempimento parziale o inesatto, la reazione di autodifesa mediante la sospensione del proprio adempimento non può essere sproporzionata" (TRIMARCHI, Pietro. Op. cit., p. 56).

corretora da boa-fé objetiva[900]. É interessante notar que, no âmbito da exceção de contrato não cumprido, as codificações da Alemanha e Itália determinam expressamente em suas formulações positivas a necessidade de observância da boa-fé, respectivamente no § 320(2) do BGB[901] e no art. 1.460 do Código Civil italiano[902]. O mesmo, porém, não é percebido nas formulações sobre a exceção de insegurança. Conforme vimos acima, a formulação francesa não faz referência textual direta à boa-fé, mas sim à circunstância específica de que o inadimplemento deve ser suficientemente grave. Todavia, não há motivo para se concluir que essa limitação é particularidade de uma das modalidades de exceção substancial e não da outra[903].

[900] "A função corretora se abre em duas distintas vertentes: a boa-fé auxilia a corrigir o exercício jurídico, direcionando-o e ajustando-o aos padrões de licitude (Código Civil, art. 187, *a contrario*); e pauta a correção do próprio conteúdo contratual, nas hipóteses de abusividade e de desequilíbrio contratual, neste último caso atuando por meio de institutos especificamente previstos em lei" (MARTINS-COSTA, Judith. *A boa-fé no direito privado*: critérios para a sua aplicação, cit., p. 626).

[901] § 320 Einrede des nicht erfüllten Vertrags

(1) Wer aus einem gegenseitigen Vertrag verpflichtet ist, kann die ihm obliegende Leistung bis zur Bewirkung der Gegenleistung verweigern, es sei denn, dass er vorzuleisten verpflichtet ist. Hat die Leistung an mehrere zu erfolgen, so kann dem einzelnen der ihm gebührende Teil bis zur Bewirkung der ganzen Gegenleistung verweigert werden. Die Vorschrift des § 273 Abs. 3 findet keine Anwendung.

(2) Ist von der einen Seite teilweise geleistet worden, so kann die Gegenleistung insoweit nicht verweigert werden, als die Verweigerung nach den Umständen, insbesondere wegen verhältnismäßiger Geringfügigkeit des rückständigen Teils, gegen Treu und Glauben verstoßen würde.

[902] Art. 1.460. Eccezione d'inadempimento. Nei contratti con prestazioni corrispettive, ciascuno dei contraenti può rifiutarsi di adempiere la sua obbligazione, se l'altro non adempie o non offre di adempiere contemporaneamente la propria, salvo che termini diversi per l'adempimento siano stati stabiliti dalle parti o risultino dalla natura del contratto (1565). Tuttavia non può rifiutarsi l'esecuzione se, avuto riguardo alle circostanze, il rifiuto è contrario alla buona fede (1375).

[903] Na experiência italiana, ver o seguinte comentário de Marco Rossetti: "L'art. 1461 e.e., al contrario dell'art. 1460 e.e., non fa alcun riferimento alla necessità che la sospensione dell'esecuzione sai conforme a buona fede. Dottrina e giurisprudenza, sia pure com sfumature differenti, non dubitano però che anche la sospensione dell'esecuzione ex art. 1461 e.e. non possa mai essere invocata, quando sia contraria a buona fede" (ROSSETTI, Marco. Op. cit., p. 546).

Como exemplo de situação contrária à boa-fé objetiva, seria possível se cogitar em uma situação em que o próprio excipiente seja um fator ativo e propulsor da criação do risco de descumprimento da prestação do excepto[904]. Aqui, claramente, também teria aplicação a proibição ao comportamento contraditório, podendo o exercício da exceção de insegurança nessas situações ser considerado abusivo.

Por fim, é possível também que o abuso ocorra em razão de um exercício de posição jurídica em violação aos bons costumes. Trata-se de um conceito jurídico indeterminado utilizado pela norma que, abstratamente, pode conduzir a um exercício abusivo. Porém, é necessário assinalar que a jurisprudência brasileira contemporânea raramente analisa casos sob o prisma dos bons costumes, havendo, muitas vezes em caráter exagerado, uma proeminência da boa-fé objetiva como ferramenta de avaliação das situações litigiosas sobre abuso de direito.

Dessa forma, explicitada rapidamente acima quais são as situações que, abstratamente, podem configurar abuso do exercício da exceção de insegurança, devemos, em seguida, diferenciar o exercício abusivo da exceção de insegurança daquele exercício em que não estão configurados seus pressupostos jurídicos, conforme apontamos acima.

Não se trata de delimitação completamente precisa, como foi possível apontar acima. Basta mencionar, também, o exemplo da suspensão total da prestação principal pelo excipiente diante do risco de descumprimento de um dever secundário por parte do excepto. Seria o caso de se indagar se a suspensão efetivamente ocorreu entre prestações sinalagmáticas, um dos pressupostos da exceção de inseguridade, ou se houve o exercício abusivo da exceção de insegurança contrário à boa-fé objetiva.

A invocação da exceção de insegurança fora dos pressupostos do art. 477 do Código Civil faz com que o excipiente seja responsabilizado pela sua mora ou inadimplemento absoluto, conforme o caso, uma vez que deixará de cumprir a prestação de acordo com a regra da pontualidade.

[904] Essa é aplicação à exceção de insegurança de raciocínio traçado por Limongi França em relação à boa-fé na exceção de contrato não cumprido: "No que tange à boa-fé, deixa a mesma de existir em três hipóteses: a) quando com base no inadimplemento de uma obrigação irrelevante, o credor desta se nega a cumprir a obrigação principal; b) quando a inexecução da outra parte foi ocasionada por culpa do próprio credor; e c) quando na utilização da *exceptio* o credor vai além do necessário para assegurar o seu direito (cf. art. 1.531)" (FRANÇA, Rubens Limongi. *Manual de direito civil*. São Paulo: RT, 1969, v. 4, t. 2, p. 63).

A principal consequência, assim, seria o surgimento do dever de indenizar o credor não satisfeito, a rigor do que dispõem os arts. 389 e 395 do Código Civil.

Por outro lado, é necessário indagar, então, qual seria a consequência da invocação abusiva da exceção de insegurança. Como o art. 187 do Código Civil determina que o exercício abusivo é ato ilícito, a principal consequência do ato ilícito, segundo o art. 927, também seria o surgimento do dever de indenizar. Entretanto, diante de sua característica de cláusula geral[905], as consequências jurídicas do abuso não se restringem à criação do dever de indenizar, não sendo essa a única consequência jurídica cabível.

As sanções ou consequências ao abuso de direito podem ocorrer por meio de tutelas inibitórias, sem que seja necessária a verificação de prejuízos patrimoniais decorrente do ato abusivo[906]. Assim, é possível a aplicação, em juízo, de medidas relacionadas à redução dos efeitos de situações jurídicas envolvendo a declaração de nulidade, o desfazimento da ilicitude e de outras medidas, inclusive à luz do poder geral de cautela, adequadas a reprimir, desfazer ou prevenir o abuso[907].

[905] Cf. BOULOS, Daniel M. Op. cit., p. 193.

[906] Cf. MELO, Diogo Leonardo Machado de. Art. 187, cit., p.307

[907] Cf. BUTRUCE, Vitor Augusto José. Op. cit., p 181.

5. EFEITOS DA EXCEÇÃO DE INSEGURANÇA

5.1. Paralisação da pretensão do excepto

Ao longo deste trabalho apontamos que a exceção de insegurança é uma exceção substancial, de natureza dilatória, que tem como efeito jurídico paralisar a pretensão do excepto sem, contudo, negá-la. Esse é o seu efeito mais notável e relevante dentro da contemporânea estrutura do direito contratual.

O seu exercício, assim, evita a ruptura do contrato, porque o contradireito existente em favor do excipiente não é o de resolvê-lo e, sim, reequilibrar a relação diante do risco de descumprimento em decorrência da deterioração da capacidade de cumprimento da prestação pelo excepto[908]. Seu efeito é meramente dilatório, uma vez que ao excipiente interessa prestar, tão logo seja garantido ou, então, satisfeito por meio da prestação do excepto. O que ocorre com a oposição da exceção de insegurança é tão somente a suspensão da execução da prestação devida, suspensão essa que será levantada com a apresentação de garantia ou com o cumprimento da prestação. Trata-se de uma figura de caráter cautelar[909].

[908] Em sentido similar, porém com relação à exceção de contrato não cumprido, ver ASSIS, Araken de. Comentários aos arts. 421 a 488, cit., p. 657.

[909] AGUIAR JÚNIOR, Ruy Rosado de. Da extinção do contrato. Comentários aos arts. 472 a 480, cit., p. 838.

Embora o art. 477 do Código Civil faça referência textual somente à recusa da prestação, a regra também poderá ser aplicada quando a prestação devida pelo excipiente já tenha sido iniciada, caso em que estaremos diante não de uma recusa, mas de uma suspensão propriamente dita[910].

Conforme defendem Almeida Costa[911] e Francesco Realmonte[912], também é possível identificar na exceção de insegurança como uma causa de exclusão de ilicitude, por meio da qual o contratante recusa o cumprimento da sua prestação que, sem a invocação da exceção, seria exigível.

A exceção de insegurança, assim, não pode ser confundida com uma pretensão à antecipação da contraprestação ou então uma pretensão à apresentação de caução. Conforme aponta Fabio Addis, para que fosse possível argumentar o contrário, "bisognerebbe costruire in termini obbligatori la concessione della garanzia, immaginando che essa formi oggetto di una situazione giuridica passiva costituita dal verificarsi del 'mutamento'"[913], o que não é o caso.

Ademais, sobre a impossibilidade de se confundir a exceção de insegurança como uma pretensão à apresentação de caução, vale fazer menção a julgado do TJ do Distrito Federal[914], já comentado neste trabalho, que trata de ação cautelar movida pelo excipiente para que o excepto lhe apresentasse garantia de cumprimento. A corte, no caso, dentre outros motivos que a levaram a entender pela ilegitimidade da invocação da exceção de insegurança, julgou não haver pretensão com base legal ou contratual que autorizasse a exigência de garantias[915]. Esse caso difere,

910 O mesmo raciocínio, porém, diante do panorama nacional italiano, pode ser visto em ROSSETTI, Marco. Op. cit., p. 537.

911 Ver ALMEIDA COSTA, Mário Julio. *Direito das obrigações*. 12. ed., cit., p. 1071

912 REALMONTE, Francesco. Op. cit., p. 234.

913 ADDIS, Fabio. *Il "mutamento" nelle condizioni patrimoniali dei contraenti*, cit., p. 87.

914 TJ do Distrito Federal, 3ª Turma Cível, AC 2003011022050-8, Rel. Des. Lécio Resende, v.u., 03-10-2005.

915 Veja-se o seguinte trecho do voto do Relator: "Ressalte-se que a tutela cautelar no presente caso, não se afigura plausível, porquanto, como asseverado pelo Juízo a quo, 'Para o acolhimento do pedido formulado pelo autor é necessária a comprovação do dever legal ou contratual da parte ré em prestar caução, ou seja, de promover a garantia e assegurar o cumprimento da relação contratual', o que não se demonstra nos autos."

por exemplo, de situações em que um dos contratantes se compromete, originalmente, a apresentar e manter certo nível de garantia na execução do programa contratual e, diante da falha no cumprimento dessa prestação, o cocontratado move ação com pretensão de apresentação de garantia[916].

Com a invocação da exceção pelo excipiente, a prestação a ser feita posteriormente pelo excepto não se vence[917]. Como aponta Pontes de Miranda, a oposição da exceção de insegurança não transforma as dívidas dos dois figurantes em "toma-lá-dá-cá"[918]. Afinal, o excepto não fica obrigado a prestar ou a apresentar garantia.

Em um ângulo de análise, a prestação adiantada ou apresentação de garantia possuem característica de ônus para o excepto, de modo que a não execução de tais atividades apenas faz com que sua pretensão ao crédito fique paralisada enquanto durar essa situação e, finalmente, até o termo da sua própria prestação.

A exceção de insegurança tem como função evitar o risco de descumprimento em razão da deterioração patrimonial do excepto. Porém, nada impede que, apesar da deterioração patrimonial, o excepto ainda assim cumpra a prestação no termo originalmente pactuado.

Por outro lado, caso o excepto efetivamente adiante sua prestação após a oposição da exceção de insegurança, neste momento a prestação do primeiro obrigado tornar-se-á exigível em benefício do excepto. Igual efeito terá a prestação de caução pelo excepto. Como veremos adiante, trata-se de um poder potestativo a ele atribuído. É por meio do exercício desse poder potestativo que ele se livra do ônus da paralisação de sua pretensão.

Trataremos adiante com mais profundidade sobre o tema, mas vale apontar que a situação da exceção de insegurança não se confunde com as hipóteses de vencimento antecipado previstas no art. 333 do Código Civil

[916] É o caso, por exemplo, dos seguintes julgados, onde se discute efetiva pretensão à apresentação de caução: TJ de Santa Catarina, 2ª Câmara de Direito Comercial, AI 2014.028841-8, Rel. Des. Luiz Fernando Boller, v.u., d.j. 26-05-2015, e TJ de Santa Catarina, 2ª Câmara de Direito Comercial, EDcl em AI 2015.004883-1/0001.00 e 2014.028841-8/0001.00, Rel. Des. Altamiro de Oliveira, v.u., d.j. 26-01-2015.

[917] PONTES DE MIRANDA, Francisco Cavalcanti. *Tratado de direito privado*, cit., t. XXVI, p.111.

[918] Idem.

e seus efeitos não são os da decretação de insolvência civil ou de falência do empresário[919].

Vale apontar que a paralisação da eficácia do excepto admite tão somente que o excipiente suspenda a pretensão principal a que estava obrigado, isto é, aquela prestação que está em relação sinalagmática com a prestação esperada do excepto. Essa afirmação tem como sentido indicar que não são todos os deveres a cargo do excipiente que ficarão suspensos na ocasião da invocação da exceção de insegurança, uma vez que a relação obrigacional ainda está plenamente viva e ainda tem como escopo sua extinção natural, qual seja, o adimplemento das prestações principais e também daqueles deveres anexos ou secundários concretamente existentes na relação negocial.

Sobre o tema, nos termos propostos por Latina e Chantepie, apontando que a exceção suspende o contrato, "si l'effet caractéristique du contrat est suspendu, les normes supra-contractuelles d'intangibilité, d'irrévocabilité et de bonne foi sont toujours applicables. La suspension du contrat est donc, par nature, temporaire"[920].

Assim, conforme também aponta Enrico Gabrielli à luz do direito italiano, a exceção de insegurança não deve impedir a execução de deveres acessórios a cargo do excipiente que não estejam em relação de reciprocidade com a contraprestação devida pelo excepto e que tenham como função garantir que o contrato – após a suspensão causada pela exceção – tenha sua continuidade retomada[921]. Todavia, deverá o excepto sofrer as consequências da posição jurídica do credor em mora, caso a prestação a cargo do excipiente seja a de entrega de coisa certa, conforme estabelecido no art. 400 do Código Civil[922], com exceção da sujeição a

[919] ASSIS, Araken de. Comentários aos arts. 421 a 488, cit., p. 700.

[920] CHANTEPIE, Gaël; LATINA, Mathias. Op. cit., p. 575.

[921] "(...) può essere compatibile, tuttavia, con l'esecuzione di quelle prestazioni accessorie o secondarie che non sono poste in rapporto di reciprocità rispetto alla "controprestazione" di controparte, o che, comunque, possono rivelarsi funzionali a far sì che il contratto – dopo la parentesi sospensiva – possa proseguire normalmente nella sua esecuzione" (GABRIELLI, Enrico. Il contratto e i rimedi: la sospensione dell'esecuzione, cit., p. 29).

[922] Art. 400. A mora do credor subtrai o devedor isento de dolo à responsabilidade pela conservação da coisa, obriga o credor a ressarcir as despesas empregadas em conservá-la, e sujeita-o a recebê-la pela estimação mais favorável ao devedor, se o seu valor oscilar entre o dia estabelecido para o pagamento e o da sua efetivação.

receber a coisa pela estimação mais favorável ao devedor se o valor da coisa oscilar entre o dia da invocação da exceção de insegurança e o do efetivo pagamento, uma vez que deve ser respeitado o preço original pactuado entre as partes.

É relevante apontar ainda como uma consequência prática da invocação da exceção de insegurança o efeito de o excipiente deixar de ingressar em qualquer modalidade de concurso de credores que venha a ser formado devido à insolvência do contratante excepto[923]. Como o excipiente deixa de prestar, o objeto da prestação deixa de ingressar na esfera jurídica do excepto, compondo o seu patrimônio e, destarte, estando sujeito a eventuais concursos de credores que venham a ser instaurados caso a situação de pré-insolvência evolua para insolvência definitiva.

5.1.1. A duração da paralisação da pretensão do excepto

Os efeitos dilatórios da exceção de insegurança, em caráter ordinário, durarão até o momento em que o excepto realizar algumas daquelas atividades descritas no art. 477 do Código Civil: prestação de garantia idônea ou antecipação da prestação principal a qual estava obrigado.

Dessa forma, em um primeiro momento, encontra-se dentro do âmbito de atuação do excepto abreviar ou dilatar o período da neutralização da eficácia de sua pretensão. Ou seja, uma vez realizado pelo excepto aqueles comportamentos descritos no art. 477 do Código Civil, o contradireito do excipiente perde sua eficácia, restabelecendo a pretensão do excepto para poder cobrar seu crédito contra o excipiente. O contradireito perde a eficácia e a pretensão original recobra a eficácia até então neutralizada.

Questão mais complexa diz respeito ao melhoramento da situação patrimonial do excepto após a exceção de insegurança ser invocada. Em outras palavras, aquela situação em que a exceção de insegurança é legalmente invocada antes do termo da prestação do excipiente, tendo em vista que, efetivamente, o patrimônio do excepto tenha deteriorado a ponto de comprometer a prestação, mas, após certo lapso temporal, o excepto recobra seu patrimônio. Indaga-se: o que acontece com a exceção de insegurança nessa situação?

923 Cf. MASNATTA, Hector. Op. cit., p. 88-89, porém em relação à exceção de contrato não cumprido.

Segundo Carvalho Santos, uma vez oposta a exceção dilatória, a melhora superveniente da situação patrimonial do excepto não torna exigível a prestação do excipiente, porquanto a piora patrimonial se aprecia "no momento em que se deveria dar o adimplemento"[924], isto é, no termo da prestação do primeiro obrigado. Pontes de Miranda também verte opinião no mesmo sentido: "o empioramento aprecia-se em relação ao momento que se teria de dar o adimplemento. Por isso mesmo, a melhora posterior é inoperante, se a exceção for exercida"[925].

O raciocínio faz sentido, porquanto caso fosse admitido que a melhora posterior torna sem efeito a exceção de insegurança anteriormente oposta, o excipiente entraria em estado de mora ou inadimplência sem que tenham conhecimento dessa circunstância tão logo operasse essa melhora patrimonial[926].

Todavia, do ponto de vista prático, e tendo-se em conta os interesses do excepto que são atingidos pela exceção de insegurança, algumas nuances merecem ser abordadas. Como trataremos a seguir, pode o excepto prestar garantia idônea para o excipiente com o fim de extinguir os efeitos da exceção. Essa garantia deve conferir segurança suficiente para o excipiente no sentido de que a prestação será efetuada, diante da diminuição do patrimônio do excepto. Porém, é o caso de se perguntar qual seria exatamente a extensão da garantia, caso, após a oposição da exceção de insegurança, a situação patrimonial volte ao patamar inicial, ou muito parecido com o inicial (ou seja, aquele patamar que serviu de base para o estabelecimento do sinalagma na formação do contrato). Seria o caso de indagar se a mera ratificação da obrigação pelo excepto serviria como garantia suficiente, uma vez que o patrimônio regressara ao seu estágio original. Todavia, não parece ser o melhor entendimento sobre a aplicação do art. 477 do Código Civil nesses casos.

A função do art. 477 do Código Civil é restabelecer um equilíbrio diante do risco de inadimplemento objetivamente considerado. O disposto elenca que o excepto deve apresentar garantia ou, *a fortiori*, adiantar

924 CARVALHO SANTOS, João Manuel de. *Código Civil brasileiro interpretado*: direito das obrigações. 6. ed., cit., p. 243.

925 PONTES DE MIRANDA, Francisco Cavalcanti. *Tratado de direito privado*, cit., t. XXVI, p. 112.

926 Cf. ROSSETTI, Marco. Op. cit., p. 551-552.

sua prestação, de modo a eliminar os efeitos da exceção de insegurança. A norma claramente aponta para a necessidade de oferecimento de um incremento à segurança da prestação, ou seja, a composição de uma relação jurídica de garantia que seja diferente da mera recomposição da garantia genérica do patrimônio. Dessa forma, a recuperação do patrimônio do excepto não bastará para que a exceção de insegurança devidamente invocada perca seu efeito e tampouco bastará, ocorrendo essa recuperação patrimonial, a mera ratificação da obrigação pelo excepto. Porém, a aferição de suficiência da garantia deverá levar em conta o patrimônio do excepto no momento do seu oferecimento, e não aquele do momento da oposição da exceção de insegurança.

Por fim, ainda sobre o tema da duração da neutralização da eficácia da pretensão do excepto, vale colocar a hipótese em que ele não adianta sua prestação e tampouco presta garantia.

Seguindo o raciocínio similar ao de Pontes de Miranda sobre o tema, três são os cenários possíveis. O primeiro deles seria enxergar que a dupla omissão se equipara ao inadimplemento do excepto. Essa solução, do ponto de vista prático, seria o mesmo que insinuar que toda relação contratual apta a gerar a exceção de insegurança contém em seu interior a cláusula *rebus sic stantibus*, em sentido resolutivo. Em segundo lugar, com a oposição da exceção de inseguridade, seja fixado um prazo para o adiantamento da prestação ou apresentação de garantia (por determinação do excipiente ou, ainda, mediante determinação judicial, caso o excipiente tenha movido ação judicial contra o excepto para o reconhecimento da exceção de insegurança) e, expirado tal prazo sem qualquer atividade pelo excepto, considerar-se-á resolvido o contrato[927]. Em terceiro e último lugar, seria o caso de permanecer o estado que surge com a oposição da exceção, isto é, com a suspensão da prestação pelo excipiente, até que o crédito do excipiente se vença.

[927] Deve-se apontar que Pontes de Miranda, com base em doutrina alemã à luz do § 321 do BGB, somente cogita a hipótese da fixação de prazo mediante processo judicial com decisão transitada em julgada contra o excepto: "(b) ou se permite que, após o trânsito em julgado da decisão contra o credor-devedor, se fixe prazo para adimplemento, com cominação de resolução (judicial). Tal solução é, com pequenas diferenças, a de grande parte da doutrina alemã" (PONTES DE MIRANDA, Francisco Cavalcanti. *Tratado de direito privado*, cit., t. XXVI, p. 113).

A solução que parece mais de acordo com o nosso ordenamento jurídico é a terceira. Em primeiro lugar, não é possível se cogitar que haja a resolução do contrato caso o excepto não tome algumas das medidas previstas no art. 477 do Código Civil. O nosso ordenamento jurídico não contém um dispositivo com redação semelhante ao atual § 321(2) do BGB que assegura ao excipiente o direito de fixar prazo razoável para que o excepto adiante sua prestação ou então apresente garantia, sob pena de resolução. O art. 7.3.4 dos UPICC também estabelece que o contrato deverá ser resolvido caso o excepto não apresente garantia.

O sistema jurídico brasileiro não possui dispositivo nesse sentido, de modo que fica desautorizado que o excipiente fixe esse prazo. Também fica impedida de fixar esse prazo a autoridade judiciária ou arbitral no curso de um processo ou procedimento arbitral, respectivamente.

Como a configuração exceção de insegurança, entre nós, não se confunde com um modo de pretensão à prestação antecipada, não caberia à autoridade judiciária ou arbitral impor que alguma das medidas seja necessariamente adotada pelo excepto sob pena de resolução[928].

Assim, caso o excepto não apresente garantia e tampouco adiante sua prestação e, alcançado o termo de sua prestação conforme originalmente pactuado, ele continue a não cumpri-la, três alternativas se abrem para o excipiente. Em primeiro lugar, poderá ele manter a suspensão da sua prestação, porém, nesse caso, a sua exceção de insegurança (fundada em risco) será transmutada em uma exceção de inadimplemento (uma vez que o excepto efetivamente descumpriu a obrigação). Poderá o excipiente também adimplir sua prestação e exigir o cumprimento específico da prestação pela contraparte, surgindo, destarte, uma pretensão de adimplemento[929]. Por fim, diante do inadimplemento do excepto, poderá o excipiente pugnar pela resolução do contrato com fundamento no art. 475 do Código Civil[930].

Importante anotar que a exceção de insegurança tem seus efeitos extintos caso ocorra insolvência ou falência do excepto surgindo o direito de resolver o contrato, se o síndico ou administrador não lhe der

928 Nesse sentido ver também ASSIS, Araken de. Comentários aos arts. 421 a 488, cit., p. 701.

929 Idem.

930 Cf. LATGÉ, Bernardo da Silveira. Op. cit., p. 36.

cumprimento[931]. Os efeitos da exceção de insegurança também se extinguem, caso após sua invocação surja alguma hipótese contratual ou legal de vencimento antecipado da dívida do excepto.

5.2. Nossa proposta sobre a natureza jurídica da satisfação antecipada e da prestação de caução pelo excepto

A invocação da exceção de insegurança paralisa a eficácia da pretensão do excepto. Para que, por seu turno, o excepto neutralize a eficácia da exceção de insegurança contra ele dirigida, poderá ele adiantar sua prestação ou apresentar garantia bastante e idônea relacionada a sua prestação. O art. 477 do Código Civil, à semelhança do § 321 do BGB, inclusive em sua redação original, indica expressamente que poderá o excepto apresentar garantia ou então adiantar a prestação que lhe cabe. O art. 1.461 do Código Civil italiano, porém, só apresenta referência à possibilidade de apresentação de garantia. Tal fato não impediu que doutrina e jurisprudência italianas consistentemente admitissem que, apesar da falta de menção expressa sobre a possibilidade de adiantar a prestação, essa atividade deve ser considerada *a fortiori* como suficiente para eliminar a eficácia da exceção de insegurança[932].

Assim, a oposição da exceção de insegurança autoriza que o excepto adiante sua prestação, a fim de que se livre das consequências negativas a ele impostas, qual seja, a impossibilidade transitória relacionada à exigibilidade de sua pretensão. Com sua invocação, fica o devedor-excepto autorizado a realizar o adimplemento imediatamente, respondendo o credor-excipiente por eventual mora do credor, caso não queira receber o pagamento, a rigor do que dispõe o art. 394 do Código Civil[933]. A partir dessa mesma norma, é possível dizer que o adimplemento que irá satisfazer o credor é a realização da prestação na forma e no lugar convencionados ou estabelecidos pela lei ou pela natureza do negócio.

Porém, conforme já abordado neste trabalho, a invocação da exceção de insegurança não faz com que haja a antecipação do vencimento da dívida. Eventual prestação ou apresentação de garantia bastante, no

[931] ASSIS, Araken de. Comentários aos arts. 421 a 488, cit., p. 701-702.

[932] Ver ROPPO, Vincenzo. Op. cit., p. 990.

[933] Art. 394. Considera-se em mora o devedor que não efetuar o pagamento e o credor que não quiser recebê-lo no tempo, lugar e forma que a lei ou a convenção estabelecer.

direito brasileiro, deve ser considerada, em sentido amplo, como um poder do excepto, e não um dever, sendo ele livre para decidir se realiza ou não essas atividades.

A natureza jurídica do adimplemento é ato jurídico, uma vez que seus efeitos (no caso, principalmente, a extinção da obrigação e, igualmente, o da própria exceção de insegurança) estão determinados normativamente[934-935]. Para que seja suficiente para extinguir a exceção, o adimplemento deverá ser total, incluindo eventuais deveres anexos, de modo a satisfazer o interesse do credor. É possível, com relação ao adimplemento antecipado, fazer a comparação da exceção de insegurança com a exceção de contrato não cumprido. Em ambos os casos, a exceção é extinta pelo adimplemento[936].

A apresentação de garantia apropriada, por seu turno, também possui efeito extintivo[937] em relação à exceção de insegurança, fazendo com ela deixe de produzir os efeitos de neutralização da pretensão do excepto. Com isso, fica restabelecido o programa contratual suspenso, reativando a pretensão do excepto. Porém, ela traz desafios um pouco maiores que

[934] Sobre o conceito de ato jurídico em sentido estrito ver, por todos, Francisco Amaral: "ato jurídico em senso estrito e negócio jurídico são manifestações de vontade, mas diferem quanto à estrutura, à função e aos respectivos efeitos. Quanto à estrutura, enquanto no primeiro temos uma ação e uma vontade simples, no segundo, temos uma ação e uma vontade qualificada, que é a de produzir um efeito jurídico determinado. No negócio jurídico a vontade caracteriza-se por sua finalidade específica, que é a gênese, modificação ou extinção de direitos (...) O ato jurídico em senso estrito não tem esse conteúdo. A vontade que exprime não se dirige à produção de efeitos jurídicos específicos. Eles dependem da lei, onde já estão previstos" (AMARAL, Francisco. *Direito civil*: introdução. 2. ed. Rio de Janeiro: Renovar, 1998, p. 352-353).

[935] Sobre a as discussões a respeito da natureza jurídica do adimplemento ver GODOY, Claudio Luiz Bueno. Adimplemento e extinção das obrigações. Pagamento. Noção. Aspectos subjetivos. De quem deve se pagar. In: LOTUFO, Renan; NANNI, Giovanni Ettore (Coord.). *Obrigações*. São Paulo: Atlas, 2011, p. 303-305; AZEVEDO, Antônio Junqueira. *Negócio jurídico* – existência validade e eficácia. 4. ed. São Paulo: Saraiva, 2007, p. 148, nota 2018.

[936] Cf. PONTES DE MIRANDA, Francisco Cavalcanti. *Tratado de direito privado*, cit., t. XXVI, p. 114.

[937] Sobre o efeito extintivo da apresentação de garantia, cf. ROSSETTI, Marco. Op. cit., p. 549. Porém, para o autor, a garantia extingue a exceção de insegurança como direito potestativo, porquanto este autor se filia à corrente que enxerga a figura como uma modalidade de direito potestativo, conforme abordamos anteriormente neste trabalho.

o adimplemento antecipado, uma vez que o excipiente, poderá rejeitar a garantia caso ela não seja idônea, insistindo na permanência da eficácia do seu direito de excepcionar[938]. Trataremos em mais detalhes sobre quais seriam as possibilidades diante do quadro complexo que essa negativa pode fazer surgir.

Inicialmente, com relação especificamente à modalidade de garantia que deve ser apresentada pelo excepto, ante a ausência de determinação legal especificadora e tendo em vista a própria função da exceção de insegurança, há de se reconhecer que poderá o excepto apresentar tanto garantia pessoal quanto real[939]. Pode ainda ser atípica, sobre o patrimônio próprio ou de outrem, pelo devedor ou por terceiro, como lembra Marco Rossetti[940]. O que é relevante é que ela seja suficiente, idônea e bastante[941], em que pese as dificuldades concretas relacionadas a essas determinações.

A garantia deverá assegurar a execução da prestação da mesma forma que a prestação original, não sendo suficiente a garantia pelo equivalente. A idônea garantia deverá ser da mesma natureza da prestação objeto da exceção de insegurança. Nos casos das dívidas em dinheiro essa dificuldade diminui, uma vez que são mais comuns as modalidades de garantia que asseguram o pagamento em moeda nacional[942]. Essa necessária equivalência da garantia com a prestação ainda devida pelo excepto foi descrita nos seguintes termos em julgado do TJ do Distrito Federal: "a caução [a que

[938] "La prestazione di idonea garanzia acquista dunque valore e funzione paralizzante dell'eccezione di sospensione, il cui effetto legale tipico viene meno, e la parte deve procedere con il proprio adempimento, a meno che non assuma l'inidoneità della garanzia medesima e quindi insista nel fare valere il proprio diritto alla sospensione dell'esecuzione della prestazione" (GABRIELLI, Enrico. Appunti sulle autotutele contrattuali, cit., p. 520).

[939] PONTES DE MIRANDA, Francisco Cavalcanti. *Tratado de direito privado*, cit., t. XXVI, p. 113.

[940] ROSSETTI, Marco. Op. cit., p. 549.

[941] No mesmo sentido GABRIELLI, Enrico. Appunti sulle autotutele contrattuali, cit., p. 519: "L'offerta di idonea garanzia, poiché è un comportamento necessitato per la realizzazione dell'interesse dell'offerente, può ritenersi assimilabile al disposto dell'art. 1179 c.c., nella parte in cui stabilisce che, chi è tenuto a prestare una idonea garanzia, può sceglierne una reale o personale, ovvero un 'altra sufficiente cautela' purché essa sia in grado di neutralizzare il pericolo prodotto dal mutamento delle altrui condizioni patrimoniali".

[942] AGUIAR JÚNIOR, Ruy Rosado de. *Da extinção do contrato*: comentários aos arts. 472 a 480, cit. 839.

se refere o art. 477 do CC] tem como objetivo assegurar o cumprimento do objeto do contrato e não a indenização decorrente de uma eventual inadimplência"[943].

Noutro giro, de modo a esclarecer o motivo pelo qual deve a garantia ser da mesma espécie que a prestação principal devida, não pode o excepto transformar sua prestação no bem dado em garantia, uma vez que continua devendo o que foi contratado. Isso porque, vencida sua obrigação, como tivemos a oportunidade de abordar acima, poderá o excipiente promover a execução do contrato[944].

A legislação brasileira não determina que o oferecimento da garantia e sua aceitação tenham que se dar em alguma forma específica, embora parte da doutrina nacional sinalize ser do interesse do excipiente iniciar um procedimento judicial para que o oferecimento da garantia ocorra e seja reconhecido no âmbito de uma relação jurídica processual[945]. Porém, nada impede que todo o procedimento seja feito extrajudicialmente. Seria o caso de, após comunicação do excipiente sobre a invocação da exceção de insegurança, o oferecimento da garantia pelo excepto e sua aceitação pelo excipiente fossem formalizados em documento escrito. Ainda que a questão fosse, posteriormente, submetida à apreciação do poder judiciário ou autoridade arbitral, tal documento teria força probante para descrever a dinâmica prevista no art. 477 do Código Civil brasileiro.

A apresentação da garantia também poderá se dar por medida judicial, caso haja alguma controvérsia entre os figurantes com relação à suficiência dos bens dados em garantia, idoneidade do fiador ou outra questão relacionada à suficiência da garantia apresentada, conforme apontou Carvalho

[943] TJ do Distrito Federal, 5ª Turma Cível, AC 2003 01 1 021583-4, Rel. Des. Asdrubal Nascimento Lima, v.u., d.j. 26-09-2005.

[944] AGUIAR JÚNIOR, Ruy Rosado de. Da extinção do contrato. Comentários aos arts. 472 a 480, cit., p. 839; LATGÉ, Bernardo da Silveira. Op. cit., p. 35.

[945] Na vigência do Código de Processo Civil de 1973 é possível encontrar posições no sentido de que a apresentação de caução era regulada conforme os arts. 826 e seguintes do Código de Processo Civil e poderia ser apresentada por meio de procedimento cautelar próprio ou, então, deveria ser formalizada nos autos da ação de adimplemento tão logo fosse o autor intimado da exceção apresentada pelo demandado. Ver AGUIAR JÚNIOR, Ruy Rosado de. Da extinção do contrato. Comentários aos arts. 472 a 480, cit., p. 839; ASSIS, Araken de. Comentários aos arts. 421 a 488, cit., p. 701.

Santos[946]. Para tanto, poderá o excipiente mover procedimento cautelar para apresentação da caução ou, então, a apresentação da caução poderá ocorrer em procedimento judicial já existente entre credor e devedor, caso a relação contratual já esteja em litígio, se for o caso, sem que seja necessário ajuizar procedimento cautelar específico nesse sentido.

As múltiplas possibilidades concretas que podem cercar o oferecimento e aceitação da garantia no contexto da exceção de insegurança invocada traz a indagação sobre qual é a natureza da posição jurídica assumida pelo excepto diante da invocação da *exceptio*. Estando com sua pretensão neutralizada, o excepto pode lançar mão de constituição de garantia para extinguir a eficácia da exceção e reativar a sua pretensão. Esse direito deve ser entendido como um direito potestativo[947] do excepto, ou, na terminologia pontiana, um direito formativo[948], tendo em vista o poder normativamente atribuído a ele. Como esclarece Marino, "o titular do direito potestativo não possui a faculdade de exigir determinada prestação de outrem (pretensão), mas sim o poder de provocar alterações em uma dada esfera jurídica"[949]. Entendemos que é a essa a circunstância da relação entre excepto e excipiente quando aquele apresenta bastante garantia.

[946] CARVALHO SANTOS, João Manuel de. *Código Civil brasileiro interpretado*: direito das obrigações. 6. ed., cit., p. 243.

[947] Para uma revisão atualizada sobre o conceito de direito potestativo e seu desenvolvimento, ver MARINO, Francisco Paulo de Crescenzo. *Revisão contratual. Onerosidade excessiva e modificação contratual equitativa*, cit., p. 107 e s. O autor trata do tema em perquirição sobre a natureza jurídica do direito de resolução e do direito à modificação equitativa no âmbito da resolução por onerosidade excessiva nos arts. 478 e 479 do Código Civil. Embora o tema da exceção de insegurança tenha objeto diferente, defendemos que os esclarecimentos feitos pelo autor em relação ao direito potestativo ajudam a compreender a natureza do direito do excepto diante da exceção de insegurança.

[948] "Há direitos formados e direitos formativos. O direito do proprietário é direito formado, bastante em si, e recai sobre a coisa. O direito do titular do pátrio poder é direito formado, bastante em si, e concerne à pessoa. Assim, também, o de autor da obra científica, literária, ou da invenção industrial. Há os direitos formativos que tendem à criação (direitos formativos criados, ou geradores), à modificação (direitos formativos modificadores), ou à extinção de direitos (direitos formativos extintivos). (...) Ernst Zitelmann dava aos direitos formativos o nome de "direitos de poder" ou de "potestade") (PONTES DE MIRANDA, Francisco Cavalcanti. *Tratado de direito privado*: parte geral. 3. ed. Rio de Janeiro: Borsoi, 1970, t. V, p. 305-306).

[949] Ver, sobre o tema, lições de Lumia: "Se a vontade de um sujeito é vinculante para outro sujeito, isto é, se o primeiro, com uma manifestação de vontade sua pode, por assim dizer,

O excepto tem à sua disposição o poder de sair da situação de paralisação de sua pretensão em virtude da invocação da exceção de inseguridade por meio da constituição de garantia. Por outro lado, o excipiente se encontra em uma situação de sujeição a esse poder[950], porquanto deverá suportar na sua esfera as consequências extintivas em relação ao *ius excipiendi*. O excepto, assim, é titular de um poder para que ocorra a "cessação de um estado jurídico desvantajoso", usando as palavras de Chiovenda[951], consubstanciado na paralisação da eficácia de sua pretensão.

Em resumo, se a exceção de insegurança positivada no art. 477 do Código Civil é um contradireito de titularidade do excipiente diante de uma pretensão do excepto, o mesmo dispositivo assegura um poder ao excepto (que pode ser considerado um verdadeiro contrapoder[952]) para extinguir os efeitos da exceção de insegurança mediante a apresentação de garantia bastante. Não se trata, portanto, de uma espécie

"ditar a lei", ou seja, ciar, modificar, transferir relações jurídicas, que se remetem ao segundo, diz-se que o segundo está sujeito a um poder do primeiro. O poder e a sujeição também têm entre si uma relação de correlação, no sentido de que ao poder de um sujeito (situação jurídica ativa) corresponde a sujeição de um outro (situação jurídica passiva)" (LUMIA, Giuseppe. *Elementos de teoria e ideologia do direito*, cit., p. 106).

950 Segundo Motta Pinto, a noção de sujeição consiste naquela "situação de necessidade inelutável, em que está constituído o adversário do titular dum direito potestativo, de suportar na sua esfera as consequências constitutivas, extintivas ou modificativas do exercício daquele direito. É, pois, a outra face da moeda" (MOTA PINTO, Carlos Alberto da. Op. cit., p. 358).

951 "(...) em todos esses casos, encotramo-nos frente a um poder do titular do direito, de produzir, mediante uma manifestação de vontade, um efeito jurídico no qual possua interesse, ou a cessação de um estado jurídico desvantajoso; e isso frente a uma pessoa, ou a várias, que não estão obrigadas a nenhuma prestação para com ele, mas estão somente sujeitas, de modo a não poderem se subtrair, ao efeito jurídico produzido [...] O lado praticamente importante dessas figuras é a sujeição das pessoas frente ao titular do poder: a sujeição de sua vontade, enquanto não podem querer que o efeito não se produza"(CHIOVENDA, Giuseppe. L'azione nel sistema dei diritti. In: CHIOVENDA, Giuseppe. *Saggi di diritto processuale civile*: volume primo. Roma: Foro Italiano, 1930, p. 21 apud MARINO, Francisco Paulo de Crescenzo. *Revisão contratual. Onerosidade excessiva e modificação contratual equitativa*, cit., p. 113). Esta tradução de Chiovenda encontra-se em Francisco Paulo de Crescenzo Marino (*Revisão contratual. Onerosidade excessiva e modificação contratual equitativa*, cit., p. 113-114).

952 Sobre contrapoder, ver Marino (MARINO, Francisco Paulo de Crescenzo. *Revisão contratual. Onerosidade excessiva e modificação contratual equitativa*, cit., p.123-124) que busca a definição de Angelo Lener.

de *replicatio*, ou seja, uma exceção contra a exceção, uma vez que o *ius excipiendi* original não fica com a eficácia somente neutralizada, mas sim eliminada.

Porém, esse direito potestativo poderá ser exercido de várias formas, porquanto a garantia a que se refere o art. 477 do Código Civil poderá ser real ou pessoal, tudo a depender da natureza da prestação original. Deverá também ser suficiente, ou "bastante", como diz a norma, sob pena de não ser eficaz.

Essa circunstância é um convite à indagação sobre quais os limites da posição jurídica do excipiente diante do oferecimento de garantia pelo excepto, *i.e.*, qual é a extensão do seu estado de sujeição. Não é possível dizer que o excipiente está em um estado de sujeição absoluta, devendo aceitar toda e qualquer garantia oferecida pelo excepto, uma vez que a norma aponta que a garantia deve possuir uma determinada qualidade (deve ser "bastante"). Tampouco é verdade que o excipiente possui ampla liberdade para rejeitar qualquer garantia oferecida pelo excepto, mesmo que bastante e adequada, sob pena de tornar o art. 477 do Código Civil inócuo na parte em que admite que o oferecimento de garantia afastará a exceção de insegurança.

Deve-se ter em mente que a exceção da insegurança tem por função o reequilíbrio do sinalagma e a atenuação do risco de descumprimento em razão da deterioração da capacidade de cumprimento da prestação pelo excepto. Ao lado disso, a própria norma especifica o meio pelo qual essa função será alcançada: o oferecimento de garantia bastante (ou, *a fortiori*, o adimplemento antecipado). Dessa forma, é necessário concluir que o exercício do direito potestativo do excepto está sujeito a controle por meio dessas balizas. Tanto o oferecimento de garantia pelo excepto quanto sua aceitação pelo excipiente devem ocorrer em atenção à função da exceção de insegurança e ao meio empregado. Para tanto, deverão ser observados os limites advindos da boa-fé objetiva e o seu fim econômico social, nos termos do art. 187 do Código Civil, como balizas para o exercício lícito de tais posições jurídicas.

É necessário apontar que o exercício do direito potestativo do excepto consubstanciado no poder de constituir a garantia poderá ser efetuado por negócio jurídico bilateral ou unilateral. Essa etapa poderá ocorrer tanto na esfera judicial quanto extrajudicial, sendo que o controle sobre o exercício das posições jurídicas que mencionamos acima poderá ocorrer somente posteriormente, caso haja disputa judicial sobre a invocação da exceção de insegurança e eventual oferecimento de garantia pelo excepto.

Caso o excipiente recuse a garantia idônea oferecida pelo excepto, na situação de sua aceitação ser necessária para a constituição de tal garantia, poderá o excepto mover a corresponde ação referente à sua pretensão que estava paralisada pela exceção, respondendo o excipiente por eventuais danos que sua recusa injustificada tenha vindo a causar. Por outro lado, o oferecimento de garantia que não se atente à função, forma e qualidade estabelecidas de acordo com o art. 477 do Código Civil deverá ser considerado ineficaz, de modo que os efeitos da exceção de insegurança, sobretudo a paralisação da pretensão do excepto, serão considerados mantidos.

5.3. A exceção de insegurança no contexto das obrigações solidárias

A exceção de insegurança também merece ser analisada em situações obrigacionais em que há pluralidade de titularidades ativas e passivas na relação obrigacional. A solidariedade ativa é aquela situação em que um conjunto de credores pode exigir do devedor o cumprimento da prestação por inteiro (arts. 267 e ss. do Código Civil), enquanto a solidariedade passiva é aquela situação em que uma pluralidade de devedores estão obrigados ao adimplemento da prestação comum (arts. 275 e ss. do Código Civil).

A questão pode ser vista do ponto de vista da legitimidade para o exercício de posições jurídicas[953]. O conceito de legitimidade está relacionado à idoneidade de um sujeito para a prática de um determinado ato em face de outro sujeito. A legitimidade é uma qualidade que se prende ao exercício de uma determinada posição jurídica ativa (poder, direito, ação, dentre outras) e, do outro lado desse exercício, a situação passiva a ela relacionada (dever, sujeição, dentre outras). Conforme sustenta Rafael Alexandria de Oliveira, tem legitimidade para arguir a exceção de inseguridade aquele sujeito que se afirma titular de um direito de recusa de cumprimento (legitimidade ativa *ad exceptio*), e a exceção somente pode ser exercida contra o sujeito em face de quem se afirma esse direito de recusa (legitimidade passiva *ad exceptio*)[954].

[953] Como é a proposta vista em OLIVEIRA, Rafael Alexandria de. Op. cit., p. 256.

[954] OLIVEIRA, Rafael Alexandria de. Op. cit., p. 260.

O art. 281 do Código Civil[955] traz regra sobre os efeitos da exceção na solidariedade passiva. O dispositivo utiliza a palavra "exceções" em sentido amplo, representando todas as modalidades de defesa que podem ser empregadas por uma parte demandada em reação a uma pretensão que lhe é direcionada[956]. O dispositivo autoriza ao devedor solidário opor as exceções pessoais que lhe forem cabíveis e as comuns a todos os devedores solidários. As exceções pessoais dos demais devedores solidários não lhe aproveitarão.

As exceções pessoais, segundo Renan Lotufo, são aquelas que têm na pessoalidade da relação sua característica para oponibilidade[957]. Não é essa a característica da exceção de insegurança, que, em verdade, está baseada na relação sinalagmática, sendo oponível em razão do risco de descumprimento prestacional em razão da deterioração da capacidade de cumprimento da prestação pertinente ao polo que deve prestar em segundo lugar. Dessa forma, à semelhança da arguição de nulidade, exceção de contrato não cumprido ou qualquer forma de extinção do vínculo obrigacional[958], deve a exceção de insegurança ser qualificada como uma exceção comum a todos os devedores. A exceção de insegurança, portanto, poderá ser invocada por qualquer um dos devedores solidários e aproveitará a todos os devedores solidários.

Em simetria à regra do art. 281 do Código Civil, o art. 273 do mesmo Código[959] traz comando sobre a solidariedade ativa. Diz a regra que a um dos credores solidários não pode o devedor opor as exceções pessoais oponíveis aos outros. Embora o dispositivo não mencione, poderá o devedor opor contra ele ou contra todos os credores as exceções comuns que tenham contra qualquer dos credores solidários.

A solidariedade ativa é especialmente importante para a exceção de insegurança, uma vez que tal exceção diz respeito ao risco de descumprimento decorrente da deterioração da capacidade de cumprimento relativa

[955] Art. 281. O devedor demandado pode opor ao credor as exceções que lhe forem pessoais e as comuns a todos; não lhe aproveitando as exceções pessoais a outro co-devedor.

[956] OLIVEIRA, Rafael Alexandria de. Op. cit., p. 261.

[957] LOTUFO, Renan. *Comentários ao Código* Civil: obrigações (arts. 233 a 420). São Paulo: Saraiva, 2003, v. 2, p. 105 e 120.

[958] Idem, p. 106.

[959] Art. 273. A um dos credores solidários não pode o devedor opor as exceções pessoais oponíveis aos outros.

à prestação que o devedor-credor irá receber posteriormente ao termo da prestação dos credores-devedores. O detalhe no caso diz respeito ao perecimento patrimonial dos credores-devedores em questão. É possível que em uma situação de solidariedade ativa o perecimento patrimonial atinja somente um dos credores. É o caso de se indagar o que ocorreria caso os demais credores-demandantes não tenham sofrido diminuição patrimonial.

Como dissemos acima, a exceção de insegurança é considerada exceção comum, uma vez que diz respeito ao sinalagma contratual. Portanto, poderá ser oponível contra qualquer um dos credores. Todavia, a situação faz surgir complexidade com relação a um dos pressupostos da exceção de insegurança, já tratados neste trabalho, especialmente o requisito da diminuição patrimonial capaz de tornar duvidosa a prestação. Nesse caso, não há necessidade de que o credor-demandante tenha especificamente experimentado redução patrimonial. Bastará que a redução patrimonial de um dos credores (ainda que não seja especificamente o credor-demandante) seja suficiente para pôr em risco a prestação. Trata-se, portanto, de questão ligada aos preenchimentos dos pressupostos da exceção de insegurança, o que não altera a natureza comum da exceção para a finalidade de aplicação do art. 273 do Código Civil.

Por fim, a título comparativo, é importante mencionar que o BGB possui regra específica sobre a indivisibilidade da exceção de contrato não cumprido em seu § 320[960]. Não há regra expressa no mesmo sentido nas disposições ao equivalente à exceção de insegurança. No sistema brasileiro, apesar de não haver disposição expressa sobre a indivisibilidade da exceção de contrato não cumprido e sobre a exceção de insegurança, é possível deduzi-las, como fizemos acima, das regras sobre a oponibilidade das exceções nas obrigações solidárias passivas e ativas.

[960] § 320 Einrede des nicht erfüllten Vertrags (1) Wer aus einem gegenseitigen Vertrag verpflichtet ist, kann die ihm obliegende Leistung bis zur Bewirkung der Gegenleistung verweigern, es sei denn, dass er vorzuleisten verpflichtet ist. Hat die Leistung an mehrere zu erfolgen, so kann dem einzelnen der ihm gebührende Teil bis zur Bewirkung der ganzen Gegenleistung verweigert werden. Die Vorschrift des § 273 Abs. 3 findet keine Anwendung. (2) Ist von der einen Seite teilweise geleistet worden, so kann die Gegenleistung insoweit nicht verweigert werden, als die Verweigerung nach den Umständen, insbesondere wegen verhältnismäßiger Geringfügigkeit des rückständigen Teils, gegen Treu und Glauben verstoßen würde.

5.4. A exceção de insegurança e terceiros. Nossa proposta sobre a exceção de insegurança diante da fragmentação da obrigação

Merece análise cuidadosa o funcionamento da exceção de insegurança em cenários em que terceiros – isto é, pessoas que não fizeram parte da formação do vínculo contratual[961] – adentram em um dos polos obrigacionais. Como tal exceção está ligada ao risco de descumprimento da prestação, as qualidades patrimoniais e de capacidade prestacional das partes que vierem a integrar um dos polos obrigacionais são relevantes para a determinação do âmbito de aplicação da figura.

Como primeiro ponto, é necessário reafirmar que o vínculo sinalagmático representa um liame de interdependência e reciprocidade entre prestações. Ou seja, é um vínculo que diz respeito às prestações que formam uma relação obrigacional e só diz respeito indiretamente às partes que estão nos respectivos polos.

Esse ângulo de análise tem como objetivo apontar que a mera fragmentação das posições jurídicas de uma relação contratual pelos meios legalmente admissíveis (cessão de crédito, assunção de dívida, cessão da posição contratual, entre outros) não é causa o suficiente por si só para o desfazimento do sinalagma existente em uma dada relação contratual. Como o sinalagma ainda é mantido nessas situações, a exceção de insegurança, com suas particularidades, ainda será instrumento hábil a tutelá-lo.

Como comparação, o Código Civil português traz em seu art. 431º[962] regra específica sobre a exceção de contrato não cumprido[963], determinando que a exceção é oponível aos que vierem a substituir os contratantes nos seus direitos e obrigações. Apesar da ausência de norma expressa nesse sentido no sistema brasileiro, tanto no que diz respeito à exceção

[961] É nesse sentido estrito que empregamos a palavra "terceiros". No mesmo sentido, para avaliar a exceção de contrato não cumprido, com base em D'Amelo, ver SERPA LOPES, Miguel Maria de. Op. cit., p. 317.

[962] Artigo 431º (Eficácia em relação a terceiros) A excepção de não cumprimento é oponível aos que no contrato vierem a substituir qualquer dos contraentes nos seus direitos e obrigações.

[963] Importante lembrar que o sistema português não possui uma figura idêntica à exceção de insegurança brasileira, optando tal ordenamento por dar efeitos análogos como proteção ao risco de descumprimento diante da deterioração da capacidade de cumprimento por meio da exceção de contrato não cumprido em decorrência da perda do benefício do prazo, como tivemos a oportunidade de expor neste trabalho.

de contrato não cumprido quanto à exceção de insegurança, solução semelhante pode ser deduzida em nosso ordenamento[964].

Analisaremos abaixo a aplicação da exceção da insegurança em contratos bilaterais e com ordem nas prestações em cenários de cessão de crédito, cessão de dívida, cessão de posição contratual, contrato em favor de terceiro e fiança.

Inicialmente, trataremos da cessão de crédito. Em um primeiro cenário de cessão de crédito, vale analisar a situação em que o crédito cedido é aquele representado pela primeira prestação do programa contratual, ou seja, aquele ligado à posição jurídica ativa do credor-devedor que possui legitimidade passiva *ad exceptio*, é dizer, o crédito relacionado à posição que potencialmente será o do excepto. A cessão do crédito não conduz necessariamente à transferência da dívida também assumida pelo cocontratante, isto é, nesse cenário, o crédito que deverá ser adimplido em segundo lugar. Importante lembrar que, via de regra, a cessão do crédito, para ser válida, não exige aquiescência do devedor (art. 286 do Código Civil[965]). Porém, para que a cessão seja eficaz perante o devedor, é necessário que ele seja notificado (art. 290 do Código Civil[966]).

O art. 294 do Código Civil[967] determina que o devedor pode opor ao cessionário as exceções que lhe competirem, bem como as que, no momento em que veio a ter conhecimento da cessão, tinha contra o cedente. A regra tem razão de ser e possibilita que a exceção de insegurança seja manejada contra o cessionário. Em primeiro lugar, deve-se ter em mente que a função da exceção de insegurança é a proteção do sinalagma diante do risco de descumprimento decorrente da deterioração da capacidade de cumprimento daquele que deverá prestar em segundo lugar. A cessão do crédito não altera a posição jurídica do devedor-credor que prestará em

[964] Nesse sentido, especificamente sobre a exceção de contrato não cumprido, ver BIAZI, João Pedro de Oliveira de. *A exceção de contrato não cumprido no direito privado brasileiro*, cit., p. 232.

[965] Art. 286. O credor pode ceder o seu crédito, se a isso não se opuser a natureza da obrigação, a lei, ou a convenção com o devedor; a cláusula proibitiva da cessão não poderá ser oposta ao cessionário de boa-fé, se não constar do instrumento da obrigação.

[966] Art. 290. A cessão do crédito não tem eficácia em relação ao devedor, senão quando a este notificada; mas por notificado se tem o devedor que, em escrito público ou particular, se declarou ciente da cessão feita.

[967] Art. 294. O devedor pode opor ao cessionário as exceções que lhe competirem, bem como as que, no momento em que veio a ter conhecimento da cessão, tinha contra o cedente.

primeiro lugar, e que ainda possui crédito contra o cedente[968]. Ademais, para que a cessão de crédito se aperfeiçoe, não é necessária a concordância do cedido.

Dessa forma, o dispositivo assegura a proteção ao devedor-credor que deverá prestar em primeiro lugar ao admitir que ele possa opor a exceção de insegurança contra o cessionário, caso o risco de descumprimento da dívida pelo cedente se apresente (caso essa dívida ainda esteja a cargo do cedente ou, ainda, em situação mais complexa, caso a dívida tenha sido assumida por um outro terceiro, como veremos abaixo). Conforme aponta Rafael Oliveira, há "nítida hipótese de atribuição, ao cessionário, de legitimação extraordinária passiva ad *exceptio*"[969]. Assim, a exceção de insegurança não é uma exceção que deve ser oposta exclusivamente contra o cedente, como seria, por exemplo, a compensação. A exceção de insegurança é invocável não porque era uma exceção pessoal contra o cedente, mas sim porque ela é uma exceção que compete ao devedor também contra o cessionário.

A cessão de crédito em um contrato bilateral com ordem nas prestações ainda comporta um segundo cenário. É o caso da cessão do crédito referente à segunda prestação em ordem cronológica, ou seja, aquele crédito que, originalmente, seria recebido em segundo lugar pela pessoa que figura na situação de excipiente potencial, mas que, todavia, é cedido para um terceiro. Novamente, a cessão do crédito nesse caso não implica a transferência da dívida que deverá ser paga em primeiro lugar pela pessoa que está originalmente colocada naquela posição.

Nesse caso, não poderá o cessionário lançar mão da exceção de insegurança, uma vez que somente à parte que deve prestar cabe se abster de realizar o ato de adimplemento. Não pode o cessionário deixar de cumprir uma prestação que só cabe ao cedente, não havendo, pela natureza da exceção de insegurança, como se cogitar da aplicação do art. 293 do Código Civil[970], nesse caso. Todavia, uma vez verificados os requisitos do art. 477

[968] PONTES DE MIRANDA, Francisco Cavalcanti. *Tratado de direito privado*: parte especial, cit., t. XXVI, p. 105, porém em comentário relacionado à exceção de contrato não cumprido.

[969] OLIVEIRA. Rafael Alexandria de. Op. cit., p. 262-263. O autor ainda complementa: "ou seja, ele tem legitimidade para defender, no processo, uma situação jurídica que, no plano do direito material, pertence ao cedente".

[970] Art. 293. Independentemente do conhecimento da cessão pelo devedor, pode o cessionário exercer os atos conservatórios do direito cedido.

do Código Civil, poderá o cedente opor a exceção de insegurança contra o devedor-credor, em proteção ao crédito que será pago ao cessionário. Não há obrigação do cedente de opor a exceção de insegurança, a menos que o assunto tenha sido disciplinado de modo contrário no negócio jurídico de cessão de crédito entre cessionário e cedente.

No caso da assunção de dívida é possível identificar regime semelhante. Em um primeiro cenário, é necessário vislumbrar a situação em que a dívida transferida é aquela relacionada à prestação que deverá ser adimplida em primeiro lugar no programa contratual, ou seja, a dívida que poderá ser suspensa. Em primeiro lugar, vale lembrar que, ao contrário da cessão de crédito, a assunção de dívida só se aperfeiçoa com a aquiescência expressa do credor, conforme art. 299 do Código Civil[971]. Especificamente sobre a possibilidade de invocação de exceções, o art. 302 do Código Civil estabelece que o novo devedor não pode opor ao credor as exceções pessoais que competiam ao devedor primitivo[972]. É possível deduzir do dispositivo e da própria natureza das exceções que aquelas exceções que não forem pessoais do antigo devedor poderão ser invocadas pelo novo devedor. Aqui a solução também é justificada pelo fato de que a relação de sinalagma existente entre as prestações não desaparece com a transmissão da dívida[973-974].

Ainda no tema da assunção de dívida, merece atenção a assunção de dívida relacionada à segunda prestação do programa contratual. O cumprimento da prestação relacionada a essa dívida é que figura como o núcleo da função acautelatória da exceção de insegurança. O cumprimento da primeira prestação é suspenso justamente para que, via coação indireta, assegure-se ou se adiante o cumprimento da segunda prestação, que ficou em risco por uma situação relacionada à parte que irá cumpri-la.

[971] Art. 299. É facultado a terceiro assumir a obrigação do devedor, com o consentimento expresso do credor, ficando exonerado o devedor primitivo, salvo se aquele, ao tempo da assunção, era insolvente e o credor o ignorava.

[972] Art. 302. O novo devedor não pode opor ao credor as exceções pessoais que competiam ao devedor primitivo.

[973] Em sentido análogo, porém em relação ao direito português, ver FONSECA, Ana Taveira da. *Da recusa de cumprimento da obrigação para a tutela do crédito*: em especial na excepção de não cumprimento, no direito de retenção e na compensação, cit., p. 255.

[974] Em sentido contrário, isto é, pela impossibilidade de oposição de exceções substanciais nessa situação, ver OLIVEIRA, Rafael Alexandria de. Op. cit., p. 260.

Dessa forma, torna-se importante a qualidade patrimonial e a capacidade prestacional dessa pessoa que irá assumir a dívida que deverá ser prestada em segundo lugar.

Como a assunção de dívida demanda aquiescência do credor, que, no caso, será a pessoa que figura na posição de possível excipiente, deverá ela se informar sobre a situação patrimonial e a capacidade prestacional no novo devedor antes de manifestar sua concordância. À luz da função a que a exceção de insegurança se propõe a cumprir, o momento do aperfeiçoamento da assunção de dívida representa um novo marco temporal na eventual diminuição patrimonial daquela pessoa que deverá prestar em segundo lugar. A situação de insuficiência patrimonial ou incapacidade prestacional do novo devedor só pode ser caracterizada como hábil a fundamentar a invocação da exceção de insegurança se ela ocorrer posteriormente à assunção de dívida.

A cessão da posição contratual, por seu turno, representa a transferência de um conjunto abrangente e complexo de direito, deveres e obrigações. Ao contrário de uma mera cessão de crédito, que transfere somente a posição ativa e não a passiva[975], a cessão da posição contratual transfere tanto as posições ativas quanto as passivas de um determinado polo contratual. A cessão da posição contratual ocorre na fase funcional da relação contratual e exige o envolvimento daqueles que até então figuravam na relação contratual, além da parte ingressante, que será a cessionária.

O primeiro efeito da cessão da posição contratual é a perda de legitimidade do cedente para opor as defesas e exceções que tinha anteriormente à efetivação da cessão. Em se tratando de um contrato bilateral com prestações diferidas no tempo em que há a cessão da posição contratual daquele que deverá prestar em primeiro lugar, passa o cessionário a ser legitimado a opor tanto as exceções pessoais que tenha contra o cocontratante quanto aquelas referentes ao contrato. É nessa categoria que se

[975] Cf. SERPA LOPES, Miguel Maria de. Op. cit., p. 321 "Observa-se aqui uma diferença entre a cessão de crédito e a cessão do contrato. Enquanto neste, como se disse, a sucessão de produz num momento em que estão vigentes as relações sinalagmáticas, sendo cada contratante ao mesmo tempo credor e devedor, na cessão de crédito, ao contrário, o que se transfere é uma relação de crédito ativo pura e simplesmente sem estar ligado a qualquer débito. Por essa razão é que se exige do devedor sua declaração desde logo quanto às exceções que tiver de opor".

enquadra a exceção de insegurança. Vale apontar que o negócio jurídico de cessão de posição contratual pode disciplinar a possibilidade de invocação de exceções pelo novo ocupante da posição contratual, inclusive sendo permitida, em tese, a renúncia[976].

Uma relação contratual ainda pode apresentar uma espécie de fragmentação de posição jurídica relacionada à pretensão ao crédito. É o caso de um contrato que tenha uma obrigação com estipulação em favor de terceiro. Segundo o art. 436, parágrafo único[977], por meio da estipulação em favor de terceiro, o terceiro beneficiário é legitimado a exigir a prestação do devedor. Também poderá exigir a prestação em favor do terceiro o próprio estipulante, conforme art. 436, *caput*. O assunto interessa à exceção de insegurança caso haja estipulação em favor do terceiro relacionada à prestação que será exigida em primeiro lugar no programa contratual.

De toda forma, quer a pretensão possa ser exercida pelo estipulante ou pelo terceiro beneficiário, essa pretensão estará sujeita a neutralização em razão da invocação da exceção de insegurança, caso seus pressupostos estejam preenchidos[978]. Os pressupostos, no caso, estarão relacionados à figura do estipulante e não do beneficiário, uma vez que está a cargo do estipulante executar a prestação que estará em relação sinalagmática com a pretensão paralisada.

Por fim, vale avaliar qual seria a posição do fiador diante da exceção de insegurança. No que é relevante para a análise, trata-se daquele fiador que garante a prestação que deverá ser efetuada em primeiro lugar no programa contratual. O art. 837 do Código Civil traz a principal regra sobre a oponibilidade de exceções pelo fiador. O dispositivo autoriza o fiador a opor ao credor as exceções que lhe forem pessoais, e as extintivas da obrigação que competem ao devedor principal, se não provierem simplesmente de incapacidade pessoal, salvo o caso do mútuo feito a pessoa menor.

976 Ver neste trabalho subcapítulo em que defendemos a possibilidade de renúncia à exceção de insegurança.

977 Art. 436. O que estipula em favor de terceiro pode exigir o cumprimento da obrigação. Parágrafo único. Ao terceiro, em favor de quem se estipulou a obrigação, também é permitido exigi-la, ficando, todavia, sujeito às condições e normas do contrato, se a ele anuir, e o estipulante não o inovar nos termos do art. 438.

978 No mesmo sentido ver SERPA LOPES, Miguel Maria de. Op. cit., p. 322.

Em um primeiro momento, é necessário distinguir a posição do fiador que apenas celebra contrato de fiança com o credor para garantir a satisfação da obrigação assumida pelo devedor daquele fiador que também se coloca como devedor solidário em relação ao devedor. Nessa segunda hipótese, o regime aplicável será o das obrigações solidárias, já tratado acima neste trabalho, em que o devedor solidário pode opor as suas exceções pessoais e aquelas que forem comuns a todos os devedores, sendo invocável, portanto, a exceção de inseguridade, que diz respeito ao contrato.

Todavia, parece ser diferente a situação do fiador que possui relação jurídica com o credor exclusivamente na qualidade de fiador. O art. 837 é claro em apontar que o fiador somente poderá opor as exceções que lhe forem pessoais e as extintivas da obrigação. Por fazer referência às "exceções extintivas da obrigação", devemos entender que a norma faz referência a defesas em geral, e não exclusivamente às exceções que, como já abordado neste trabalho, não extinguem a pretensão ou a obrigação. De toda forma, a exceção de insegurança não pode ser considerada uma exceção pessoal do fiador, uma vez que diz respeito ao contrato celebrado entre devedor e credor. Também de uma perspectiva do próprio funcionamento da exceção de insegurança, não teria como o fiador suspender uma prestação que não está no seu âmbito de atuação, como requer a invocação da exceção de insegurança. Não possui ele, portanto, legitimidade extraordinária *ad exceptio* nesse caso[979].

[979] Há, todavia, opiniões em sentido contrário. Rafael Alexandria de Oliveira, com base na acessoriedade do contrato de fiança, afirma o seguinte: "parece-nos que, por conta da acessoriedade que caracteriza o contrato de fiança, o fiador pode, sim, com base no art. 837 do Código Civil, opor ao credor as defesas do devedor principal, inclusive as exceções de inadimplemento e de inseguridade. Se o fiador se obrigou como principal pagador, ou devedor solidário, terá então legitimidade ordinária ativa para tanto; se não se obrigou como principal pagador, ou devedor solidário, terá, então, legitimidade extraordinária ativa *ad exceptio*" (OLIVEIRA, Rafael Alexandria de. Op. cit., p. 268). Também vale nota a posição de Pontes de Miranda que, embora não seja totalmente consistente em sua obra, já que deduz que a exceção de prescrição não poderia ser oposta pelo fiador, afirma que o fiador poderia opor todas as exceções e objeções a cargo do devedor (ver PONTES DE MIRANDA, Francisco Cavalcanti. *Tratado de direito privado*: parte especial. 3. ed. Rio de Janeiro: Borsoi, 1984, t. XLIV, p. 183, e PONTES DE MIRANDA, Francisco Cavalcanti. *Tratado de direito privado*: parte geral, cit., t. VI, p. 26). Todavia, pela clareza do art. 837 e pelo modo de invocação da exceção de insegurança, entendemos não ser ela cabível ao fiador.

6. CONFRONTO COM FIGURAS AFINS

6.1. A exceção de contrato não cumprido

Como primeiro tema comparativo da exceção de insegurança com institutos afins, ressalta-se em importância o cotejo com a figura da exceção de contrato não cumprido. A comparação entre as figuras foi feita em várias outras passagens ao longo deste trabalho, mas a seguir cuidaremos de detalhar em que os institutos diferem de modo nuclear.

A comparação da exceção de insegurança com a exceção de contrato não cumprido (incluindo a exceção de contrato não cumprido satisfatoriamente) é algo de certa forma incontornável na pesquisa do instituto. Atualmente, na doutrina brasileira, o tema da exceção de insegurança encontra-se fundamentalmente abordado em obras que têm como foco principal o estudo da exceção de contrato não cumprido[980] ou então se apresenta como um tema secundário em obras que tratam da exceção substancial[981].

[980] Ver, sem pretensão de exaustão sobre todos os textos que tratam da exceção de contrato não cumprido e que também abordam a exceção de insegurança: OLIVEIRA, Rafael Alexandria de. Op. cit., p. 72-78; GAGLIARDI, Rafael Villar. *Exceção de contrato não cumprido*, cit., p. 123-132; BUTRUCE, Vitor Augusto José. Op. cit., p. 17-18; BIAZI, João Pedro de Oliveira de. Op. cit., p. 140-146. Vale também menção, embora não se trate de estudo relacionado à exceção de contrato não cumprido, a obras de Aline Terra (TERRA, Aline de Miranda Valverde. Op. cit., p. 183-195).

[981] SERPA LOPES, Miguel Maria de. Op. cit., p. 277-279; PONTES DE MIRANDA, Francisco Cavalcanti. *Tratado de direito privado*, cit., t. XXVI, p. 109-118.

O Código Civil de 2002, inclusive, apresenta ambos os institutos dentro de uma mesma seção que leva o nome justamente de "Da Exceção de Contrato não Cumprido", dando a entender que ambas as figuras poderiam ser manifestações de um mesmo instituto, fato que, como vimos acima, tem impacto na jurisprudência brasileira[982]. A codificação brasileira não é a única que segue essa escolha topológica e de nomenclatura. O Código Civil francês, em sua redação posterior à *Ordonnance* n. 2016-131 coloca os arts. 1.219 e 1.220, que respectivamente dizem respeito à exceção de contrato não cumprido e exceção de insegurança, sob a mesma seção intitulada *L'exception d'inexécution*.

Todavia, apesar de seu posicionamento topológico no Código Civil de 2002, a exceção de insegurança não se confunde com a exceção de contrato não cumprido propriamente, não sendo, em nosso ordenamento, uma espécie e tampouco uma manifestação desta[983], embora tenham características em comum.

Como ponto de aproximação entre as figuras, é também possível identificar que a exceção de insegurança, à semelhança da exceção de inadimplemento, possui função de garantia indireta e imprópria[984]. Usando o panorama italiano de exemplo, tanto doutrina[985] quanto jurisprudência[986] reconhecem que os arts. 1.460 e 1.461 do *Codice* possuem raiz comum, porquanto ambas as normas perseguem o objetivo de evitar que o equilíbrio entre as prestações seja violado ou alterado se, no decorrer da relação, for manifestada a incerteza sobre a execução da contraprestação em um contrato bilateral.

Embora a exceção de inadimplemento e a exceção de insegurança compartilhem certas características inerentes à natureza de ambas, ou seja, por serem exceções substanciais dilatórias, os institutos têm requisitos

[982] Ver nota 479 neste trabalho.

[983] BUTRUCE, Vitor Augusto José. Op. cit., 17-18.

[984] Sobre a função de garantia indireta e imprópria relacionada à exceção de contrato não cumprido, ver KHOURI, Paulo Roque. A exceção de contrato não cumprido e a sua relação com a garantia das obrigações no direito brasileiro. *Revista da AJURIS*, Porto Alegre: AJURIS, v. 31, 2004, p. 308. Em sentido semelhante, ver FONSECA, Ana Taveira da. *Da recusa de cumprimento da obrigação para a tutela do crédito*: em especial na excepção de não cumprimento, no direito de retenção e na compensação, cit., p. 564.

[985] Cf. ROSSETTI, Marco. Op. cit., p. 536.

[986] Cass. 3.12.1993, n. 12011, mencionada em ROSSETTI, Marco. Op. cit., p. 536.

distintos e funções diversas e não podem ser confundidos. Enquanto a exceção de inadimplemento tem como objetivo equilibrar o sinalagma e evitar a resolução contratual diante do inadimplemento consumado, a exceção de insegurança tem como objetivo manter o equilíbrio do sinalagma diante de um risco de descumprimento ainda não consumado. Marco Rossetti, em passagem clara a pontuar a diferença entre as figuras, coloca precisamente o seguinte: "*L'eccezione di inadempimento presuppone che l'attore (o l'intimante, nel caso di esercizio stragiudiziale dell'exceptio) sai già inadempiente; la sospensione ex art. 1461 e.e. presuppone invece non l'inadempimento, ma il mero pericolo di inadempimento*"[987].

Em síntese, conforme assinala Enrico Gabrielli, exceção de inadimplemento é um remédio que sucede o inadimplemento, enquanto a exceção de insegurança é um remédio preventivo[988]. Dessa forma, merecem crítica certos julgados que fazem referência à aplicação da exceção de inseguridade em casos em que o inadimplemento contratual está plenamente configurado. É o caso de um julgado do TJ do Distrito Federal, que, ao avaliar a situação de um compromisso de compra e venda já inadimplido pelo vendedor, decidiu ser legítimo ao comprador suspender o pagamento das parcelas com fundamento no art. 477 do Código Civil[989].

Há ainda outro julgado, também do TJ do Distrito Federal, que merece análise. Trata-se de um julgamento acerca de pretensão resolutória formulado por um comprador de um estabelecimento contratual contra as

[987] Idem.

[988] "L'eccezione di inadempimento è dunque classificabile come rimedio successivo all'inadempimento. L'eccezione di insicurezza, invece, come rimedio preventivo dell'eccipiente che tema, una volta adempiuto, di non ricevere in seguito la controprestazione dalla controparte" (GABRIELLI, Enrico. Il contratto e i rimedi: la sospensione dell'esecuzione, cit., p. 28).

[989] A contradição lógica pode ser vista na seguinte passagem do voto da Relatora: "Insta salientar que não merece acolhida a alegação da recorrente de que a inadimplência dos autores a partir da parcela vencida em fevereiro/2007 obsta a pretensão reparatória, em face do princípio da exceção de contrato não cumprido. Nos termos do art. 477 do Código Civil vigente, concluído o contrato, tornando-se duvidosa a prestação a que se obrigou um dos contratantes, pode o outro reter as prestações até que aquele a satisfaça ou dê garantia de que possa satisfazê-la. *In casu*, quando os autores cessaram os pagamentos das parcelas, já se evidenciava atraso superior a seis meses na entrega do imóvel, mesmo considerando o dilatado período de carência (cento e oitenta dias), e sequer havia previsão de conclusão da obra, razão pela qual incide a regra do supracitado dispositivo civilista" (TJ do Distrito Federal, 3ª Turma Cível, AC 20070110391943APC, Rel. Des. Leila Arlanch, v.u., d.j. 13-08-2008).

vendedoras[990]. Segundo o contrato entabulado pelas partes, o comprador deveria pagar em três parcelas o preço em razão da transferência do estabelecimento contratual, e as vendedoras, além da transferência do estabelecimento, se comprometeram a pagar as dívidas referentes ao estabelecimento contratual antes da sua efetiva transferência ao comprador, que ocorreria após o pagamento integral de todas as parcelas. Antes do pagamento da terceira e última parcela, o comprador teve ciência de que as dívidas que deveriam ter sido pagas pelas vendedoras não foram adimplidas e, em razão disso, o comprador se recusou a pagar a sua última parcela e, em seguida, moveu ação resolutória contra as vendedoras.

Tanto em primeiro grau quanto em segundo grau o Poder Judiciário argumentou que o comprador, ao recusar o pagamento da última parcela, fez uso legítimo da exceção de insegurança, conforme art. 477 do Código Civil. Porém, como se depreende da própria reprodução dos fatos do caso, nota-se que a recusa se deu em razão de inadimplemento atual, referente aos deveres das vendedoras de quitar as dívidas relacionadas ao estabelecimento comercial antes da sua transferência ao comprador, o que ensejaria a oposição da exceção de contrato não cumprido. Por isso a própria decisão mostra-se vacilante na sua fundamentação ao citar, *en passant*, que o art. 477 do Código Civil autoriza a suspensão da prestação quando houver diminuição do patrimônio da contraparte capaz de comprometer ou tornar duvidosa a prestação a qual se obrigou.

A diferença também fica clara se colocada dessa forma: a exceção de inadimplência é remédio do contratado que, em razão do programa contratual estabelecido, não é chamado a cumprir em primeiro lugar ou, então, serve como defesa daquele que está em uma relação contratual em que é devido o cumprimento simultâneo. Ou seja, é um remédio diante da falha do outro contratante em cumprir sua prestação. A exceção de insegurança, por outro lado, é justamente concedida àquele contratante que deve cumprir primeiro.

Os dois remédios, portanto, não podem competir ao mesmo contratado[991]. Todavia, como vimos acima, é possível que ao fim de uma exceção

[990] TJ do Distrito Federal, 2ª Turma Cível, AC 20090110619027APC, Rel. Des. Sérgio Rocha, v.u., d.j. 18-02-2012.

[991] Cf. SACCO, Rodolfo. Obbligazioni e contratti. In: RESCIGNO, Pietro (Coord.) *Tratado di diritto privato*, 2. ed. Torino: UTET, 1995, v. 10, t. 2, p. 617.

de insegurança, não tendo o excepto apresentado garantia ou adiantado sua prestação, este remédio se converta em uma exceção de contrato não cumprido, uma vez que o inadimplemento foi configurado. De toda forma, essa fronteira temporal marcada justamente no termo da prestação do excepto demonstra a impossibilidade lógica de que ao mesmo contratante sejam conferidos, simultaneamente, os dois remédios.

6.2. Direito de retenção

Necessário também se faz distinguir a exceção de insegurança do direito de retenção. De um ponto de vista superficial, a confusão existe porquanto o excipiente acaba "retendo" a sua prestação até que o excepto realize alguma daquelas atividades descritas no art. 477 do Código Civil. Todavia, a suspensão da prestação que o excipiente realiza quando exerce a exceção de insegurança não pode ser enxergada como uma retenção.

É possível apontar que a colocação da exceção substancial como modalidade de direito de retenção é bastante comum nas doutrinas francesa[992] e italiana[993-994]. Mencionamos acima neste trabalho, ao tratarmos da classificação dos contratos bilaterais imperfeitos, que alguns autores, defendendo a possibilidade de existência de sinalagma nos deveres surgidos nos contratos bilaterais imperfeitos, argumentam ser possível a oposição da exceção de contrato não cumprido na forma de direito de retenção. É o caso dos irmãos Mazeaud que admitiam a exceção de contrato não cumprido na forma de direito de retenção quando o depositário se recusasse a entregar a coisa enquanto não fosse reembolsado por suas despesas na execução do contrato[995]. Ainda em Colin-Capitant, o direito de retenção é apresentado como aplicação da *exceptio non adimpleti contractus*, "admissível somente nos casos em que tal exceção pode ser invocada"[996].

[992] Ver, por exemplo, levantamento de Jean-François Pillebout em PILLEBOUT, Jean-François. *Recherches sur l'exception d'inexécution*. Paris: LGDJ, 1971, pp. 20-29.

[993] Cf. ADDIS, Fabio. *Il "mutamento" nelle condizioni patrimoniali dei contraenti*, cit., p. 65-70; PONTES DE MIRANDA, Francisco Cavalcanti. *Tratado de direito privado*, cit., t. XXVI, p. 95.

[994] Uma revisão geral relativamente recente sobre o tema pode ser conferida em SABA, Diana Tognini. *Direito de retenção e seus limites*. Dissertação (mestrado em Direito Civil) Faculdade de Direito, Universidade de São Paulo, São Paulo, 2016, p. 46-52 e 118-128.

[995] MAZEAUD, Henri; MAZEAUD, León; MAZEAUD, Jean. Op. cit., p. 377-378.

[996] COLIN, Ambroise; CAPITANT, Henri. *Cours élémentaire de droit civil français*. Paris: Dalloz, 1947, v. 2, p. 932.

Na Itália, durante o desenvolvimento da figura, foi comum que as exceções dilatórias fossem identificadas como uma espécie de direito de retenção, até que, somente com a codificação de 1942, sua autonomia ficasse amplamente nítida do ponto de vista positivado, doutrinário e jurisprudencial, como informa Fabio Addis[997].

Sem dúvida há afinidade entre as duas figuras. Conforme aponta Ana Taveira da Fonseca, ambos os institutos constituem concretizações do princípio *inadimplenti non est adimplendum*[998]. Porém, elas devem ser distinguidas do ponto de vista técnico.

Em primeiro lugar, deve-se apontar que o direito de retenção está sempre relacionado ao direito de recusar a restituição de uma coisa até que o credor efetue uma prestação conexa com a sua obrigação. Assim, os direitos não podem ser objeto de direito de retenção[999]. Diferente é o panorama da exceção de insegurança, que está relacionada ao contradireito de suspender a prestação devida em razão do risco objetivo de que o devedor não a cumpra.

Ainda é necessário distinguir o direito de retenção da exceção de insegurança, uma vez que o primeiro é aplicável em casos em que há uma prestação conexa devida ao retentor em relação à obrigação por ele devida, mas ela é independente da contraprestação. Ou seja, trata-se de uma dívida que não possui o nexo de interdependência com a prestação esperada do contratante. Seu surgimento é contingencial e se deve à ocorrência de um fato durante a execução do contrato. A exceção de insegurança, por sua vez, nasce da prestação que corresponde à contraprestação do outro figurante.

A sintetização de Pontes de Miranda, corretamente tida como genial por Araken de Assis[1000], resume a diferença entre ambas: "retém-se o que se tem de outrem, não o que se há de prestar"[1001]

[997] ADDIS, Fabio. *Il "mutamento" nelle condizioni patrimoniali dei contraenti*, cit., p. 65-66.

[998] FONSECA, Ana Taveira da. *Da recusa de cumprimento da obrigação para a tutela do crédito*: em especial na excepção de não cumprimento, no direito de retenção e na compensação, cit., p. 572.

[999] Idem, p. 564.

[1000] ASSIS, Araken de. Comentários aos arts. 421 a 488, cit., p. 663.

[1001] PONTES DE MIRANDA, Francisco Cavalcanti. *Tratado de direito privado*, cit., t. XXVI, p. 95.

6.3. Vencimento antecipado da obrigação

Merece atenção especial a distinção da exceção de insegurança em relação às consequências jurídicas advindas do vencimento antecipado da obrigação. Vimos que um dos pressupostos para a invocação da exceção de insegurança é a existência de ordem no cumprimento das prestações, o que implica a existência de uma ordem de exigibilidade, em que uma parte estará sujeita a uma exigibilidade prévia.

As hipóteses de vencimento antecipado alteram a ordem de exigibilidade prevista no programa contratual inicialmente entabulado pelas partes, podendo fazer com que a prestação do potencial excepto seja exigível desde o momento em que a situação de vencimento antecipado é configurada.

Conforme notável sintetização proposta por Jacques Ghestin, Christophe Jamin e Marc Billiau, no caso de vencimento antecipado, entre as partes "tout se déroule comme si l'obligation était arrivée à son échéance normale"[1002].

Como apontamento preliminar sobre o tema, vale lembrar a lição de Pontes de Miranda no sentido que o exercício da exceção de insegurança, em si, não causa o vencimento antecipado da obrigação: "Nem o nascimento da exceção de inseguridade nem o seu exercício faz vencer-se, antecipadamente, a dívida. Trata-se de regra jurídica sobre exceção (*ius exceptionis*) e não de regra jurídica sobre o vencimento antecipado"[1003].

O vencimento antecipado consiste no direito de cobrar antecipadamente a dívida do devedor em razão de determinados eventos[1004]. Do ponto de vista legislativo, o vencimento antecipado da obrigação está disciplinado no âmbito da codificação no art. 333 do Código Civil e em legislações esparsas, como no art. 77 da Lei n. 11.101/2005[1005]. Também

[1002] GHESTIN, Jacques, JAMIN, Christophe; e BILLIAU, Marc. *Traité de droit civil*: les effets du contrat. 3. ed. Paris: LGDJ, 2001, n. 182.

[1003] PONTES DE MIRANDA, Francisco Cavalcanti. *Tratado de direito privado*, cit., t. XXVI, p. 112.

[1004] Cf. GAGLIARDI, Rafael Villar. *Exceção de contrato não cumprido*, cit., p. 125.

[1005] Art. 77. A decretação da falência determina o vencimento antecipado das dívidas do devedor e dos sócios ilimitada e solidariamente responsáveis, com o abatimento proporcional dos juros, e converte todos os créditos em moeda estrangeira para a moeda do País, pelo câmbio do dia da decisão judicial, para todos os efeitos desta Lei.

é lícito às partes, na elaboração do programa contratual, estabelecer hipóteses de vencimento antecipado da obrigação.

A aproximação entre as duas figuras, porém, está justamente em seus fundamentos paralelos. Em comum, ambas as figuras dizem respeito a acontecimentos que ocorrem na execução contratual e que afetam a possibilidade de cumprimento da prestação estabelecida. Ou seja, os regimes da exceção de insegurança e o do vencimento antecipado são explicados pela perda de confiança do credor, uma vez que o cumprimento da prestação foi comprometido por uma posterior alteração na situação patrimonial do devedor[1006].

Todavia, no ordenamento jurídico brasileiro, a questão da exigibilidade contemporânea das prestações – também denominada coetaneidade[1007] – representa justamente o maior marco distintivo entre exceção de insegurança e a exceção de contrato não cumprido. A diminuição patrimonial capaz de comprometer ou tornar duvidosa a prestação mencionada no art. 477 do Código Civil não configura causa de vencimento antecipado da dívida do devedor.

Com efeito, a exceção de insegurança é remédio ligado à proteção do sinalagma em razão de um risco de descumprimento causado por uma instabilidade financeira marcada pela característica da provisoriedade. Daí que a exceção de insegurança seja extinta caso seja apresentada garantia suficiente pelo excepto, reequilibrando o sinalagma e devolvendo o programa contratual ao seu escalonamento originário. As hipóteses de vencimento antecipado da obrigação, por outro lado, não têm esse caráter de proteção contra uma instabilidade transitória e, destarte, a perda definitiva na confiança, justificando que as prestações sejam exigidas imediatamente, havendo a perda do benefício do prazo.

Porém, o assunto não é tratado de maneira uniforme na doutrina nacional. Serpa Lopes, por exemplo, apoiado em René Cassin, defende que o art. 1.092, segunda alínea, do Código Civil de 1916 (correspondente ao atual art. 477 do Código Civil de 2002), na verdade, traz uma hipótese excepcional de aplicação da exceção de contrato não cumprido[1008]. Partindo da

[1006] Em sentido análogo, porém de acordo com a legislação portuguesa, ver ABRANTES, José João. Op. cit., p. 73.

[1007] GAGLIARDI, Rafael Villar. *Exceção de contrato não cumprido*, cit., p. 91.

[1008] SERPA LOPES, Miguel de Maria de. Op. cit., p. 277-278.

regra que a exceção de contrato não cumprido só é aplicável nos casos de prestações exigíveis simultaneamente, tal dispositivo traria uma situação de *légitime inquiétude*[1009], que, por imperativo de justiça, permitiria que a exceção de contrato não cumprido fosse invocada por aquele que deverá prestar em primeiro lugar. Essa disposição seria complementada pelas normas que determinam o vencimento antecipado da dívida[1010].

Em que pese a autoridade da análise, é necessário afirmar que a exceção de insegurança não é só uma manifestação excepcional da exceção de contrato não cumprido. Seus pressupostos e efeitos são distintos. A hipótese que legitima a exceção de insegurança não torna devida a prestação do excepto nem é baseada em sua exigibilidade. Ela continua com a sua exigibilidade de acordo com o programa contratual estabelecido originalmente entre as partes. Caso o excepto queira adiantar sua prestação para eliminar o efeito da exceção de insegurança, isso é somente um poder a ele atribuído.

Dessa forma, o art. 477 do Código Civil (e antigamente o art. 1.092, alínea segunda, do Código Civil de 1916) não é "complementado" pelas disposições relacionadas ao vencimento antecipado. Antes, elas possuem âmbitos distintos. As hipóteses de vencimento antecipado poderão fazer com que a exceção de contrato não cumprido seja invocada pelo devedor, caso tal vencimento torne as duas prestações coetaneamente exigíveis na relação concreta. Mas isso está relacionado ao preenchimento dos pressupostos da exceção de contrato não cumprido em razão do vencimento antecipado. A hipótese do art. 477 do Código Civil tampouco está conceitualmente ligada às hipóteses de vencimento antecipado, como é o caso do art. 429º do Código Civil português[1011]. De modo a aclarar esse ponto, trataremos de modo mais específico da situação do direito português em subcapítulo abaixo.

Ainda sobre a diferença entre a exceção de insegurança e as hipóteses de vencimento antecipado da prestação, Pontes de Miranda assinalou,

[1009] CASSIN, René. Op. cit., p. 543.

[1010] Cf. SERPA LOPES, Miguel de Maria de. Op. cit., p. 278.

[1011] Artigo 429º (Insolvência ou diminuição de garantias). Ainda que esteja obrigado a cumprir em primeiro lugar, tem o contraente a faculdade de recusar a respectiva prestação enquanto o outro não cumprir ou não der garantias de cumprimento, se, posteriormente ao contrato, se verificar alguma das circunstâncias que importam a perda do benefício do prazo.

em análise do art. 954 do Código Civil de 1916[1012], correspondente parcial ao art. 333 do atual Código Civil[1013], que as situações apresentadas naquela disposição atribuem pretensão e ação, desde logo, ao credor, não se confundindo com a exceção de insegurança, que somente tem o efeito da paralisação eficacial em relação à prestação do excepto. O próprio parágrafo único do dispositivo faz menção expressa ao efeito do vencimento aplicável em tais casos ao determinar que "reputará vencido" o débito.

É importante apontar que o art. 333, III, do Código Civil, especificamente, também traz um comando que diz respeito à necessidade de apresentação de garantia, porém não se confunde com a exceção de insegurança prevista no art. 477. Em primeiro lugar, é possível apontar que a situação determinada no art. 333, III, pode dizer respeito a qualquer relação contratual, desde que a posição do credor esteja, no momento em que a situação descrita na norma fica configurada, garantida por meio real ou caução fidejussória. Assim, o vencimento antecipado de que trata o art. 333, III, é também aplicável aos contratos unilaterais, como o contrato de mútuo. Caso o mutuante verifique que se cessaram ou se tornaram insuficientes as garantias apresentadas pelo mutuário, e caso este tenha sido intimado (judicialmente ou extrajudicialmente) para reforçá-las e nada tenha feito, poderá o mutuante cobrar a dívida desde já.

[1012] Art. 954. Ao credor assistirá o direito de cobrar a dívida antes de vencido o prazo estipulado no contrato ou marcado neste Código:
I – Se, executado o devedor, se abrir concurso creditório.
II – Se os bens, hipotecados, empenhados, ou dados em anticrese, forem penhorados em execução por outro credor.
III – Se cessarem, ou se tornarem insuficientes as garantias do débito, fidejussórias, ou reais, e o devedor, intimado, se negar a reforçá-las.
Parágrafo único. Nos casos deste artigo, se houver, no débito, solidariedade passiva (arts. 904 a 915), não se reputará vencido quanto aos outros devedores solventes.

[1013] Art. 333. Ao credor assistirá o direito de cobrar a dívida antes de vencido o prazo estipulado no contrato ou marcado neste Código:
I – no caso de falência do devedor, ou de concurso de credores;
II – se os bens, hipotecados ou empenhados, forem penhorados em execução por outro credor;
III – se cessarem, ou se se tornarem insuficientes, as garantias do débito, fidejussórias, ou reais, e o devedor, intimado, se negar a reforçá-las.
Parágrafo único. Nos casos deste artigo, se houver, no débito, solidariedade passiva, não se reputará vencido quanto aos outros devedores solventes.

Esse cenário é diferente daquele do art. 477 do Código Civil. Como vimos, a exceção de insegurança somente é aplicável aos contratos bilaterais, não sendo passível de invocação nos unilaterais ou bilaterais imperfeitos. Ademais, a intimação a que se refere o art. 333, III, não causa o mesmo efeito da invocação da exceção de insegurança, que se encontra pressuposta no art. 477, em que o excipiente notifica o excepto para apresentar garantia ou adiantar sua prestação sob pena de suspensão da prestação que cabe ao excipiente. Nesta, temos efetivo exercício de contradireito apto a paralisar os efeitos da pretensão creditória do excepto. No caso do art. 333, III, por sua vez, temos uma intimação que precede uma possível abreviação do direito do devedor ao prazo para cumprimento de sua prestação, ou seja, à caracterização do seu inadimplemento, que poderá levar à resolução do contrato conforme art. 475 do Código Civil.

É possível traçar um paralelo da situação acima mencionada com o direito italiano. A doutrina italiana distingue a exceção de insegurança daquele remédio regulado no art. 1.186 do Código Civil italiano[1014], que designa a "caducidade" do benefício do termo ao devedor, ou seja, que confere a faculdade ao credor de exigir a prestação imediatamente, sem ter que esperar o seu vencimento conforme estabelecido inicialmente. Por outro lado, a exceção de insegurança, prevista no art. 1.461 do Código Civil italiano, não é uma figura que determina o vencimento da prestação, podendo ser invocada sem que haja a necessidade de ocorrência de uma das hipóteses de perda do benefício do prazo[1015].

6.4. A perda do benefício do prazo na experiência portuguesa contemporânea e as suas lições para o Brasil

De modo a esclarecer a diferença entre a exceção de insegurança e as hipóteses de vencimento antecipado da obrigação no ordenamento jurídico brasileiro, é possível descrever a estrutura adotada pelo ordenamento

[1014] Art. 1.186 Decadenza dal termine. Quantunque il termine sia stabilito a favore del debitore, il creditore può esigere immediatamente la prestazione se il debitore è divenuto insolvente o ha diminuito, per fatto proprio, le garanzie che aveva date o non ha dato le garanzie che aveva promesse (1.274, 1.299, 1.313, 1.844, 1.850, 1.867 e seguente, 1.877, 2.743).

[1015] GABRIELLI, Enrico. Il contratto e i rimedi: la sospensione dell'esecuzione, cit., p. 26; ADDIS, Fabio. Presentazione, cit., p. xi; ADDIS, Fabio. *Il "mutamento" nelle condizioni patrimoniali dei contraenti*, cit., p. 80 e ss.

jurídico português diante do disposto no art. 429º do Código Civil daquele país.

O art. 429º do Código Civil português, topologicamente localizado dentro da subseção que trata da exceção de não cumprimento de contrato, prescreve que, "ainda que esteja obrigado a cumprir em primeiro lugar, tem o contraente a faculdade de recusar a respectiva prestação enquanto o outro não cumprir ou não der garantias de cumprimento, se, posteriormente ao contrato, se verificar alguma das circunstâncias que importam a perda do benefício do prazo".

O art. 779º[1016] do Código Civil português, em sentido análogo ao quanto estabelecido no art. 133 do Código Civil brasileiro[1017], estabelece que, via de regra, os prazos são estabelecidos em favor do devedor. Porém, em uma situação em que o devedor é beneficiado pelo prazo, é possível que ele perca esse benefício, a rigor do que dispõe o art. 780º/1[1018] do Código Civil português, quando este fique insolvente ou quando, culposamente[1019], diminuam as garantias do crédito e não sejam prestadas as garantias prometidas. Nessa situação, a obrigação se tornará imediatamente exigível pelo credor que, mediante interpelação[1020], poderá provocar o seu vencimento.

Com a perda do benefício do prazo, as prestações ficam regidas pela regra de execução simultânea, podendo ser oposta a exceção de inadimplemento por aquele que deveria prestar em primeiro lugar.

[1016] Artigo 779.º (Beneficiário do prazo) O prazo tem-se por estabelecido a favor do devedor, quando se não mostre que o foi a favor do credor, ou do devedor e do credor conjuntamente.

[1017] Art. 133. Nos testamentos, presume-se o prazo em favor do herdeiro, e, nos contratos, em proveito do devedor, salvo, quanto a esses, se do teor do instrumento, ou das circunstâncias, resultar que se estabeleceu a benefício do credor, ou de ambos os contratantes.

[1018] Artigo 780º (Perda do benefício do prazo) 1. Estabelecido o prazo a favor do devedor, pode o credor, não obstante, exigir o cumprimento imediato da obrigação, se o devedor se tornar insolvente, ainda que a insolvência não tenha sido judicialmente declarada, ou se, por causa imputável ao devedor, diminuírem as garantias do crédito ou não forem prestadas as garantias prometidas. 2. O credor tem o direito de exigir do devedor, em lugar do cumprimento imediato da obrigação, a substituição ou reforço das garantias, se estas sofreram diminuição.

[1019] ABRANTES, José João. Op. cit., p. 69-70.

[1020] A perda do benefício do prazo causa só a exigibilidade, mas não o vencimento da obrigação, que só ocorrerá após interpelação do credor, conforme art. 805 do Código Civil português. Cf. MENEZES CORDEIRO, António Manuel da Rocha e. *Direitos das obrigações*. Lisboa: Associação Acadêmica da Faculdade de Direito de Lisboa, 1980, 2 v., p. 193.

A referência do art. 429º à "perda do benefício do prazo" é interpretada pela maioria da doutrina como uma remissão ao art. 780º do Código Civil português[1021-1022]. Entretanto, Vaz Serra perfilha posição que admite um âmbito de aplicação um pouco mais alargado para a disposição. Além das circunstâncias descritas no art. 780º do Código Civil português, o meio de defesa do art. 429º poderia ser invocado em todo e qualquer caso em que a situação patrimonial da outra parte fosse suscetível de fazer perigar a efetivação do direito à contraprestação[1023]. Segundo o autor, bastaria que "a situação patrimonial da outra parte ponha em perigo evidente a efetivação do direito à contraprestação", sendo isso "consequência da natureza dos contratos bilaterais e da interpretação da vontade das partes".

A argumentação leva em conta que a renúncia à regra da prestação simultânea por um dos contratantes reside na convicção de vir a receber a contraprestação que lhe foi prometida. Essa razão deixaria de existir caso ocorresse a piora patrimonial que coloque em perigo o cumprimento da prestação. Assim, a lei traria uma proteção à pessoa que se comprometeu a prestar primeiro por meio da possibilidade de "resolver o crédito que outorgara a outra parte"[1024], ou seja, pelo retorno à prestação simultânea como forma de regular a execução do contrato bilateral caso não haja a prestação de garantia.

Segundo José João de Abrantes, essa argumentação pretende:

> *(...) "assim transpor para o direito português a solução consagrada nalguns códigos civis estrangeiros – como o alemão (§ 321), o grego (art. 377º), o brasileiro (art. 1.092º) e italiano (art. 1.461º) – que, diferentemente da fórmula utilizada pela nossa lei, falam em agravamento substancial da outra parte de modo a pôr em perigo o direito à contraprestação ou usam fórmulas mais ou menos equivalentes".*

[1021] Cf. ABRANTES, José João. Op. cit., p. 71.

[1022] Em sentido contrário, ver FONSECA, Ana Taveira da. *Da recusa de cumprimento da obrigação para a tutela do crédito*: em especial na excepção de não cumprimento, no direito de retenção e na compensação, cit. p. 188, que intui "não ser possível atribuir um sentido útil ao disposto no art. 429º, se se considerar que este pretende somente remeter para o estatuído nos arts. 780º e ss.".

[1023] VAZ SERRA, Adriano Paes da Silva. Anotação ao acórdão do STJ de 19-11-71. *RLJ*, Coimbra, ano 105º, 1972, p. 282 e ss.

[1024] A expressão é de José João de Abrantes ao descrever a argumentação de Vaz Serra (em ABRANTES, José João. Op. cit., p. 72).

Como contexto, é importante mencionar que o Anteprojeto Vaz Serra, que, naturalmente, previa hipóteses mais alargadas para a invocação do meio de defesa, não foi o anteprojeto que foi privilegiado pelo legislador português no estabelecimento da norma vazada no art. 429º do Código Civil. Fora substituída a expressão "se, posteriormente ao contrato, a situação patrimonial deste se agravar em termos de pôr em perigo a realização da contraprestação" por esta outra: "quando, posteriormente ao contrato, se verifique alguma das circunstâncias que importam a perda do benefício do prazo"[1025].

Não é objetivo deste trabalho fazer um estudo comparativo exaustivo entre o direito brasileiro e o direito português sobre este tema. Porém, é possível apontar que algumas posições doutrinárias sobre o assunto no direito português ajudam a esclarecer alguns pontos controversos no direito brasileiro sobre a exceção de insegurança. É bastante interessante a argumentação de José João de Abrantes sobre o assunto. O autor entende que a posição de Vaz Serra carece de apoio legal. Segundo Abrantes, não é possível que se defenda a expansão do domínio de aplicação do art. 429º sem que se defenda a expansão do domínio de aplicação do próprio art. 780º do Código Civil português, porquanto a razão de ser de ambos os dispositivos "são uma e a mesma"[1026], qual seja, a proteção ao credor que perdeu a confiança em razão de uma posterior alteração da situação patrimonial do devedor[1027].

Assim, a aplicação do art. 429º deve ser limitada às hipóteses de insolvência e de diminuição de garantias por conta de "razões de segurança jurídica"[1028]. A *ratio* a ser adotada seria aquela definitivamente sancionada pelo legislador português que preferiu o regime mais preciso do art. 780º ao invés das dificuldades que adviriam de uma lei que, de forma genérica, falasse apenas em "perigo para a contraprestação". O próprio art. 780º deixou de prever o "justo receio de insolvência" como causa de exigibilidade antecipada do crédito pelas mesmas razões de segurança, contrariamente ao disposto no art. 741º do Código de Seabra[1029].

1025 ABRANTES, José João. Op. cit., p. 74.

1026 Idem, p. 73.

1027 Idem.

1028 Idem, p. 74.

1029 "Há, contudo, uma diferença importante entre o regime deste Código [de 1867] e o atual: é que o *justo receio de insolvência* deixou de ser causa de exigibilidade antecipada. No domínio do Código de Seabra não se forçava o credor a aguardar por que o devedor atingisse o estado e

No ponto que interessa ao presente trabalho, é possível notar que a restrição interpretativa do art. 429º, em respeito à utilização expressa da dicção "perda do benefício do prazo", pode ser fundamentada em razões de segurança jurídica, apesar de notáveis vozes contrárias a essa interpretação restrita. Destaca-se a posição de Ana Taveira da Fonseca que defende a viabilidade da exceção de insegurança no sistema português, apesar de não haver dispositivo expresso que contemple a figura. Trata-se de uma interpretação ampliativa do art. 429º do Código Civil português. A autora tece uma proposta de interpretação alinhada com a interpretação contemporânea da figura na Itália e Alemanha, por meio da influência da CISG[1030].

O texto português efetivamente difere das fórmulas encontradas em outros países, inclusive o brasileiro. A diferença, ademais, está na própria estrutura da defesa. Em Portugal, a defesa é exercida como exceção de contrato não cumprido, uma vez que baseada na perda do benefício do prazo. A solução brasileira não faz com que haja a exigibilidade antecipada da prestação, como tivemos a oportunidade de descrever acima, determinado que a exceção de insegurança tenha âmbito eficacial distinto da exceção de contrato não cumprido.

Embora a fórmula brasileira seja mais ampla que a fórmula portuguesa, a exceção de insegurança em nosso ordenamento jurídico é menos ampla se comparada com fórmulas de outros países ou tentativas de uniformização legislativa, porquanto estas, por vezes, sequer se prendem ao aspecto da diminuição patrimonial, admitindo outras manifestações ainda mais vagas relacionadas ao risco de descumprimento da prestação. A experiência

efetiva insolvência, desde que justificado (pode suceder que o devedor não esteja insolvente, mas, em resultado do comportamento dele ou de quaisquer circunstâncias, a sua situação patrimonial esteja a evoluir no sentido de vir a cair nesse estado), era fundamento para se exigir o pagamento imediato" (ABRANTES, José João. Op. cit., p. 70).

[1030] Assim, segundo a autora, a exceção de insegurança permitiria "não realizar a prestação sem entrar em incumprimento, sempre que haja uma verdadeira deterioração ou modificação *in peius* da situação patrimonial da contraparte ou se verifique que a sua capacidade de cumprimento se encontra por outro motivo afectada, a ponto de pôr em perigo a efectivação do direito à contraprestação" (FONSECA, Ana Taveira da. *Da recusa de cumprimento da obrigação para a tutela do crédito*: em especial na excepção de não cumprimento, no direito de retenção e na compensação, cit. p. 562).

doutrinária portuguesa demonstra a relevância da atenção aos limites do texto legal em benefício da segurança jurídica.

6.5. Inadimplemento antecipado

Também é necessário distinguir a exceção de insegurança das situações que ensejam o inadimplemento antecipado[1031]. Tratamos anteriormente do tema do inadimplemento antecipado quando avaliamos as diferentes classificações de inadimplemento, porém, neste momento, cabe aprofundar a diferença entre essa figura e as hipóteses que autorizam a exceção de insegurança.

É possível, como comentário introdutório, assinalar que é justamente nessa comparação que fica ressaltada a principal função da exceção de insegurança, como exceção substancial, que é justamente a de servir como remédio sinalagmático destinado a evitar a resolução contratual, uma das consequências do inadimplemento, conforme art. 475 do Código Civil. As hipóteses de inadimplemento antecipado, por seu turno, podem tutelar o sinalagma por meio do efeito contrário, qual seja, o da possibilidade de a parte lesada pleitear a resolução do vínculo contratual[1032].

O ponto de contato entre as duas figuras, porém, diz respeito ao aspecto temporal. As figuras são reações jurídicas a situações que surgem antes do termo de vencimento da obrigação prometida. Na exceção de insegurança, esses acontecimentos não afetam a prestação de forma completa, ficando no âmbito do risco de descumprimento em razão da deterioração patrimonial. As hipóteses de vencimento antecipado, por seu turno, afetam a possibilidade de cumprimento de tal forma que, por força jurídica, ela fica impedida.

[1031] O inadimplemento antecipado também encontra outras designações como "quebra antecipada do contrato" ou "inadimplemento anterior ao termo". Ver AGUIAR JÚNIOR, Ruy Rosado de. *Extinção dos contratos por incumprimento do devedor*: resolução, cit., p. 126-130; TERRA, Aline de Miranda Valverde. Op. cit., p. 12-123; ZANETTI, Cristiano de Sousa. Inadimplemento antecipado da obrigação contratual, In: CELLI JUNIOR, Umberto; BASSO, Maristela; AMARAL JUNIOR, Alberto do (Coord.). *Arbitragem e comércio internacional*: estudos em homenagem a Luiz Olavo Baptista. São Paulo: Quartier Latin, 2013, p. 330.

[1032] Não se quer dizer, todavia, que as hipóteses de inadimplemento antecipado estejam relacionadas exclusivamente à manutenção ou tutela do sinalagma. Ver TERRA, Aline de Miranda Valverde. Op. cit., p. 183 e ss.

A exceção de insegurança, como já afirmamos, diz respeito ao risco de descumprimento objetivamente considerado, em quaisquer de suas formatações existentes atualmente em diversos ordenamentos jurídicos. O sistema normativo brasileiro, pelo menos do ponto de vista textual, à semelhança do modelo italiano, filia-se a uma corrente que se baseia na diminuição do patrimônio como o sinal juridicamente escolhido para que seja determinado um risco na prestação que fundamenta a invocação do remédio da exceção de insegurança, sem a necessária equivalência com as hipóteses de vencimento antecipado (que ensejariam a exceção de contrato não cumprido).

Outros sistemas vão além e estabelecem outros sinais desse risco de descumprimento, bastando que o devedor se comporte de determinada forma que apresente risco ao cumprimento de modo que a exceção ou defesa análoga seja invocada. É o caso do sistema atual francês, alemão, da CISG, da UCC, dos UPICC e da *Draft Common Frame of Reference*, conforme tratamos anteriormente. Porém, o que todos possuem em comum é o recurso à recusa da prestação do devedor até que seja oferecida garantia pelo credor (ou adiantamento da sua prestação).

Dessa forma, a diferença entre os pressupostos da exceção de insegurança e o inadimplemento antecipado não reside propriamente no fato de que a primeira se baseia em questões de ordem patrimonial enquanto a segunda diz respeito ao descumprimento dos deveres acessórios e laterais da obrigação principal[1033]. A nossa legislação tem como núcleo da exceção de insegurança a diminuição patrimonial, mas ela poderia, por uma questão de política legislativa, ter alargado as hipóteses para prever também o descumprimento de deveres laterais sem que isso desnaturalizasse a exceção de insegurança. O ponto chave da diferença reside na configuração jurídica do inadimplemento da prestação principal. A exceção de insegurança apenas diz respeito ao risco do descumprimento da prestação principal e não ao inadimplemento configurado.

[1033] Nesse sentido ver Luiz Philipe Cardoso: "Em primeiro lugar, os indícios que embasam a exceção de insegurança são de ordem patrimonial, referentes à sua diminuição. Já o inadimplemento antecipado refere-se aos deveres acessórios e laterais da obrigação principal concreta" (CARDOSO, Luiz Philipe Tavares de Azevedo. *O inadimplemento antecipado do contrato no direito civil brasileiro*. São Paulo: Malheiros, 2015, p. 145-146).

Dessa forma, diz-se que a exceção de insegurança não se vale dos requisitos mais sérios exigidos pela figura do inadimplemento antecipado[1034]. Assim, a dúvida e a probabilidade de incumprimento que formam o pressuposto da exceção de insegurança, na situação do vencimento antecipado, são levadas a um grau próximo da certeza, entendida esta como verossimilhança.

Para a configuração do inadimplemento antecipado não é necessário, todavia, que o descumprimento seja certo. Basta que seja altamente provável segundo a avaliação de uma pessoa razoável, familiarizada com as práticas de mercado. Não deve, por outro lado, ser fruto de sensibilidade excessiva ou baseada em mera especulação[1035].

Conforme vimos anteriormente neste trabalho, para que haja a incidência da figura do inadimplemento antecipado, é necessária a coexistência de três pressupostos. O primeiro é a iminência de descumprimento grave do contrato, de modo a ser caracterizado como inadimplemento definitivo. Em segundo lugar, deve-se ter certeza, em sentido jurídico, de que o cumprimento não se dará até o vencimento. Por fim, o agir culposo do devedor, que declara que não irá cumprir ou que se mantém inerte de modo que não exista algo, de acordo com seu comportamento, que revele a disposição para a execução do avençado[1036]. Havendo a coexistência desses três pressupostos, configura-se o inadimplemento antecipado e a possibilidade de resolver o contrato.

Esse raciocínio é corretamente empregado em alguns julgados nacionais que afirmam, com exatidão, que o art. 477 do Código Civil não tangencia a chamada "quebra antecipada do contrato" ou inadimplemento antecipado, mas a figura do risco do descumprimento da prestação, tendo como suporte fático objetivo a deterioração patrimonial do devedor[1037].

Porém, é possível encontrar posições na doutrina e na jurisprudência que defendem que a exceção de insegurança, por analogia, poderia servir como uma espécie de instrumento intermediário, aplicável aos casos em

[1034] CARDOSO, Luiz Philipe Tavares de Azevedo. Op. cit., p. 144 e ss.

[1035] Cf. ZANETTI, Cristiano de Sousa. *Inadimplemento antecipado da obrigação contratual,* cit., p. 321.

[1036] Ver MARTINS-COSTA, Judith. A recepção do incumprimento antecipado do contrato no direito brasileiro: configuração e limites. *RT,* v. 885, jul., São Paulo, 2009, p. 41.

[1037] Veja-se, por exemplo, a seguinte decisão: TRF da 4ª Região, 4ª Turma, AI 5015611-26.2018.4.04.0000, Rel. Des. Federal Vivian Josete Pantaleão Caminha, d.j. 17-10-2018.

que os pressupostos do vencimento antecipado não estejam claramente preenchidos[1038]. Seria o caso da aplicação da exceção de insegurança para abarcar circunstâncias de elevada probabilidade de descumprimento da prestação. Schreiber traz o seguinte exemplo:

> *"A resolução [por inadimplemento antecipado] ficaria, deste modo, reservada àqueles casos em que o cumprimento da obrigação no vencimento futuro se afigurasse desde já, impossível (e.g., construção do hospital em quinze dias); enquanto que, na mera improbabilidade do cumprimento (construção do hospital em seis meses), o efeito seria o da não resolução, mas a aplicação, por analogia, do disposto no art. 477 do Código Civil"*[1039].

O entendimento gera ecos na jurisprudência brasileira. É o caso, por exemplo, de precedente do TJ do Rio de Janeiro[1040-1041] que avaliou eventual legalidade de suspensão de pagamento em um contrato que tinha como objeto a construção e entrega de um imóvel. Segundo a avença, o empreendedor se comprometeu a entregar o imóvel no prazo de 30 meses após o lançamento do empreendimento, o que deveria ocorrer em novembro de 2016. Os compradores iniciaram o adimplemento do

[1038] Ver TERRA, Aline de Miranda Valverde. Op. cit., p. 265; SCHREIBER, Anderson Schreiber. A tríplice transformação do adimplemento: adimplemento substancial, inadimplemento antecipado e outras figuras. *RTDC*, v. 32, out./dez., 2007, p. 13; MARTINS-COSTA, Judith. A recepção do incumprimento antecipado do contrato no direito brasileiro: configuração e limites, cit., p. 45; MARTINS, Guilherme Magalhães. Inadimplemento antecipado do contrato. *RTDC*, v. 36, out./dez., 2008, p. 97-101.

[1039] SCHREIBER, Anderson Schreiber. Op. cit., p. 13.

[1040] TJ do Rio de Janeiro, 25ª Câm. Cív., AC 0055214-72.2017.8.19.0002, Rel. Des. Sergio Seabra Varella, v.u., d.j. 12-02-2020.

[1041] Vale apontar que o mesmo Relator apresentou votos com fundamentações idênticas em outros casos que continham elementos fáticos bastante similares. Ver TJ do Rio de Janeiro, 25ª Câm. Cív., AC 0162520-69.2018.8.19.0001, Rel. Des. Sergio Seabra Varella, v.u., d.j. 04-12-2019, e TJ do Rio de Janeiro, AC 0226734-69.2018.8.19.0001, Rel. Des. Sergio Seabra Varella, v.u., d.j. 29-07-2020. No mesmo sentido, colocando o art. 477 como fundamento do inadimplemento antecipado, ver ainda: TJ do Rio de Janeiro, 3ª Câm. Cív., AC 0180689-41.2017.8.19.0001, Rel. Des. Mario Assis Gonçalves, v.u., d.j. 16-04-2019; TJ do Rio de Janeiro, 21ª Câm. Cív., AC 0293297-16.2016.8.19.0001, Rel. Des. André Ribeiro, v.u., d.j. 15-06-2020. Em sentido análogo, ver ainda TJ de São Paulo, 33ª Câmara de Direito Privado, AC 1000415-06.2018.8.26.0011, Rel. Des. Sé Duarte, v.u., d.j. 11-04-2019.

contrato em novembro de 2013 e, diante da paralisação das obras pelo empreendedor, suspenderam os pagamentos em outubro de 2015. Até o momento da propositura da demanda a obra ainda não havia sido entregue aos compradores.

A corte entendeu que, à época, a suspensão dos compradores não seria cabível em razão da exceção de contrato não cumprido, mas que, por outro lado, ela seria legítima em razão do inadimplemento antecipado ou quebra antecipada do contrato, "na dicção do art. 477 do Código Civil". Prossegue o voto do Relator alegando que existiu "circunstância apta a gerar a resolução dos referidos contratos, ou seja, o risco real e efetivo de descumprimento pela obrigação pela ré" e que, em razão da boa-fé objetiva, "encontra-se o dever anexo, acessório à avença, qual seja, *duty to mitigate the loss* ou mitigação do prejuízo pelo próprio credor".

Nota-se, assim, que, apesar da possibilidade de análise sobre a propriedade da invocação da exceção de insegurança ou até mesmo da exceção de contrato não cumprido (caso o inadimplemento antecipado fosse configurado efetivamente), não houve um tratamento preciso dos institutos alegados na fundamentação do voto do Relator do acórdão.

O julgado, todavia, ao contrário do posicionamento doutrinário acima apresentado, não faz recurso expresso à analogia, embora o exercício interpretativo chegue no mesmo resultado proposto. Ainda assim, é necessário pontuar que o recurso à analogia para a solução de questões semelhantes à acima indicada merece ser questionado, pelos mesmos motivos que, acima neste trabalho, criticamos sua possibilidade diante do alargamento dos pressupostos da invocação da exceção de insegurança.

Aqui também deve ser reconhecido o interesse jurídico do credor da obrigação na manutenção do programa contratual estabelecido pelas partes. Como o ordenamento jurídico reconhece esse interesse, não há o caso de lacuna, necessário para a aplicação da analogia[1042].

Conforme verificamos ao longo deste trabalho, a exceção de insegurança no ordenamento jurídico brasileiro apresenta como requisito a redução patrimonial do excepto capaz de comprometer o cumprimento da prestação. A extensão da exceção de insegurança para além da mera

[1042] Cf. FRANÇA, Rubens Limongi. *Hermenêutica jurídica*, cit., p. 51; LARENZ, Karl. *Metodologia da ciência do direito*, cit., p. 448-449).

redução patrimonial sem autorização legal representa uma limitação da pretensão do excepto fora do quadro legalmente admitido no Brasil, ou seja, é expediente que compromete a segurança jurídica.

Caso a relação jurídica entre excipiente e excepto não se enquadre nas hipóteses de exceção de insegurança e, tampouco, nas hipóteses de inadimplemento antecipado da dívida, deve ser privilegiado o programa contratual estabelecido pelas partes. Como guia Limongi França sobre a aplicação da analogia, a absoluta ausência de norma a respeito do tema deve ser um dos critérios a serem levados em conta na situação[1043]. Não parece que ocorre no caso, uma vez que não se trata de uma situação de lacuna legal, devendo ser mantido os efeitos normais da pretensão do credor-devedor. Eventual dúvida opera em favor do credor-devedor, uma vez que a legislação civil confere a possibilidade de que ele empregue todo o tempo disponível para cumprir sua obrigação[1044], conforme art. 133 do Código Civil. Ademais, no próprio estabelecimento do programa contratual seria lícito às partes estabelecerem certas medidas protetivas, marcos prestacionais e hipóteses de vencimento antecipado se assim fosse acordado.

Embora a aplicação da exceção de insegurança fora do quadro da redução patrimonial seja algo dificultoso no sistema brasileiro, é necessário apontar que o descumprimento de deveres laterais ou anexos podem tanto fundamentar o inadimplemento antecipado quanto a oposição da exceção de contrato não cumprido. Dessa forma, a exceção de insegurança não é a única figura que deve ser levada em conta nas situações em que há falhas na execução contratual.

É interessante notar que há julgados que, diante da dificuldade técnica na apreensão de tais nuances, acabam por aplicar concomitantemente os arts. 476 e 477 – ainda que por aplicação analógica –, a casos de inadimplemento antecipado. É o caso, por exemplo, de precedente do TJ de Minas Gerais[1045] que legitimou, apoiado em tais fundamentos, a

[1043] FRANÇA, Rubens Limongi. *Hermenêutica jurídica*, cit., p. 52.

[1044] ZANETTI, Cristiano de Sousa. *Inadimplemento antecipado da obrigação contratual*, cit., p. 324. Porém, na mesma obra e página, o autor se filia à corrente que admite que a exceção de insegurança pode ser oposta caso a conduta da outra parte ponha em risco a satisfação do programa contratual.

[1045] TJ de Minas Gerais, 17ª Câm. Cív., AI 1.0024.13.220174-0/001, Rel. Des. Leite Praça, v.u., d.j. 19-09-2013.

suspensão de pagamentos referentes a obra e entrega de imóvel, sendo que o empreiteiro, a um mês do prazo final de entrega avençado, sequer havia iniciado a obra[1046].

De toda forma, a doutrina tem desenvolvido com elevado grau de segurança o estabelecimento de critérios seguros para a aplicação da exceção de contrato não cumprido ao descumprimento de deveres acessórios e laterais e para o adimplemento insatisfatório, sendo instrumento de tutela sinalagmático mais facilmente acomodável em caso de descumprimento de deveres laterais no sistema brasileiro. A exceção de insegurança, conforme previsto no art. 477 do Código Civil, não admite com facilidade essa abertura interpretativa[1047].

[1046] Veja-se o seguinte trecho do voto do Relator: "Cumpre ressaltar, por oportuno, que nos termos do art. 476 do Código Civil de 2002, nenhum dos contratantes, pode exigir o implemento do cumprimento da obrigação do outro antes de cumprir a sua parte. Também encontra guarida a aplicação analógica do art. 477 do Código Civil, que a doutrina contemporânea tem denominado como quebra antecipada do contrato ou inadimplemento antecipado, que consiste na possibilidade de que se uma das partes perceber que a outra não cumprirá com sua obrigação, 'poderá antecipar-se, pleiteando a extinção do contrato antes mesmo do prazo para cumprimento'".

[1047] Ver CARDOSO, Luiz Philipe Tavares de Azevedo. Op. cit., p. 148. Diz o autor: "é preferível uma maior flexibilização no trato da figura da exceção de contrato não cumprido, de acordo com critérios seguros postos pela doutrina, no tocante à sua abertura para as obrigações acessórias e laterais e para o adimplemento insatisfatório, do que o alargamento da exceção de inseguridade, calcada esta em critérios estritos de diminuição patrimonial. A exceção de contrato não cumprido, medida dinâmica e diretamente relacionada à estrutura contratual e obrigacional, que realça o nexo de interdependência e a finalidade contratual é a mais propícia para lidar com inadimplementos melhor verificáveis no modelo das relações obrigacionais complexas". Vale também a menção, em sentido similar, a Butruce: "Por tudo que se sustenta nesta dissertação, consideramos que o art. 476 do Código Civil, ao legitimar um direito a não cumprir, é mais capaz de alcançar esse objetivo. Além de o recurso ao art. 477 exigir maior esforço interpretativo, superando o requisito objetivo da 'diminuição patrimonial capaz de comprometer ou tornar duvidosa a prestação', o fato é que a exceção de inseguridade é caracterizada por uma função protetiva do patrimônio do contratante fiel; o risco que se cobre com o art. 477 é o da insolvência, e não o da inadimplência. Não à toa seus efeitos podem ser afastados mediante o oferecimento de garantia pelo devedor – e a prestação de garantia, por si só, é incapaz de assegurar a satisfação dos interesses concretos do contratante, fim último da obrigação, e que justifica a própria construção teórica do inadimplemento anterior ao termo e do risco de descumprimento" (BUTRUCE, Vitor Augusto José. Op. cit., p. 147).

6.6. Alteração superveniente das circunstâncias

É necessário traçar a distinção entre a exceção da insegurança e outras figuras que lidam com a perturbação das obrigações causada por alteração superveniente das circunstâncias. É o caso, sobretudo, da possibilidade de correção da prestação prevista no art. 317 do Código Civil[1048] e a resolução por onerosidade excessiva, nos termos do arts. 478[1049] e 479[1050] do Código Civil, vistas como manifestações contemporâneas e positivadas da cláusula *rebus sic stantibus*[1051]. É possível mencionar que outras possibilidades de modificação prestacional estão previstas em dispositivos esparsos da nossa legislação, como é o caso do art. 6º, V, do CDC[1052] e o art. 19 da Lei n. 8.245/1991[1053]. Tais figuras ganharam bastante relevo no ano de 2020 tendo em vista a situação de crise econômica gerada pela crise sanitária da Covid-19.

Não é nosso objetivo fazer um tratamento amplo sobre a extensão e pressupostos exatos de cada um desses institutos no direito brasileiro, o que demandaria um trabalho específico[1054]. Porém, de modo a apontar a

[1048] Art. 317. Quando, por motivos imprevisíveis, sobrevier desproporção manifesta entre o valor da prestação devida e o do momento de sua execução, poderá o juiz corrigi-lo, a pedido da parte, de modo que assegure, quanto possível, o valor real da prestação.

[1049] Art. 478. Nos contratos de execução continuada ou diferida, se a prestação de uma das partes se tornar excessivamente onerosa, com extrema vantagem para a outra, em virtude de acontecimentos extraordinários e imprevisíveis, poderá o devedor pedir a resolução do contrato. Os efeitos da sentença que a decretar retroagirão à data da citação.

[1050] Art. 479. A resolução poderá ser evitada, oferecendo-se o réu a modificar equitativamente as condições do contrato.

[1051] Cf. SIMÃO, José Fernando. *O contrato nos tempos da COVID-19. Esqueçam a força maior e pensem na base do negócio*. Disponível [on-line] em: https://www.migalhas.com.br/arquivos/2020/4/8CF00E104BC035_covid.pdf [25-07-2020].

[1052] Art. 6º São direitos básicos do consumidor:

(...)

V – a modificação das cláusulas contratuais que estabeleçam prestações desproporcionais ou sua revisão em razão de fatos supervenientes que as tornem excessivamente onerosas.

[1053] Art. 19. Não havendo acordo, o locador ou locatário, após três anos de vigência do contrato ou do acordo anteriormente realizado, poderão pedir revisão judicial do aluguel, a fim de ajustá-lo ao preço de mercado.

[1054] Sobre o tema, sem pretensão de exaustão, ver MARINO, Francisco Paulo de Crescenzo. *Revisão contratual. Onerosidade excessiva e modificação contratual equitativa*, cit.; RODRIGUES JÚNIOR, Otávio Luiz. *Revisão judicial dos contratos. Autonomia da vontade e teoria da imprevisão*. São Paulo: Atlas, 2002; CHANTEPIE, Gaël; LATINA, Mathias. Op. cit.; CHÉNEDÉ, François.

posição da exceção de insegurança em relação a essas figuras, é possível traçar alguns marcos relevantes.

Em primeiro lugar, é importante notar a ausência de identidade de objeto e pressupostos daquelas figuras previstas nos arts. 317, 478 e 479. O art. 317 diz respeito à possibilidade de correção da prestação, por decisão judicial, diante de motivos imprevisíveis que fizeram com que houvesse desproporção manifesta entre o valor da prestação devida e o momento de sua execução. Os arts. 478 e 479, por sua vez, tratam da resolução contratual dos contratos de execução continuada ou diferida, em que, em virtude de acontecimentos extraordinários e imprevisíveis, a prestação de uma das partes se tornou excessivamente onerosa. Cabe ao credor evitar tal resolução oferecendo a modificação equitativa das condições do contrato.

O ponto de aproximação entre todas essas figuras e a exceção de insegurança é a circunstância de que elas tratam de respostas jurídicas à perturbação, potencial ou efetiva, da relação obrigacional, e esse é o motivo pelo qual elas podem ser consideradas como aplicações da cláusula *rebus sic stantibus*[1055], embora tenham pressupostos e efeitos bastante distintos. No caso do art. 317 e da resolução por onerosidade excessiva, é necessário que se verifique um impacto atual ocorrido no esforço pres-

Le nouveau droit des obligations et des contrats: consolidations, innovations, perspectives. Paris: Dalloz, 2016; OSTI, Giuseppe. Op. cit.; COSSIO, Carlos. *La teoría de la imprevisión*. Buenos Aires, Abeledo-Perrot, 1960; AZEVEDO, Antonio Junqueira de. Relatório brasileiro sobre revisão contratual apresentado para as Jornadas Brasileiras da Associação Henri Capitant. In: AZEVEDO, Antonio Junqueira. *Novos estudos e pareceres de direito privado*. São Paulo: Saraiva, 2009; AZEVEDO, Noé. O dirigismo na vida contratual: cláusula *rebus sic stantibus*. *RF*, Rio de Janeiro: Forense, v. 99, p. 301-303, jan./jul. 1944; BORGES, Nelson. *A teoria da imprevisão no direito civil e no processo civil (com referências ao Código Civil de 1916 e ao novo Código Civil)*. São Paulo: Malheiros, 2002; DONNINI, Rogério Ferraz. *A revisão dos contratos no Código Civil e no Código de Defesa do Consumidor*. São Paulo: Saraiva, 1999; MELO, Diogo Leonardo Machado de. Princípios do direito contratual: autonomia privada, relatividade, força obrigatória, consensualismo. In: LOTUFO, Renan; NANNI, Giovanni Ettore (Coord.). *Teoria geral dos contratos*. São Paulo: Atlas, 2011; ZULIANI, Ênio Santarelli. Resolução do contrato por onerosidade excessiva. In: LOTUFO, Renan; NANNI, Giovanni Ettore (Coord.). *Teoria geral dos contratos*. São Paulo: Atlas, 2011.

1055 Cf. GIOVENE, Achille. *L'impossibilità della prestazione e la "sopravvenienza" (la dottrina della clausola "rebus sic stantibus")*. Padova: CEDAM, 1941, p. 110 e ss.; OSTI, Giuseppe. Op. cit., p. 30; ADDIS, Fabio. *Il "mutamento" nelle condizioni patrimoniali dei contraenti*, cit., p. 30.

tacional das partes envolvidas. Assim, embora a diferença entre elas deva sempre ser ressaltada[1056], a função dessas figuras é restabelecer ou resolver uma situação de desequilíbrio ocasionada por um fato superveniente.

A exceção de insegurança, por seu turno, é um remédio que protege uma das partes, aquela que deverá prestar primeiro, do risco de descumprimento objetivo da prestação em razão de um quadro de solvência duvidosa da outra parte. O objeto da exceção de insegurança, portanto, é um risco, não sendo esse o caso das demais figuras.

Há, efetivamente, uma diferença qualitativa entre as figuras. A exceção de insegurança, como vimos, apenas paralisa a eficácia da pretensão do excepto enquanto durar os efeitos da exceção. As figuras relacionadas à teoria da imprevisão e teoria da onerosidade excessiva, por sua vez, conferem efetiva pretensão aos seus titulares, podendo tal pretensão ser de caráter resolutório ou modificativo. Vale apontar, ainda, no caso da resolução por onerosidade excessiva, conforme defende Marino, que ao credor é garantido o contrapoder modificativo diante da pretensão resolutória do devedor, já que pode o credor evitar o efeito da resolução realizando idônea oferta modificativa[1057].

Assim, a exceção de insegurança não tem como efeito jurídico a modificação nos termos contratuais, objeto da prestação ou resolução obrigacional. Conforme defendemos neste trabalho, seu âmbito é apenas a paralisação eficacial da pretensão do excepto.

[1056] "Julgamos inviável (...) designadamente da convergência dos elementos interpretativos literal, histórico e sistemático –, estabelecer qualquer forma de combinação, associação ou concurso entre os arts. 317, 478 e 479 do Código Civil, pois o primeiro e os últimos tratam de hipóteses distinta" (MARINO, Francisco Paulo de Crescenzo. *Revisão contratual. Onerosidade excessiva e modificação contratual equitativa*, cit., p. 31).

[1057] MARINO, Francisco Paulo de Crescenzo. *Revisão contratual. Onerosidade excessiva e modificação contratual equitativa*, cit., p. 234.

7.
CAUSAS IMPEDITIVAS E EXTINTIVAS DA EXCEÇÃO DE INSEGURANÇA

7.1. Causas impeditivas

7.1.1. Renúncia

Não é totalmente pacífica a possibilidade de renúncia antecipada ao direito de opor a exceção de insegurança. Segundo Pontes de Miranda, só é possível cogitar a renúncia da exceção depois que ela nasceu, ou seja, depois de ter ocorrido a situação de risco de inadimplemento[1058]. "Só se renuncia ao que é", segundo o autor[1059]. Seguindo essa linha de pensamento, defende ainda que se a dificuldade do devedor-excepto cresce, a eventual renúncia só se dará quanto à exceção de inseguridade nas circunstâncias em que se achava o devedor no momento da renúncia[1060].

[1058] PONTES DE MIRANDA, Francisco Cavalcanti. *Tratado de direito privado,* cit., t. XXVI, p. 114. Aponta ainda a possibilidade de deduções de declarações sobre a situação patrimonial dos contraentes nos documentos contratuais: "Os contraentes podem, no contrato bilateral ou em pacto posterior estabelecer que é conhecida de cada um a situação do outro, ou que é conhecida a situação de um deles, ou de alguns, porém não podem previamente prometer o não-exercício de exceção de inseguridade que eventualmente nasça a algum deles, ou a alguns deles" (idem, p. 114-115).

[1059] PONTES DE MIRANDA, Francisco Cavalcanti. *Tratado de direito privado,* cit., t. XXVI, p. 114.

[1060] Idem.

Todavia, em que pese a autoridade da assertiva, é difícil não vislumbrar campos mais amplos para a possibilidade de renúncia antecipada ao *ius exceptionis*. O cerne da questão seria compreender a razão pela qual não seria possível abrir mão antecipadamente de um contradireito ligado à autonomia privada e dentro do âmbito de disposição patrimonial da pessoa.

A título comparativo, é possível destacar a possibilidade de renúncia antecipada ao direito de resolução[1061], ao estabelecimento da cláusula *solve et repete*, pela qual as partes renunciam antecipadamente e expressamente a possibilidade de oposição da exceção de contrato não cumprido[1062-1063]. A renúncia antecipada também pode ter por objeto eventuais deveres de indenizar, que podem surgir tanto no âmbito da uma relação contratual quanto extracontratual[1064].

Devem-se apontar, todavia, posições que defendem a impossibilidade de renúncia prévia à exceção de insegurança em contratos por adesão[1065]. Porém, essa argumentação tem por base a impossibilidade de renúncia a certos direitos dentro do regime do contrato por adesão, não sendo, assim, uma característica própria da exceção de insegurança. Seguindo essa linha, tampouco seria admitida a cláusula *solve et repete*, relacionada à renúncia ao direito de opor a exceção de contrato não cumprido.

Sobre o tema específico da renúncia a exceções, vale apontar que o sistema brasileiro não possui dispositivo semelhante ao art. 1.462 do Código Civil italiano, que admite a possibilidade de cláusulas limitativas nesse sentido, salvo as exceções de nulidade, anulabilidade e rescisão, matérias que são objeto de exceção segundo tal sistema.

[1061] ASSIS, Araken de. *Resolução do contrato por inadimplemento,* cit., p. 28-29.

[1062] GAGLIARDI, Rafael Villar. *Exceção de contrato não cumprido,* cit., p. 132.

[1063] É interessante a posição de Marco Rossetti, para quem a renúncia prévia à exceção de insegurança seria duvidosa justamente porque ela seria essencialmente reduzida a uma cláusula *solve et repete* (cf. ROSSETTI, Marco. Op. cit., p. 551).

[1064] Tivemos a oportunidade de abordar o tema em: BANDEIRA, Luiz Octávio Villela de Viana. Op. cit., p. 127-169.

[1065] "Exemplificativamente, não se admite nos contratos por adesão a cláusula *solve et repete,* que implicaria renúncia do contratante ao direito de opor a exceção ao contrato não cumprido (art. 476 do CC). No mesmo sentido, não se pode aceitar a renúncia à exceção de inseguridade, prevista no art. 477 do Código Civil" (PELUSO, Cezar (Coord.). *Código Civil comentado*: doutrina e jurisprudência. 9. ed. Barueri: Manole, 2015, p. 443).

Apesar da inexistência de regra específica, é possível apontar que a renúncia à exceção de insegurança não se trata de uma matéria de ordem pública segundo nosso ordenamento, sujeita à disposição das partes[1066]. Naturalmente que eventual violação da ordem pública, dos bons costumes e do abuso de direito afetariam a legalidade da renúncia antecipada, mas não é possível vislumbrar uma invalidade *per se* no estabelecimento dessa abdicação[1067].

7.1.2. Saída do estado de perigo antes da invocação da exceção de insegurança

Outra circunstância que merece ser destacada como causa impeditiva da exceção de insegurança, uma vez que, em verdade, representa a não materialização de um de seus pressupostos, é a saída do estado de perigo antes da invocação da exceção de insegurança.

Acima neste trabalho destacamos que a melhora da situação patrimonial posterior não fundamenta por si só a extinção da exceção de insegurança devidamente oposta. Uma vez oposta, sua eficácia só cessará mediante a ocorrência de uma das causas extintivas que indicaremos abaixo.

Contudo, é necessário se cogitar daquela situação em que o credor da primeira prestação apresenta uma piora em seu patrimônio antes do termo da primeira prestação e, ainda assim, o excipiente não invoca a exceção de insegurança. Se, posteriormente, ocorrer o restabelecimento da saúde patrimonial do credor, não poderá mais o excipiente invocar a exceção de insegurança. Pontes de Miranda também tece argumentação nesse sentido: "Se, antes de exercida a exceção de inseguridade, o figurante sai da situação de risco do adimplemento (i.e., não há mais a inseguridade = se a diminuição do patrimônio foi enchida pelo enriquecimento posterior), a exceção de inseguridade extingue-se"[1068].

Vale lembrar que o ônus da prova referente à diminuição do patrimônio que coloca em perigo a prestação do excepto cabe ao excipiente. Poderá

[1066] Nesse sentido ZANETTI, Cristiano de Sousa. Art. 477, cit., p. 775: "O regramento do Código Civil [sobre a exceção de insegurança] tem natureza dispositiva e cede diante da existência de pacto em sentido diverso".

[1067] No mesmo sentido ver GAGLIARDI, Rafael Villar. *Exceção de contrato não cumprido*, cit., p. 132.

[1068] PONTES DE MIRANDA, Francisco Cavalcanti. *Tratado de direito privado*, cit., t. XXVI, p. 114.

o excepto, portanto, alegar a restauração da situação patrimonial anterior à invocação da exceção de insegurança como sua causa impeditiva[1069]. Todavia, o excepto, ao responder à exceção de insegurança deverá ter o cuidado de poder demonstrar que, efetivamente, sua situação patrimonial não coloca em risco o cumprimento da prestação.

Como exemplo dos cuidados necessários nessa dinâmica, vimos anteriormente neste trabalho precedente em que o comprador de sacas de soja, ao contranotificar o excipiente, alegou que sua situação patrimonial não era periclitante e exigiu o cumprimento da prestação. Posteriomente, o TJ de Mato Grosso decidiu que a contranotificação, bem como os elementos dos autos, demonstravam que, na verdade, havia crise patrimonial a fundamentar a oposição da exceção de insegurança pelo vendedor[1070].

7.2. Causas extintivas

7.2.1. Adimplemento ou oferecimento de caução

As causas naturais de extinção da exceção de insegurança são o oferecimento de caução ou o adiantamento da prestação pelo excepto, conforme tivemos a oportunidade de abordar anteriormente neste trabalho. A exceção de insegurança, como contradireito que representa meio de defesa indireto, não obriga o excepto a realizar qualquer um desses comportamentos. Tampouco a exceção modifica ou extingue sua pretensão. Ela apenas paralisa seus efeitos.

Como a exceção de insegurança tem por função proteger o excipiente contra eventual risco de descumprimento da prestação por parte do excepto em razão de uma situação de solvabilidade duvidosa, a apresentação de garantia ou o adiantamento da prestação são as respostas mais naturais para a anulação de risco. Como a exceção de insegurança, em

[1069] "In tal senso possono valere gli stessi criteri che da tempo sono posti a tutela della posizione del presunto insolvente nella disciplina della crisi d'impresa, e quindi il debitore potrà paralizzare l'eccezione di insicurezza dando prova che non versa in una situazione patrimoniale deteriore rispetto a quella esistente all'atto della conclusione del contratto, e che quindi non versa né in una situazione di insolvenza, né di difficoltà attuale o prospettica (e quindi con riferimento all'eventuale momento in cui egli avrebbe dovuto effettuare la prestazione) di impossibilità o mera difficoltà ad adempiere" (GABRIELLI, Enrico. Appunti sulle autotutele contrattuali, cit., p. 520).

[1070] TJ de Mato Grosso, 1ª Câm. Cív., AC 11878/2016, Rel. Des. João Ferreira Filho, v.u., d.j. 19-07-2016.

sua configuração vigente, é deflagrada por uma situação deterioração da capacidade de cumprimento objetivamente considerada, isto é, de perda patrimonial acentuada que ponha em dúvida a capacidade de cumprimento, a prestação de caução afasta a exposição a esse risco, atingindo sua finalidade[1071].

Assim, caso o excepto deseje sair do estado de anulação temporária de sua pretensão, poderá ele realizar uma daquelas atividades descritas no art. 477 do Código Civil. Não se trata propriamente de um dever, mas sim de um ônus. Ou seja, ele realiza uma atividade de modo a aprimorar sua esfera jurídica. Alternativamente, poderá esperar o vencimento do termo da prestação que está obrigado para só então prestar, restabelecendo, por seu turno, seu direito a exigir a prestação do devedor que estava na posição de excipiente e deixa de estar nessa posição.

Importante destacar que a possibilidade de apresentação de garantia para extinguir os efeitos da exceção de insegurança é um traço distintivo em relação à exceção de contrato não cumprido. Esta não se extingue pela apresentação de garantia pelo excepto. Tendo em vista que a exceção de contrato não cumprido é baseada no inadimplemento do outro contratante, seu escopo só é alcançado mediante efetiva prestação ou oferecimento da prestação. Não se alega que a situação patrimonial do excepto coloca em risco o cumprimento, e sim que efetivamente não houve cumprimento.

7.2.2. Superveniência de hipóteses de extinção da obrigação

Defendemos neste trabalho que a exceção de insegurança tem natureza de contradireito. A figura possui essa natureza, pois a sua existência requer a preexistência de uma pretensão contra o excipiente. Dessa forma, a extinção dessa pretensão necessariamente acarretará a extinção da exceção de insegurança. Não haverá prestação a ser retida caso essa prestação deixe de existir ou adquira nova forma. Assim, cessarão os efeitos da exceção de insegurança naquelas hipóteses em que o ordenamento jurídico conferir caráter liberatório da obrigação[1072].

[1071] TORRENTE, Andrea; SCHLESINGER, Piero. *Manuale di diritto privato.* 15. ed. Milano: Giuffrè, 1997, p. 515.

[1072] Cf. GAGLIARDI, Rafael Villar. *Exceção de contrato não cumprido*, cit., 191.

Conforme abordamos anteriormente neste trabalho, caso o objeto da prestação do excipiente se torne impossível após a invocação da exceção de insegurança, a resolução da obrigação daí decorrente fará com que a exceção seja extinta. Vale apontar que, durante o período em que a exceção de insegurança for eficaz, o excipiente não pode ser considerado em mora, de modo que não se aplica a responsabilidade determinada no art. 399 do Código Civil.

Também farão cessar os efeitos da exceção de insegurança a superveniência daquelas situações que ensejam a invocação de figuras relacionadas à alteração das circunstâncias, conforme tratamos acima. É o caso do art. 317 e da resolução por onerosidade excessiva.

A novação da obrigação, por dar causa à extinção da obrigação, também merece ser entendida como uma das causas de extinção da exceção de insegurança.

CONCLUSÕES E PROPOSTAS

1.1. A segurança jurídica pode ser compreendida em duas acepções. A primeira delas está ligada à certeza de que o direito se impõe a si mesmo na luta com o injusto. Em sua segunda acepção, a segurança jurídica traduziria a certeza sobre aquilo que o direito é, a cognoscibilidade da ordem jurídica e a previsibilidade das consequências jurídicas que um determinado e concreto suporte fático provoca. Um estudo dogmático da exceção de insegurança deve, sobretudo, identificar e desvendar os fatores que geram insegurança jurídica na segunda acepção indicada, de modo a propor soluções que mitiguem o livre-arbítrio interpretativo e trabalhe para esclarecer e dar coerência acerca dos suportes fáticos e consequências jurídicas estabelecidos pelo sistema jurídico.

1.2. A exceção de insegurança é instrumento que autoriza a legítima suspensão da prestação sem a mediação de uma autoridade judicial ou arbitral, de modo que tal remédio pode ser considerado um instrumento de autotutela privada. A figura, todavia, não é uma mácula às regras incidentes sobre a eficácia contratual e não está em contradição com os princípios que regem a autonomia privada, uma vez que permite que a autonomia privada seja tutelada de forma consistente na fase de execução contratual.

2.1. A *exceptio*, em sua concepção de direito romano, surgida no período formular, que substituiu o sistema das ações da lei, continha características relevantes para a compreensão da exceção de insegurança contemporânea. A *exceptio* é figura que se desenvolveu na tensão entre o *ius civile* e o *ius honorarium*, consolidando-se como instrumento baseado na equidade a permitir resultados mais justos no processo *per formulas*. A *exceptio*, em sentido geral, foi uma defesa que surgiu na cultura jurídica romana para evitar condenações injustas, ampliando a possibilidade cognitiva dos órgãos aplicadores do direito, mas que, todavia, não representava uma negação do direito do demandante.

2.2. No período justinianeu, em razão da centralização do processo civil romano decorrente da *cognitio extra ordinem*, a apresentação da *exceptio* deixou de ocorrer mediante a autorização do magistrado pela dedução de seus termos na fórmula e passou a assumir forma de meio de defesa do réu em resposta à citação. Porém, nesse período, ela ainda manteve sua natureza de direito do demandado que não negava diretamente o direito do autor, mas que impedia, no todo ou em parte, a eficácia da demanda contra ele proposta.

2.3. As exceções em geral possuem duas características fundamentais, que a distinguem de outros direitos subjetivos. Em primeiro lugar, toda a exceção pressupõe a condição de demandado do excipiente, ou seja, ela supõe a existência do excepto, contra quem o excipiente irá opor a exceção. Em segundo lugar, ela paralisa a pretensão do excepto, agindo sobre sua eficácia, e não em sua existência ou validade. Trata-se, assim, de contradireito.

2.4. Exceção é um contradireito que uma pessoa demandada judicialmente ou extrajudicialmente pode se valer para paralisar, de modo temporário ou definitivo, os efeitos do direito, da pretensão, da ação ou da exceção a que se contrapõe. É da essência da figura e, portanto, determinante de sua natureza jurídica, que o direito do autor não seja negado, mas, em verdade, suposto.

2.5. A exceção de insegurança é modalidade de exceção substancial, de direito material, subjetivo. Essa característica permite que ela seja enxergada como instrumento de autotutela.

2.6. A exceção de insegurança é modalidade de exceção dilatória, uma vez que não há a paralisação definitiva dos efeitos da pretensão do excepto. E o excepto, ao apresentar garantia bastante ou ao adiantar sua prestação, conforme art. 477 do Código Civil, poderá recolocar em marcha a eficácia da sua pretensão de crédito contra o excipiente.

2.7. A exceção de insegurança deve ser vista como exceção dependente ou não autônoma, uma vez que sua existência encontra apoio em um direito de crédito do *excipiens* contra o excepto, ainda que não exigível.

3.1. A exceção de insegurança é uma figura relativamente recente, desenvolvendo seus traços característicos a partir do século XVIII. Todavia, como condição histórica para o seu surgimento, foram necessários o desenvolvimento e a consolidação dos fatores que alicerçam o princípio *inadimplenti non est adimplendum.*

3.2. A ausência da formulação de uma teoria geral dos contratos, da ideia de interdependência entre as prestações e da ideia de *fides* no direito romano clássico foram fatores que impediram o surgimento da noção geral da exceção de insegurança naquele período. O direito romano chegou a desenvolver soluções baseadas em razões de equidade em certos mecanismos, notadamente a *exceptio doli* e a *exceptio mercis non traditae,* que, à época, eram suficientes para resolver situações que, contemporaneamente, são solucionadas por meio de remédios fundados na ideia de interdependência das prestações.

3.3. Foi por meio do trabalho da escola dos glosadores e do trabalho dos canonistas que os obstáculos existentes no direito romano foram superados, surgindo algumas condições necessárias para o desenvolvimento da exceção de insegurança e da exceção de contrato não cumprido. A superação do formalismo romano e a noção de *fides* permitiram o desenvolvimento da ideia de interdependência entre as prestações. A *fides* possui tanto uma feição criativa quanto uma feição liberatória e defensiva. Em sua feição defensiva, ela representa uma autorização para que uma pessoa só permaneça vinculada na medida em que a outra parte também lhe é fiel. A exceção de insegurança se aproveita grandemente dessa noção, uma vez que é uma defesa da confiança que o excipiente depositou no excepto.

3.4. Os pós-glosadores, sobretudo por meio do trabalho de Bártolo de Sassoferrato, firmaram os traços principais da exceção de contrato não cumprido como defesa e como exceção, permitindo o desenvolvimento posterior da exceção de insegurança.

3.5. O princípio *inadimplenti non est adimplendum,* fundado em razões de equidade, justiça e boa-fé, apresenta a ideia de que não é admissível um credor que não se disponha a cumprir a obrigação à qual ele está adstrito exigir do devedor, que também é seu credor, o cumprimento da obrigação. Assim, pode o devedor se recusar temporariamente a cumprir sua prestação, como medida protetiva de seu crédito. A exceção de insegurança é uma concreção consequente de tal princípio.

3.6. O pensamento de Pothier, em seu *Tratado do contrato de compra e venda*, foi fundamental para que as sementes da exceção de insegurança fossem definitivamente lançadas e a figura iniciasse sua diferenciação em relação à exceção de contrato não cumprido. Defendeu o autor a proteção conferida ao vendedor no denominado contrato de compra e venda a crédito, autorizando-o a suspender a sua prestação caso, após a conclusão do contrato, o comprador sofresse diminuição em sua fortuna capaz de colocar em risco o preço. Seu pensamento foi determinante para que o Código Civil francês, em sua redação original, contivesse tutelas dilatórias em tipos contratuais específicos relacionadas ao risco objetivo de descumprimento, com algumas alterações no suporte fático originalmente sugerido na obra de Pothier.

3.7. Nos séculos XVIII e XIX ocorreram as primeiras experiências doutrinárias e legislativas que deram forma mais precisa ao que hoje é conhecido como exceção de insegurança, ainda que em fase embrionária, como defesa específica ao vendedor nos contratos de compra e venda. Nesse período também se firma o fundamento do remédio, no sentido de ser uma tutela da confiança do vendedor em relação ao comprador ao estabelecer um prazo para a entrega da coisa.

3.8. O BGB deve ser reconhecido pelo pioneirismo da promoção da abstração da exceção de insegurança, que passou a ser prevista como uma exceção substancial aplicável aos contratos bilaterais em geral. Sua redação original continha uma mecânica estrita, ainda tributária das formulações específica relacionadas à compra e venda inspiradas pelo Código Civil napoleônico, cuja leitura literal determinava que a diminuição patrimonial anterior à celebração do contrato, mas só manifestada posteriormente, seria uma questão a ser resolvida sob o prisma do erro de motivo. Os inconvenientes dessa rigidez e, posteriormente, a influência da formulação da CISG, motivaram a jurisprudência alemã a flexibilizar essa leitura literal até que, por meio da reforma legislativa de 2002, a redação do § 321 passou a permitir, de modo mais confortável, que a exceção de insegurança fosse aplicável aos casos em que a piora patrimonial se manifestasse posteriormente à celebração do contrato, ainda que tivesse causas antecedentes.

3.9. No âmbito das tentativas de uniformização do direito privado ocorridas no século XX, a formulação da exceção de insegurança pela ULIS para contratos de compra e venda foi uma das primeiras tentativas de distanciar os pressupostos da figura da redução patrimonial *in peius*, privilegiando pressupostos mais relacionados à apreciação subjetiva do excipiente em relação ao comportamento e ao patrimônio do excepto, em um afastamento do modelo alemão e o do modelo italiano. A tendência em se criar uma espécie de "exceção de insegurança subjetiva" motivou legítimas críticas relacionadas à ampliação descabida do remédio. As mesmas críticas merecem ser estendidas, guardadas as devidas proporções, às formulações propostas nos UPICC, nos *Principles of European Contract Law* e no *Draft Common Frame of Reference.*

3.10. As formulações positivas sobre a exceção de insegurança que contém pressupostos relacionados à percepção do credor-excipiente sobre o patrimônio ou comportamento do devedor-excepto tendem a criar modalidades de exceção de insegurança subjetivas. Essas formulações trazem insegurança jurídica ou proporcionam remédios demasiadamente gravosos em relação à posição do devedor-excepto. A transição da formulação da ULIS para a da CISG é exemplo da superioridade da objetivação do remédio.

3.11. A formulação da CISG relacionada aos contratos de compra e venda apresenta texto que, em comparação com a ULIS, colocou a exceção de insegurança novamente em quadro objetivo, porém, dando mais dinamismo à figura. Sua formulação, posteriormente, iria influenciar alterações legislativas nacionais importantes, como a do BGB. A CISG tenta resolver a questão da rigidez do corte temporal da redução patrimonial e abarcar outros comportamentos do excepto em relação ao cumprimento do crédito, além do exclusivo enfoque na redução patrimonial. A abertura proporcionada pela CISG deve ser enxergada e interpretada tendo em vista que ela pode abarcar tanto a exceção de insegurança quanto a exceção de contrato não cumprido, levando o princípio *inadimplenti non est adimplendum* a consequências consistentes.

3.12. Os países de tradição de *common law*, sobretudo EUA e Inglaterra, não formulam remédios que permitem a suspensão da prestação com base específica na *exceptio non adimpleti contractus*, mas contam com construções jurídicas esparsas que justificam a suspensão da execução (*suspension of performance* ou *withholding performance*), apesar de não ser possível apontar uniformidade e unidade de tratamento acerca das tutelas que admitem tal direito ao contratante. A suspensão da performance contratual na tradição do *common law* é remédio de menor amplitude, normalmente eclipsado por outras modalidades de *termination* e de *remedies*, e pelo fato de os sistemas tenderem a dar destaque aos *damages* como remédio jurídico diante do descumprimento, havendo menor prevalência para a tutela específica (*specific performance*).

3.13. No panorama sul-americano, do ponto de vista estritamente da legislação positiva, é possível afirmar que as codificações influenciadas por Andrés Bello não apresentaram uma previsão genérica e abstrata da exceção de insegurança, como remédio aplicável aos contratos bilaterais, embora tenham admitido, ainda que por meio de formulação de abrangência restrita, a exceção de contrato não cumprido. Todavia, seguindo a linha da codificação francesa, essas codificações apresentavam a tutela suspensiva cabível ao vendedor na ocorrência de risco objetivo de não pagamento na compra e venda a crédito. Essa é a experiência vista no Chile, Equador, Colômbia, Venezuela e, em certa medida, na Bolívia. A experiência peruana, com sua codificação mais recente, realiza previsão positiva da exceção de insegurança, inclusive sem que haja, textualmente, uma referência à redução patrimonial do excepto, embora a doutrina daquele país proponha uma leitura com enfoque na redução patrimonial *in peius*. A codificação paraguaia apresenta formulações bastante parecidas com a experiência textual das codificações brasileiras sobre o tema. A codificação civil uruguaia é uma das codificações sul-americanas que não apresenta uma formulação da exceção de contrato não cumprido e, tampouco, da exceção de insegurança, em semelhança à situação da codificação francesa em sua redação original. Esses remédios são admitidos no sistema uruguaio por meio da doutrina e jurisprudência, e merece ser anotado o fato de que tal codificação apresenta a tutela suspensiva específica para o risco de descumprimento no contrato de compra e venda. Por fim, sobre a Argentina, o antigo Código Civil, elaborado por Vélez Sarsfield com base no Esboço de Teixeira de Freitas, trazia regra relacionada somente ao descumprimento contratual atual, e não sobre o risco de descumprimento. Assim, a exceção de insegurança não era textualmente prevista como remédio cabível aos contratos bilaterais, prevendo tal codificação, contudo, as tutelas dilatórias sobre a compra e venda diante do risco objetivo do inadimplemento. O novo Código Civil e Comercial da Argentina trouxe profunda reformulação sobre o tema. O código agora prevê expressamente uma tutela suspensiva cabível nos contratos bilaterais, autorizando que a parte suspenda sua prestação caso seus direitos sofram uma grave ameaça de dano em razão de a contraparte ter sofrido um menoscabo significativo em sua aptidão de cumprir ou em sua solvência. Trata-se de um texto mais alinhado a formulações contemporâneas como a da CISG e a do BGB pós-reforma do direito das obrigações.

3.14. No período anterior ao século XX, o sistema jurídico brasileiro não previa expressamente a exceção de insegurança cabível aos contratos bilaterais. Porém, a previsão de tutelas pontuais na compra e venda nas Ordenações Filipinas, ainda que de forma imprecisa e precária, e a experiência pioneira da formulação do Código Comercial de 1850 sobre compra e venda fizeram com que nossa cultura jurídica, já naquele momento, estivesse de certa forma familiarizada com uma tutela suspensiva diante do risco de descumprimento objetivo, ainda que de escopo restrito. Dois aspectos merecem ser destacados diante dessa circunstância. O primeiro é o de que a influência da codificação francesa, semente da exceção de insegurança, foi sentida na legislação e cultura jurídica brasileira no século XIX. O segundo é o de que a posterior previsão da exceção de insegurança no Código Civil de 1916 – ainda que não plenamente reconhecida como tal – não ocorreu por exclusiva influência do BGB.

3.15. O Esboço de Teixeira de Freitas não apresentou formulação de exceção de insegurança cabível aos contratos bilaterais. No tema das tutelas específicas cabível nos contratos de compra e venda, o Esboço apresenta apenas soluções baseadas no vencimento antecipado das obrigações e não, propriamente, no risco de descumprimento.

3.16. Durante o primeiro quartel do século XX, parte relevante da doutrina brasileira interpretou a exceção de insegurança como uma modalidade excepcional da exceção de contrato não cumprido. Essa situação pode ser atribuída à influência da cultura jurídica francesa entre nós que, à época, era fortemente marcada pelas tentativas de justificação da vigência da exceção de contrato não cumprido, mesmo diante da ausência de previsão expressa no Código Civil napoleônico, em sua redação original.

3.17. A exceção de insegurança, como remédio aplicável aos contratos bilaterais diante de um risco objetivo de descumprimento, teve assento no Brasil por meio Código Civil de 1916, tendo sua base normativa na segunda alínea do art. 1.092. A inserção desse dispositivo no texto do Código Civil de 1916 pode ser atribuída ao trabalho da Comissão da Câmara, que aceitou uma emenda aditiva de Amaro Cavalcanti. Embora o dispositivo apresentasse clareza suficiente no sentido de ser uma exceção substancial com âmbito operacional distinto em relação à exceção de contrato não cumprido, durante a primeira metade do século XX a doutrina brasileira não assimilou a plena autonomia da exceção de insegurança em relação à exceção de contrato não cumprido, enxergando, antes, aquela como uma manifestação excepcional desta.

3.18. A formulação da exceção de insegurança na codificação de 2002 sofreu alteração marginal textual referente ao texto do Código Civil de 1916, sendo possível afirmar que não houve rompimento com a linha inaugurada no início do século XX. Essa situação coloca a nossa legislação em tensão. Além dos influxos normativos advindos das reformas experimentadas na Alemanha e França, bem como a assimilação da CISG em nossa cultura jurídica, a ausência de atualização normativa faz com que a jurisprudência acabe tomando rumos interpretativos pouco controláveis, normalmente com base em recursos principiológicos, avançando sobre o âmbito de aplicação de outras figuras relacionadas à tutela do descumprimento.

3.19. O pleno reconhecimento doutrinário da autonomia da exceção de insegurança em relação à exceção de contrato não cumprido pode ser atribuído ao trabalho de Pontes de Miranda, tendo rapidamente causado impacto na jurisprudência nacional no meio do século XX em diante.

4.1. A exceção de insegurança não se confunde com pretensão à prestação antecipada ou pretensão ao recebimento de garantia. A inversão na ordem das prestações, todavia, poderá ser um efeito prático em razão da oposição da exceção de insegurança, caso o excepto decida adiantar a sua prestação para restaurar a sua pretensão.

4.2. A opção de prestar antecipadamente ou apresentar garantia cabe exclusivamente ao excepto. No sistema brasileiro, a não apresentação de garantia ou não adiantamento da prestação não gera pretensão à resolução por parte do excipiente. Essa pretensão surgirá somente quando alcançado o termo da prestação do excepto sem que haja o adimplemento.

4.3. Embora a exceção de insegurança e cláusula *rebus sic stantibus* sejam respostas do ordenamento jurídico à alteração das circunstâncias contratuais, a fundamentação da exceção de insegurança, propriamente, está mais vinculada à própria consequência do sinalagma e de proteção da confiança que o *excipiente* depositou no excepto. Trata-se de uma de uma manifestação consequente do princípio *inadimplenti non est adimplendum* e concretização da boa-fé e da equidade.

4.4. A exceção de insegurança é um remédio contra um risco objetivo e anormal de inadimplemento por parte do excepto. Atualmente o direito positivo identifica esse risco por meio da análise da deterioração patrimonial do excepto, o *status mutatio in deterius.* Essa redução patrimonial deve conter um nexo causal com a capacidade prestacional do excepto para que a exceção de insegurança seja legitimamente invocada pelo excipiente.

4.5. O pressuposto relacionado à ordem das prestações deve ser analisado concretamente em relação à ordem das prestações estabelecidas, e não em um sentido literal relacionado ao conjunto das prestações estabelecidas entre as partes. O fundamental é que o excipiente se veja em uma situação de risco objetivo em relação à prestação futura do excepto e que essas prestações estejam em uma relação sinalagmática.

4.6. A exceção de insegurança, prevista como remédio cabível aos contratos bilaterais em geral, convive com tutelas destinadas a tipos contratuais específicos. Essa convivência se dá por motivos históricos e todos esses remédios podem ser identificados como consequência do princípio *inadimplenti non est adimplendum*. Não há utilidade em se enxergar relação de gênero-espécie entre tais figuras e a exceção de insegurança.

4.7. A referência a "cair em insolvência" do art. 495 do Código Civil não deve ser interpretada de modo estrito, abrangendo exclusivamente a insolvência civil, podendo alcançar também circunstâncias patrimoniais do excepto que tornem sua capacidade prestacional duvidosa, de modo mais próximo ao pressuposto apresentado no art. 477 do Código Civil. A insolvência civil teria como consequência o vencimento antecipado da contraprestação, ensejando a exceção de contrato não cumprido.

4.8. Ao contrário da exceção de insegurança, o remédio previsto no art. 590 admite uma verdadeira pretensão ao recebimento de garantia em favor do mutuante, que poderá inclusive formular demanda judicial para a apresentação de bens em garantia pelo mutuário, caso as circunstâncias previstas no dispositivo estejam presentes. Trata-se de remédio cabível especificamente ao contrato de mútuo, ou seja, a um contrato unilateral. Caso o mutuário não apresente garantia após a invocação do remédio, a sanção jurídica cabível é o vencimento antecipado da prestação devida ao mutuante.

4.9. A exceção de insegurança é cabível ao banqueiro-creditador nos contratos de abertura de linha de crédito por serem contratos bilaterais.

4.10. A circunstância de o Código Civil de 2002 ter inserido o dispositivo que prevê a exceção de insegurança dentro de seção com título "exceção de contrato não cumprido" leva os tribunais brasileiros a aludirem, de modo impreciso, que a exceção de contrato não cumprido engloba a exceção de insegurança.

4.11. Em uma tentativa conceitual, é possível afirmar que a exceção de insegurança é aquela exceção substancial cabível nos contratos bilaterais que, como tutela da confiança, confere remédio suspensivo a um dos contratantes, o excipiente, permitindo-o suspender a sua prestação caso se configure o risco objetivo de inadimplemento da outra parte, o excepto, em razão da deterioração da sua capacidade de cumprimento da prestação. Tradicionalmente o direito positivo elege como suporte fático da deterioração da capacidade de cumprimento do excepto a evolução *in peius* de seu patrimônio após a celebração do contrato.

4.12. A negativa de prestação por parte do devedor com base nos pressupostos indicados no art. 477 do Código Civil é possível tanto em demandas resolutórias como de cumprimento específico ajuizadas pelo credor. Trata-se de uma situação que afasta do devedor os efeitos do inadimplemento ou da mora, não sendo a ele imputáveis.

4.13. Com a invocação da exceção de insegurança, o excipiente responde na mesma posição de um devedor a termo, até que o autor cumpra sua prestação ou apresente garantia. Enquanto durar a suspensão da prestação em razão do manejo do remédio, deve o excipiente agir de modo a adimplir tão logo o excepto adiante sua prestação ou apresente garantia bastante. Não pode o excipiente se utilizar da legítima suspensão da prestação para agir de modo a tornar o cumprimento impossível posteriormente.

4.14. A coordenação entre art. 477 do Código Civil e art. 71 da CISG é necessária para que haja coerência interna com relação às duas formulações sobre a exceção de insegurança admitidas no ordenamento jurídico brasileiro. Essa coordenação pode ser feita por meio da interpretação de que a redução patrimonial a que se refere o art. 477 do Código Civil deve ser enxergada como a grave insuficiência na capacidade de cumprir do excepto, ou em sua solvência. De modo a assegurar que essa coordenação seja concluída com mais eficácia, seria possível seguir os exemplos de outros direitos nacionais, tais como o alemão, francês ou argentino e realizar uma modificação textual via reforma legislativa do art. 477 do Código Civil, com o objetivo de alterar a referência à redação patrimonial, substituindo-a pela grave insuficiência na capacidade de cumprir ou na solvência do excepto. Tal reforma não romperia com a tradição jurídica brasileira sobre a estruturação da exceção de insegurança, estaria em linha com a assimilação jurisprudencial brasileira com relação à figura e respeitaria a circunstância de que o nosso sistema apresenta uma estrutura dúplice sobre as exceções relativas ao princípio *inadimplenti non est adimplendum*, uma vez que o art. 476 do Código Civil admite a exceção dilatória cabível em caso de descumprimento atual, e não em caso de risco de descumprimento.

4.15. Diante das situações identificadas como sinalagma invertido no Brasil, apesar da ausência de norma expressa, é cabível, por analogia, a invocação da exceção de contrato não cumprido e a exceção de insegurança, sendo esta, especificamente, cabível caso haja ordem nas prestações estabelecidas. A aplicação dos remédios, todavia, se dá pelo recurso à analogia diante da lacuna normativa, e não pela existência de sinalagma entre as prestações advindas da invalidação de negócio jurídico ou resolução contratual.

4.16. A exceção de insegurança deve ser posicionada como uma figura que age sob o aspecto funcional do sinalagma, no sentido de equalizar uma situação de equilíbrio perturbada pelo risco extraordinário de descumprimento.

4.17. Não é cabível a exceção de insegurança nos contratos bilaterais imperfeitos.

4.18. A exceção de insegurança poderá ser invocada diante do risco objetivo de descumprimento de dever acessório por parte do excepto, desde que esse dever acessório possa comprometer o cumprimento da prestação principal. Nesse caso, o excepto poderá apresentar garantia ou adiantar prestação relacionada exclusivamente a esse dever anexo, caso assim seja possível diante das circunstâncias concretas.

4.19. É cabível a exceção de insegurança em contratos coligados, desde que entre as prestações em diferentes relações contratuais exista a relação de sinalagma. Essa possibilidade existe não em razão exclusiva da coligação, mas pela existência de ordem entre as prestações que se colocam em relação sinalagmática.

4.20. Nos contratos de duração em que esteja presente a situação de coetaneidade entre as prestações é cabível a exceção de contrato não cumprido, e não o da exceção de insegurança. Porém, não há óbice em se lançar mão da exceção de insegurança naqueles contratos de duração em que não haja coetaneidade entre as prestações e caso os demais pressupostos normativos da figura estejam preenchidos.

4.21. A exceção de insegurança, tal como prevista no art. 477 do Código Civil, e apesar da alteração textual em relação ao art. 1.092 do Código Civil de 1916, apresenta como um de seus pressupostos a ordem nas prestações, seja ela legal ou convencional.

4.22. A avaliação do pressuposto da redução patrimonial na exceção de insegurança deve ser feita de forma objetiva e não deve levar em conta eventual culpa do excepto. A exceção de insegurança não deve ser enxergada como uma sanção civil.

4.23. A exceção de insegurança pode ser oposta em caso de crise econômica setorial ou de pluralidade de setores de um determinado mercado local, regional, nacional ou até internacional, desde que seus pressupostos estejam preenchidos. Embora ela também seja aplicável, em tese, para a tutela de risco de descumprimento gerado em razão da Covid-19, ela deve ser enxergada dentro de seus limites normativos, não sendo um remédio apto a tutelar a mera alteração das circunstâncias contratuais.

4.24. É cabível tutela suspensiva ao comprador para a suspensão de sua prestação caso o bem objeto do contrato seja alvo de constrições judiciais em razão de pretensões movidas por terceiros, caso o vendedor não apresente garantia de que conseguirá cumprir com a obrigação de entrega do bem livre e desembaraçado. Trata-se de uma aplicação possível do princípio *inadimplenti non est adimplendum*.

4.25. A diminuição patrimonial a que se refere o art. 477 do Código Civil deve ser interpretada como aquela que se manifesta posteriormente à celebração do contrato, ainda que sua causa tenha origem anterior, desde que seja ignorada, sem culpa, pelo excipiente *in bonis*. Caso a situação patrimonial seja dolosamente ocultada pelo devedor, é possível, em tese, que o negócio seja submetido ao regime de anulabilidade. Todavia, mesmo diante dessa situação, cabe ao excipiente opor a exceção de insegurança para suspender a sua prestação para preservar o negócio jurídico, sendo essa uma proteção mais acessível e eficaz.

4.26. *A fortiori*, deve ser reconhecido o direito de suspensão da prestação com base no art. 477 do Código Civil em razão de insolvência, recuperação judicial ou falência do excepto.

4.27. A proteção por meio da exceção de insegurança deve ser excluída na situação de o excipiente ter pleno conhecimento da precária situação financeira do excepto no momento da celebração do contrato.

4.28. Movimentos doutrinários e jurisprudenciais no Brasil apontam para a necessidade-possibilidade de interpretação do art. 477 do Código

Civil para além da mera redução patrimonial do excepto, podendo abarcar também outras condutas do excepto que não tenham impacto direto em sua situação patrimonial. Embora a necessidade de reformulação do art. 477 do Código Civil seja um debate pertinente, sobretudo diante das reformas experimentadas em países como Alemanha e França, além da influência da estrutura da CISG, entende-se que eventual ampliação dos pressupostos normativos da exceção de insegurança para abarcar certas condutas do excepto deve ser necessariamente precedida de uma reforma na legislação. Os precedentes brasileiros que enxergam o art. 477 do Código Civil ampliativamente acabam por cometer equívocos técnicos, gerando insegurança jurídica sobre a efetiva exigibilidade de prestações em relações contratuais relativamente complexas.

4.29. Existe dificuldade em se admitir que a boa-fé objetiva fundamente por si só a ampliação dos pressupostos do art. 477 do Código Civil. Em primeiro lugar, é vigente, no sistema brasileiro, a regra de que o prazo corre em benefício do devedor, de modo que eventual suspensão do pagamento em exercício da autotutela merece ser enxergada ao menos de forma conforme a legislação, embora não haja razão para a interpretação restritiva. Também é dificultoso o recurso à analogia, uma vez que não há propriamente uma lacuna normativa. O recurso à interpretação analógica tampouco é totalmente tranquilo, porquanto os pressupostos rígidos do art. 477 do Código Civil podem ser enxergados como uma característica legislativa própria e legítima em nosso ordenamento.

4.30. A oposição da exceção de insegurança demanda um comportamento ativo por parte do excipiente. Por ser exceção substancial, pode ser oposta diretamente pelo excipiente ao excepto, sem que exista a necessidade de estabelecimento de relação processual entre eles. Todavia, poderá a exceção de insegurança ser reconhecida mediante medida judicial ajuizada pelo excipiente, inclusive mediante demanda declaratória.

4.31. A oposição da exceção de insegurança pode se dar na oportunidade de contestação por parte do excipiente em demanda de cobrança ajuizada pelo excepto. Eventual falha do excipiente em seu dever de notificação prévia sem anterioridade razoável pode ser enxergada como violação de dever que enseja reparação, se houver dano, mas não é falha que enseja, necessariamente, a invalidade ou ineficácia da própria exceção de insegurança.

4.32. Não é possível invocar a exceção de insegurança quando o preenchimento de seus pressupostos ocorra em momento em que o excipiente já esteja em mora.

4.33. O exercício da exceção de insegurança pode ocorrer de forma abusiva, nos termos do art. 187 do Código Civil. Essa verificação prescindirá da avaliação de culpabilidade do excipiente. Em tese, o remédio poderá ser exercido fora de seus limites sociais e econômicos caso sua invocação extrapole sua função de proteção do sinalagma, de garantia indireta do crédito ou como meio de pressão legítimo ao excepto, com vistas a manter o vínculo contratual. Poderá ser contrário à boa-fé o exercício da exceção de insegurança naquela situação em que o comportamento do excipiente seja um fator ativo e propulsor da criação do risco de descumprimento da prestação do excepto. As consequências jurídicas do abuso não se restringem à criação do dever de indenizar, podendo incluir tutela inibitória. Apesar da possibilidade de aplicação do regime do abuso de direito à exceção de insegurança, os limites entre abuso de direito e ausência dos pressupostos de invocação da figura podem ficar sobremaneira turvados.

5.1. A exceção de insegurança é contradireito que paralisa a pretensão do excepto, sem, contudo, negá-la. Seu exercício evita a ruptura do contrato.

5.2. A invocação da exceção de insegurança não torna as dívidas em "toma-lá-dá-cá". Ela não se confunde com pretensão à prestação antecipada e tampouco com pretensão à apresentação de garantia. A apresentação de garantia ou adiantamento da prestação são um ônus do excepto. No sistema brasileiro, o direito resolutório só surge quando chega o termo da prestação do excepto, e não quando este se nega a apresentar garantia ou a adiantar a prestação.

5.3. A exceção de insegurança pode ser enxergada como uma causa de exclusão de ilicitude, impedindo que o excipiente sofra os efeitos da mora e do inadimplemento, caso ela seja legitimamente invocada.

5.4. O manejo da exceção de insegurança não deve impedir a execução de deveres acessórios a cargo do excipiente que não estejam em relação de reciprocidade com a contraprestação devida pelo excepto e que tenham como função garantir que o contrato – após a suspensão causada pela exceção – tenha sua continuidade retomada.

5.5. Caso a obrigação a cargo do excipiente seja a de entregar coisa certa, responderá o excepto, enquanto durar a eficácia da exceção de insegurança, da mesma forma que o credor moroso, nos termos do art. 400 do Código Civil, com exceção da sujeição a receber a coisa pela estimação mais favorável ao devedor se o valor da coisa oscilar entre o dia da invocação da exceção de insegurança e o do efetivo pagamento, uma vez que deve ser respeitado o preço original pactuado entre as partes.

5.6. A recuperação do patrimônio do excepto após a legítima invocação da exceção da insegurança não é causa, por si só, de extinção da exceção contra ele invocada, nem mesmo mediante a ratificação da obrigação pelo excepto. Todavia, eventual recuperação patrimonial terá impacto na qualidade e quantidade da garantia que ele poderá apresentar para extinguir a exceção de insegurança.

5.7. A exceção de insegurança é extinta pelo comportamento do excepto que adianta a prestação ou apresenta garantia. A possibilidade de apresentação de garantia pode ser enxergada como um direito potestativo, um contrapoder, de titularidade do excepto, uma vez que o excipiente fica em situação de sujeição em relação a esse poder do excepto. Poderá o excepto apresentar garantia pessoal ou real, atípica, sobre o patrimônio próprio ou de outrem, pelo devedor ou por terceiro, desde que seja suficiente, idônea e bastante, de modo a assegurar a prestação da forma originalmente pactuada, devendo ser da mesma espécie que a prestação principal devida.

5.8. A apresentação de garantia poderá ser formalizada extrajudicialmente ou mediante medida judicial ajuizada pelo excepto.

5.9. Caso o credor-excipiente não queira receber o pagamento ou garantia bastante oferecida pelo devedor-excepto, responderá ele conforme o regime do credor moroso, nos termos dos arts. 394 e ss. do Código Civil.

5.10. Para fins de oponibilidade da exceção de insegurança em situações de solidariedade obrigacional, tanto ativa quanto passiva, o remédio não deve ser considerado como uma exceção pessoal, uma vez que está baseado na relação sinalagmática. Portanto, ela deve ser qualificada como uma exceção comum a todos os devedores, podendo ser invocada por qualquer um dos devedores solidários, a todos eles aproveitando.

5.11. No caso da oponibilidade da exceção de insegurança em situações de solidariedade ativa, não é necessário que o credor-demandante tenha experimentado, especificamente, redução patrimonial. Bastará que a redução patrimonial de um dos credores, ainda que não seja especificamente o credor-demandante, seja suficiente para pôr em risco o adimplemento da prestação.

5.12. O sinalagma é um liame de interdependência e reciprocidade entre prestações, de modo que só diz respeito indiretamente às partes que estão nos respectivos polos. Essa afirmação é necessária para reconhecer que a fragmentação da obrigação, notadamente por meio da cessão de crédito, assunção de dívida e cessão da posição contratual, não é circunstância que, por si só, representa quebra ou alteração no sinalagma.

5.13. Na cessão de crédito que tenha por objeto a prestação a ser exercida em primeiro lugar, a exceção de insegurança poderá ser manejada contra o cessionário pelo cedido, uma vez que a cessão não altera a posição jurídica do devedor-credor que prestará em primeiro lugar, que mantém seu crédito contra o cedente, e contra ele poderá exercer a medida protetiva do crédito.

5.14. Na cessão de crédito que tenha por objeto a prestação a ser exercida em segundo lugar, não há sentido em se admitir que o cessionário exerça a exceção de insegurança, uma vez que a prestação em primeiro lugar ainda deverá ser exercida pelo cedente, e só ele poderia, materialmente, suspender a sua própria prestação. De toda forma, fica autorizado o cedente a exercer a exceção de insegurança, em proteção ao crédito que deverá ser pago ao cessionário, caso sejam verificados os pressupostos do art. 477 do Código Civil.

5.15. Na assunção de dívida que tenha por objeto a prestação que deverá ser adimplida em primeiro lugar, tendo em vista que ela só se aperfeiçoa com a aquiescência expressa do credor, poderá o novo devedor opor a exceção de insegurança contra ele.

5.16. Na assunção de dívida que tenha por objeto a prestação que deverá ser adimplida em segundo lugar, também diante do fato de que ela só se aperfeiçoa com a aquiescência expressa do credor, o momento da assunção é um novo marco temporal acerca da ciência do credor sobre a situação patrimonial e capacidade prestacional do novo devedor. Assim, a deterioração patrimonial que habilita a oposição da exceção de insegurança deve ser aquela que se manifesta somente após a assunção de dívida caso o excipiente *in bonis* não tenha culpa na falha da avaliação patrimonial do excepto.

5.17. Com a cessão da posição contratual, o cedente perde legitimidade para a oposição da exceção de insegurança. O cessionário passa a ser legitimado a opor tanto as exceções pessoais que tenha contra o cocontratante quanto aquelas referentes ao contrato, incluindo a exceção de insegurança. O negócio jurídico de cessão de posição contratual poderá disciplinar a possibilidade de invocação das exceções, sendo permitida a renúncia à exceção de insegurança.

5.18. No caso de estipulação em favor de terceiro, é possível a invocação da exceção de insegurança, sendo que seus pressupostos estarão relacionados à figura do estipulante e não do beneficiário.

5.19. Ao fiador que não se coloca, concomitantemente, na posição de devedor solidário, não é legitimada a oposição da exceção de insegurança, porquanto ele, materialmente, não poderá suspender a prestação.

6.1. Não é possível afirmar que a exceção de insegurança, no Brasil, é complementada pelas disposições relacionadas ao vencimento antecipado das obrigações. As duas figuras jurídicas possuem âmbitos claramente distintos em nosso ordenamento. A exceção de insegurança tem como objetivo tutelar o risco de inadimplemento causado por uma instabilidade financeira marcada pela característica da provisoriedade, daí a possibilidade de o excepto apresentar garantia. O vencimento antecipado da obrigação, por seu turno, é remédio jurídico ligado à incontornabilidade da perda da confiança, justificando a perda do benefício do prazo. O vencimento antecipado da obrigação enseja, em princípio, a oposição da exceção de contrato não cumprido, e não a exceção de insegurança.

6.2. Em Portugal, por motivos de segurança jurídica, tem-se afirmado a impossibilidade de ampliar a aplicação do art. 429º do Código Civil português para além das situações de perda de benefício do prazo. Embora existam notáveis esforços argumentativos para defender a possibilidade da exceção de insegurança naquele sistema, o impasse demonstra a necessidade de alteração legislativa para a evolução da figura e sua aplicação consistente.

6.3. No Brasil há uma intensa confusão jurisprudencial entre as figuras da exceção de insegurança e do inadimplemento antecipado da prestação, embora existam louváveis julgados que souberam traçar a diferença corretamente. Entendemos que não há motivo para a confusão e que os casos que usualmente invocam a exceção de insegurança ou art. 477 do Código Civil normalmente o fazem sem o devido cuidado e, ademais, representam casos que seriam mais bem resolvidos pelo recurso próprio da figura do inadimplemento antecipado, do descumprimento de deveres anexos contratuais, e, destarte, da exceção de contrato não cumprido. O recurso à exceção de insegurança nesses casos é mais um sintoma de propostas ampliativas da interpretação da figura que, na realidade do Poder Judiciário brasileiro, acabam tomando medidas desproporcionais.

6.4. A exceção de insegurança apresenta pontos de aproximação com outras figuras que lidam com a perturbação das obrigações causada por alteração superveniente das circunstâncias, sobretudo a possibilidade de correção da prestação prevista no art. 317 do CC e a resolução por onerosidade excessiva, prevista nos arts. 478 a 480 do CC, uma vez que elas tratam de respostas jurídicas à perturbação, potencial ou efetiva, da relação obrigacional. Todavia, elas apresentam objeto, pressupostos e âmbito eficacial bastante distintos. A exceção de insegurança paralisa a eficácia da pretensão do excepto enquanto durarem os efeitos da exceção. As demais figuras relacionadas à teoria da imprevisão e teoria da onerosidade excessiva, por sua vez, conferem efetiva pretensão aos seus titulares, podendo tal pretensão ser de caráter resolutório ou modificativo.

7.1. Como causa impeditiva da exceção de insegurança, admite-se, em tese, a sua renúncia antecipada, uma vez que se trata de contradireito ligado à autonomia privada e dentro do âmbito da disposição patrimonial.

7.2. Caso o excepto saia do estado de perigo antes da invocação de exceção de insegurança pelo excipiente, esta não será mais possível, uma vez que não é mais existente seu suporte fático.

7.3. Como a exceção de insegurança tem sua existência condicionada à existência de uma pretensão do excepto, eventual extinção da pretensão do excepto acarretará a extinção da exceção de insegurança.

REFERÊNCIAS

ABRANTES, José João. *A excepção de não cumprimento do contrato:* conceito e fundamento. 3. ed. Coimbra: Almedina, 2018.

ADDIS, Fabio. *Il "mutamento" nelle condizioni patrimoniali dei contraenti*. Milano: Giuffrè, 2013.

_______. Presentazione. In: ADDIS, Fabio (Coord.). *Ricerche sull'eccezione di insicurezza*. Milano: Giuffrè, 2006.

_______. La sospensione dell'esecuzione: dalla vendita con dilazione di pagamento alla unsicherheitseinrede. In: ADDIS, Fabio (Coord.). *Ricerche sull'eccezione di insicurezza*. Milano: Giuffrè, 2006.

_______. Le eccezione dilatorie. In: ROPPO, Vincenzo (Coord.). *Trattato dei contratti*: rimedi 2. Milano: Giuffrè, 2006. v. 5.

AGUIAR JÚNIOR, Ruy Rosado de. Da extinção do contrato. Comentários aos arts. 472 a 480. In: TEIXEIRA, Sálvio de Figueiredo (Coord.). *Comentários ao novo Código Civil*. Rio de Janeiro: Forense, 2011, v. 6, t. 2.

_______. *Extinção dos contratos por incumprimento do devedor*: resolução. 2. ed. São Paulo: Aide, 2004.

_______. Os contratos bancários e a jurisprudência do Superior Tribunal de Justiça. *Informativo Jurídico da Biblioteca Ministro Oscar Saraiva*, v. 15, n. 1, p. 1-148, jan./jun. 2003.

AGUIAR JÚNIOR, Ruy Rosado de (Coord.). *V Jornada de Direito Civil*. Brasília: CJF, 2012.

ALMEIDA, Cândido Mendes de. *Código Philippino ou Ordenações e leis do Reino de Portugal*. 14. ed. Typographia do Instituto Philomathico, Rio de Janeiro, 1870.

ALMEIDA COSTA, Mário Julio. *Direito das obrigações*. 12. ed. Coimbra: Almedina, 2016.

_______. *Direito das obrigações*. 8. ed. Coimbra: Editora Coimbra, 2000.

ALVES, João Luiz. *Código Civil annotado*. 1. ed. Rio de Janeiro: F. Briguiet, 1917.

ALVIM, Agostinho. *Da inexecução das obrigações e suas consequências*. 5. ed. São Paulo: Saraiva, 1980.

AMARAL, Francisco. *Direito civil:* introdução. 2. ed. Rio de Janeiro: Renovar, 1998.

ANDRADE, Manuel de. *Teoria geral da relação jurídica*. Coimbra: Almedina, 1958, v. I.

ANTUNES VARELA, João de Matos. *Das obrigações em geral*. 9 ed. Coimbra: Almedina, 1998, v. 1.

_______. *Das obrigações em geral*. 2. ed. Coimbra: Almedina, 1973, v. 2.

ARAÚJO, Fernando. Apresentação. In: BIAZI, João Pedro de Oliveira de. *A exceção de contrato não cumprido no direito privado brasileiro*. São Paulo: Editora GZ, 2019.

ARIAS-SCHREIBER PEZET, Max. *Exégesis del Código Civil peruano de 1984*. Contratos. Parte general. Lima: Gaceta Jurídica, 2011, t.1.

ASCARELLI, Tullio. *Problemas das sociedades anônimas e direito* comparado. 2. ed. São Paulo: Saraiva, 1969.

ASCENSÃO, José de Oliveira. A integração das lacunas do sistema normativo. *RT*, v. 489, jul., São Paulo, 1976.

ASSAF FILHO, Alexandre. A exceção de inseguridade em tempos de pandemia, 2020. Disponíel [on-line] em: https://www.megajuridico.com/a-excecao-de-inseguridade-em-tempos-de-pandemia [01-06-2020].

ASSIS, Araken de. Comentários aos arts. 421 a 488. In: ALVIM, Arruda; ALVIM, Thereza (Coord.). *Comentários ao Código Civil brasileiro*. Rio de Janeiro: Forense, 2007, v. 5.

_______. *Resolução do contrato por inadimplemento*. 2. ed. São Paulo: RT, 1994.

AULETTA, Giuseppe. *La risoluzione per inadempimento*. Milano: Giuffrè: 1942.

AZEVEDO, Álvaro Villaça. *Exceptio non adimpleti contractus* (direito romano e direito civil). In: *ESD*. São Paulo: Saraiva, 1977.

AZEVEDO, Antônio Junqueira de. Relatório brasileiro sobre revisão contratual apresentado para as Jornadas Brasileiras da Associação Henri Capitant. In: AZEVEDO, Antônio Junqueira de. *Novos estudos e pareceres de direito privado*. São Paulo: Saraiva, 2009.

_______. Interpretação do contrato pelo exame da vontade contratual. O comportamento das partes posterior à celebração. Interpretação conforme o princípio da boa-fé objetiva. Impossibilidade de *venire contra factum proprium* e de utilização de dois pesos e duas medidas (*tu quoque*). Efeitos do contrato e sinalagma. A assunção pelos contratantes de riscos específicos e a impossibilidade de fugir do "programa contratual" estabelecido. In: *Estudos e pareceres de direito privado*. São Paulo: Saraiva, 2004.

_______. *Negócio jurídico – existência, validade e eficácia*. 4. ed. São Paulo: Saraiva, 2002.

AZEVEDO, Noé. O dirigismo na vida contratual: cláusula *rebus sic stantibus*. *RF*, Rio de Janeiro: Forense, v. 99, p. 301-303, jan./jul. 1944.

BANDEIRA, Luiz Octávio Villela de Viana. *Cláusulas de não indenizar no direito brasileiro*. São Paulo: Almedina, 2016.

BARASSI, Lodovico. *Teoria generale delle obbligazioni*. Milano: Giuffrè, 1948, v. 3.

BELFIORE, Angelo. Risoluzione per inadempimento. *ED*. Milano: Giuffrè, 1989, v. 40.

BENACCHIO, Marcelo. Direito subjetivo – situação jurídica – relação jurídica. In: LOTUFO, Renan; NANNI, Giovanni Ettore (Coord.). *Teoria geral do direito civil*. São Paulo: Atlas, 2008.

BETTI, Emilio. *Teoria geral das obrigações*. Trad. Francisco José Galvão Bruno. Campinas: Bookseller, 2006.

BEVILÁQUA, Clóvis. *Direito das obrigações*. Ed. histórica. Rio de Janeiro: Editora Rio, 1977.

_______. *Código Civil dos Estados Unidos do Brasil comentado*. Rio de Janeiro: Livraria Francisco Alves, 1958, v. IV.

BIANCA, Cesare Massimo. *Diritto civile*: la responsabilità. Milano: Giuffrè, 1994, v. 5.

BIAZI, João Pedro de Oliveira de. *A exceção de contrato não cumprido no direito privado brasileiro*. São Paulo: Editora GZ, 2019.

BIGLIAZZI, Lina; BRECCIA, Humberto; NATOLI, Ugo; BUSNELLI, Francesco. Los hechos jurídicos. In: *Derecho civil. Hechos y actos jurídicos*. Trad. Fernando Hinestrosa. Bogotá: Departamento de Publicaciones de la Universidad Externado de Colombia, 1999, t. I, v. 2.

BOLAFFI, Renzo. *Le eccezioni nel diritto sostanziale*. Milano: Società Editrice Libraria, 1936.

BORGES, Nelson. *A teoria da imprevisão no direito civil e no processo civil* (com referências ao Código Civil de 1916 e ao novo Código Civil). São Paulo: Malheiros, 2002.

BOULOS, Daniel M. *Abuso do direito no novo Código Civil*. São Paulo: Editora Método, 2006.

BUNAZAR, Maurício Baptistella. *A invalidade do negócio jurídico*. São Paulo: RT, 2020.

BUTRUCE, Vitor Augusto José. *A exceção de contrato não cumprido no Direito Civil brasileiro contemporâneo:* funções, pressupostos e limites de um "direito a não cumprir". Dissertação (mestrado em Direito Civil), Faculdade de Direito, Universidade do Estado do Rio de Janeiro, Rio de Janeiro, 2009.

CALAMANDREI, Piero. *Direito processual civil*. Trad. Luiz Anexia e Sandra Drina Fernandez Barbery. Campinas: Bookseller, 1999, v.1.

CALVÃO DA SILVA, João. *Cumprimento e sanção pecuniária* compulsória. 4. ed. Coimbra: Almedina, 2002.

CAMILLETTI, Francesco. *Profili del problema dell'equilibrio contrattuale*. Milano: Giuffrè, 2004.

CANNATA, Carlo Augusto. Eccezione – Diritto romano. *Novissimo Digesto Italiano*. Torino: UTET, 1960, v. VI.

CAPITANT, Henri. *De la cause des obligations* (contrats, engagements unilatéraux, legs). 3. ed. Paris: Dalloz, 1927.

CARCATERRA, Antonio. *Intorno ai bonae fidei iudicia.* Napoli: Jovene, 1964.

CARDOSO, Luiz Philipe Tavares de Azevedo. *O inadimplemento antecipado do contrato no direito civil brasileiro.* São Paulo: Malheiros, 2015.

CARNEVALI, Ugo. Le eccezioni dilatorie. In: CARNEVALI, Ugo; GABRIELLI, Enrico; TAMPONI, Michele. *La risoluzione.* Torino: Giappichelli, 2011, pp. 255-261, Coleção Trattato di diritto privato, XIII, Il contratto in generale, 8, organizada por Mario Bessone.

CARVALHO DE MENDONÇA, José Xavier. *Tratado de direito comercial* brasileiro. 5. ed. Rio de Janeiro: Freitas Bastos, 1955.

CARVALHO FILHO, Carlos Augusto. *O adimplemento substancial na execução do contrato.* Tese (Doutorado em Direito) – Faculdade de Direito, Universidade de São Paulo, São Paulo, 2019.

CARVALHO SANTOS, João Manuel de. *Código Civil brasileiro interpretado:* direito das obrigações. 11. ed. Rio de Janeiro: Freitas Bastos, 1986, v. XV.

CASSIN, René. *De l'exception tirée de l'inexécution dans le rapports synallagmatiques (exceptio non adimpleti contractus) et de ses relations avec le droit de rétention, la compensation et la résolution.* Paris: Sirey, 1914.

CESAR, José A. *Sobre os efeitos dos contratos bilaterais – direito civil.* Campinas: Typ. da Casa Genoud, 1914.

CHANTEPIE, Gaël; LATINA, Mathias. *La réforme du droit des obligations*: commentaire théorique et pratique dans l'ordre du Code Civil. 2. ed. Paris: Dalloz, 2016.

CHAVES, Antônio. *Tratado de direito* civil. 3. ed. São Paulo: RT, 1984, v. 2, t.2.

CHÉNEDÉ, François. *Le nouveau droit des obligations et des contrats*: consolidations, innovations, perspectives. Paris: Dalloz, 2016.

CHIOVENDA, Giuseppe. *Principios de derecho procesal civil.* Trad. Jose Casais y Santaló. Madrid: Reus, 2000, t. 1.

_______. *Instituições de direito processual civil.* Trad. J. Guimarães Menegale. São Paulo: Saraiva, 1965, v.1.

_______. *Ensayos de derecho procesal civil.* Trad. Santiago Sentís Melendo. Buenos Aires: Ediciones Jurídicas Europa-América, 1949.

CICCONE, Maddalena. *Le eccezioni in senso lato.* Doutorado (Dottorato di Ricerca in Scienze Giuridiche – Ciclo XXX), Università Degli Studi di Milão-Bicocca, Milano, 2017.

COLIN, Ambroise; CAPITANT, Henri. *Cours élémentaire de droit civil français.* Paris: Dalloz, 1947, v. 2.

COLLINS, Hugh. *Regulating contracts.* Oxford: OUP, 1999.

COSSIO, Carlos. *La teoría de la imprevisión.* Buenos Aires, Abeledo-Perrot, 1960.

COSTA, José Eduardo. Dos bens. In: LOTUFO, Renan; NANNI, Giovanni Ettore (Coord.). *Teoria geral do direito civil*. São Paulo: Atlas, 2008.

COSTA, Mario Julio Almeida. *Direito das obrigações*. 6. ed. Coimbra: Almedina, 1994.

COUTO E SILVA. Clóvis V. do. O princípio da boa-fé no direito brasileiro e português. In: DE FRADERA, Véra Maria Jacob (Coord.). *O direito privado brasileiro na visão de Clóvis do Couto e Silva*. Porto Alegre: Livraria do Advogado, 1997.

_______. Direito civil brasileiro em perspectiva histórica e visão de futuro. *Revista da AJURIS*, ano 14, n. 40, p. 128-149, 1987.

_______. *A obrigação como processo*. São Paulo: Bushatsky, 1976.

COUTURE, Eduardo J. *Fundamentos de direito processual civil*. Trad. Benedicto Giacobini. Campinas: Red Livros, 1999.

DENTI, Vittorio. L'eccezione nel processo civile. *RTDPCiv*. Milano: Giuffrè, ano XV, p. 22-40, 1961.

DIDIER JÚNIOR, Fredie. Sentença constitutiva e execução forçada. *RePro*, São Paulo: RT, ano 33, n. 159, maio, 2008.

Digesto ou Pandectas do Imperador Justiniano. Trad. Manoel da Cunha Lopes e Vasconcellos (Conselheiro Vasconcellos), trad. complementar, organização geral, adaptação e supervisão de transcrição por Eduardo C. Silveira Marchi, Bernardo B. Queiroz de Moraes, Dárcio R. Martins Rodrigues, Hélcio M. França Madeira. São Paulo: Editora YK, 2018, v. 3.

DONNINI, Rogério Ferraz. A revisão dos contratos no Código Civil e no Código de Defesa do Consumidor. São Paulo: Saraiva, 1999.

EHRENZWEIG, Armin. *Die Zahlungsunfähigkeit*: Vortrag, Gehalten in Der Wiener Juristischen Gesellschaft Am 5. März 1902. Wien, 1902.

ENNECCERUS, Ludwig. *Derecho civil*: parte general. Revisão de Hans Carl Nipperdey. Tradução e adaptação da 39. ed. alemã feita por Blas Pérez González e José Alguer. Barcelona: Bosch, 1935, v. I.

_______. *Derecho de obligaciones*. Revisão de Heinrich Lehmann. Tradução da 35. ed. alemã por Blas Pérez González e José Alguer. Barcelona: Bosch, 1933, v. I.

ESCOBEDO, Felicia. *L'eccezione in senso sostanziale*. Milano: Soc. An. Istituto Scientifico, 1927.

ESPÍN CÁNOVAS, Diego. La excepción de incumplimiento contractual. *Anuario de Derecho Civil*, tomo XVII, fascículo III / v. 17, n. 3. Madrid: Ministerio de Justicia, Boletin Oficial del Estado, 1964.

ESPÍNOLA, Eduardo. *Systema do direito brasileiro*: introdução e parte geral. 3. ed. Rio de Janeiro: Livraria Francisco Alves, 1938.

FAGES, Bernard. *Droit des obligations*. 7. ed. Paris: LGDJ, 2017.

FARIA, Jorge Leite Areias Ribeiro de. *Direito das obrigações*. Coimbra: Almedina, 1987, v. 1.

FARIA, Werter R. *Mora do devedor*. Porto Alegre: Sergio Antonio Fabris Editor, 1981.

FENOUILLET, Dominique. L'exception d'inexécution. In: TERRÉ, François. *Pour une réforme du droit des contrats*. Paris: Dalloz, 2008.

FERREIRA, Luiz Pinto. Exceção I. In: *ESD*. São Paulo: Saraiva, 1977.

FERREIRA, Waldemar. *Tratado de direito commercial*. São Paulo: Saraiva, 1963, v. 10.

FERRINI, Contardo. Exceptio. In: D'AMELIO, Mariano (Coord.). *Nuovo Digesto italiano*. Torino: UTET, 1938.

FLUME, Werner. *El negocio jurídico*. Parte general del derecho civil. Versão em espanhol por José Maria Miguel Gonzáles e Esther Gómez Calle. Madrid: Fundación Cultural del Notariado, 1998, t. 2.

FONSECA, Ana Taveira da. *Exceção de contrato não cumprido e exceção de inseguridade*. In: GRUPO DE ESTUDOS EM DIREITO CONTRATUAL COMPARADO DO INSTITUTO DE DIREITO PRIVADO, 2020, São Paulo.

_______. *Da recusa de cumprimento da obrigação para a tutela do crédito:* em especial na excepção de não cumprimento, no direito de retenção e na compensação. Coimbra: Almedina: 2015.

FRADA, Manuel Antônio Carneiro. *Contratos e deveres de proteção*. Coimbra: Editora da Faculdade de Coimbra, 1994.

FRANÇA, Rubens Limongi. *Hermenêutica jurídica*. 13. ed. São Paulo: RT, 2015.

_______. Abuso de direito. In: *ESD*. São Paulo: Saraiva, 1977.

_______. *Manual de direito civil*. São Paulo: RT, 1969, v. 4, t. 2.

GABRIELLI, Enrico. Appunti sulle autotutele contrattuali. *RDPriv*., Bari, p. 491-530, 2016.

_______. Il contratto e i rimedi: la sospensione dell'esecuzione. *Jus Civile*, Torino: Giappichelli Editore, v. I, p. 18-38, 2014.

GAGLIANO, Pablo Stolze; PAMPLONA FILHO, Rodolfo. *Novo curso de direito civil:* contratos. 4. ed. São Paulo: Saraiva, 2008, v. IV, t. I.

GAGLIARDI, Rafael Villar. Suspensão de cumprimento contratual na Convenção de Viena de 1980 sobre Contratos de Compra e Venda Internacionais de Mercadoria. In: SCHWENZER, Ingeborg; PEREIRA, Cesar A. Guimarães; TRIPODI, Leandro. *A CISG e o Brasil. Convenção das Nações Unidas para os Contratos de Compra e Venda Internacional de Mercadorias*. São Paulo: Marcial Pons, 2015.

_______. *Exceção de contrato não cumprido*. São Paulo: Saraiva, 2010.

GAMARRA, Jorge. *Tratado de derecho civil uruguayo*. Montevideo: FCU, 2006, t. XVIII, v. 2.

GASTALDI, José María; CENTANARO, Esteban. *Excepción de incumplimiento contractual*. Buenos Aires: Abeledo-Perrot, 1995.

GERAIGE, Nadime Meinberg. *Exceção de contrato não cumprido*: fundamentos e aplicação. Dissertação (mestrado em Direito Civil) Faculdade de Direito, Universidade de São Paulo, São Paulo, 2018.

GHESTIN, Jacques. *Traité de droit civil*: les obligations: les effets du contrat. Paris: LGDJ, 1992.

GHESTIN, Jacques, JAMIN Christophe; BILLIAU, Marc. *Traité de droit civil*: les effets du contrat. 3. ed. Paris: LGDJ, 2001.

GIANNOTTI, Luca D'Arce. *A exceção de inseguridade e seus fundamentos no Código Civil de 2002*. Trabalho apresentado à Fundação de Amparo à Pesquisa do Estado de São Paulo como relatório final do processo n. 2018/00561-6 – Faculdade de Direito, Universidade de São Paulo, São Paulo, 2019.

GIORGIANNI, Michele. *Inadempimento (dir. priv.)*. Milano: Giuffrè, 1970, v. 20.

_______. *L'inadempimento*. Milano: Giuffrè, 1959.

GIOVENE, Achille. *L'impossibilità della prestazione e la "sopravvenienza" (la dottrina della clausola "rebus sic stantibus")*. Padova: CEDAM, 1941.

GODOY, Claudio Luiz Bueno. Adimplemento e extinção das obrigações. Pagamento. Noção. Aspectos subjetivos. De quem deve se pagar. In: LOTUFO, Renan; NANNI, Giovanni Ettore (Coord.). *Obrigações*. São Paulo: Atlas, 2011.

GOMES, Orlando. *Obrigações*. Atualização por Edvaldo Brito. 16. ed. Rio de Janeiro: Forense, 2004.

_______. *Contratos*. 26. ed. Rio de Janeiro: Forense, 2009.

_______. *Introdução ao direito civil*. 10. ed. Rio de Janeiro: Forense, 1993.

_______. *Contratos*. 6. ed. Rio de Janeiro: Forense, 1977.

GOGLIANO, Daisy. *A exceção civil como instrumento de tutela na resolução dos contratos sinalagmáticos*. Tese (Professor Titular do Departamento de Direito Civil) – Faculdade de Direito, Universidade de São Paulo, São Paulo, 2013.

_______. *As tratativas contratuais (bases de uma teoria)*. São Paulo: Quartier Latin, 2013.

_______. A função social do contrato (causa ou motivo). *RFDUSP*, Universidade de São Paulo, 99, 153-198, 2004.

GRASSO, Biagio. *Eccezione d'inadempimento e risoluzione del contratto (profili generali)*. Napoli: Jovene, 1973.

GRINOVER, Ada Pellegrini; DINAMARCO, Cândido Rangel; CINTRA, Antônio Carlos de Araújo. *Teoria geral do processo*. 17. ed. São Paulo: Malheiros, 2001.

GUERRA, Alexandre Dartanhan de Mello. Art. 495. In: NANNI, Giovanni Ettore (Coord.). *Comentários ao Código Civil*. São Paulo: Saraiva, 2019.

GUSMÃO, Manoel Aureliano de. *Processo civil e commercial*. 3. ed. São Paulo: Saraiva, 1934, v. 1.

HAICAL, Gustavo. *O inadimplemento pelo descumprimento exclusivo do dever lateral*. RT, 900/45, 2010.

IMBETT, Carlos Alberto Chinchilla. El rol de la excepción de incumplimiento contractual en los tiempos de pandemia. Del "remedio de autotutela" que suspende el contrato a los límites en su ejercicio basados en la solidaridad contractual. In: CELLURALE, Mariaterese (Coord.). *Vulnerabilidad, solidaridad y pandemia*: algunas reflexiones desde el derecho civil. Bogotá: Universidad Externado de Colombia, 2020.

________. *La excepción de incumplimiento contractual*: estructura, función y límites. Bogotá: Universidad Externado de Colombia, 2017.

Institutas do Jurisconsulto Gaio. Trad. J. Cretella Jr. e Agnes Cretella. São Paulo: RT, 2004.

Institutas do Imperador Justiniano. Trad. J. Cretella Jr. e Agnes Cretella. São Paulo: RT, 2000.

KASER, Max. *Direito privado romano*. Trad. Samuel Rodrigues e Ferdinand Hämmerle. Lisboa: Fundação Calouste Gulbenkian, 1999.

KHOURI, Paulo Roque. A exceção de contrato não cumprido e a sua relação com a garantia das obrigações no direito brasileiro. *Revista da AJURIS*, Porto Alegre: AJURIS, v. 31, 2004.

KRAUS, Jody S.; SCOTT, Robert E. Contract Design and Structure of Contractual Intent. *New York University Law Review*, v. 84, pp. 1023-1101, Out. 2009.

KUNKEL, Wolfgang. *Historia del derecho romano*. Tradução da quarta edição alemã por Juan Miguel. Barcelona: Editorial Ariel, 1998.

LARENZ, Karl. *Metodologia da ciência do direito*. Trad. José de Souza e Brito e José Antonio Veloso. 2. ed. Lisboa: Fundação Calouste Gulbenkian, 1978.

________. *Derecho civil*: parte general. Trad. Miguel Izquierdo y Macías-Picavea. Madrid: Editorial RDP, 1978.

________. *Derecho de obligaciones*. Trad. Jaime Santos Briz. Madrid: Editorial RDP, 1958, t. 1.

LASSO, Anna. *Le eccezioni in senso sostanziale*. Napoli: Edizioni Scientifiche Italiane, 2007.

LATGÉ, Bernardo da Silveira. *Notas sobre a exceção de inseguridade*. Monografia (Pós-Graduação Lato Sensu) – Faculdade de Direito, Universidade do Estado do Rio de Janeiro, Rio de Janeiro, 2015.

LEAL, Aurelino. *Teoria e prática da Constituição Federal Brasileira*. Rio de Janeiro: Briguiet, 1925.

LIEBMAN, Enrico Tullio. *Manual de direito processual civil*. Trad. Cândido Rangel Dinamarco. Rio de Janeiro: Forense, 1984.

LOTUFO, Renan. *Comentários ao Código Civil*: contratos em geral até doação (arts. 421 a 564). São Paulo: Saraiva, 2016, v. 3, t. 1.

________. Teoria geral dos contratos. In: LOTUFO, Renan; NANNI, Giovanni Ettore (Coord.). *Teoria geral dos contratos*. São Paulo: Atlas, 2011.

________. *Comentários ao Código Civil*: parte geral (arts. 1º a 232). 2. ed. São Paulo: Saraiva, 2003, v. 1.

________. *Comentários ao Código Civil*: obrigações (arts. 233 a 420). São Paulo: Saraiva, 2003, v. 2.

________. *Curso avançado de direito civil*: parte geral. 2. ed. São Paulo: RT, 2003.

LUMIA, Giuseppe. *Elementos de teoria e ideologia do direito*. Trad. Denise Agostinetti. São Paulo: Martins Fontes, 2003.

LURDES PEREIRA, Maria de; MÚRIAS, Pedro. Sobre o conceito e extensão do sinalagma. In: *Estudos em honra do Prof. Doutor Oliveira Ascensão*. Lisboa: Almedina, 2008, v. 1.

MACARIO, Francesco. Modificazioni del patrimonio del debitore, poteri di controllo del creditore e autotutela. In: *Studi in onore di Cesare Massimo Bianca*. Milão: Giuffré, 2006. t. 4.

MALECKI, Catherine. *L'exception d'inexécution*. Paris: LGDJ, 1999.

MARINANGELO, Rafael. *A violação positiva do contrato e o inadimplemento dos deveres laterais impostos pela boa-fé*. Dissertação (Mestrado em Direito) – Faculdade de Direito, Pontifícia Universidade Católica de São Paulo, São Paulo, 2005.

MARINO, Francisco Paulo de Crescenzo. *Revisão contratual. Onerosidade excessiva e modificação contratual equitativa*. São Paulo: Almedina, 2020.

________. *Contratos coligados no direito brasileiro*. São Paulo: Saraiva, 2010.

________. Classificação dos contratos. In: JABUR, Gilberto Haddad; PEREIRA JÚNIOR, Antonio Jorge Pereira (Coord.). *Direito dos contratos*. São Paulo: Quartier Latin, 2006.

MARTINS-COSTA, Judith. *A boa-fé no direito privado*: critérios para a sua aplicação. 2. ed. São Paulo: Saraiva, 2018.

________. Normas de interpretação dos contratos: a perspectiva do direito civil brasileiro. In: CONGRESSO INTERNACIONAL DE DIREITO PRIVADO DO INSTITUTO DE DIREITO PRIVADO, 1, 2014, São Paulo.

________. A recepção do incumprimento antecipado do contrato no direito brasileiro: configuração e limites. *RT*, v. 885, jul., São Paulo, 2009.

________. *Comentários ao novo Código Civil*. Rio de Janeiro: Forense, 2004, v. V, t. II.

________. *A boa-fé no direito privado sistema e tópica no processo obrigacional*. São Paulo: RT, 1999.

________. O direito privado como um sistema em construção: as cláusulas gerais no Projeto do Código Civil brasileiro. *RIL*, Brasília, n. 139, p. 5-22, 1998.

MARTINS, Guilherme Magalhães. Inadimplemento antecipado do contrato. *RTDC*, v. 36, out./dez., 2008.

MARTY, Gabriel; RAYNAUD, Pierre. *Droit civil*: les obligations. Paris: Sirey, 1962, t. 2, v. 1.

MASNATTA, Hector. *Excepción de incumplimiento contractual*. Buenos Aires: Abeledo-Perrot, 1967.

MATIELLO, Fabrício Zamprogna. *Código Civil comentado*. 3. ed. São Paulo: LTr, 2007.

MAZEAUD, Henri; MAZEAUD, León; MAZEAUD, Jean. *Leçons de droit civil*. Paris: Montchrestien, 1972, v. 1, t. 2.

MAZZAMUTO, Salvatore. La nozione di rimedio nel diritto continentale. *Europa e Diritto Privato*, 2007, 3, p. 585-598.

MEDICUS, Dieter. *Tratado de las relaciones obligacionales*. Barcelona: Bosch, 1995, v. 1.

MELLO, Marcos Bernardes de. *Teoria do fato jurídico*: plano da existência. 12. ed. São Paulo: Saraiva, 2003.

MELO, Diogo Leonardo Machado de. Art. 187. In: NANNI, Giovanni Ettore (Coord.). *Comentários ao Código Civil*. São Paulo: Saraiva, 2019.

________. Princípios do direito contratual: autonomia privada, relatividade, força obrigatória, consensualismo. In: LOTUFO, Renan; NANNI, Giovanni Ettore (Coord.). *Teoria geral dos contratos*. São Paulo: Atlas, 2011.

MENDOZA, Oreste Gherson Roca. La "excepción de incumplimiento" y la llamada "excepción de caducidad del plazo" como instrumentos de autotutela contractual. In: CARRASCO, Manuel A. Torres. *Los contratos:* consecuencias jurídicas de su incumplimiento. Lima: Gaceta Jurídica, 2013.

MENEZES CORDEIRO, António Manuel da Rocha e. *Tratado de direito civil*. 2. ed. Coimbra: Almedina, 2016, t. 9.

________. *A boa fé no direito civil*. Coimbra: Almedina, 2011.

________. *Direitos das obrigações*. Lisboa: Associação Acadêmica da Faculdade de Direito de Lisboa, 1980, 2. v.

MENKE, Fabiano. Art. 207. In: NANNI, Giovanni Ettore (Coord.). *Comentários ao Código Civil*. São Paulo: Saraiva, 2019.

MESQUITA, Luís Miguel de Andrade. *Reconvenção e excepção no processo civil. O dilema da escolha entre reconvenção e a exceção e o problema da falta de exercício de reconvir.* Coimbra: Almedina, 2009.

MESSINEO, Francesco. *Dottrina generale del contratto*. 3. ed. Milano: Giuffrè, 1952.

MONTEIRO, Washington de Barros. *Curso de direito civil:* direito das obrigações. 2ª Parte. 35. ed. São Paulo: Saraiva, 2007.

________. *Curso de direito civil:* parte geral. 39. ed. São Paulo: Saraiva, 2003.

MORAES, Bernardo B. Queiroz de Moraes; GIANNOTTI, Luca D'Arce. *A exceção de inseguridade e a tutela do devedor em tempos de Covid-19*. Coluna "Direito Civil Atual" (da "Rede de Pesquisa de Direito Civil Contemporâneo") do jornal "Consultor Jurídico" (https://www.conjur.com.br/secoes/colunas/direito-civil-atual), 2020. Disponível [on-line] em: https://www.conjur.com.br/2020-abr-29/direito-civil--atual-excecao-inseguridade-tutela-devedor-tempos-covid-19 [22-07-2020].

MORCILLO, Marta García. *Las ventas por subasta en el mundo romano*: la esfera privada. Barcelona: Educuibes Universitat Barcelona, 2005.

MORENO, María Cruz. *La exceptio non adimpleti contractus*. Valencia: Tirant lo Blanch, 2004.

MOTA PINTO, Carlos Alberto da. *Cessão da posição contratual*. Coimbra: Almedina, 2003.

NALIN, Paulo. Princípios do direito contratual: função social, boa-fé objetiva, equilíbrio, justiça contratual, equidade. In: LOTUFO, Renan; NANNI, Giovanni Ettore (Coord.). *Teoria geral dos contratos*. São Paulo: Atlas, 2011.

NANNI, Giovanni Ettore. *Inadimplemento absoluto e resolução contratual – requisitos e efeitos*. São Paulo: RT, 2021.

________. A nociva relativização dos conceitos. In: NANNI, Giovanni Ettore. *Direito civil e arbitragem*. São Paulo: Atlas, 2014.

________. Mora. In: LOTUFO, Renan; NANNI, Giovanni Ettore (Coord.). *Obrigações*. São Paulo: Atlas, 2011.

NEVES, José Roberto de Castro. As garantias do cumprimento da obrigação. *REMERJ*, v. 11, n. 44, 2008.

NEVES, Julio Gonzaga Andrade. *A* suppressio (Verwirkung) *no direito civil*. São Paulo: Almedina, 2016.

NOVA, Giorgio de; SACCO, Rodolfo. Il contratto. In: SACCO, Rodolfo (Coord.). *Trattato di diritto civile italiano*. 3. ed. Torino: UTET, 2004.

OLIVEIRA, Rafael Alexandria de. *Aspectos processuais da exceção de contrato não cumprido*. Salvador: Editora JusPodivm, 2012.

ORIANI, Renato. Eccezione. In: *Digesto delle discipline privatistiche*. Torino: UTET, 1999, t. VII.

OSTI, Giuseppe. Clausola "rebus sic stantibus". In: *Novissimo Digesto Italiano*. Torino: UTET, 1959, v. 3.

PASSOS, José Joaquim Calmon de. *Esboço de uma teoria das nulidades aplicadas às nulidades processuais*. Rio de Janeiro: Forense, 2002.

_______. *Comentários ao Código de Processo Civil*. Rio de Janeiro: Forense, 2001, v. 3.

_______. Exceção II. In: *ESD*, São Paulo: Saraiva, 1977.

PELUSO, Cezar (Coord.). *Código Civil comentado*: doutrina e jurisprudência. 9. ed. Barueri: Manole, 2015.

PEREIRA, Caio Mário da Silva. *Instituições de direito civil*: contratos. 12. ed. Rio de Janeiro: Forense, 2006, v. 3.

_______. *Direito civil*: alguns aspectos da sua evolução. Rio de Janeiro: Forense, 2001.

PEREIRA, Rafael Setoguti Julio. *A extinção do acordo de acionistas*. São Paulo: Quartier Latin, 2019.

PERLINGIERI, Pietro. *Autonomia negoziale e autonomia contrattuale*. 2. ed. Napoli: Edizioni Scientifiche Italiane, 2000.

PERSICO, Giovanni. *L'eccezione d'inadempimento*. Milano: Giuffrè, 1955.

PIGNATA, Francisco Augusto. A uniformização das regras do contrato de compra e venda internacional de mercadorias: suas vantagens e desafios. In: SCHWENZER, Ingeborg; PEREIRA, Cesar A. Guimarães; TRIPODI, Leandro. *A CISG e o Brasil*. Convenção das Nações Unidas para os Contratos de Compra e Venda Internacional de Mercadorias. São Paulo: Marcial Pons, 2015.

PILLEBOUT, Jean-François. *Recherches sur l'exception d'inexécution*. Paris: LGDJ, 1971.

PINNA, Andrea. L'exception pour risque d'inexécution. *RTDCiv*, Paris: Dalloz, v. 13, 2003, jan./mar.

PIRES, Carolina Monteiro. *Contrato I*: perturbações na execução. Coimbra: Almedina, 2019.

PONTES DE MIRANDA, Francisco Cavalcanti. *Tratado de direito privado*: parte especial. São Paulo: RT, 2012, t. XXIII.

_______. *Tratado de direito privado*: parte especial. 3. ed. Rio de Janeiro: Borsoi, 1984, t. XLIV.

_______. *Comentários ao Código de Processo Civil*. Rio de Janeiro: Forense, 1974, v. 4.

_______. *Tratado de direito privado*: parte especial. 2. ed. Rio de Janeiro: Borsoi, 1972, t. XXIX.

_______. *Tratado de direito privado*: parte especial. 3. ed. Rio de Janeiro: Borsoi, 1971, t. XXVI.

_______. *Comentários à Constituição de 1967 com a Emenda n. 1 de 1969*. São Paulo: RT, 1971, t. V.

_______. *Tratado de direito privado*: parte geral. 3. ed. Rio de Janeiro: Borsoi, 1970, t. VI.

POTHIER, Robert Joseph. *Tratado das obrigações*. Trad. Adrian Sotero de Witt Batista e Douglas Dias Ferreiras. Campinas: Servanda: 2001.

_______. *Tratado del contrato de compra y venta*. Trad. Sociedad de Amigos Colaboradores. Barcelona: Imprenta y Litografia de J. Roger, 1841.

PUENTE Y LAVALLE, Manuel de la. El contrato en general. In: *Comentarios a la Sección Primera del Libro VII del Código Civil*. 2. ed. Lima: Palestra Editores, 2011, t. 2.

PUGLIESE, Giovanni. *Istituzioni di diritto romano*. 3. ed. Torino: Giappichelli Editore, 1991.

RABEL, Ernst. *Das Recht des Warenkaufs*. Eine rechtsvergleichende Darstellung. Berlin-Leipzig, 1936, I.

REALE, Miguel. *História do novo Código Civil*. São Paulo: RT, 2005.

_______. *Questões de direito privado*. São Paulo: Saraiva, 1997.

REZZÓNICO, Juan Carlos. *Principios fundamentales de los contratos*. Buenos Aires: Astrea, 1999.

ROCHA, Silvio Luis Ferreira da. *Direito civil 6 – Contratos*. São Paulo: Malheiros, 2015.

_______. *Curso avançado de direito civil*: contratos. Coord. Everaldo Cambler. São Paulo: RT, 2002.

RODRIGUES JÚNIOR, Otávio Luiz. Um modelo de revisão contratual por etapas e a jurisprudência contemporânea do Superior Tribunal de Justiça. In: LOPEZ, Tereza Ancona; LEMOS, Patrícia Faga Iglecias; RODRIGUES JÚNIOR, Otávio Luiz (Coord.). *Sociedade de risco e direito privado*: desafios normativos, consumeristas e ambientais. São Paulo: Atlas, 2013.

_______. *Ernst Rabel é o pai do moderno direito comparado alemão*. Coluna "Direito Civil Atual" (da "Rede de Pesquisa de Direito Civil Contemporâneo") do jornal "Consultor Jurídico" (https://www.conjur.com.br/secoes/colunas/direito-civil-atual), 2012. Disponível [on-line] em: https://www.conjur.com.br/2012-nov-07/ernst-rabel-pai-moderno-direito-comparado-alemanha#_ftn2_2196 [31-08-2020].

_______. *Revisão judicial dos contratos. Autonomia da vontade e teoria da imprevisão*. São Paulo: Atlas, 2002.

ROPPO, Vincenzo. Il Contratto. In: IUDICA, Giovanni; ZATTI, Paolo (Coord.). *Trattato di diritto privato*. Milano: Giuffrè, 2001.

RÖSLER, Hannes. Ernst Rabel e a sua influência sobre um direito mundial dos contratos. *RM*, Belo Horizonte, v. 3, n. 1, p. 5-29, jan./jun. 2008.

ROSS, Alf. *Tû-tû*. Trad. Edson Bini. São Paulo: Quartier Latin, 2004.

_______. *On guilt, responsibility and punishment*. Los Angeles: University of California Press, 1975.

ROSSETTI, Marco. *La risoluzione per inadempimento*. Milano: Giuffrè, 2012.

RUGGIERO, Roberto de. *Instituições de direito civil*. Trad. Ary dos Santos. São Paulo: Saraiva, 1958, v. 3.

SABA, Diana Tognini. *Direito de retenção e seus limites*. Dissertação (mestrado em Direito Civil) Faculdade de Direito, Universidade de São Paulo, São Paulo, 2016.

SACCO, Rodolfo. I rimedi sinallagmatici. In: RESCIGNO, Pietro (Coord.) *Tratado di diritto privato*, 2. ed. Torino: UTET, 1995, v. 10, t. 2.

________. Obbligazioni e contratti. In: RESCIGNO, Pietro (Coord.) *Tratado di diritto privato*, 2. ed. Torino: UTET, 1995, v. 10, t. 2.

SALEILLES, Raymond. *Étude sur la théorie générale de l'obligation*. Paris: LGDJ, 1925.

SANSEVERINO, Paulo de Tarso Vieira. Contratos nominados II. In: REALE, Miguel; MARTINS-COSTA, Judith (Coords.). *Biblioteca de direito civil*. Estudos em homenagem ao Professor Miguel Reale. 2. ed. São Paulo: RT, 2011.

SANTOS, Moacyr Amaral. *Da reconvenção no direito brasileiro*. São Paulo: Max Limonad, 1958.

SAVIGNY, Friedrich Karl von. *Sistema del derecho romano actual*. Tradução de Jacinto Mesía e Manuel Poley. 2. ed. Madri: Centro Editorial de Góngora, 1924, t. IV.

SCHLECHTRIEM, Peter. *Einheitliches UN-Kaufrecht*. Das Übereinkommen der Vereinten Nationen über internationale Warenkaufverträge. Darstellung und Texte. Tübingen: Mohr Siebeck, 1981.

SCHLECHTRIEM, Peter; SCHWENZER, Ingeborg. *Comentários à Convenção das Nações Unidas sobre contratos de compra e venda internacional de mercadorias*. Coordenação de tradução de Eduardo Grebler, Vera Fradera, César Guimarães Pereira. São Paulo: RT, 2014.

SCHREIBER, Anderson. A tríplice transformação do adimplemento: adimplemento substancial, inadimplemento antecipado e outras figuras. *RTDC*, v. 32, out./dez., 2007.

SCHULZ, Fritz. *Princípio de direito romano*: aulas de Fritz Schulz. Trad. Josué Modesto Passos. São João da Boa Vista: Editora Filomática Sorocabana, 2020.

SERIOLI, Alessandro. Le "sorti magnifiche e progressive" della eccezione d'insicurezza. Saggio di diritto giurisprudenziale. In: ADDIS, Fabio (Coord.). *Ricerche sull'eccezione di insicurezza*. Milano: Giuffrè, 2006.

SERPA LOPES, Miguel Maria de. *Exceções substanciais*: exceção de contrato não cumprido. Rio de Janeiro: Freitas Bastos, 1959.

SIDOU, Othon. Exceção substancial. In: DINIZ, Maria Helena. *Dicionário jurídico*. São Paulo: Saraiva, 1998, v. 2.

SILVA, Jorge Cesa Ferreira da. *Inadimplemento das obrigações*: comentários aos arts. 389 a 420 do Código Civil. São Paulo: RT, 2007.

SIMÃO, José Fernando. *O contrato nos tempos da COVID-19. Esqueçam a força maior e pensem na base do negócio*. Disponível [on-line] em: https://www.migalhas.com.br/arquivos/2020/4/8CF00E104BC035_covid.pdf [25-07-2020].

SIQUEIRA, Cleanto Guimarães. *A defesa no processo civil*: exceções substanciais no processo de conhecimento. 3. ed. São Paulo: Saraiva, 2008.

STANICIA, Sergio Tuthill. *Liberalidade e gratuidade no âmbito da doação*. Tese (Doutorado em Direito) – Faculdade de Direito, Universidade de São Paulo, São Paulo, 2016.

STAUB, Hermann. *Le violazioni positive del contratto (Die positiven vertragsverletzungen)*. Trad. Giovanni Varanese. Napoli: Edizioni Scientifiche Italiane, 2001.

STEINER, Renata Carlos. *Complexidade intraobrigacional e descumprimento de obrigação*: da violação positiva do contrato. Dissertação (Mestrado em Direito) – Faculdade de Direito, Universidade Federal do Paraná, Curitiba, 2009.

TARTUCE, Flávio. *Código Civil*: teoria geral dos contratos e contratos em espécie. São Paulo: Método, 2013.

TEIXEIRA DE FREITAS, Augusto. *Vocabulário jurídico com apêndices*. Rio de Janeiro: B. L. Garnier, 1882.

_______. *Esboço*. Rio de Janeiro: Typographia Universal de Laemmert, 1860.

TELLES, Inocêncio Galvão. *Direito das obrigações*. 7. ed. Coimbra, 1997.

TEPEDINO, Gustavo; BARBOSA, Heloisa Helena; MORAES, Maria Celina Bodin. *Código Civil interpretado conforme a Constituição da República*. Rio de Janeiro: Renovar, 2006, v. II.

TERRA, Aline de Miranda Valverde. *Inadimplemento anterior ao termo*. Rio de Janeiro: Renovar, 2009.

TERRÉ, François (Coord.). *Pour une réforme du régime général des obligations*. Paris: Dalloz, 2013.

_______. *Pour une réforme du droit de la responsabilité civile*. Paris: Dalloz, 2011.

_______. *Pour une réforme du droit des contrats*. Paris: Dalloz, 2008.

TERRÉ, François; SIMLER, Philippe; LEQUETTE, Yves. *Droit civil*: les obligations. 5. ed. Paris: Dalloz, 1993.

The Digest of Justinian. Versão em inglês por Alan Watson. Filadélfia: UPP, 1998.

THEODORO JR., Humberto. Alguns aspectos relevantes da prescrição e decadência no Código Civil. *RSDCPC*, Brasília, 23, 5, 2003.

TOMASEVICIUS FILHO, Eduardo. *O princípio da boa-fé no direito civil*. São Paulo: Almedina, 2020.

TORNAGHI, Hélio. Da exceção. *RJFND*, Rio de Janeiro: UFRJ, v. XIII-XIV, p. 65-91, 1955/1956.

TORRENTE, Andrea; SCHLESINGER, Piero. *Manuale di diritto privato*. 15. ed. Milano: Giuffrè, 1997.

TRABUCCHI, Alberto. *Istituzioni di diritto civile*. 39. ed. Padova: CEDAM, 1999.

TRIMARCHI, Pietro. *Il contratto*: inadempimento e rimedi. Milano: Giuffrè, 2010.

VALLADÃO, Haroldo. *História do direito especialmente do direito brasileiro*. 3. ed. Rio de Janeiro: Freitas Bastos, 1977.

VANOSSI, Jorge Reinaldo. *El Estado de Derecho en el Constitucionalismo Social*. Buenos Aires: Universitaria, 1982.

VAZ SERRA, Adriano Paes da Silva. Anotação ao acórdão do STJ de 19-11-71. *RLJ*, Coimbra, ano 105º, 1972.

_______. Excepção de contrato não cumprido. In: *Boletim do Ministério da Justiça*, 67. Lisboa: Boletim do Ministério da Justiça, 1957.

VENOSA. Sílvio de Salvo. *Direito civil*: teoria geral das obrigações e teoria geral dos contratos. 3. ed. São Paulo: Atlas, 2003, v. 3.

VILHENA, Paulo Emílio Ribeiro de. O “pressuposto”, o “requisito” e a “condição” na Teoria Geral do Direito e no Direito Público. *RFDUFMG*, Belo Horizonte: UFMG, v. 21, n. 13, p. 185-202, out., 1973.

VILUS, Jelena. Provisions common to the obligations of the seller and the buyer. In: SARCEVIC, Petar; VOLKEN, Paul (Coord.). *International Sale of Goods*: Dubrovnik Lectures. Bristol: Oceana Publications, 1986.

VON TUHR, Andreas. *Tratado de las obligaciones*. Trad. W. Roces. Madrid: Editorial Reus, 1999, t. 1.

WAMBIER, Luis Rodrigues; WAMBIER, Teresa Arruda Alvim; MEDINA, José Miguel Garcia. *Breves comentários à nova sistemática processual civil*: Leis 11.187/2005, 11.232/2005, 11.276/2006, 11.277/2006 e 11.280/2006. São Paulo: RT, 2006, v. II.

WIEACKER, Franz. *História do direito privado moderno*. 2. ed. Trad. A. M. Botelho. Lisboa: Fundação Calouste Gulbenkian, 1980.

ZANETTI, Cristiano de Sousa. Art. 478. In: NANNI, Giovanni Ettore (Coord.). *Comentários ao Código Civil*. São Paulo: Saraiva, 2019.

_______. Art. 477. In: NANNI, Giovanni Ettore (Coord.). *Comentários ao Código Civil*. São Paulo: Saraiva, 2019.

_______. Inadimplemento antecipado da obrigação contratual. In: CELLI JUNIOR, Umberto; BASSO, Maristela; AMARAL JUNIOR, Alberto do (Coord.). *Arbitragem e comércio internacional*: estudos em homenagem a Luiz Olavo Baptista. São Paulo: Quartier Latin, 2013.

_______. Exceção de contrato não cumprido. In: MORRIS, Amanda Zoe; BARROSO, Lucas Abreu. *Direito civil*: direito dos contratos. 3. ed. São Paulo: RT, 2008.

ZARONI, Bruno Marzullo. *Devo cumprir um contrato mesmo prevendo que a outra parte não o honrará?*, 2020. Disponível [on-line] em: https://www.vgplaw.com.br/devo-cumprir-um-contrato-mesmo-prevendo-que-a-outra-parte-nao-o-honrara [26-03-2020].

ZULIANI, Ênio Santarelli. *Resolução do contrato por onerosidade excessiva*. In: LOTUFO, Renan; NANNI, Giovanni Ettore (Coord.). *Teoria geral dos contratos*. São Paulo: Atlas, 2011.